글로컬 시대의
철학과 문화의
해방선언

글로컬 시대의
철학과 문화의
해방선언

: 지구인문학의 시선과 모색

박치완 지음

도서출판 모시는사람들

디지털시대로의 변화는 예견된 항로나 다름없다. 삶의 패턴도, 가치관도, 직업관도, 인간관계도 속도의 차이만 있을 뿐 이러한 시대적 변화에 동승하고 있으며, '디지털 원주민'이라고 불리는 Z세대일수록 이에 더욱 민감하다는 것은 두말할 여지가 없다. 변화에 민감한 사회일수록 변화에 대한 체감온도는 높다. 디지털시대를 선도하고 있는 대한민국도 변화에 민감한 사회에 속한다. 그런데 이러한 변화에 가장 뒤처지는 것이 '철학'이 아닐까 싶다.

철학은 변화를 수용하며 앞으로 나아가기보다 늘 지난 과거를 뒤적이며 많은 시간을 낭비한다. 그래서일까. 대한민국만의 문제인지는 모르겠으나, "과거에 앞으로 나아갈 길('溫故知新')이 있다"는 목소리가 4차산업 혁명시대의 도래에 대한 목소리보다 여전히 크다. 21세기에도 플라톤과 공자가 존명(存命)하는 이유가 여기에 있다. 하지만 의고(擬古)의 철학이 미래 사회를 위해 운전자 역할을 할 것이라 믿는 사람이 얼마나 될까. '죽은 말'을 채찍질하는 것과 같다는 비난을 받고 있음에도 불구하고 철학은 변화에 요지부동이다. 철학은 신앙처럼 변치 않는 것이라 믿는 사람들이 많은 탓이다.

문화는 변화하기는 하지만 보통사람들의 몸이 허용하는 수준을 벗어나지는 않는다. 문화가 상품화·산업화되는 시대인지라 문화상품 주위에 북적거리는 사람은 많다. 하지만 문화상품 주위에 다가갈 수도 없는 사람의 수는 더 많다. 바로 이들의 몸에서 반응하는 것이어야 진정한 문화라 할 수 있다.

즉, 문화는 공중생민(公衆生民)의 것이란 뜻이다. 가진 자만이 누리고 소비하는 것이 문화가 아니라 전통을 보존하고 창조하는 것이 문화라고 한다면, 문화를 단지 소비재로 여기는 풍조는 문화라는 개념이 변질된 이 시대의 한 단면을 보여준다. 문화는 공적 자산이요 공공재다. 문화는 공동체의 보루다. 그래서 문화의 변화에만 초점을 맞추어 접근하는 것은 위험천만한 발상이다. 그 변화가 개인과 공동체의 정체성을 희석시킨다면, 그것은 문화 재난과 다를 바 없다.

반면 역사와 지리는 출발부터 변화와 거리가 있다. 대외무역을 확대해 경제영토가 다소 넓어지거나 바다의 수위가 상승해 농경 면적이 다소 작아지는 수는 있지만 서울을 동경이나 워싱턴으로 옮길 수 없듯 지리, 영토는 늘 그곳에 예전 그대로 있다. 역사와 지리에 기반한 민족과 국가는 대대로 조상들이 살던 '그곳'에서 후손들의 삶이 영위된다. 역사를 왜곡하면 '왜곡된 역사'를 갖는 것일 뿐 '왜곡된 역사'를 '(참된) 역사'와 혼동하는 사람은 없다. 역사는 사관(史觀)을 가지고 기술하는 사람의 것이 아니라 진실을 기억하는 집단, 공동체의 기억창고다. 공동체 구성원이 역사를 기억하지 못하면 지리, 영토가 그것을 기억한다. 그런 점에서 역사와 지리는 상처는 상처대로 영광은 영광대로 보존하며 과거를 미래와 연결시킨다.

개인적으로, 철학책을 손에 든지 올해로 40년, 철학과 문화를 강의한 지 20년이 되어 간다. 역사와 지리는 최근 관심사다. 서양철학이 전공인 관계로 남의 나라의 과거 텍스트들과 대부분의 시간을 보냈다. 그럼에도 변화의 중심에서 자본의 탈을 쓴 문화를 연구 영역으로 넓히면서 철학적 활동과 긴장된 줄다리기는 계속되었고, 그렇게 오늘까지 쉼 없이 달려왔다. 도전한다고 해서 승산이 있는 게임도 아닌 철학, 인문학에 몸을 담고 있는 탓에 모든 것이 시지푸스처럼 나에게 주어진 운명이라 여기며 도(道)를 닦듯 달게 받고 있다.

문화, 역사, 지리에 마음이 끌리는 것은 그동안 철학을 전공하면서 접하지 못한 담론들에 흥미가 있어서라거나 교양을 넓히려는 취미가 있어서가 아니다. '과욕'일 수도 있지만, '나만의 철학'을 글로컬 시각에서 이뤘으면 하는 작은 소망 때문에 이 영역의 텍스트들을 참고하고 있다. 이 책은 그 첫 수확이나 다름없다. 하지만 이 책은 필자에게 '시지푸스의 돌덩이'와 거의 같다. 마치 시지푸스처럼 하나의 목표를 향해 쓴 원고들인지라 두루두루 주위를 깊게 살필 겨를이 없었다. 그 하나의 목표 또는 명제란 "철학과 문화는 지리(장소)에 기반한다"는 것이다.

그리고 필자의 이 명제는 다음의 세 물음으로 구성된 것이다. i) 지리적 국경을 무시하는 오늘날의 신자유주의적 세계화는 지식과 문화의 다양성을 존중하는가 아니면 단지 글로벌 표준화-단일화를 강요으로써 서구의 세계 (재)지배를 연장하려 하는가? ii) 포스트 식민주의 연구나 탈식민주의 연구 등을 통해 새롭게 부상하고 있는 지리와 철학의 관계, 지리와 문화의 관계에 대한 연구의 핵심은 무엇인가? 그리고 대체 어떤 연유로 이들 연구에서 지리(장소)가 제일 화두로 등장한 것인가?, iii) 각 로컬(특히 제3세계권 국가들)에서의 지리적 자각을 통한 세계인식은 전통의 서구(유럽)중심적 보편주의에 어떻게 맞서며 극복하고 있는가?

이 세 물음은 이 책의 구성이 3부 10장으로 구성된 것과 직결돼 있다. 1부에서는 '지리와 철학: 글로벌 표준화에서 로컬의 특수성으로'라는 주제로 로컬/글로벌, 상대성/보편성의 경계에 선 철학과 문화가 세계화 시대에 즈음해 어떻게 재서구화(재식민화)되는 것을 방어하고 지역-로컬 고유의 정체성을 지켜낼 수 있는지의 문제를 집중 조명해 보았다. 제2부에서는 '문화와 지리: '공유'의 발판인가 '재식민화'의 도구인가?'라는 주제로 문화적 전환의 시대, 글로컬 시대가 요구하는 새로운 문화인식론에 근거해 전통의 유일-보편 문화론이 갖는 야만적 이분법에 대한 비판적 작업을 시도해 보았다. 그리고 마지막 3부에서는 '서구유럽의 보편주의에 대한 제3세계의 해석과 대응'이라는 주제로 아프리카, 중남미 등에서 2000년대를 전후해 부상한 서구 유럽의 보편주의에 대한 비판적 작업과 그 대응을 종합해 보았다. 아프리카, 중남미에서 일고 있는 '탈식민주의 운동', '해방철학 운동'은 여전히 친서구유럽적 철학에 익숙한 대한민국에서의 철학교육의 문제점이 어디에 있는지, 고유의 철학적 실천을 위해 우리가 해야 할 일이 무엇인지를 되돌아보는 기회가 될 것이라 여겨 애써 소개해 보았다.

이상과 같은 연구 계획을 통해 필자가 얻은 결론은 다음과 같다: '글로벌 문화', '글로벌 보편지식'은 존재하지 않는다. 모든 문화는 로컬 문화('미국문화', '중국문화')일 뿐이다. 모든 지식은 로컬 지식('프랑스의 구조주의나 해체주의', '독일의 현상학이나 해석학', '미국의 실용주의나 분석철학' 등)일 뿐이다. 따라서 이제 'Korea'라는 지역-로컬 기반의 문화와 지식의 탐구를 통해 세계무대를 지향하는 일대 '인식전환'이 필요한 시점에 도달했다.

이 책을 독서함에 있어 선이해가 필요한 주요 개념에 대한 설명을 부기해 둘까 한다. 거의 모든 장에서 등장하는 개념들이기에 먼저 이를 독서하고 이 책에 접근하면 이해에 큰 도움이 될 것이다.

1) '서구', '서양'은 〈Western〉, 〈Occident〉의 우리말 번역어이다. 그런데 현재 '유럽'은 1993년 유럽연합(European Union)이 결성된 이후 서유럽(Western Europe(서구유럽)), 동유럽(Eastern Europe), 남유럽(Southern Europe), 북유럽(Northern Europe) 등으로 세분해서 부르고 있다. 이 기준에 따르면 서구(서양) 문명(문화)과 철학의 발상지는 그리스와 로마가 중심이기 때문에, 지리적으로는 분명 '남유럽'이라 해야 마땅하다. 하지만 아무도 이렇게 표현하지 않는다. 게다가 대항해시대부터 19세기 초중반까지 유럽은 세계 진출을 통해 해외에서 거대 자본을 축적해 가면서 '제국주의'와 '식민주의'를 탄생시킨다. 이 당시만 해도 현재의 남유럽, 동유럽은 서유럽인들에 의해 '비유럽'으로 분류되었다. 19세기 후반 제국주의가 팽대하게 되면서 세계는 거의 대부분의 국가가 프랑스, 영국, 독일(서유럽), 스페인, 포르투갈(남유럽) 등 유럽의 식민지배 하에 놓이게 된다. 서구 제국주의의 확장은 기독교, 산업혁명과 결합되면서 '문명화의 사명', '백색 신화'를 탄생시키기도 했다. 20세기가 되면서는 유럽의 패턴을 일본, 미국이 이어받았다. 1970-80년대에 국내에서는 유럽과 미국을 합쳐 '구미(歐美)' 또는 '서구(西歐)'라 칭했는데, 요즘에 이 표현은 거의 사용하지 않고 있다. 다시 분리해서 '유럽' 또는 '미국'이라 부르기 때문이다. 주지하듯, 본 저서의 2대 키워드는 '철학'과 '문화'이며, 그 연결고리는 '지리'이다. 따라서 부득이 i) 미국과 유럽을 통칭할 때도 빈번하지만, ii) 분리해서 얘기해야 할 때도 간혹 있다. 실제 해외 자료에서도 〈the West, Western, Europe, Western Europe〉 등으로 혼용해서 칭하고 있는 게 현실이다. 본 저서에서는 i)의 경우, 원저자가 〈Western Europe〉이라 표현하고 있는 경우를 제외하고는 '서구'로 통일했으며, 문맥에 따라 원저자의 논문 또는 저서의 제목을 고려해 부득이 '유럽'으로 표시해야 할 경우도 있음을 밝힌다.

2) ⟨local⟩을 이 책에는 '지역-로컬'로 번역했다. ⟨local⟩을 '지역'이라 번역하지 않고 '지역-로컬'로 번역한 것은 '글로벌-세계'의 맞대 개념으로 이해할 필요가 있다는 필자의 판단에 따른 것이다. 참고로 ⟨local⟩이 단독적으로 사용될 때는 ⟨provincial(지방, 시골), regional(지방, 지역), territorial(관할구역, 지역)⟩과 동의어이다. 하지만 ⟨global⟩의 맞대 개념일 때 ⟨local⟩은 좁게는 국가(Nation, State)를 의미하지만 넓게는 유럽연합(EU), 아프리카연합(AU), 동남아시아국가연합(ASEAN) 등과 같이 '한 지역의 국가연합'을 의미하기도 한다. 이런 뜻을 충분히 살려보고자 ⟨local⟩을 '지역-로컬'로 번역한 것임을 밝힌다. '지리'를 강조해야 할 때는 '로컬-지리'와 같이 사용한 예도 있다. ⟨local⟩의 문맥과 의미를 충분히 살리기 위해 이와 같은 선택적 번역이 불가피했음을 밝힌다.

3) ⟨glocalization⟩은 주지하듯 ⟨globalization⟩과 ⟨localization⟩을 결합한 신조어이다. 국내에서는 그동안 이를 '지구지역화', '지구·지방화', '세계지역화'와 같이 ⟨global⟩에 무게 중심을 두고 번역해 왔다. 하지만 이 번역어들은 모두 ⟨local⟩을 여전히 ⟨globalization⟩의 하위로 여긴다는 한계가 있다. 이런 이유 때문에 필자는 이 책에서 ⟨glocalization⟩을 '대안적 세계화'의 의미를 살리기 위해 '지역세계화(지역 → 세계화)'로 번역했다.

필자가 이 책에서 꿈꾼 것은 결국 '모든 로컬(all the locals)'이 각기 세계의 중심이 되는 것이다. 이러한 시대적 요청을 한국철학에 부과함으로써 현행의 '대한민국'이라는 지역-로컬을 망각한 철학적 활동을 총체적으로 반성하는 것을 목표로 삼았다. 그리고 이러한 자각이 없다면 글로벌 거대 자본이나 디지털 신기술의 노예가 되어 대한민국에서 철학은 '철학'이란 이름마저 포기해야 하는 날이 오고야 말 것이라는 게 필자의 잠정적 결론이다. 아니, 그래서, "이제 더 이상 '어디서나', '누구에게나' 적용될 수 있는 '보편 철학'에 대한 헛된 꿈을 접고 각자 자신의 위치에서 지식의 다양성, 문화의 다양성이 꽃필 수 있도록" 공동의 노력을 하자는 것이다.

'대한민국'이라는 지역-로컬이 망각된 곳, '장소의 영혼(genius loci)'이 자본화되고 상품화된 곳, 이런 곳에서 우리는 우리 자신을 발견할 수 없다. 자신의 얼굴이, 이름이, 신체가 존재하지 않은 곳에서 자신의 존재 위치가 부여될 리 만무하다. 이 책은 이러한 필자의 학문적 정체성 찾기의 일환이자 실존적 물음에 대한 변론서이다. 독자 여러분에게도 이 책이 학문적으로 자신의 현 위치를 되돌아보게 하는 기회가 된다면 더 바랄 것이 없겠다.

이 책이 출판되기까지 많은 분들의 직간접적 도움이 있었다. 늘 토론 상대가 되어준 한국외국어대학교 철학과와 글로벌문화콘텐츠학과 대학원 학생들에게 무엇보다 먼저 감사드린다. 거의 모든 원고는 이들의 목소리와 숨결이 반영돼 있다. 전체 원고를 읽고 윤문과 조언을 아끼지 않으신 김윤재 박사, 김소영 박사의 도움도 컸다. 주말도 없이 출근해서 집필을 마무리하기 위해 고군분투하는 남편을 묵묵히 지켜보며 응원해 준 아내, 장혜영의 사랑이 가장 큰 에너지가 되었다. 올해가 마침 결혼 30주년이다. 이 책을 그녀에게 바칠까 한다. 마지막으로, 출판 환경이 녹록하지 않은 상황임에도 이 책의 출판을 흔쾌히 허락해주신 도서출판 '모시는사람들'의 박길수 대표님과 편집진께 더 없는 감사의 말씀을 전한다.

2021년 4월
한국철학이 개벽되는 날을 꿈꾸며

차례 **글로컬 시대의 철학과 문화의 해방선언**

일러두기

- 각주 번호는 각 장별로 붙였으며, 그림과 도표의 번호도 마찬가지다.
- 참고문헌은 책의 마지막 부분에 종합적으로 정리했으며, 국문자료, 외국자료 순으로 배치
  했다.
- 저서, 논문의 표기 방식은 학술지의 일반 관례를 따랐다.
- 논문이나 저서명은 한글 맞춤법에 따라 일부 수정된 부분(특히 띄어쓰기)이 있다.
- 외국논문의 권/호의 표시는 모두 Vol, No로 통일했다.
- 국문자료, 외국자료 할 것 없이 부제는 모두 제목 다음에 〈:〉을 붙이는 것으로 통일했다.
- 출판지는 필자가 판단해 필요하다고 생각되는 경우만 표시했으며, 대학출판부 등 널리 알
  려진 경우는 생략했다.
- 외국어 병기는 최소화하려고 노력했으며, 영어, 프랑스어를 함께 사용한 것은 원 저작을
  존중해서다.

새로운 개념만이
새로운 세계를 연다

"나는 내가 생각하는 곳이다."

——— W. 미뇰로, 「나는 내가 생각하는 곳이다」

철학의 역사를 쓰기 위해서는 시간, 공간에 대한 배려가 무엇보다 우선시 되어야 할 것이다. 그런데 현재 우리는 과연 시간, 공간을 배려한 철학사를 대학에서 배우며 가르치는가? 이에 대한 필자의 의견은 다소 '회의적'이다. 대부분의 철학 강의는 기존의 이론, 즉 대한민국의 내부에서 생산된 것이 아니라 대개가 외부에서 유입된 이론, 정확히 말하면 서구에서 과거에 생산된 이론을 요약 · 답습하는 데 그치고 있다. 이는 대한민국의 철학자들이 자신이 속한 장소의 시간과 문화의 공간을 배려해 '실존적으로 철학하기(philosopher existentially)'를 시도하지 않는다는 뜻이다.

철학 자체에 대한 실존적 고민을 하지 않기 때문에 자신이 '어디'에서 '언제', '누구'에게 철학을 가르치고 있는지를 고민하지 않는 이상야릇한 일이 벌어진다. 대한민국의 철학계는 '어디', '언제', '누구'를 초월해서 오직 서구인처럼 '보편적으로(universally)' 철학하기에만 몰두하고 있는 것이다. 여기서 우리는 '보편적으로'의 의미를 되짚어 볼 필요가 있다. '보편적으로'는 "모든 곳에 존재하는, 모든 사람에게 적용되는 것"을 이르는 말이다. 그러나 이런

"'보편적' 이론 또는 담론"이 과연 철학의 영역에도 존재할까? 혹자는 필자의 이러한 의문에 대해 주저 없이 I. 칸트를 떠올릴 것이다.

"너의 행위의 격률(格率)이 너의 의지에 의해 보편적 자연법칙이 되어야만 하는 것처럼 행동하라!" 그러나 칸트의 이 말은 우리에게 대체 어떻게 행동하라는 것인가? 모든 인간이 칸트가 요구한 것처럼 행동하는가 아니면 보편적 격률이나 법칙 등에 연연하지 않고 자유롭고 주관적으로, 이기적으로, 자신의 문화에서 습득한 관례대로, 욕망이 자극하는 대로, 즉 각자가 제각각의 이유로 행동하는가? 두말할 것도 없이 칸트에게 보편법칙으로서 도덕은 정언명법에 해당한다. 칸트의 이 주장이 문자 그대로 '보편성'을 획득하려면, 모든 곳에 존재하는, 모든 사람이, 즉 단 한 사람의 예외도 없이 보편적 격률을 존중하며 따라야 한다.

A. 그람시가 칸트의 보편법칙에 딴지를 걸고 나선 것도 이 때문이다. 보편법칙은 "모든 사람을 위한 규범(a norm for all men)"이 아니라 "비슷한 조건에 있는 모든 사람(a norm for all men in similar conditions)"에게나 적용될 수 있는 '특수한 규범'이라는 것![1] 그람시의 철학 실천(칸트에 대한 비판적 해석)에 대한 새로운 해석에서도 확인할 수 있듯, 어떤 한 철학자의 주장이나 이론은, 그것이 과연 '보편성'을 획득할 수 있는 것인가와 무관하게, 대개는 세계에 대한 보편적 해석이 아니라 충분히 자의적 해석에 근거한 것이라 할 수 있다.

하지만 문제는 칸트를 위시해 많은 서구철학자들의 주장과 이론이, 앞서 그람시가 칸트에게 토를 달았던 것처럼, '비슷한 조건' 하에 있지 않은 비서구 지역의 사람들에게도 과연 그대로 적용될 수 있느냐는 것이다. 다시 말해

---

1 H. Dabashi, "Can non-Europeans think? What happens with thinkers who operate outside the European philosophical 'pedigree'?", *Al Jazeera*, le 15 Janvier 2013 참조.

서구철학의 전통 밖에서 활동하는 철학자도 서구철학자들이 제시한 주장과 이론들을 '무조건적 법칙(unconditional law=universal law)'처럼 받들어야 하느냐는 것이다. 다시 말해 비서구권의 학자들이 식민지 시대에 물려받은 서구의 언어나 사유 논리 또는 규칙을 아무런 실존적 해석도 가하지 않은 채 수용하고 전파하는 것이 온당하고 설득력이 있는 행동이냐는 것이다. 대체 왜 아시아, 아프리카, 라틴아메리카에서도 서구 방식으로 사고하고 행동해야 하느냐는 것이다.

아시아, 아프리카, 라틴아메리카 내에도 유구한 역사 속에서 전통적으로 일군 고유한 철학 전통이 있고, 나름의 철학사를 보존하고 있다. 데카르트, 흄, 칸트, 헤겔 등에 뒤떨어지지 않은 자국의 선대 철학자들이 버젓이 존재함에도 "왜 서구철학은 '철학'이고 아프리카철학은 인종철학(ethnophilosophy)"으로 취급하느냐는 것이다. "왜 모짜르트가 재채기를 하면 '음악'이 되고 가장 정교한 인도의 전통 음악(ragas)은 인도민족음악이라는 주제로 치부"되는가?

아시아, 아프리카, 라틴아메리카에서 철학을 하는 경우에는, 반드시 서구철학의 전통을 존중해야만 철학을 하는 것이라는 착각에서 벗어나야 한다. 21세기, 탈근대-탈식민 시대인 오늘날은 과거처럼 서구철학을 강요하는 주체도 없고 그런 제도가 제국주의 시대처럼 작동되는 것도 아니다. 그렇다면 아시아, 아프리카, 라틴아메리카에서 철학을 하는 사람들은 자신들의 로컬 전통을 기반으로 철학을 해야 하며, 이는 '당위'나 다름없다. 그런데도 자신들의 로컬을 간과하고 철학의 심급을, 진리의 척도를 여전히 그리스-유럽에 두는 이유가 뭔가?

2 *Ibid.*

이런 식민근성에 젖어 있는 자들을 향해 H. 다바시는 "비유럽인도 사유하는가?"라는 반문을 던진다. "비유럽인도 사유하는가?" 다바시의 이 도발적인 질문은 서구의 전통을 좇아 '보편적으로' 사유하는 것이 철학의 목표라고 착각하는 우리에게도 시사하는 바가 크다고 생각된다. "무슨 소리냐?"며 반론을 펼 필요가 있을까 싶을 정도로 어처구니가 없다고 생각할 것이기 때문이다. 하지만 이런 일이 실제 벌어지고 있다는 것을 결코 가볍게 여겨서는 안된다. 유럽인들이 볼 때 "비유럽인은 철학을 할 수 없다"는 말을 다바시는 이렇게 우회적으로 묻고 있는 것이다.

물론 유럽인들이 유럽 중심적으로 세계를 관찰하고, 그들 방식으로 세계를 이야기하는 것은 자유다. 그렇게 유럽인들은 "그들의 특수한 철학을 '철학'의 본령이라 여기며",[3] 소위 세계철학계의 논장(論場)을 전유(專有)해 왔고, 지금도 전유하고 있다. 더 정확히 말하면, 헤겔, 훗설, 데리다를 위시해 많은 유럽철학자들이 그렇게 유럽을 철학의 영지(領地)로 굳게 믿고 있다. 문제는 그들 방식으로 모든 곳에서 모든 사람이 '철학하기'를 바라는 것이 이성적으로 타당하냐는 것이다. 당연, 타당한 것이라 할 수 없다. 그래서 철학에서의 유럽 중심주의는 비판할 가치도 없다는 것이 필자의 생각이다. 타자를 부정하고 스스로에게 권위와 권력을 부여함으로써 자신들의 사고와 행동이 '보편적인 것'임을 정당화하고 있기 때문이다.

이렇게 '보편화의 이념'으로 무장한 유럽인들이 비유럽권의 문화, 역사, 전통은 철저히 무시하고 그들의 단일 문화, 단일 종교를 모든 곳에 사는 모든 사람이 '보편적인 것'으로 따르고 복종하기를 종용한 것이 '유럽 중심주

3 Ibid.

의'이다. "비유럽인은 철학을 할 수 없다"는 다바시의 예측된 결론이 "유럽의 유수 철학자들(leading European philosophers)"의 무의식에서 여전히 작동되고 있다면, "특수성을 보편화하는(universalising their particulars) 나쁜 습관"을 유지하려 한다면, 이들이 "유럽 이외의 특정 지역에 대해 뭔가를 말할 때, 그들은 완전히 이성을 잃을 수(look completely out to lunch)"밖에 없다. S. 색클이 다바시와의 인터뷰에서 확인하고 싶었던 것도 이 점이다.[4]

대한민국에서 독일철학, 프랑스철학을 또는 중세신학, 근대철학을 21세기 벽두에 왜 가르쳐야만 하는 것인지, 그 이유를 우리는 묻지 않아도 되는 것인가? 이들 철학에는 시간, 공간을 뛰어넘는 보편 철학이 강설(講說)돼 있기 때문에 그저 배우고 익히는 것만이 상책(上策)이란 말인가? 철학은 시간, 공간을 탐문(探問)하고 재탐문하면서 거듭난다. 철학사가 존재한다는 것이 그 증거다. 그런데 대한민국의 철학계는, 과거에도 늘 그랬지만, 오늘날에도 여전히 서구철학의 '유령들'이 사고와 행동, 인식과 존재를 지배하고 있는 것에 대해 깊이 고민하고 있지 않다.[5] 서구철학의 유령들의 지배가 현재 대한민국의 '철학함'을 지배하고 있다면, 그 유령들을 불러내 강단에서 교수(敎授)되고 학습(學習)되는 철학이라면, 대한민국이라는 공간에서 '대한민국'은 망각된 것이나 다름없다. 21세기라는 시간도 망각되기는 마찬가지다.

문제는 이렇게 시간, 공간을 망각한 채로 진행되는 철학적 활동을 정상적

---

4 S. Shackle, "Can non-Europeans think? An interview with Hamid Dabashi", *New Humanist*, 29 July 2015 참조. https://newhumanist.org.uk/ (검색: 2020.02.04)
5 데리다에게는 마르크스가 유령이었듯, 대부분의 철학자들에게는 각기 자신을 지배하는 '유령'이 있다. 필자에게는 많은 시간을 들여 독서한 철학자가 모두 유령이라고 해도 무방할 것이다. 문제는 이 유령이 거의 모든 철학자에게 자유로운 사고, 창조적 사고를 전개하는 데 있어 어떤 형태로건 방해를 한다는 것이다. - J. Derrida, *Spectres de Marx*, Galilée, 1993(『마르크스의 유령들』, 진태원 옮김, 이제이북스, 2007) 참조.

인 지적 활동이라 할 수 있느냐는 것이다. 시간과 공간이 추상화되고 초월된 채 외부의 유령들을 좇는 것으로 대한민국에서의 철학적 활동이 진행된다면, 이런 방식으로 '철학'이 연명(延命)해야 한다면, 이는 '죽은 남의 철학'을 붙들고 철학을 하는 것과 하등 다르지 않다.

그렇게 서구의 근대성의 상징인 '보편', '보편성', '보편주의'를 '하늘'처럼 받들며 우리는 철학이란 걸 해 온 것이다. 철학의 종주국이라는 영국, 프랑스, 독일, 그 후손들인 미국은 물론이고 말타, 베트남, 카메룬에서도 사정은 크게 다르지 않다. 수학도 아니고, 천문학도 아닌데 어떻게 철학에서 시간과 공간을 망각하고 '지역-로컬'의 특수성을 간과한 채 유럽인들이 말하는 보편적인 것(universal), 보편성(universality), 보편주의(universalism)만을 '철학의 지도 이념'으로 여기는 것인지? 그러고도 떳떳할 수 있는지?

철학의 보편-놀이, 보편-타령 속에는 이렇듯 유럽의 이데올로기와 지식의 식민성이 결합되어 있다. 그런즉 "서구(서양)철학(Western Philosophy), 유럽중심철학(Eurocentric Philosophy) = 철학(Philosophy)"이라는 편견은 이제 버려야 한다. 이들이 말한 철학은 단지 '유럽'이라는 지리에 국한된 철학일 뿐이다. 돌려 말해, 유럽인이 유럽에서 철학에 대해 논설(論說)하는 것처럼 제3세계권에서도 마치 유럽인들처럼 철학을 논설하는 것이 문제라는 것이다.

대체 어떻게 이런 일이 가능한가? 제3세계권에서 자신들의 문화적 정체성을 철학적 물음과 연계시키지 못한 것이 결정적 원인이라 할 수 있다. 그렇게 제3세계권은 제1세계에 의해 철저히 타자화되었고, 스스로를 소외시켰으며, 자신들의 고유한 문화적·철학적 전통마저도 제1세계에 헌납하면서 동화됨으로써 자신이 선 곳에서 이방인이 된 격이다. 역설적으로 말해 그렇게 제1세계는 자신들의 권능을 외부로, 밖으로, 제3세계로 확대시키면서

식민 지배력, 통제력을 전방위적으로 강화해 온 것이다. "나는 생각한다, 고로 존재한다(Cogito, ergo Sum)"는 데카르트의 명제가 "나는 정복한다, 고로 존재한다(Conquiro, ergo Sum)"는 괴물을 낳게 된 것도 이런 점에서 보면 결코 우연이랄 수 없다. 한마디로, 비유럽권 전체가 '유럽화된 동양', '유럽화된 아프리카', '유럽화된 중남미'로 변질된 것이다. 진리가 권력, 지배와 야합하면서 서구의 권력 매트릭스가 지구촌을 장악하는 계기가 된 것이다.

"정복만이 진리다(Vincit omnia Veritas)"[6]라는 구호가 문화나 철학 영역에서도 유의미한 것으로 통용되고 있다는 사실 자체가 유럽 중심 철학의 보편-놀이, 보편-타령이 얼마나 허무맹랑하고 어처구니없는 발상인지를 되돌아보게 한다. 바로 이것이 오늘 우리에게 주어진 상황이자 극복해야 할 과제이다. 하지만 유럽 중심 철학은 유럽 밖에서 바라보면 분명 유럽이라는 지리 안에서 작동되는 것이 분명하고, 그래서 유럽 중심 철학은 '유럽지역주의(European Localism)'를 반영한 것에 다름 아니라는 사실이 명확해진다. 요컨대 유럽지역주의가 온 지구촌을 아우를 수 있는 '보편주의'를 대변한다는 착각을 이제는 거둘 때가 되었다는 것이다.

W. 미뇰로의 주장대로, "유럽지역주의 = 보편주의의 신기루"에서 이제는 우리 모두가 벗어날 때가 된 것![7] 유럽의 식민 지배의 희생양이 되어야 했던

---

6 R. Guénon, *The Crisis of Modern World,* Hillsdale NY: Sophia Perennis, 1996, p. 117.
7 W. Mignolo, "The Mirage of Universalism Behind European Localism" - https://publicseminar.org/2018/05/the-mirage-of-universalism-behind-european-localism/ (검색: 2020.02.04). 보다 자세한 언급은 A. Afolayan, T. Falola, *The Palgrave Handbook of African Philosophy,* Springer, 2017, pp. 293~296 참조. 실제 유럽에서는 정치경제적 차원에서도 이제 자신들의 지역주의(European localism)를 강화할 때라고, 웃기도 민망한, (집단적) 고백을 하고 있다 - M. Persson, *The case for European localism,* London: Open Europe, 2011, p. 18: "요약컨대, [EU의 각] 정부는 새롭게 규모화할 수 있고, 지속가능하며, 전략적 EU 블록을 형성할 필요가 있고, 정부의 목표는 모든 입법과 향후 [사회의] 구

제3세계, 이들 지역-로컬의 학자들이 1990년대, 즉 신자유주의가 지구촌의 새로운 이념으로 부상한 시기와 때를 같이해 대대적인 신철학 운동을 벌이게 되는데, 그 핵심에 바로 '지식-권력의 탈식민적 인식 전환' 개념이 자리하고 있다. 그리고 바로 이들에 의해 비유럽 지역-로컬의 지식(철학)에 대한 연구의 필요성 및 중요성이 제기되었으며, 제3세계주의자들의 노력에 힘입어 어느새 세계 지식계의 화두가 되었다.

이렇게 비유럽 지역-로컬에 대한 연구의 필요성 및 중요성이 제기되었다는 것은 두 가지 함의가 있다. 첫째는 유럽을 지방화해야 한다(provincializer Europe)는 주장이 등장한 점이다.[8] D. 차크라바르티의 『유럽을 지방화하기: 포스트식민적 사고와 역사적 차이』라는 책이 일반 독자들에게는 다소 생소하게 비칠 수도 있겠으나, 필자에게는, 다바시의 "비유럽인도 사유하는가?'라는 물음만큼이나, 숨을 멎게 할 정도로 충격적인 제목이었다고 솔직히 고백하고 싶다. 차크라바르티가 이렇게 "유럽을 지방화해야 한다"고까지 주장하고 나선 것은 '유럽의 지식 = 보편적 지식', '유럽의 역사 = 보편적 역사'가 아니라 유럽인들이 말한 지식과 역사는 철저히 '유럽'이라는 지리 안에서 생산되고 소비되는 지식이고 역사라는 제한을 가할 필요가 있다는 판단에 따른 것이다. 두 번째는 이로부터 "모든 지식은 지역-로컬 지식이다"라는 새로운 명제가 탄생했다는 점이다. 이 명제에는 각 지역-로컬의 지식인, 철학자에게 자신의 지역-로컬에 대한 연구에 관심을 가지라는 준엄한 요구가 포함돼 있다.

차크라바르티의 '유럽의 지방화' 논제는 유럽에 유럽의 지식이 존재하는

조적 변화를 통해 지역주의를 증진시켜야(promote) 한다."
8 D. Chakrabarty, *Provincializing Europe: Postcolonial Thought and Historical Difference*, Princeton University Press, 2000 참조.

것만큼이나 중국에는 중국의 지식이 존재하고, 인도에는 인도의 지식이 존재하며, 대한민국에는 대한민국의 지식이 존재한다는 것을 하나의 '역설적 사실'로 정당화한다. 이 새로운 논제는 한 걸음 더 나아가 유럽/비유럽, 서구/비서구를 불문하고 '지역-로컬 지식'이란 기본적으로 인간이 거주하는 곳이면 어디에나 존재하기 마련이라는 확신을 우리에게 선사한다.

이와 같은 확신으로부터 우리는 근현대의 지식의 역사를 지배해 왔던 유럽의 '단일-보편 지식'의 폭력과 한계에 대해 당당하게 맞설 수 있는 길이 예비된다.[9] 바로 이와 같은 '새로운 철학적 발견'에 기초해 근 30여 년 동안에 걸쳐 대대적인 학문 실천 운동이 전개되었고, 이를 이끈 학자 집단이 있는데, A. 키야노, E. 두셀, W. 미뇰로, R. 그로스포겔, N. 말도나도 토레스 등이 바로 그 주인공들이다. 이들은 모두 탈식민주의자로서 포스트식민주의, 포스트비판이론, 해체주의 등에 기초해 자신들의 지역-로컬의 지식에 대한 연구에 열중해 왔다. 이들은 지역-로컬 지식은 열등한 토착 지식이 아니라 '정상 지식'이라는 주장을 펴기 위해 각자가 학문 실천 운동에 동참·협력하고 있는 것이다. 이들의 목표는 소위 '해방철학(Philosophy of Liberation)'에 있으며, 해방철학은 유럽철학으로부터의 해방(Beyond European Philosophy)을 의미할 뿐만 아니라, '인간(유럽인, 비유럽인 모두)'을 유럽의 식민 상태로부터 해방시키는 것을 목표로 한다.

이들 탈식민 해방철학자들이 바라는 것을 요약하면 다음과 같다: i) 유럽의 식민주의(오늘날에도 여전히 재식민화를 시도하고 있는) 지식-권력으로부터의 탈식민적 인식 전환을 시도해야 한다; ii) 비유럽 지역-로컬의 토착 지

---

9 이와 관련 종합적 연구로는 W. Mignolo, *The Dark Side of Western Modernity. Global Futures, Decolonial Options*, Duke University Press, 2011 참조.

식 자원들에 대한 탐구를 통해 지역-로컬 고유의 삶-사유-존재-행위(living-thinking-being-doing)를 회복해야 한다; iii) 유럽의 보편-놀이를 위한 지식에 서처럼 특정 지리(지역)에 종속된 또는 그 특정 지역민에게만 이로운 지식이 아니라 모든 지역-로컬에 이로운 지식, 온 인류에게 봉사하는 새로운 지식의 생산을 위해 노력한다.

이러한 목표를 가지고 출발한 탈식민-해방철학-윤리학-인간학이기에 탈 식민 지식 운동은 유럽의 철학, 즉 제1세계의 철학이 그랬듯 타자나 타 국가 및 타 문화를 지배하거나 통제하기 위한 권력-철학을 지양하고, 유럽의 식민 성/근대성으로부터 인류가 해방되어 각기 해당 지역-로컬에서 "삶-사유-존 재-행위"의 자유를 누리는 것[10]을 지향한다. 이런 점에서 탈식민 철학은 분명 '신철학'이자 '(유럽)철학을 넘어서는 철학'이며, '해방의 윤리학'이라 할 수 있 다.[11]

이와 같은 신철학 운동의 의의는 i) 21세기형의 신식민주의적 세계화, 즉 재서구화(rewesternization) 및 서구중심주의의 강화를 꾀하는 제1세계의 '지 구촌'에 대한 구상을 '글로벌리티' 개념을 통해 재고하면서 지역-로컬의 빛과 그림자를 성찰하는 계기를 제공하고, 특히 대안적 세계화가 무엇인지 고민 을 하게 한다는 점, ii) 이를 제3세계권의 철학자들이 주도하게 되면서 서구 철학자들까지도 자신들의 철학을 스스로 '로컬리즘(European Localism)'이란 개념으로 재구성하지 않으면 안 될 정도로 세계 지식계의 판도에 변화가 일

---

10 W. Mignolo and C. Walsh, *On Decoloniality: Concepts, Analytics, Praxis*, Duke University Press, 2018, p. 11.

11 E. Dussel, *Beyond Philosophy: Ethics, History, Marxism, and Liberation Theology*, Rowman & Littlefield Publishers, 2003; E. Dussel, *Ethics of Liberation in the Age of Globalization and Exclusion*, Duke University Press, 2012 참조.

고 있다는 점, iii) 유럽이 이렇게 '유럽'이라는 지리 안에 철학적으로 정위(定位)됨으로써 지역-로컬 철학 연구의 (탈식민적 · 해방적) 정당성이 부여된다는 점, iv) 이러한 신철학 운동의 결과 궁극적으로 지리와 철학, 문화와 지리의 문제를 재고하는 기회가 제공되면서 왜 그리고 얼마나 토착적 지역-로컬 지식이 중요한지를 많은 사람들에게 환기시켰다는 점, v) 그리고 최종적으로는 지식도 문화도 다양성, 다수성, 복합성을 근간으로 재편성되어야 한다는 새로운 인식 전환을 이끌어냈다는 점 등이다.

글로벌 시대, 초연결 시대, 가상의 클라우드 시대, AI와 Big Data의 시대가 21세기의 화두가 된 이 시점에 철학을 시간과 공간(장소)을 통해 재논의, 재구성해야 한다고 주장하는 것 자체가 어쩌면 '구시대적 발상'이라 비판을 받을 빌미가 될 수도 있다. 하지만 필자는 전혀 그렇게 생각하지 않는다. 이 저서를 통해 필자가 주장하려는 바도 바로 이 점이다. 우리 모두는 그 누구도 현실세계를 벗어나서는 한순간도 존재할 수 없다. 초월세계, 미시세계, 가상세계는 현실세계 속에서만 의미가 있다. 출생일, 국적이 없는 인간은 이미 현실세계 속의 인간이라 할 수 없다. 현실세계 속의 인간은 곧 시간과 공간속의 인간이다. 같은 논리로 지역-로컬과 글로벌을 서로 분리하거나 하나가 다른 하나에 종속되는 것은 필자가 이 책에서 주장하려는 바가 아니다. 21세기는 로컬과 글로벌을 동시에 삶의 무대로 하는 '호모 글로칼리쿠스(homo glocalicus)'를 지향한다.[12]

호모 글로칼리쿠스는 자신이 거주하는, 삶을 영위하는 지역-로컬에서 글로벌 세계를 꿈꾸는 인간을 지칭한다. 기실 모든 인간이, 만일 그가 정상적

---

12 박치완, 『호모 글로칼리쿠스』, 한국외국어대학교 지식출판콘텐츠원, 2019 참조.

인 인간이라면. 이와 같은 방식으로 자신의 지역-로컬 세계에서 글로벌 세계를 꿈꿀 것이다. 하지만 여기서 분명히 해야 할 것이 하나 있다. 그것은 우리 모두는 예외 없이 '어디엔가'에 존재한다는 사실이다. 미뇰로의 "나는 내가 생각하는 곳이다(I Am Where I Think)"[13]라는 경구가 진정 가슴에 와 닿는 독자라면, 이 책을 덮어도 좋다. 하지만 글로벌 시대에 이게 무슨 소리냐며, 고개를 갸웃거리는 독자라면, 반드시 이 책을 처음부터 끝까지 읽어 볼 것을 감히 권한다.

모든 인간은 기본적으로 장소적 존재이기 때문에 탈지리적 · 탈경계적 인간이란 '상상의 인간'일 뿐이다. 제아무리 세계화 시대가 닻을 높이 올렸다고 해도, 인터넷, 스마트폰이 현대인의 팔과 다리, 가슴과 뇌를 대신해 지구촌 곳곳을 유영할 수 있다고 부르대도 철학은, 장소적 존재인 인간이 그렇듯, '사유영토'를 벗어나면 아무런 의미도 지니지 못한다. 들뢰즈와 가타리의 말을 빌리자면, "철학은 곧 지리 철학이다."[14] '철학 = 지리 철학'이라는 이들의 등식은 역설적으로 "오직 글로벌 세계!"만을 꿈꾸며 보편-놀이, 보편-타령을 하는 데 혼을 놓고 있는 것이 얼마나 우스꽝스러운 것인지를 반증한다. 게다가 대한민국의 철학적 상황은 제3세계권의 상황보다 결코 낫다고 할 수 없다. 솔직히 훨씬 더 열악한 형편이란 게 필자의 판단이다.

세계 지식계에 과연 '대한민국', '한국철학'의 위상이 어느 수준인지 되묻게 되는 것도 이 때문이다. 냉정하게 얘기해, 이제 우리가 철학을 '새로운 개

---

13 W. Mignolo, "I Am Where I Think: Epistemology and the Colonial Difference", *Journal of Latin American Cultural Studies*, Vol. 8, No. 2, 1999.
14 G. Deleuze and F. Guattari. "Geophilosophy", *What is Philosophy?*, translated by H. Tomlinson and G.Burchell, Columbia University Press, 1994, pp. 85~116 참조.

념(New Words)'을 가지고 재출발시키지 않으면 안 되는 이유가 여기에 있다. 제3세계권 학자들처럼 '탈식민적으로 사유하기'를 실천하려면, 우리가 더는 서구철학의 논리틀, 인식틀, 존재틀에 갇혀 있어서는 곤란하다. '새로운 세계(New Worlds)'는 '새로운 개념'을 통해서만 열린다. '새로운 세계'는 남에 의해 주어진 것이 아니라 우리가 스스로 열어젖혀야 한다. 내가 사고하고 행동하는 곳의 영토가 서구철학에 의해 초토화되어 있다는 것은 곧 나의 영혼이 초토화되어 있다는 말과 같다. 그렇게 "나의 '영토'"가 사라지면, 국적을 상실한 '나'는 보호자도 없이 떠도는 '국제적 고아'가 될 수밖에 없다.

> 생태적 위기까지 동반한 세계화 시대에 우리는 우리가 살고 있는 영토, 토양, 주거지를 [스스로] 결정할 수 있어야 한다. (…) 각자는 어디에 뿌리를 둘지 (atterrir) 결정할 수 있다. 국민이 없다면 정치를 할 수 없으며, 영토가 없다면 국민을 가질 수 없다.[15]

이상과 같은 문제의식을 가지고 출발한 이 책을 통해 필자는 대한민국에서 철학을 한다는 것의 의미를, 개인적으로는 물론이고 철학에 관심이 있는 모든 이들과 함께, 되돌아보는 시간을 갖고자 하는 데 저술의 목표를 두었다. 서구식으로, 보편적으로, '철학을 한다(철학을 배우고 가르친다)'는 것만으로 "'대한민국에서' 철학은 한다"는 것이 충분히 설명되지 않는다는 반성이 필자에게는 늘 있었다.

---

15 B. Latour, "Une Terre sans peuple, des peuples sans Terre", propos recueillis par Camille Riquier, *Esprit,* janvier-février 2018, p. 152. 상세한 논구는 B. Latour, *Où atterrir? Comment s'orienter en politique*, La Découverte, 2017 참조.

철학은 누구를 위해(for Whom), 어디서(Where), 언제(When), 왜(Why)라는 질문과 함께 작동되는 아주 '특이한 학문'이다. 무엇을(What), 어떻게(How)에만 매달려 온 대한민국의 철학은 이런 점에서 한쪽 다리가 없는 상태나 다를 바 없다. 바로 서지 못하기 때문에 앞으로 나아갈 수가 없다. 낸 길이 없으니 세계 지식계를 향해 "이것이 한국철학이다"라고 내세울 것도 없다.

유구한 역사 속에서 정신적 유산으로 물려받은 것은 많지만 지난 100년간 새롭게 생산해낸 것이 없었던 탓에 한국철학의 현재 상태는 "살아 있는 시체"[16]나 다를 바 없는 것은 아닌지? 그렇기에 우리는 "[향후] 생산하게 될 것뿐만 아니라 상속받은 것에 의해 살기로 처단된"[17] 상황에서 다시 철학을 시작해야 하는 것은 아닌지, '한국철학'의 과제가 바로 여기에 있다고 하면 과장일지, 한 아프리카계 철학자를 인용해 이렇게 자문해 본다.

"'대한민국에서' 철학을 한다"는 것은 '대한민국'을 소재로 철학을 한다는 의미다. 이제는 최소한 우리의 수준과 형편이 세계지식계도 넘보며 철학을 할 때가 되지 않았느냐는 것이다. 세계지식계를 넘보면서 철학을 한다는 것은 '대한민국'이라는 문화지리, 문화 코드, 문화원형 등이 반영된 철학을 해야 한다는 주문이기도 하다. 사유의 핵심 범주인 '세계'는 시간과 공간을 초월하려고 제시된 것이 아니라 역으로 시간과 공간에 천착하라고 부여된 것

---

16 A. Mbembe, "Necropolitics", *Public Culture,* Vol. 15, No. 1, 2003, p.40. 카메룬 출신의 이 아프리카철학자는 유럽에 짓눌린 '아프리카'를 철학적으로, 정치적으로 탈식민화하기 위해 이와 같은 비유를 사용하고 있으며, 그는 유럽과 미국 중심의 세계화에 저항하기 위해, 논문 제목이 시사하듯, '아프리카의 흑인을 위한 정치학(necropolitics = Negro + politics)'이란 신조어까지 동원하고 있다. 여기서 우리는 이들 아프리카철학자들의 반서구적 태도보다는 철학적 정체성을 찾기 위한 노력에 관심을 가져야 하지 않을까 싶다. 그의 대표작으로는, *De la postcolonie. Essai sur l'imagination politique dans l'Afrique contemporaine*, Paris: Karthala, 2000; *Critique de la raison nègre*, La Découverte, 2013.

17 A. Mbembe(2013), *op. cit.*, p. 254.

이다. 이제 우리는 더는 보편-놀이, 보편-타령을 해야 할 이유도 없고, 또 그럴 여유도 없다.

지역-학으로서 한국철학만이 어쩌면 세계지식계에 한국철학을 문자 그대로 '한국철학'으로 알리고 인정받을 수 있는 유일한 길인지 모른다. 유럽으로, 미국으로 외출한 한국의 영혼들을 이제는 대한민국이라는 지리 안으로 거둬들일 때가 되었다. 그리고 이제부터 한국철학이 '살아 있는 시체'에서 벗어나 '살아 있는 생명체'가 되게 해야 할 때이다. 그러자면 철학을 대한민국이라는 지리에서 다시 배워야 할 것이다. 철학은 '저기(유럽, 미국)'에 있는 것이 아니라 '지금-여기(대한민국)'에 있다.

이 책에서 필자의 논의는 아쉽게도 여기서 그친다. 남은 일은 "한국인도 철학을 한다"는 것을 세계지식계에 보여주는 일일 것이다. 그러자면 "한국인도 철학을 하는가?"라고 먼저 물어야 할 것이다. "한국인도 철학을 하는가?"는 "한국에도 철학이 있는가?"라는 물음과 짝을 이룬다. 이 두 물음을 해소하기 위해서는 스스로 '한국인'인지도 마땅히 물어야 할 것이다. 대한민국이라는 공간-장소-지리와 함께 하는 철학, 그것이 한국철학의 미래라는 점을 강조하면서 이 책의 포문을 연다.

제1부

지리와 철학
— 글로벌 표준화에서 로컬의 특수성으로

제1장 ——

로컬과 글로벌,
상대성과 보편성의
경계에 선 철학

"철학은 지리-철학(géo-philosohie)이다.

이는 정확히 역사가 지리-역사학인 것과 같다."

——— G. 들뢰즈 & F. 가타리, 『철학이란 무엇인가?』

"요즈음은 무엇보다도 새로운 술어, 이론, 주의(主義) 등등의 범람

시대란 감을 가끔 가지게 된다. 거기에 선전의 수단조차 한결같지 않아

현대인이야말로 정신을 가다듬기 어려울 정도로 온갖 지식을 받아들이기에 우선

바쁘다. (…) 백과사전 서식의 지식 내용은 가속도적으로 팽대할 뿐이언마는

사람들은 오히려 지성의 빈곤을 한탄한다."

——— 박종홍, 『한국의 사상』

1. $y = f(x)$와 철학

모든 텍스트는 일반적으로 한 사회와 문화를 무대로 생산되고 소비된다. 작가나 저자 역시 자신이 태어난 사회나 문화적 영토에서 자양분을 얻어 저작 활동, 예술 활동을 영위한다. 독자도 이러한 환경으로부터 자유로울 수 없는 존재다. 그런 점에서 한 권의 텍스트로 기술되고 창작되어 읽히는 언어

는 한 사회나 문화의 요체요 사회구성원들을 연대시키는 매개체라 할 수 있다. 즉 언어는 한 사회와 문화 공동체의 보고요, 소통창구인 것이다.[1]

그렇다고 해서 텍스트가 한 사회나 문화에만 국한되어 생산되고 소비되는 데 그치는 것은 아니다. 주지하듯 적지 않은 텍스트들이 실제 '지리적·문화적 경계'를 넘나들고 있기 때문이다. 그 과정에서 C. 기어츠의 지적대로 '문화 간 번역'의 문제가 부상한다.[2] '번역 대상 언어(出發語)'와 '번역하는 언어(到着語)' 사이의 간극이 상존(常存)하기 때문이다. 그 간극을 얼마든지 뛰어넘을 수 있다는 이상론자들의 꿈은 현실적으로 늘 난제에 직면하기 마련이다. 특히 생존해 있는 작가나 저자가 직접 이의를 제기하는 경우가 좋은 반례가 아닌가 싶다.

M. 프루스트는 자신의 소설이 영어로 번역되었을 때 실제 번역상의 간극이 있음을 직접 지적한 것으로 유명하다. 그뿐만 아니라 U. 에코는 자신의 신작 소설 『프라하의 묘지』를 각국에서 번역할 때 "19세기 문체를 과장되지 않게 재현해 달라"고 주문했다고 한다. 그때문에 우리나라에서도 그의 그런 요구를 받아들여 "1910년대 신문 매체에 연재되던 번안(飜案) 소설의 문체"를 차용(借用)하게 되었다고 번역자가 밝힌 바 있다.[3]

소설들과 달리 전문 이론서, 특히 철학의 경우는 문화적 간극이 더 심하

---

1 U. Eco, R. Rorty, J. Culler and C. Brooke-Rose, *Interpretation and Overinterpretation*, Cambridge University Press, 1992, p. 67. 에코는 특히 '저자'가 아닌 '독자'와 관련해 이와 같은 언급을 하고 있다. 그에 따르면 독서·해석 행위의 중심에 독자가 있고, 독자의 언어능력이 독서·해석의 질(質)을 결정한다. 이런 까닭에 전문적인 저서들일수록 일반 독자의 접근이 어려운 것이다.

2 C. Geertz, *The interpretation of Cultures*, New York: Basic Books, 1973 참조.

3 움베르토 에코, 『프라하의 묘지』(전2권), 이세욱 옮김, 열린책들, 2013;《서울신문》(2013년 1월 16일, 21면) 기사("6년 만에 돌아온 움베르토 에코, 19세기 유럽의 증오·음모 겨누다) 참조.

다. 핵심 내용(구체적으로는 핵심 개념어) 이 도착어로 번역되는 데 상당한 한계가 있기 때문이다. 예를 들어 우리 문화권에서도 이미 익숙한 학자라고 할 수 있는 하이데거의 〈Dasein〉을 비롯해, 데리다의 〈différance〉, 레비나스의 〈Il y a〉나 〈illéité〉는 물론이고, 뒤랑의 〈imaginaire〉나 코르뱅의 〈imaginal〉도 마찬가지다. 그리고 신조어는 말할 것도 없지만 특히 일상어가 개념어로 사용되었을 때 그 의미는 제대로 전달되기 쉽지 않다.

〈그림1〉 바슐라르(1884~1962)
(출처: https://oppositionalgeometryblog.
wordpress.com/)

일례로, 바슐라르는 하이데거 철학의 핵심어인 독일어 〈Dasein〉이 불어 번역어 〈être-là〉가 되었을 때 과연 어떤 오해가 생길 수 있는지를 다음과 같이 적고 있다:

[접두사와 접미사로 연결된 낱말들은 서로 접합되는 대신에 내밀한 차원에서 분리되기도 한다.] 그것들은 [각기] 홀로 사유하려고 한다. 이 사실로 인해, 때로 낱말들은 균형을 잃는다. 〈être-là〉는 낱말의 무게의 큰 부분이 어디에 있는가? 〈être〉에 있는가? 〈là〉에 있는가? 〈là〉는 차라리 〈ici〉라고 하는 것이 더 낫지 않을까? (…) 두 낱말 중 하나는 언제나 다른 것을 약화시킨다. 흔히 [프랑스어의 발음상] 〈là〉를 너무 힘을 주어 발음하기 때문에, 기하학적인 위치 확정이 문제의 존재론적인 국면을 너무 거칠게 요약해 버린다. 이로부터 [하이데거의] 철학적 주장은 [도착어에서] 표현의 단계에 들어서자마자 독단화되는 결과가 나타난다. 프

랑스어에서 〈là〉는 너무도 인상이 강한 발음이기에 〈Dasein〉을 〈être-là〉로 지칭한다는 것은 억센 집게손가락을 쳐들어 한 장소를 가리키는 것과 같다. 그로서 내밀한 〈Dasein〉의 존재론적 의미는 외부화된 장소에 처하게 된다.[4]

주지하듯, 〈Dasein〉은 국내에서 전공자들에 의해 '현존재', '현-존재', '터 있음(열린 터 안에 있음)', '거기-존재', '탁월한 주체' 등으로 번역되어 소통되고 있다. 그런데 문제는 그 어떤 번역어도 하이데거 철학의 핵심어인 〈Dasein〉의 의미를 제대로 살리고 있다고 보기 어렵다는 점이다. 이것이 바로 문화 간 번역의 어려움의 현주소이자, 철학이 문학을 포함한 대중문화콘텐츠와 달리 해당 문화의 '엑기스'라고 말한 이유가 여기에 있다. 우리가 유념해야 할 것은 이 문화의 핵심 개념어들이 해당 사회나 문화권 내에서는 독자들이 이해하는 데 전혀 어려움을 안기지 않는다는 사실이다. 그리고 중요한 것은 문화 간 소통의 벽은, 〈Dasein〉의 예시를 통해서도 확인할 수 있듯, 국경이 없는 시대, 글로벌 시대가 되었다고 해서 낮아지거나 좁혀진 것은 아니다. 따라서 인터넷 기술 문명 등의 확산에 따라 문화들 간의 소통은 표면적으로

〈그림2〉 하이데거(1889-1976)
(출처: *Le monde*, le 20 janvier 2014)

---

4 가스통 바슐라르, 『공간의 시학』, 곽광수 옮김, 민음사, 1993, 377-378쪽, 일부 자구 수정.

수월해진 것처럼 보인다고 해도 타문화와의 소통에 있어 그 폭과 심도가 과거에 비해 확대되고 깊어졌다는 섣부른 평가를 해서는 안 될 것이다.[5]

요인즉 소통이 강조되는 이 시대에 정작 소통의 벽을 더 여실히 절감한다는 것 자체가 이 시대가 안고 있는 역설이라 하겠다. 그때문에 필자는 '소통해야 한다'는 전제로 국가 간, 문화 간의 교류 과정에 내재된 장벽을 은폐하려는 다분히 '정치적인' 주장들, 특히 최근 국내에서 학문 분야를 불문하고 고무(鼓舞)되어 있는 '탈경계' 또는 '통섭'이나 '융합'에 대한 연구들의 진정성을 의심하지 않을 수 없다. 같은 맥락에서 최근 정부와 대학 그리고 학계에서 화두로 삼고 있는 '학제 간 연구'며 '초학문적 융합연구'가 과연 목표로 했던 성과를 올리고 있는지도 자못 궁금해진다. 대학의 구조 조정에 따른 새로운 융복합 학과의 신설이며, 관련 신설 학회의 등장[6] 그리고 대학연구소들까지 나서서[7] 정부 시책에 장단을 맞추고 있지만, 이러한 정책의 추진, 다분히 '상업적인' 방향 하에서의 이종교배가 원론적으로 가능한 일인지 묻지 않을 수 없다.

솔직히 인문학 내에서의 소통도 어려운 것이 현실이다. 그런데 어떻게 인문학을 사회과학, 자연과학, 인지과학, 공학, 디지털 기술, 마케팅, 체육학 등과 결합시킬 수 있다는 것인가? 이러한 기형적 지형(知形)을 주저 없이 제안들 하는 연구자들의 의도가 뭔지 궁금하지 않을 수 없다. 그렇게 하여 대체

---

5 문화 간 번역의 문제에 대해 필자는 소통 가능성의 원리(J. 하버마스)나 자애의 원리(R. 데이비슨)가 중요한 것 이상으로 원초적번역불가능성(W. 콰인)이나 통약불가능성(T. 쿤), 반표상주의(R. 로티) 등에 대해서도 역시 진지한 성찰이 필요하다고 생각한다.
6 '미디어치료', '철학상담', '인문기상학', '문화 콘텐츠학', '정보문화학', '한방미술치료학', '그린생명학', '아트앤테크놀로지', '글로컬IT학', 'e비즈니스' 등.
7 범문학통합연구소(서울대), 응용문화연구소(고려대), 인터렉션사이언스(성균관대), IT융합연구소(KAIST) 등.

얻고자 하는 것이 무엇이며, 최종 결과물로는 어떤 것을 얻었는가? 그것이 과연 학문적이고 창의적인 기획인가, 아니면 다분히 상업적·상술적인 의도인가?

딜타이의 말처럼 누구나 해석할 수 있는 것을 (재)해석하는 것이 해석학의 본질과 거리가 멀듯, 융합할 수 있는 것을 융합하는 것은 엄밀한 의미에서 학제 간 연구나 학문적 융합의 목표라 할 수 없다. 앞서 언급한 텍스트의 번역의 경우와 마찬가지로 학문 간에도 분명히 전문성이 존재하고, 그 장벽은 실제 상상 외로 높은 편이다. 그 전문성 때문에, 다시 말해 개별 과학의 특수성 때문에 학문이 근대를 거치면서 '만학의 여왕'으로부터 분기(分岐)되는 길을 본격적으로 걷게 된 것 아닌가? 그렇다면 이렇게 전문화된 영역을 대체 어떻게 넘나들겠다는 것이며, 학문 간의 이종교배를 꾀하려는 속마음이 뭔가? 이종교배가 결코 수월한 것이 아니라면, '종합' 쪽으로 몸을 기울기에 앞서 '경계'에 대한 고민을 먼저 해야 하는 것 아닌가?

심지어는 인문학, 더 좁게는 철학 영역에서도 경계는 엄연히 존재하며, 문화적·지리적 경계로부터 파생된 벽은 우리가 피상적으로 생각하는 것보다 훨씬 높다. 그리고 존재, 주체, 타자 등 동일 관념이나 주제에 대해서도 의견들이 분분하다. 이는 필경 각 학자들의 사회, 문화, 역사, 전통의 배경이 다른 데 그 뿌리가 있을 것이다.[8] 그렇다면 우리가, 인간과 로봇의 차이만큼이나 경계 간 장벽이 높은 인문학과 타 분과학문 간의 종합·융합 시도가 본래 의도와는 상반되게 혹 '기형적 학문'의 지형도를 제시하는 데 그치는 것은 아닌지 혜려(惠慮)해 보는 것은 당연한 절차라 하겠다.

---

8 힐러리 퍼트남, 『존재론 없는 윤리학』, 홍경남 옮김, 철학과 현실사, 2006 참조. 이 책은 특히 레비나스의 타자의 윤리학에 대한 영미권의 대응이라는 점에서 시사하는 바가 크다.

지식의 대통합이란 슬로건이 만일 학문 간의 차이나 다양성을 전적으로 무시하고 제 학문 분야를 재차 하나의 단일 시각으로 재편하려는 데 목표를 두고 있다면 더더욱 그렇다.[9] 평생 인문과학과 자연과학 간의 소통을 시도한 C. P. 스노우마저도 명쾌한 해답을 제공하지 못하는 것만 보더라도 제 학문 간에 가로놓인 벽은 여전히 소통의 가능성보다 불가능성이 높다는 것을 입증한다.[10] 문화와 상징 개념을 통해 인류학을 '해석적 인류학'으로 새롭게 정초한 기어츠가 인간학, 사회과학, 자연과학 등이 "약간의 막연한 유사성(some general resemblances)"은 있을지 몰라도 "약간의 실제적 차이(some genuine differences)"가 존재하기 때문에 학문 간의 경계와 영역을 허용하는 것이 불가피하고, 그래서 비교학문 차원에서 보면 '지식의 글로벌화'라는 근대적-일원론적 이념을 지향하기보다 '지식의 로컬화'라는 탈근대적-중다(衆多)적 시선을 겸비하는 것이 이 시대 학자들의 고민이어야 한다고 강조한 것도 같은 맥락에서 이해할 수 있다.[11]

지식의 전문화에 매몰된 현대인들에게 소통은 재론의 여지없이 중요하고 필수불가결의 사안이다. 나무도 숲도 함께 보는 것이 전체를 보는 것이라 할 수 있기 때문이다. 더욱이 '보편과학(universal science)'을 이정표로 삼는 학문 영역에서 '소통 부재' 문제는 학문을 수행하는 자 스스로를 상대-특수의 감옥에 갇히게 한다. 그런즉, 학문의 보편성 확보가 그 어느 때보다도 시급하다는 데 이의를 제기할 사람은 없을 것이다. 하지만 국내에서 진행되는 작금

---

9 에드워드 윌슨, 『통섭: 지식의 대통합』, 최재천, 장대익 옮김, 사이언스북스, 2005 참조.
10 C. P. 스노우, 『두 문화』, 오영환 옮김, 사이언스북스, 2001 참조.
11 C. Geertz, Local knowledge. Further Essays in Interpretive Anthropology, New York: Basic Books, 1983, pp. 16, 7 참조.

의 '제 학문 간의 통섭'이라는 다소 성긴 시도들은 새로운 학문 영역을 개척하기 위한 것이라기보다 '과학'이나 '기술' 또는 '경제'와 같은 다분히 이차적인 것을 새로운 표준으로 내세워 개별학문의 근간을 흔드는 처사라는 것을 간파할 필요가 있다. 특히 그것이 정치적 이데올로기나 경제적 세계화처럼 학문의 획일화를 초래할 수도 있다는 점을 경계해야 한다.[12]

지식의 대통합보다 우리에게 절실한 것은, 필자만의 고민인지도 모르지만, 인문-지식 자체를 보유하고 있느냐의 여부에 있다. 인문-지식은 유익함이나 효용성만을 따지는 '자본학'과 달리 로컬-지리에 기초한 역사적·문화적 지식을 말한다. 그것을 보유하지도, 공유하지도, 향유하지도 못한 상태에서 지식의 대통합이란 슬로건마저도 서구이론에 대한 또 다른 방식의 흉내내기의 일종이라면 우리 모두가 나서서 이를 경망하게 지지하고 옹호해야 할 이유가 없다. "옛날의 사대주의는 배격(排擊)해야 되고, 오늘날의 사대주의는 장권(獎勸)하여야 된다는 법은 없기 때문이다."[13]

이 장에서는 이러한 문제의식에 기초해 철학을 연구하는 과정에서 대표적 딜레마 중의 하나라고 할 수 있는 '상대성'과 '보편성'의 문제 또는 그 관계에 대해 우리의 무의식이 어떻게 작동하는지를 진단하고, 그 대안을 제시해보고자 한다. 필자가 판단하기에 '상대성'과 '보편성'은 다분히 '상황적'인 개념이다. 즉 문화권에 따라 충분히 변양될 소지가 있는 것이 상대성이고 보편성이다. 다시 말해 보편성은 자연과학에서처럼 이미 우리 앞에 고정된 값(절

---

12 "우리가 경계해야 하는 것은 새로운 형태의 '지식의 지배'에 있다. 즉 일반적 지식의 확대가 아니라 특정 지식의 확대 보편화 현상을 경계해야 한다." 김남두, 「지식의 지배: 성격과 과제」, 『철학사상』 제10호, 서울대학교 철학사상연구소, 2000, 16쪽 참조.
13 박종홍, 『한국의 사상 I』, 일신서적공사, 1986, 12쪽.

대값)으로 주어져 있는 어떤 것이 아니라 지역(local)과 세계(global)라는 새로운 미지수가 어떻게 매개되느냐에 따라 재차 그 값이 달라질 수 있어 '가변적인' 것이다.

y = f(x)라는 함수를 통해 이를 설명해 보자면 이렇다. y = f(x)라는 함수에 지역과 세계를 대입해 보면, y라는 보편성, 즉 철학의 세계성(globality)은 결국 x라는 상대성, 즉 철학의 지역성(locality)에 따라 커지기도 하고 줄어들기도 한다. 이는 결국 지역성, 상대성이 높을 때 보편성, 세계성 또한 높아진다는 것을 증거한다.

그런데 어찌된 일인지 사람들은 철학을 논할 때면 늘 비상황적이고 불변적인 보편성만을 사유의 모범으로 삼는다. 그 보편성은 물론 시공간을 초월하며, 누구에게나 적용되는 것이리라. 하지만 과연 그런 인문지식의 보편성이라는 게 존재할까? 존재한다면, 그것은 어떤 형태일까?

문제는 결국 x를 망각하거나 간과하고 y를 '아 프리오리'하게 논리적으로 전제한다는 데 있다. 이를 좀 더 직설적으로 표현하자면, 서구인들을 위한 서구적 보편성을 동양이나 한국에서도, 아프리카의 에티오피아에서도 타당하고 정당한 것으로 착각한다는 것이다. 박종홍의 지적처럼 이보다 더한 사대주의, 친서구주의가 있을 수 없다. x = 0이면, 역시 y = 0이라는 것을 잊고서 서구인들이 그들을 위해 제시해 놓은 이론과 체계를 우리는 아무런 비판이나 문화적 해석의 과정을 거치지 않고 그저 수용해서 교설하는 데 그치는 것이다. 산천풍경(山川風景)이며 언어요속(言語謠俗), 생활세계(生活世界)가 다른 대한민국이라는 지역에서 생산된 직접적이고 고유한 경험, 역사, 문화가 서구적(외부적) 보편성의 잣대로 예전에도 그리고 지금도 재단되고 있다는 얘기다.

하지만 주지하듯 y = f(x)에서 x = 0이면 y = 0이다. 따라서 지역성에 근거하지 않은 철학이란 그 어떤 것도 감히 세계성에 호소할 자격이 없다. 심하게 이야기해, 형식논리학을 제외한 미학, 윤리학, 형이상학, 심지어는 인식론에 이르기까지도 지역성이 작용하는 것이 철학이다. 소재도 주제도, 내용도 지향점도 마찬가지다. 대한민국의 철학의 정체성 역시 문화적 정체성과 마찬가지로 "우리의 역사, 우리의 지리, 우리의 말"에서 시발(始發)되지 않으면 안 되는 이유가 여기에 있다.[14]

2020년 현재 대한민국에서의 모든 철학적 활동은 바로 이러한 딜레마를 해결해야 할 상황에 처해 있다는 점을 필자 스스로에게 자문해 보면서, 이 장에서는 '지역-학으로서 철학(philosophy as a localobalogy, philosophy as the study of localiness)'에 대한 논의를 통해, 어쩌면 철학의 일반적 정상성에서 벗어난 것처럼 보일 수도 있는, 모험을 감히 시도해 보려고 한다.

2. 지역-학으로서 철학

함수 y = f(x)에 따르자면, 철학은 일차적으로 해당 지역이 그 출발점이며, 그런 점에서 모든 철학은 기본적으로 일종의 '지역-학'이다.[15]

아주 단순한 예증을 들어보는 것만으로도 이는 금방 확인된다. 우리는 철학을 다음과 같이 구분하는 관습이 있다. 희랍철학, 독일관념론, 프랑스현상

---

14 Ibid., p. 31.
15 이런 점에서 들뢰즈의 '지리 철학'은 시사하는 바가 크다. 여기서 지리 철학의 의미는 모든 지역의 영토는 곧 진리의 지층(地層, 知層)을 형성하고 있다는 전제로부터 나온다. 이런 점에서 들뢰즈의 '지리' 개념은 푸코의 '에피스테메' 개념과 서로 공통되는 점이 있다고 볼 수 있다.

학 등. 그렇다면 어떤 근거로 이렇게 철학을 구분하는 것일까? 그 답은 간단하다. 희랍철학은 플라톤과 아리스토텔레스를 필두로 해서 희랍이라는 지역 공간 그리고 그 시대와 역사와 문화가 배경으로 작용했기에 이렇게 분류한다. 마찬가지로 독일관념론은 칸트를 기점으로 피히테, 셸링을 거쳐 헤겔에 이르러 완성된 독일의 근대철학을 이르는 말이며, 프랑스현상학은, 장 뤽 마리옹도 적시하고 있듯, 독일현상학, 영미현상학과 그 주된 논의거리가 사뭇 다르다는, 즉 프랑스적 특징을 고려한 평가다.[16]

이렇듯 '보편적 지식', '절대적 지식'을 추구한다는 철학의 경우도 결과적으로 '지역'에 따라 구분된다는, 즉 '누구에게나 보편적'이라기보다는 '지역에 따라 상대적'으로 해석되고 수용된다는 점을 어김없이 보여준다. 게다가 그 지역 안에서도 "현재라는 시점에서 과거에 대한 위반과 교착 생장(transcroissance)은 지속된다."[17] 말하자면, 시공간을 초월해 빛나는 '태양'으로 상징되곤 했던, 그렇게 진리의 '빛(Lumière)'의 역할을 한다고 믿었던 철학은 이제 이 지구상에 존재하지 않는다는 뜻이다.

따라서 서구철학이 철학의 보편성을 대변하고, 그래서 그 밖의 지역의 철학들이 상대적인 것으로 취급되어서는 안 된다는 것이다. 메를로 퐁티가 "진리는 상상적 체계(système imaginaire)다"라고 말한 것도, "모든 철학들의 당대성은 그것들이 누린 가시적 힘의 상실 없이는 지속될 수 없다"고 강변한 것도, 결국 철학에서 말하는(철학자들만이 그렇게 목소리를 높이는지 모르지만)

16 J.-L. Marion, "Uu moment français de la phénoménologie", *Rue Descartes*, No. 35, 2002 참조.
17 M. Merleau-Ponty, *Eloge de la philosophie et autres essais*, Gallimard, coll. 《Folio/essais》, 1953 et 1960, p. 145.

진리는 절대-보편적 이론-체계가 담보해 주는 것이 아니란 뜻이다. 20세기 후반부터 제기된 다각적 논의를 통해 보건대 절대적이고 보편적인 이론·체계로서 철학은 실제 존재한 적이 없다고 보아야 하지 않을까?

그렇다면 철학은 가상의 보편적 체계로 수렴되고 편입되어야 할 이유가 없으며, 그러기에 다시 각 지역에 기반해 새롭게 재건되어야 할 운명이다. 설사 "현재 영향력을 행사하고 있는 철학"이라 해도, 이런 견지에서 보자면, "이미 완성된 것이 아니라 완성을 지향하는 것이며, 그런 점에서 분명 미완성의 밑그림"[18]에 불과하다는 것이다.

거듭 강조하건대 "모든 철학들을 포괄하는 하나의 철학이란 존재할 수 없다."[19] 부언컨대 이 지구상에는 '하나의 진리'만 존재하는 것이 아니라 '진리들'이 존재한다. 이는 결국 지역에 뿌리를 둔 각각의 철학은 각기 고유성(그것은 상대적이건 특수한 것이건)을 담고 있으며, 그래서 메를로 퐁티의 "철학의 중심은 도처에 있다"는 명제가 설득력 있게 다가온다. 결국 "그 영향권은 그 어디에도 없다."[20]

이를 이 장에서의 문제의식과 연관시켜 확대해석해 보면, 지역색이 짙은 철학이라고 해서 상대적 지식이라는 뭇매를 맞아야 할 이유가 없다는 것이다. 미얀마 불교나 티벳 불교가 한국 불교나 일본 불교와 달리 교육과정이며 수행의 측면에서부터 많은 차이를 보인다고 해서, 그 차이를 '한국불교'라는 기준에서 또는 '불교'라는 다분히 추상적인 상위 이념에 준해 위계를 부여하는 것처럼, 과잉 해석을 해서는 안 된다는 것이다. 그 '차이'는 인위적으로 부

18 *Ibid.*
19 *Ibid.*, p. 147.
20 *Ibid.*

여하고 인위적으로 극복될 수 있는 것이 아니다. 그 차이는 이미 지역, 장소, 공간, 풍토, 즉 '토포스'에 오랜 기간 뿌리를 두고 생성된 것이라서[21] 외부적 관찰자에 의해 그 심층이 파악되기도 힘들 뿐만 아니라, 더더욱 그래서 상대/보편이라는 양자택일적 평가로 재단해서는 안 된다.

물론 이렇게 지역에 따라 그 색깔을 달리하는 철학이 연구 대상이나 학문적 목표가 다른 수학이나 물리학 등 자연과학과 같은, 이름하여 '범세계적 지식(universal knowledge)'이라고 할 수 있는 영역에서도 동일한 문제를 불러일으키는 것은 아니다.[22] 지역-학으로서 철학을 논구(論究)할 때 놓쳐서는 안 되는 것이 있다면, 바로 과학적 지식과 철학의 지혜가 추구하는 바가 다르다는 점이다. 철학의 근본명제인 공리(公理)나 수학의 일반명제인 정리(定理) 등과 같이 '객관적 지식'은 물론 지역을 초월해 보편적으로 수용된다. 하지만 철학의 지혜, 인문-지식은 일차적으로 지역에서 태동하고, 그 지역민에게 먼저 수용된다. 즉 그것이 지역 밖에서 어떤 영향을 미치는가는 다음 수순이다. 중요한 것은 그 철학이 "지역의 '중심'"에 뿌리를 내려 어떤 역할을 하느냐가 관건이지 "영향권"부터 따질 일이 아니라는 사실이다.

그런데 항용 우리는 과학적 지식과 인문-지식 · 철학적 지혜를 동일시하는 경향이 없지 않으며, 그로 인해 지혜가 지식에 의해 평가받는, 정신이 물질에 예속되는, 지역이 세계에 의해 식민화된 양상을 자초한다. 베르그송의 언급대로라면, 지속과 직관이라는 철학의 고유한 연구 영역과 방법을[23] 지식

21 나카무라 유지로, 『토포스: 장소의 철학』, 박철은 옮김, 그린비, 2012 참조.
22 박치완, 「지식의 세계화에 대한 재고」, 『해석학연구』 제29집, 2012, 178쪽 이하 참조.
23 앙리 베르그송, 『사유와 운동』, 이광래 옮김, 문예출판사, 2001, 33쪽, 195~196쪽, 201쪽 참조. "(…) 형이상학은 직관을 요구하고 있으며, 또 그것을 획득할 수 있다. 과학에는 이에 못지않게 분석이 필요하다. 분석의 역할과 직관의 역할을 혼동한 결과 학파 간의 논쟁

으로서 시장에서의 거래 가능성과 관습적 통계나 분석으로 대체시켜 철학의 본래 영역과 토포스를 망각한 것이다. 즉 시장의 요구에 따라 효용성을 따지는 철학으로 철학 자체를 타락시킨 것이다. 자기 삶의 터전인 주어진 현실은 무시해 버리고, 오직 서구인들이 제시한 보편성 및 객관성을 확보해야 한다는 미명 하에 말이다. 서구적 이론과 체계가 대한민국의 철학자 '위'에서 대한민국의 현실을 이끌어가는 지도이념으로 군림하는 것도 다 이런 오인으로 자초한 상황이 아닌가 싶다.

그런데 이렇게 과학적 지식과 철학의 지혜를 같은 테이블 위에 놓는 순간, 철학의 고유한 연구 영역이나 지역의 중요성은 단연코 망실(亡失)되기 쉽다. 게다가 우리가 수용한 서구철학들도 아무런 해석이나 비판 없이 맹목적인 모방으로 일관해 왔기 때문에, 현상학을 빗대어 이야기하자면, 줄곧 "사물 자체로!"라고만 외쳤지, 그 사물이 어떤 사물인지, 그것이 치즈인지 김치인지, 밥인지 빵인지를 도무지 고민하지 않은 것이다.[24]

인간을 '정치적 동물이다' 또는 '언어적 동물이다', '윤리적 동물이다'라고 말할 때도 마찬가지다. 이미 서구철학자에 의해 강설(講說)된 내용을 단지 정의(定義) 수준에서 앵무새처럼 반복해서 이야기하는 데 그쳤지, 그것이 어느 나라의 어떤 학자가 어떤 문맥에서 한 말인지, 또 그 자가 월리시(Wallish)

과 체계 간의 갈등이 생겨난 것이다."(*ibid.*, p.204)
24 이런 취지에서 최경섭의 다음 두 논문은 우리에게 시사하는 바가 매우 크다. 최경섭, 「엄밀한 학이 아닌 엄연한 지역학으로서 철학(제1부): 훗설의 후기 현상학에서 생활세계 개념의 지역학적 개진」, 『哲學』 제103집, 2010; 최경섭, 「엄밀한 학이 아닌 엄연한 지역학으로서 철학(제2부): 학문과 예술의 초월론적 근간으로서 '지역과 철학적 근본 문제들'」, 『哲學』 제104집, 2010 참조. 최경섭은 이 두 논문에서 특히 훗설의 후기 현상학의 핵심 개념인 생활세계, 즉 '직접적으로 주어진 세계'를 '지역'으로 파악하여, '생활세계 현상학'이 초기 존재론적 현상학과 중기 초월론적 현상학을 흡수하면서 독특하고 근원적인 '지역' 연구의 방향을 제시한 것이라고 강조한다.

를 일상어로 하는 자인지 크레올(Creole)을 일상어로 사용하는 자인지에 대해서는 고뇌하지 않은 것이다.[25] 소크라테스나 플라톤이 세워 놓은 서구적 보편성의 깃발 아래 소환되고 호출되어 한국철학은 그 모태인 지역의 고유 색깔, 즉 우리의 고유한 문화, 전통, 역사의 켜와 결을 살피지 못한 것이다.

하지만 철학의 역사는 우리에게 말한다. 철학에 있어 지역과 지역성은 탈공간적·탈시간적 보편성에 우선하며, 상대성과 특수성이 모든 문화와 역사의 고유한 특질인 것처럼 철학에서도 결국은 바로 이 지역성이 그 지리-철학의 고유한 색깔을 구성한다고.

이와 관련해 프랑스인으로서 중국학의 권위자로 평가받고 있는 F. 줄리앙의 다음 언급을 참조해 보자. 그에 언급에 따르면 동양과 서양이라는 지리적 거리는 두 세계가 얼마나 서로 다른 방식으로 세계를 해석하고 또 삶을 유지해 왔는지를 여실히 보여준다.

> 존재론의 체계가 세워지지 않았던 중국에서는 지혜가 바로 도(道)였다. 다시 말해 현자(賢者), 즉 공자(孔子)라는 현자는 편견을 가지고 있지 않기 때문에 '관념이 없는(sans idée)' 자이다. 그리고 이를 통해 공자는 개방된 정신을 견지하면서 각각의 '그러함(ainsi)'에 전적으로 열려 있게 된다고 도가사상가는 해석하고

---

25 〈Wallish〉는 미 월가(Wall Street)의 언어, 즉 자본의 언어를 비꼬는 의미로 사용되며, 〈Creole〉은 본래 유럽인의 자손으로 식민지 지역에서 태어난 사람을 일컫는 말이었으나, 오늘날에는 보통 유럽계와 현지인의 혼혈을 부르는 말로 쓰인다. 백인뿐만 아니라 흑인도 식민지 태생의 경우에는 〈Negro criollo(현지에서 태어난 흑인)〉로 표현하며, 아프리카대륙에서 태어난 흑인(Negro bozal, Negro africano)과 구별하기도 한다. 참고로, 〈백인과 인디언+인디오와 혼혈〉은 '메스티소(Mestizo)'라 부르며, 〈흑인과 백인〉 또는 〈흑인+인디언과의 혼혈〉은 '물라토(Mulatto)', 〈흑인과 인디언+인디오와의 혼혈〉은 '삼보(Zambo)'라 부른다.

있다.[26]

이 인용문은 우리로 하여금 다음과 같이 말할 자유를 부여하는 것 같다: 모든 철학에는 '지역의 색'이 배어 있기 마련이다. 철학에도 소위 "땅의 정령 (genius loci)"이 살아 꿈틀댄다고나 할까.[27] 제사에서도 인용했듯, 들뢰즈와 가타리가 '지리 철학'을 언급한 것도 같은 맥락에서 이해할 수 있다. 그들에 따르면, "[철학의 모든] 개념은 대상(objet)이 아니라 영토(territoire)이다."[28] 〈개 념 = 영토〉! 결국 이는 영토가 [바로 모든 철학적] 개념의 [직접적] 대상이어야 한다고 역설(力說)하는 것이다. 〈영토 = 개념〉!

들뢰즈와 가타리의 지리 철학은 결국 우리에게 "철학자가 취하는 대상이 곧 대지(la Terre)이자 영토"라는 것을 환기시켜 준다.[29] 이러한 들뢰즈와 가타 리의 문제제기는 "철학이란 무엇인가?"라는 철학의 근원적 물음, 즉 이데아, 실체, 코기토, 모나드, 존재, 정신, 신, 타자 등으로 대답된, 또 일반적으로 그 렇게 받아들여지고 있는 철학의 대상에 대한 상식을 전면 거부하는 것이자 "영토-지역적 재문맥화"를 통해 "철학의 이미지"를 탈존재론화, 탈근대화하 려는 시도와 맥을 같이 한다.[30] 데리다의 용어를 빌리자면, 주체와 대상 간 의 아주 특수한 관계로 인식의 토대, 존재론 및 형이상학의 체계를 전유(專

26 프랑수아 줄리앙, 『현자에게는 고정관념이 없다』, 박치완·김용석 옮김, 한울, 2009, 17쪽.
27 나카무라 유지로, op. cit., p. 5.
28 G. Deleuze et F. Guattari, Qu'est-ce que la philosophie?, Minuit, 1991, p. 97(chap. 1~4 참조).
29 더 구체적인 논의는 M. Antonioli, Géophilosophie de Deleuze et Guattari, L'Harmattan, coll. 《Ouverture Philosophique》, 2004; M. Carbone, P. Broggi et L. Turarbek, La géophilosophie de Gilles Deleuze - Entre esthétiques et politiques, Mimesis, 2012 참조.
30 G. Deleuze et F. Guattari, op. cit., p. 82.

有)해 온 근대 이후의 철학의 '해체'를 통해 "사유함은 주체와 대상 간의 긴장된 끈에 있는 것도 아니고, 이 둘의 주변에서 일어나는 [사유] 혁명에 기인한 것도 아니며" "오히려 사유함은 영토(territoire)와 땅(terre)의 관계 속에서 형성"[31]되어야 한다는 데 초점이 있다.

물론 그렇다고 해서 들뢰즈와 가타리가 새롭게 제시한 "사유의 토양(terre)"은, 상식적으로 우리가 기대하는 것처럼 '고정되어 있는 것'을 의미하지 않으며, "끝임없이 변화한다"는 특징이 있다. 즉 이들에게 사유의 영토는 결코 "위치 지울 수 없으며(non-situable), 일정 장소에 국한된 것도 아니다(non-localisable)." 이는 S. B. E. 알리아나의 부연 설명대로, "철학이 모든 토대, 모든 고정된 영토성으로부터 자유로워야" 한다는 것을 의미하며, 이렇게 이들은 철학의 "모든 정박"에 도전장을 던진 것이다.[32] 메를로 퐁티가 그랬듯, 이들도 사유-자유, 자유-사유를 철학함의 본질로 본 것이다.[33]

들뢰즈의 이러한 영토성 개념은 시간이나 역사보다는 공간 개념과 직결되어 있으며, 그에게 공간은 각자에게 "특정한 장소"라는 데 본의가 있다. 바로 "그곳에서는 이성뿐 아니라 감각과 상상력이 함께 작동된다."[34]

31 *Ibid.*
32 S. B. E. Aliana, "Géophilosophie et déterritorialisation chez Gilles Deleuze: esquisse d'une nouvelle citoyenneté dans l'espace public postnational", *Afrique et développement*, Vol. 35, No. 4, 2010, pp. 24~25.
33 들뢰즈와 가타리에게 중요한 것은 결국 전통의 존재, 일자, 동일자 중심의 존재론적·형이상학적 토대의 철저한 해체를 통해, 특히 들뢰즈가 『차이와 반복』에서도 일관되게 주장한 바 있는(G. Deleuze, *Différence et répétition*, PUF, 1968 참조), 존재-다양성(multiplicité)의 문제를 철학의 전면에 내세우면서 생성과 차이, 우연과 경험, 실존과 강도 등에 기초한 새로운 존재론을 건립하는 데 있다. 그리고 바로 이 새롭게 의미를 취득한 개념들이 "들뢰즈 철학의 새로운 영토성을 조건[짓기도 한다."(S. B. E. Aliana, *op. cit.*, pp. 25~27 참조).
34 *Ibid.*, p. 27. 물론 니체주의자요 비정형적인(atypique) 사유 영역에까지 발을 내딛는 들

들뢰즈(와 가타리)의 지리 철학을 이 장에서의 문제제기에 맞추어 재정리 하자면 다음과 같이 세 가지로 요약될 수 있다.[35] 첫째, 철학은 영토, 즉 지역 (특정한 장소)을 대상(모태)으로 한다. 둘째, 지역이 결국 철학의 고유한 연구 대상이다. 마지막으로, 그 지역은 고정된 장소가 아니라 끝없이 변화 · 생성 하는 장소이다.

들뢰즈의 지리 철학 이념에 근거할 때 결국 모든 철학은 각기 자신의 고유 영토를 가진다는 것이며, 그렇기에 철학자가 자신의 지역을 참구하는 것을 일종의 '의무'로 받아들여야 한다. 이를 메를로 퐁티의 용어로 대체하면, i) 일차적으로 철학의 중심은 지역에 있다는 말에 다름 아니며, ii) 서로 다른 지 역에는 서로 다른 철학이 존재할 수밖에 없다는 것으로 귀결된다.

이런 입장에서 보면 우리가 4절에서부터 줄곧 화두로 삼아 온 보편성과 상대성 및 특수성을 마주 놓는 것, 또는 지역과 세계를 대치(對峙)시키는 것 자체가 무의미할 수도 있다. 또 그런 구분 자체가 가능한지, 또는 정당한 것 인지도 의심해볼 필요가 있다. 줄리앙의 표현대로라면, 일반적으로 사람들 은 철학자들이 애써 설파해 놓은 이론이며 체계는 말할 것도 없고 "진리를 필요로 하지 않을 수도 있다."[36]

줄리앙이 도(道), 즉 자연(自然)에 열려 있기 위해서 "우선 [우리가 이미 지식

뢰즈에게 우리가 '합리적이고 건전한 사유' 방향을 기대하기는 힘들다. 왜냐하면 심지어 그는 '카오스'며 '비제한적 생성(devenir illimité)', 유목주의(nomadisme) 등을 두둔하기도 하기 때문이다. 『철학이란 무엇인가』에서도 적시하고 있듯, 들뢰즈에게 '철학'은 곧 '창 조'요 '생성'의 동의어이기도 하다. 그가 '철학적 개념'을 생명체(le vivant)나 예술작품으로 여기는 것도 같은 이유 때문이다 - G. Deleuze et F. Guattari, *op. cit.*, p. 16.

35 들뢰즈의 '영토(territoire)' 개념을 본고에서 '지역(local)'이라 기술한 예도 가끔 있는데, 이 는 그 의미가 '지역(장소)'과 큰 차이가 없다고 판단해서다.

36 프랑수아 줄리앙, *op. cit.*, p. 16.

으로 습득한] 여러 가지 관념을 경계해야 한다"고 역설(力說)한 이유가 여기에 있다.[37] 유럽의 대표적인 중국학 전문가인 줄리앙이 이렇게까지 역설한 것은 서구적 방식으로 동양(중국)사상의 심층에 접근할 수 없다는 생각이 기본적으로 깔려 있다. 한마디로 "사유를 고착시키고 약호화(略號化)시키면서 정신을 사취(詐取)하는"[38] 서구의 철학적 개념어들이 문화적 가교의 차원에서 보면 문제를 야기한 원인이라는 것이다.

이렇듯 서구라는 지역에서 보편성 또는 보편주의라는 이름으로 권위를 유지해 온 사유의 길과는 엄연히 '다른 길'이 동양에서 펼쳐지고 있다.[39] 그 다른 길 근처에서 우리는 삶을 영위하며 문화를, 중국이나 일본과 다르게, 일구어 왔다. 그렇다면 우리는 이제 그 효용성을 의심받고 있는, 슈퍼 파워 역할을 스스로 자처해 왔던 y에서 우리 현실 문제의 해법이나 철학의 방향을 찾으려는 친서구주의적 태도는 중단해야 할 것이다.

우리의 길은 y의 평가가 좌우하는 것이 아니라 x의 값을 높일 때 비로소 전개될 수 있다. x의 값이 커져야만 소위 학문적 세계성·보편성을 운위할 기회가 주어질 것이다. 하지만 그 반대의 경우라면 그 기회는 영영 주어지지 않을 것이다. 말을 바꾸면 지역학으로서 철학이란 입장에서 볼 때 이미 타지역에서 정립되어 주어진 y에 대한민국에서의 철학의 방향이나 목표를 상정하는 것은 어불성설이라는 것이다.

상식적 수준에서만 보더라도, x와 y는 서로 상대에게 변화를 야기하는 상

37 *Ibid.*, p. 17.
38 *Ibid.*
39 월러스틴이 '보편적 보편주의(universal universalism)' 개념을 제안하면서 기존의 유럽적 보편주의(European universalism)의 한계를 지적한 것을 주목할 필요가 있다. 이매뉴얼 월러스틴, 『유럽적 보편주의: 권력의 레토릭』, 김재오 옮김, 창비, 2008 참조.

관항이다. 즉 어떤 하나가 다른 하나로 치환되거나 대체될 수 없다. 그런즉 철학에서 지역의 특질 역시도 타문화권에 속한 타자의 개입에 의해 그 내용과 의미를 부여받거나 그들의 잣대로 해석되어서는 안 된다. 지역과 문화를 공유하지 않은 타자가 개입해 "감 놔라 배 놔라." 하는 것은 사리에 맞지 않다. 또 그것을 따르는 것도 목우인(木愚人)이 아니고서야 부끄러워해야 할 일이다. x는 그 자체로 고유한 것이기에 설사 y가 요구하는 기준이나 수준에 못 미친다고 해도 그것이 흠이 되거나 결점인 것은 결코 아니다. 모든 x(x1, x2, x3⋯)는 y에 선재(先在)한다.

각 지역에 따라 x는 다른 값을 가질 수 있다. 하지만 비록 서로 다른 값을 가졌다고 해도, 바로 그 값이 그 지역의 고유색이며, 마침내 그 '이름'이 대외적으로 통용될 수 있는 기본조건이자 전제이다. 그렇다면 결국 우리는 우리 자신의 토포스를 서구적 보편성의 이름으로 내칠 것이 아니라 직접 대면해 더 철저히 건사해야 한다. 그리고 우리 자신의 지역, 장소, 공간, 풍토와의 직접적 경험을 통해 x를 외부에 의해 강요된 기존의 시선, 즉 서구인들이 부여한 시선을 가지고 마치 남의 것처럼 대할 것이 아니라 자발적·창조적 시선으로 (재)구성해야 한다.[40] 그렇지 않으면 우리는 영영 타자의 시선, 서구의 논리에 갇혀 자신이 선 땅 위에서마저도 국외자로 살아가야 하는 운명을 피할 수 없을 것이다.[41]

---

40 신규섭 외, 『탈식민주의의 안과 밖』, 한국외국어대학교출판부, 2013 참조.
41 스스로를 타자화시킨 시선이란 곧 서구인들에 의해 의미가 부여된 '오리엔탈리즘'이 대표적이라 할 수 있다. 사이드에 따르자면, "오리엔탈리즘은 무엇보다도 권력에 의해 조작된 구성물이고 서양 사람들에게 동양의 실체로 구실하도록 존재하는 일련의 이미지들이다. 오리엔탈리즘이란, 동양을 지배하고 재구성하며 위압하기 위한 서양의 스타일이다." - 에드워드 사이드, 『오리엔탈리즘』, 박홍규 옮김, 교보문고, 2000, 18쪽. 그런데 문제는 이옥순도 정확히 지목하듯, 이렇게 서구인들에 의해 부여된 시선이 '복제 오리엔탈

타자의 시선, 스스로 타자와 동일시하여 자신마저 타자화시킨 시선으로부터 해방되지 않고서 우리는 '우리가 살고 있는 세계', 즉 각자의 현실을 제대로 바라볼 수도 없고, 그 생활세계에 밀착해 철학이라는 활동 자체를 할 수도 없다. '모든 가능한 세계'는 순서상 각자의 생활세계 다음에나 모색할 수 있다.[42] 그 역은 선후당착이나 다름없다. 거듭 강조하지만 철학의 독단과 식민화는 가능성이 현실성을 지배할 때 발생한다. 하지만 각자가 생활을 영위하고 있는 장소는 타자 또는 외부 관찰자에 의해 측정되거나 칭량(稱量)될 수 없을 뿐만 아니라 선험적으로 그들의 구미(口味)에 맞추어, 그들에게 종속된 지적 식민지로 요정(了定)되어 있는 것도 아니다.[43]

그런데 어찌 된 일인지 우리 스스로가 서구적 보편성을 우리 지역의 철학

리즘'이라는 내재화의 경로를 거치게 되면서 결국에는 피식민 지역의 지적 · 정신적 식민성을 영속화시킨다는 점이다. 이옥순, 『우리 안의 오리엔탈리즘』, 푸른역사, 2002 참조. 상황이 이러하기에 교육현장에서의 목소리를 들려주는 조철기의 다음 메시지는 우리에게 시사하는 바가 크다: "세계화 시대에 인간과 장소에 대한 교육은 기존의 선입견, 고정관념, 편견에 도전하는 긍정적 태도를 길러주는 능동적이고 적극적인 반편견 교육이어야 할 것이다." - 조철기, 「인간과 장소의 재현에 나타난 이데올로기와 편견」, 『사회이론』, 2012년 봄/여름, 218쪽. 왜 반편견 교육이 필요한지는 그가 제시한 다음 설명에도 잘 나타나 있다. "우리나라의 텍스트의 경우 [중학교 지리교과서에 국한해 볼 때] 유럽은 그 자체로서 하나의 큰 단원을 형성하고 있는 데 비해, 아시아와 아프리카는 거대한 두 개의 대륙이 단지 하나의 단원에 통합되어 있을 뿐이다. 그리고 실질적인 서술 분량에서도 유럽이 아시아보다 많으며, 아프리카를 제외하고 동양과 서양으로 구분하면 동양이 20%, 서양이 58%를 차지하고 있다."(ibid., p. 210)

42 이런 점에서 베르그송이 「가능적인 것과 실재적인 것」에서 밝힌 다음 언급은 매우 시사적이다. "바로 실재적인 것 자체가 자신을 가능적인 것으로 만드는 것이지, 가능적인 것이 실재적이 되지는 않는다. (…) 사실에 밀착해보라. (…) 이제 철학은 움직이는 현상계에서 어떤 절대적인 것을 찾아내는 편이 유리할 것이다." - 『사유와 운동』, 127~128쪽.

43 '모든 가능한 세계'와 마찬가지로 '철학은 보편성을 추구해야 한다'는 정체불명의 주문이야말로 독단론의 근원이 아닐 수 없으며, 이는 기독교 신학에서 말하는 '원초적 악'의 문제와도 유사하다. 이렇게 스스로 자신을 열등한 존재 또는 죄인으로 타자화시키는 것이 바로 지역을 탈영토화시키는 근본 원인이라 볼 수 있다.

이 추구해야 할 기본적 방향 또는 목표로 설정함으로써 결국 우리의 지역성 자체를 폄훼하고 평가 절하해 왔다. 이러한 우리의 자가비판은 지역학으로서 철학을 논구함에 있어 두 번째로 중요한 것이 무엇인지를 암시해 준다. 그것은 각 지역이 서로의 '다름'을 배척하지 않고 상호독립성을 인정해야 한다는 것과 결부된다.

부언컨대 같은 형이상학이라고 해도 영미권에서 논하는 내용은 독일에서 전개되는 내용과 판이하게 다르다. 윤리학도 핵심적 논의거리가 다르다. 왜 그럴까? 이는 형이상학도 윤리학도 지역에 따라 특수성, 즉 상대성을 고려하고 반영하기 때문이다. 이는 마치 미감(美感)이나 선호색(選好色)이 문화권에 따라 다른 것과 같다. 서구인들은 아프리카 예술을 '원시예술'이라 평가하지만 아프리카인들은 자신의 예술을 그렇게 평하지도 그렇게 이해하지도 않는다. 그들에게 '예술'은 서구인들이 말하는 방식의 예술이 아니라 기실은 삶의 일부이고 단순 거래품이며 신화이다.[44] 그런즉 "그들의 지식(primitive thought)을 분석적으로 가리고, 논리적으로 연결 지으며, 체계적으로 평가하는 것"은 "서구인의 문명화된 시선"[45]을 강요하는 것일 뿐 '아프리카'라는 생활세계와는 무관한 일이다. 앞서 줄리앙을 통해서 동양과 서양 간의 문화적 사고 차이가 얼마나 큰지를 확인했듯, 세계에 대한 인식과 가치관 및 삶의 스타일은 이처럼 문화권에 따라 코드를 달리하고 있고, 또 그렇게 다른 것이 '정상적'이다.[46] 문제는 좀체 이를 받아들이려 하지 않은 우리의 서구화된 사

---

44 C Geertz(1983), *op. cit.*, p. 97 참조
45 *Ibid.*, p. 148.
46 더 자세한 논구는 박치완 · 김평수 외, 『문화 콘텐츠와 문화 코드』, 한국외국어대학교출판부, 2011 참조.

유 습관에 있다.

요컨대 철학적 지역성과 특수성은 보편성이라는 추상적 심급을 위해 거기 그렇게 재판정의 피고처럼 자리에 앉아 있어야 하는 처지가 아니란 뜻이다. 모든 철학자의 연구 활동은 비록 보편성을 지향하는 것이 상식이며 상례일지라도 출발점은 어디까지나 지역에서 살아가는 개인이다. 여기서 '지역에서 살아가는 개인'이란 문자 그대로 '사유 주체'를 지칭한다. 사유 주체와 그가 태어난 사회 · 문화적 토포스는 떼려야 뗄 수 없는 관계이다. 그런데 이 둘이 분리된 것은 데카르트 이후라고 나카무라 유지로는 지목하고 있다. 즉 주체가 내면화되고 자연과 세계가 객체화되면서 토포스의 의미가 박탈되었다는 것이다. 그에 따르면 "의식 혹은 자아로서의 주체가 장소로부터 자립하거나 이탈하는 것은 장소의 무의미화와 직결된다."[47]

데카르트의 코기토 명제가 결국 서구에서 '근대라는 상'을 세웠을지 모르지만,[48] 다른 한편으로는 그 과정에서 사회적 공동체나 문화적 전통으로부터 철학자와 철학을 분리시켜 "보편주의적 방법이 철학의 중심원리"가 되게 한 것이다.[49] 즉 장소로부터 주체를 독립시켜 절대화시킨 것이다. 그 결과 서양 철학은 보편의 이름으로 자아중심주의, 자국민중심주의라는 길을 걷게 된 것이다.[50] 이는 중세에 신이 절대화된 것, 갈릴레오나 뉴턴에 의해 고전물리학의 공간이 절대화된 것과 같은 맥락이다.

---

47 나카무라 유지로, *op. cit.*, p.147. -일부 표현 수정.
48 박치완,「하이데거의 데카르트 해석 -『세계상의 시대』를 중심으로」,『하이데거연구』제 9권 2호, 2007 참조.
49 나카무라 유지로, *op. cit.*, p. 146.
50 이에 대해서는 S. Agacinski, *Critique de l'égocentrisme. L'événement de l'autre*, Galilée, 1996 참조.

공간이건 시간이건, 주체건 타자건 상대와의 팽팽한 긴장 관계를 유지하지 못할 때, 즉 어떤 하나가 독립적으로 절대화의 노선을 걷게 될 때, 그것은 자신의 존재 의미를 확보할 수 없는 것은 물론이고, 당연 본래의 위상 자체도 희석된다. 코러스와 히어로, 마당극과 광대가 불가분의 관계에 있듯, 개인과 사회공동체를 둘로 보아서는 안 되듯, 철학자와 장소는 구분될 수 없다. 철학자와 장소는 한 문장에서 주어와 술어의 관계처럼 비분리적이며 상호규정적이다.

3. 철학함의 개시, 생활세계, '있는바 그대로의 세계'로부터

모든 철학은 그것이 그렇게 탄생할 수밖에 없는 생활환경과 지리·문화적 배경이 있다. 이러한 장소적 배경과 문화적 문맥을 무시하고 세계(인류)의 평화며 인권을 위한다는 미명 하에 오직 보편주의적 방법이나 보편주의에 대해 환상을 갖게 하는 것, 그것은 곧 팔과 다리가 없는 인간이 불구이듯, 현실에서는 무용한, 구시대적 강박-관념과 하등 다르지 않다.

보편성 획득이라는 강박-관념의 제거만으로 우리 작업이 끝나는 것은 물론 아니다. 그러한 환상을 제거하고 나면 실제 전개되는 현실이 어떠한지 드러날 것이고, 바로 거기에 반드시 밝혀져야 할, 과학이나 기술, 경제적 시선으로는 파악되지 않은 철학의 모태로서 지역이 존재한다. 미국이나 중국처럼, 영국이나 일본처럼 x 값이 큰 나라일수록 보편성에 대한 환상은 미약할 것이다. 그들 스스로가 세계의 중심이라고 믿음 때문이다. 반면 x 값이 적은 나라일수록, 대한민국도 그중 대표적인 나라이지만, 보편성에 대한 환상에 더 많이 사로잡혀 있다. 소위 '글로벌'이란 이념의 우산으로 자신의 지역을 가려 국민을 우롱하는 나라들이 이에 해당한다.

우리는 또한 철학이란 지역성에 도달하는 것이 목표가 아니라 지역성에서 출발한다는 점을 재삼 분명히 할 필요가 있다. 즉 땅의 정령이 숨쉬는 지역이 철학의 출발지요 모태라는 것과 지역성의 표현이 철학의 최종 목적지라는 것은 구분되어야 한다. 따라서 우리는 철학의 지역성을 지식의 보편성을 거부하는 태도와 동일시할 필요는 없다. 보편성의 눈으로 지역성을 보면 상대적이거나 특수한 것으로 비칠 수 있다. 하지만 중요한 것은 그것의 탄생지가 과연 어디이며, 어떤 문맥에서, 어느 시대에 그와 같은 담론이 생산되었느냐를 우선적으로 헤아리는 것이 중요하다는 것이다.

우리 지역과 무관한 어떤 지역에서, A라는 저자가, 100여 년 전에 쓴 텍스트를 가지고 우리가 현재 서 있는 대한민국의 생활세계를 해명할 수 있을까? 단연코 그것은 역부족이고 불가능하다. 그것이 추상적인 이념이 아니라 현실-정치적인 현안들과 결부되어 있을 때는 더더욱 그렇다. 그렇다고 한다면 우리는 이제 감히 다음과 같이 주장할 수 있어야 한다: 지식의 보편성 획득이란 환상은 많은 사람들을 자신이 선 현실이나 추구해야 할 진실에로 인도한 것이 아니라 오히려 그가 살아가는 현실과 진실을 곡해하도록 유도하는, 그 값을 지불하고도 소유할 수 없는 쇼윈도 안에 전시된 상품에 지나지 않는다. 설사 여력이 있어 그것을 구입해 외모를 꾸밀 수 있을지는 몰라도 그 근원을 들여다보면 그마저도 실제 어떤 특수한 창작인에 의해 제작된 상대적인 옷가지일 뿐이다.

보편적 지식의 추구가 철학에서 필수불가결한 요구라는 것은 의심의 여지가 없다. 또 철학사를 보면 철학은 늘 보편적 지식을 추구하려는 노력을 해왔던 것도 사실이다. 그리고 실제 철학에 국적이 따라붙는 것 자체가 일반적으로는 '낯설게' 여겨질 수 있다. 비트겐슈타인도 강조하듯, "철학은 교의 (doctrine)가 아니라 하나의 활동(activité)이다."(『논리철학 논고』, 4.112) 하이데거 도 "사유는 그것이 사유하는 한에서 행동하는 것이다"라고 했다.[51] 즉 철학은 인간의 자유로운 정신적 활동이고 행동이자 현실적 실천에 본의가 있다.[52]

이런 점에서 철학은 원론적 의미로만 놓고 볼 때 당연 "국민국가에 한정 되지 않는다." 즉 "비국적적(non-national)"인 특징을 갖는 것이 철학의 일반 적 상(像)이다.[53] 이런 입장을 견지한 까닭에 마리옹은 비트겐슈타인이나 하 이데거보다 더 적극적으로 철학을 "그 어디에도 머무르지 않는 방랑아"라고 까지 정의한다.[54] 이는 앞서 우리가 메를로 퐁티를 인용해 언급했듯, 철학의 중심은 있을 수 있되, 그 가장자리를 한정할 필요가 없다는 말과 통한다.

이런 견지에서 보자면, 철학이 국가철학의 이데올로기로 작동되는 것이 얼마나 우스꽝스럽고 비철학적인 태도인지 알 수 있다. 우리가 이 자리에서 '지역학으로서 철학'이란 닻을 올리는 것은 단연코 무슨 국가철학이나 국수 주의적인 철학을 제언하려는 데 그 목표를 두고 있는 것이 아니다. 하지만 최소한 다음 사실만은 환기할 필요는 있다. 즉 우리가 대한민국에서 철학을 논하고 교육함에 있어 우리 지역의 상대적이고 특수한 내용보다 줄곧 세계 적이고 보편적 내용에만 매달려 왔고, 이는 곧 자기를 부정하는 것과 다르지 않다는 점, 바로 그것이다. 더 심하게 표현하면, 세계적이고 보편석 시식, 소 위 '국외적 지식 탐구'의 기준이 지나치게 서구 일변도로 특권화되어 일종의

---

51 J.-L. Marion, *op. cit.*, pp. 9~10에서 재인용.
52 이를 마르크스의 용어로 표현하자면 '실천'이 될 것이다.
53 J.-L. Marion, *op. cit.*, p. 10. 마리옹은 철학이 국가 단위로 구분되는 것에 대해 부정적 이다.
54 *Ibid.*

이데올로기로 작동되어 온 것이 문제라는 것이다. 그 결과 대한민국이라는 지역을 기반으로 한 우리의 상대적이고 특수한 지식은 그 자체로 연구되고 평가받는 기회조차 가질 수 없었다. 모든 철학이 지역에 뿌리를 두고 있음에도 불구하고 세계적이고 보편적 지식이라는 '보이지 않는 손'에 의해 대한민국 철학계가 원격 조정을 받았다고나 할까. 이제까지의 논의를 종합해보면 아래 〈그림3〉과 같다.

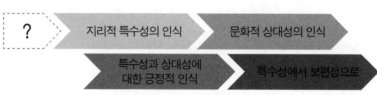

〈그림3〉 한국철학의 현황과 방향

그런데 필자의 판단엔, 한국철학의 가장 심각한 문제는, 〈그림3〉에서도 확인할 수 있듯, 그 출발점 자체가 대체 어디인지 모호하다는 점이다. 그런데 '러브 차일드'(love child, 사생아)와 다르지 않은 불운한 상황에서도 대한민국의 철학자들은 여전히 보편적 지식의 노예가 되어 있다는 게 놀랍다. 떡줄 사람은 꿈도 꾸지 않은데 김칫국부터 마신다고나 할까. 자신의 연구와 작업이 개인의 의견이 아니라 세계적 지식, 즉 '과학'으로 받아들여지기를 바라는 것이다. 곁에 있는 동료 철학자를 설득하기보다 자신이 연구 중인 대상의 이론화, 체계화에만 매몰되어 있는 것이다. 하지만 지난 역사는 차치하고 현시점에서만 놓고 볼 때도 철학이 진정으로 이 땅에서 독자가 있는 철학이고자 한다면 응당 우리의 지리·문화적 특수성과 상대성을 직시하는 일부터 시작해야 한다. 철학이 보편적으로, 탈지역적으로, 문화적 장애 없이 소통될 것이라는 믿음, 아니 착각에서 깨어나야 한다는 뜻이다.

거듭 강조하지만, 세계가 존재하고 작동되는 방식은 지역마다 다르다.[55] 철학이 지역색을 띨 수밖에 없는 것은 기본적으로 삶의 형태, 즉 M. 푸코의 용어를 빌리면 '에피스테메'가 다른 데 원인이 있다.[56] 만일 우리가 이렇게 철학자 스스로를 옥죄는 보편적 지식, 이론화·체계화에 대한 환상으로부터 해방되고 나면 당장 눈앞에 출현하는 것이 무엇이겠는가? 그것은 응연(應然) 누구에게나 '주어진 생활세계'일 것이다.[57]

바로 "그 장소에서 우리는 존재하고 숨쉬며 살아간다."[58] 따라서, 마리옹도 '프랑스현상학'을 논하는 자리에서 적시하듯, 우리의 논의는 '우리가 존재하고 숨쉬며 살아가는 곳'이 그저 익명적·탈경계적으로 존재하는지 아니면 구체적으로 주어진 것인지 정확히 구분해야 한다.

'그저 존재하는 것'과 '구체적으로 주어진 것'은 존재 양태가 다르다. 전자가 '나'의 경험이나 지각 등과 무관한 '저기-세계'라면, 후자는 '나'에게 직접적인 '여기-세계'이다. 그리고 우리가 존재하고 숨 쉬며 살아가는 그 장소에는 이미 객관성이며 보편성의 이름으로 '부호화되고 관념화되어 얼룩진, 왜곡된 세계'가 존재하는가 하면, 우리가 아직 구체적으로 사유한 적이 없는 소위 '있는바 그대로의 세계'도 존재한다. 정확히 이 '있는바 그대로의 세계'가 앞

---

55 N. Goodman, "The Way the World Is", *Problems and Projects*, Indianapolis and Cambridge: Mass, 1972 참조.

56 C. Geertz(1983), *op. cit.*, p. 180 참조.

57 필자는 베르그송의 '직접적으로 주어진 것(le donné immédiat)'을 '있는바 그대로의 것'이라 해석하여 의식의 차원을 존재의 차원으로 확대해서 해석한 바 있다 - 박치완, 「앙리 베르그송의 〈있는바 그대로의 것〉에 대한 새로운 해석의 시도」, 『대동철학』 제15집, 2001 참조.

58 J.-L. Marion, *op. cit.*, p. 13.

서 언급한 "누구에게나 '주어진 생활세계'"이자 우리-지역세계의 원형질이다.

모든 인간은 자신의 생활세계로부터 결코 자유로울 수 없는 존재다. 최경섭의 지적대로, 주희의 신유학사상이 태동한 것도 바로 이 생활세계에 뿌리를 두고 있으며, 도스토예프스키의 문학이 탄생한 배경도 당시의 러시아 사회와 깊게 관여돼 있다. 이렇듯 "철저하게 객관-이론적이고 객관-진리적이라 여겨져 세계 그 자체의 모습에 다름 아니라고 믿어 왔던 구성물들의 층을 헐어내고 나면 주관-상대적이고, 상황-진리적인 '지역들'이 드러난다."[59] 그 지역들은 결코 경험적 학문의 원칙인 귀납적 방법 등으로 추상화되어 '보편지역'으로 확대 적용될 수 없다.

생활세계적 문맥에서의 '지역'은 각기 '개별적인 지역'이다. 그때문에 역사 · 문화적으로, 언어 · 사상적으로 상이한 지역들을 보편적으로 또는 과학적으로 이론화하고 체계화한다는 미명하에 개별적인 지역들의 공통된 특징들을 추출하고 추상화시켜 '보편지역'을 정의하려는 망상을 버려야 한다. 그렇게 지역을 추상화 · 일반화시키는 데 '현상학적 작업'의 본질이 있는 것이 아니다.[60] "현상학적으로 가장 구체적이면서도 가장 보편적인(Hua VI, 136)" 것은 '지역'이다.[61] "지역은 분명 우리에게 직접적이고 근원적으로 주어져 있는 가장 첫째(Hua VI, 130)"의 것이다.[62]

---

59 최경섭, 「엄밀한 학이 아닌 엄연한 지역학으로서 철학(제2부)」, *op. cit.*, p. 155. 일부 수정: '헐어내자' → '헐어내고 나면'. 그리고 여기서 '지역'은 최경섭도 밝히고 있듯, 훗설의 영역존재론(regionale ontology)에서의 〈region〉과는 무관한 그의 새로운 해석이다 - 최경섭, 「엄밀한 학이 아닌 엄연한 지역학으로서 철학(제1부)」, *op. cit.*, p. 103 참조.
60 최경섭, 「엄밀한 학이 아닌 엄연한 지역학으로서 철학(제2부)」, *op. cit.*, pp. 155~157 참조. 〈Hua VI〉는 훗설의 *Die Krisis der europäischen Wissenschaften und die transzendentale Phänomenologie*(1954)를 말함.
61 *Ibid.*, p. 156.
62 최경섭, 「엄밀한 학이 아닌 엄연한 지역학으로서 철학(제1부)」, *op. cit.*, p. 119.

생활세계를 이렇게 '구체적 보편'이라는 '지역' 개념으로 새롭게 해석한 최경섭에 따르면 훗설의 후기현상학의 목표는 곧 '초월론적 지역현상학(보편지역현상학)'의 구축에 있다.[63] 최경섭의 글에서 자주 등장하는 '초월론적'이란 부가어는 '지역'이 '의식 내적으로 구성'된다는 것을 말하기 위한 것일 뿐 그 이상의 의미는 없다. 그렇다. 우리 모두는 일차적으로 지역의 아들이고 딸이다. 심지어는 "어떤 순수과학자도 보편지역에 살고 있지 않다. 만약 이 보편지역에 사는 이가 있다면 그에게는 마주칠 타인도, 거동할 자신의 육체도 없이, 마치 『걸리버여행기』의 라퓨타의 사람들처럼 끊임없이 흐르는 자기 사유에 매몰돼 헤어나지 못할 것이다."[64]

그런즉 우리는 자신의 지역-세계에 더 밀착해 사유의 활동을 개시해야 하는 것 아니겠는가. 그 세계는 바로 연구자가 서 있는 장소이다. 그 장소는 도구적 · 과학적 이성이나 기지(旣知)에 의해 임의로 구분되고 분리된, 편의를 위해 인위적으로 배열된 세계와 다르며 '각자가 현재 살고 있는 세계'이다. 각자가 현재 살고 있는 세계는, 앞서도 언급했듯, 철학자가 직접 대면하고 건사해야 할 장소이지 결코 외부에 의해 주문된 독단적-보편적 지식으로 폄훼해도 괜찮은 그런 장소가 아니다. 설사 그곳이 보편적 지식의 기준으로 보았을 때 보잘 것 없는 곳이라 할지라도, 그 장소에서 살아가는 철학자에게는 사유의 유일한 원천-장소이다. 있는바 그대로의 세계는 철학적 지역성의 또 다른

---

63 최경섭의 작업이 갖는 의의는 '지역' 개념을 도입해 훗설의 생활세계 개념을 새롭게 해석했다는데 있다. 하지만 그는 "현상학적으로 '지역'이 존재론이면서 또한 초월론적이며, 현실-세계적이면서 또한 그에 선험적이며, 생활세계라는 개별적인 다자(多者)를 지시하면서 동시에 초월론적 주체성이라는 보편적 일자(一者)를 담고 있는 개념"이라는, 현상학에 다소 치우친 태도를 보이고 있는 것도 사실이다 - 최경섭, 「훗설과 헤겔: 초월론적 지역현상학의 방법으로서 환원, 변증법, 해석」, 『哲學』 제107집, 2011, 92쪽 참조.
64 *Ibid.*, p. 96.

이름인 셈이며, 따라서 그 심연을 어떻게 밝힐 것인가가 관건일 수밖에 없다.

'구체적 보편으로서 지역'은 상대성, 특수성과 보편성의 관계가 그렇듯, y = f(x)에서의 x와 y의 관계가 그렇듯, 상황적이며 가변적이고 상호적이다. 그리고 지역은 구체적으로 주어진 것일 때 우리는 지역과의 대면을 피할 수 없다. 대면한다는 것은 그 지역이 그저 존재하는 것이 아니라는 뜻이며, 아직 사유되지 않았다는 측면에서 보면 소위 '철학함'이 개시되어야 할 장소라는 말과 같다. "'지역'이란 분명 우리가 조우하는 것이면서 동시에 우리가 구성해내는(우리 안에 있는) 것"[65]이어야 한다.

이런 이유 때문에 하나의 '유기체적 존재'로서 지역에서 일부분을 따로 떼어내 그것만을 분석하는 데 그치거나 또 그런 일부분들의 합이 지역을 대신할 것이라고 착각해서는 안 된다. 이러한 태도는 베르그송의 비유를 빌리자면, 구름이라는 무정형의 덩어리에 예술가는 형태를 부여하려고 애쓰지만, 그가 그려놓은 형태 속에서는 흘러가면서 변화무쌍하게 변하고 있는 구름에는 존재하지 않는 것이다.[66]

급하게 정리하자면, 있는바 그대로의 세계로서 지역은 그 어떤 것으로도 고정될 수 없으며, 그래서 인간의 이성적 능력을 이미 벗어나 있다고 베르그송은 역설한다.

이미 획득된 진리를 확장시켜서는 아무런 중요한 진리도 얻을 수 없다. 우리

---

65 *Ibid.*, pp. 98~99. "그 '지역'을 생명의 관점에서 바라보면 '보편지역'은 뒷전에 물러나면서 우리는 의지주의적인 보편지역현상학을 얻게 되고, 단지 '보편지역'의 측면에서 '지역'을 바라보면 '생명현상'은 약화되면서 우리는 주지주의적인, 논리주의적인 보편지역현상학을 얻게 될 것이다."(*ibid.*, p. 99)
66 베르그송, 「서론·1」, 『사유와 운동』, 25쪽.

는 보편과학을 잠재적으로 [철학의] 한 원리로서 취하는 일을 포기해야만 할 것이다.[67]

비록 직관과 관련된 언급이기는 하지만, 베르그송의 위 언급은 절대-보편과학으로서의 철학에 대한 환상을 전면 부정하고 있다는 점에서 본 장과 관련해 시사하는 바가 크다.[68] 이는 '현존하는 철학'을 '미완성의 밑그림'에 비유했던 메를로 퐁티의 언급과 연결시키면, 철학에 아직 '궁극적 체계'는 존재하지 않는다는 해석을 허용한다. 그런즉 시공을 초월해 모든 문화권에 적용될 수 있는 보편과학으로서 철학이 존재한다는 환상은 이제 버려야 한다.

이런 기준에서 보면 상이한 지역에서 상이한 철학적 담론이 생산되는 것은 필연적 결과라고 할 수 있으며, 그때문에 우리는 철학을 단지 가상의 단일체나 추상적 이념체로 볼 것이 아니라 여러 색의 조화, 각기 고유성을 가진 살아 있는 생명체, 문화적 복합체로 볼 필요가 있다. 즉 이미 그 내용과 꼴이 고정되어 있고 그 상태로 여러 지역을 보편성의 이름으로 이동하는 것이 아니라, 각기 제 장소에 뿌리를 둔 채, 비록 현재 상태는 상대적이고 특수한 위치에 있다고 해도, 해당 지역의 경계를 벗어날 수 있는 날을 꿈꾸며 자기완성을 향해 앞으로 나아가는 것이 철학이라고 보아야 한다.

이는 결국 설사 한 지역에서 '보편성'으로 수용된 지식이라고 해도 다른 지역에서는 결코 '소프트파워'처럼 통용되기가 쉽지 않다는 역설을 내포한

---

67 베르그송, 「서론 · 2」, 『사유와 운동』, 35쪽.
68 위 인용문은 푸코, 들뢰즈, 데리다 등 프랑스의 니체주의자로 통용되는 원조 격이 베르그송이라는 것을 새삼 확인할 수 있는 대목이다. 니체와 베르그송의 비교 연구는 J. Delhomme, *Nietzsche et Bergson*, Deuxtemps Tierce, 1992 참조.

다.[69] 텍스트의 번역에서도 문화 간 장벽이 작용하는 것처럼 결과적으로 철학에서도 지역이, 심하게는, 소통의 장애가 될 수 있다는 점을 이제는 겸허히 받아들일 때가 된 것이다. 철학은 이제 '보편과학'을 머리에 이고 살 것이 아니라 토포스에 따라 스스로를 표현하는 상대적 보편성을 인정하면서 어떻게 다양성을 포용할 것인지를 고민해야 할 때다.

기어츠도 강조하듯, "세계는 곧 다양한 장소이다."[70] 그곳에 이슬람교도도 살고 힌두교도도 산다. 기독교인도 살고 불교도도 산다. 그곳에 문화적 전통이 강한 나라도 존재하고 문화적 전통이 약한 나라도 존재한다. 그곳에 한때 식민지를 경영했던 나라들과 식민 지배를 받았던 나라들이 함께 공존한다. 그곳에 철학자만 사는 것이 아니라 사회학자도 인류학자도, 예술가도 경제학자도 과학자도 함께 산다. 그곳에는 플라톤의 유령만 있는 것이 아니며 칸트, 헤겔, 마르크스, 프로이트, 데리다의 유령을 포함해 뉴턴, 아인슈타인의 유령도 수시로 들락거린다.

자신의 미래학(local knowledge)을 이 모든 것들의 비교에서 도출하고자 했던 기어츠는 자신의 작업을 "비교할 수 없는 것들을 비교하는(comparing incomparables) 것"이라 고백한 바 있다.[71] 요는 섣불리 학문들 간의 통합, 융합, 통섭을 전제할 일이 아니란 뜻이다.[72] 비교할 수 있는 것을 비교하는 것

---

69 버락 오바마 행정부의 외교정책의 뿌리인 '스마트파워' 이론의 주창자인 조지프 나이 (Joseph S. Nye)는 권력을 다음과 같이 세 가지로 구분한 바 있다: i) 군사력과 경제력을 의미하는 하드파워, ii) 이와 대립되는 개념으로 문화와 가치, 대외원조, 국제교류 등을 뜻하는 소프트파워, iii) 그리고 하드파워와 소프트파워를 조합한 스마트파워 - 조지프 나이, 『권력의 미래』, 윤영호 옮김, 세종서적, 2012 참조.

70 C. Geertz(1983), op. cit., p. 234.

71 Ibid.

72 배식한, 「가능한 통섭과 불가능한 통섭: 통섭과 무법칙적 일원론」, 『지식의 통섭』(최재천, 주일우 엮음), 이음, 2007; 박승억, 「통섭: 포기할 수 없는 환원주의자의 꿈」, 『철학과

으로는 기어츠가 말한 '비교'의 본의에 미칠 수 없다. 따라서 비교의 본의에
도 이르지 못한 결론을 가지고 통합, 융합, 통합을 이룬 것처럼 포장해 학문
의 다양성을 무력화시키려는 태도는 지양해야 한다.

4. 지리가 접두사로 덧붙여진 시대의 철학의 위상

태풍은 지구물리적 현상이다. 하지만 그 소용돌이는 짧은 시간 내에 에너
지가 줄어 감소하거나 소멸하지 않는다. 태풍도 나름 생로병사의 사이클을
따른다고나 할까. 비록 정신적인 사체(事體)가 철학적 작업의 본질이라고는
하지만, 철학이라고 생로병사의 사이클에서 예외일까?

철학에도 분명 생로병사가 있다. 태풍과 차이라면 영향의 연속성과 재귀
성이 있다는 점일 것이다. 영향의 연속성은 특히 문화적 유전자로까지 전달
되는 경향이 있기에 위협적이다. 또한 현실에서 유사 상황이 전개되면 어김
없이 과거의 유령들이 등장해 해당 지역을 정신적으로 지배한다. 이 두 가지
때문에 대한민국에서의 철학 풍토는 계속 외세에 시달리고 있다. 주체적·
창의적으로 수용되지 못한, 그래서 토착화되지 못한 탓에 외부에서 생산된
지식들이 계속 대한민국의 하늘을 뒤덮고 있는 것이다.

서구철학에만 국한해 볼 때도[73] 해방 후 '데칸쇼'에서[74] 1980년대의 영미분

현상학 연구』 제38집, 2008; 이정덕, 「지식의 대통합이라는 허망한 주장에 대하여: 문화
를 중심으로」, 『사회생물학 대논쟁』(김동광, 김세균, 최재천 엮음), 이음, 2011 참조.
73 동양 내에서의 중국과 일본과의 지적 영향 관계도 규명되어야 하겠지만, 이 자리에서는
이 문제까지 언급할 지면은 없어 아쉽다.
74 백종현의 연구에 따르면 '데칸쇼'가 아니라 서양철학 수용 100년(1915~1995)을 관련 논저
7,245건을 철학자별로 분석했을 때 실제로는 칸트, 헤겔, 하이데거, 플라톤, 마르크스 순
이다 - 백종현, 『독일철학과 20세기 한국철학』, 철학과 현실사, 1998/2000, 37쪽 참조.

석철학과 마르크시즘의 유행으로, 1990년대의 해체주의, 포스트구조주의에서 2000년대의 포스트정신분석학, 포스트식민주의, 포스트페미니즘 연구, 2010년대의 탈식민주의, 포스트휴머니즘 연구에 이르기까지 외세의 소용돌이는 계속되고 있다.

대한민국의 철학자와 철학과 모두 이와 같은 유행을 좇기에 여념이 없으며, '철학'이란 게 교설(敎說)되기 시작한 지 100여 년이 되었음에도 한국철학의 토착화에 대해서는 거의 대부분의 학자들이 함구하고 있다. 자생력도 창조력도 없는 탓에 계속 외풍(外風)에 이리 또는 저리 흔들릴 수밖에 없는 것인가? 이제라도 외풍을 잠재울 수 있는 저항력을 키워야 하지 않을까? 그 저항력은 무엇보다 우리의 역사와 문화 유전자에 대한 치밀한 궁구(窮究) 없이는 생기(生起)될 수 없다.[75] 우리의 역사와 문화유전자는 우리의 생활세계에

연도 철학자	1915~1945	1946~1959	1960~1979	1980~1995	계
칸트	8	14	158	411	591
헤겔	8	15	100	323	446
하이데거	2	7	100	168	277
플라톤	1	5	68	178	252
마르크스	4	2	14	193	213
훗설	1	1	34	138	174
니체	3	6	47	102	158
아리스토텔레스	1	1	37	93	132
비트겐슈타인	0	0	15	97	112
야스퍼스	1	3	35	59	98
키에르케고르	0	3	44	43	90
듀이	0	5	30	53	88
하르트만	0	6	21	47	74
러셀	1	5	25	34	65
베르크손	2	2	8	46	58
데카르트	0	0	18	32	50
하버마스	0	0	1	48	49
사르트르	0	6	11	31	48
포퍼	0	0	5	41	46
화이트헤드	0	5	12	28	45

75 주영하 외, 한국국학진흥원 엮음, 『한국인의 문화유전자』, 아모르문디, 2012 참조. 이 책에서는 한국인의 문화유전자로 다음 열 가지를 제시하고 있다: 곰삭음, 정, 자연스러움,

기반한 것이다. 이를 기반으로 고유한 철학적 이론들을 생산해낼 때, 그에 비례해 저항력은 커질 것이다. 이런 취의(趣意) 하에 이 장에서 우리는 i) '지역학으로서 철학' 개념을 피력해 보았고, ii) '생활세계', '있는바 그대로의 세계'가 곧 철학함의 개시를 위한 본래적 장소임을 강조했다.

대한민국과 같이 경제적·군사적 하드파워며, 문화적·사상적 소프트파워도 강하지 못한 나라에서 우리-지역에 대한 관심과 탐구는 아무리 강조해도 지나치지 않으리라. 글로벌-세계보다 로컬-지역을 우선적으로 간수할 때라는 것이다.[76] P. 브뤼크네르는 세계화 시대를 "시야가 확대된 것이 아니라 시야가 울타리가 된" 시대, "서로에게 교류 공간이 아니라 고통의 장소"[77]라고 엄중히 경고한 바 있다. 우리의 상황이 문화적·사상적 근본토대인 지역이 유취(柔脆)한 상태라면 세계화도 세계-지역화도 결코 우리에게 호의적이지만은 않을 것이다.

'지역', '생활세계' 개념에 착안해 이제까지 우리는 철학의 지역-세계화의 입장에서 '우리 철학'이 나아가야 할 방향에 대해 피력해 보았다. 〈그림4〉는 필자의 의견을 종합적으로 제시한 한국철학의 생성 조건과 구성 요소이다. 이 장에서 필자가 이와 같이 다소 강해 보일 수도 있는 주장을 펼친 이유는 한국철학의 현황 분석과 지향점이 바로 설 때 비로소 대한민국에서의 철학이 제 역할을 할 것이라 생각하기 때문이다. 그리고 무엇보다 중요한 것은 우리의 지역-세계가 '선학문적 삶'의 세계라는 것은 거듭 강조해 두고 싶다.

공동체, 어울림, 해학, 흥, 예의, 역동성, 끈기.
76 박치완, 「글로벌시대의 문화, 어떻게 해석해야 할 것인가?: 문화 코드, 문화 콘텐츠, 지역세계화 개념을 중심으로」, 『해석학연구』 제27집, 2011 참조.
77 파스칼 브뤼크네르, 『번영의 비참』, 이창실 옮김, 동문선, 2003, 29쪽.

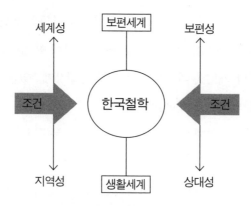

〈그림4〉 한국철학의 생성 조건과 구성 요소

최경섭도 정확히 지목하고 있듯, "생활세계는 학적 조작이 가해지기 이전 세계"다. 생활세계는 물리·자연적 세계뿐만 아니라 "수많은 인격적/정신적 세계들"도 포괄하는 세계다.[78] 결국 한 인간이 태어나서 성장하고 죽는 순간까지 늘 함께하는 세계가 바로 생활세계다.

그렇게 보면 우리는 '생활세계'를 굳이 훗설이나 하버마스적 의미로 축소해서 이해할 필요는 없을 것 같다.[79] 게다가 생활세계의 문제는 오늘날과 같은 글로벌 시대에는 개별 국가에 국한되지 않고 지구촌의 모든 국가로 확대되고 있는 실정이다. 이름하여 '지리(géo-)가 접두사로 덧붙여진 시대'가 된 것이며,[80] '지리'가 곧 세계지배전략의 직접적 대상이 된 것이다. 그런 시대이

---

78 최경섭,「엄밀한 학이 아닌 엄연한 지역학으로서 철학(제1부)」, *op. cit.*, 117쪽.
79 최재식,「하버마스의 "생활세계"와 "체계" 이론 및 이에 관한 사회·문화 현상학적 비판 - "'문화주의적'으로 왜소화된 현상학적 생활세계"에 대한 현상학적 재비판」,『철학과 현상학 연구』제13집, 1999 참조.
80 최근에 지리정치(géopolitique), 지리경제(géoéconomie), 지리마케팅(géomarketing), 심지어는 지리문화(géoculture)라는 신조어들까지 등장해 〈One-wolrd, The world as a whole〉을 위한 세계지배전략이 강화되고 있다.

기에 시간이 흐를수록 단위 국가는 점점 글로벌 시장의 먹잇감으로 전락해 간다. 즉 전 세계의 모든 지역 국가가 신자유주의 시장의 통합 전략에 의해 희생양이 될 수밖에 없다는 것이다. 간악한 글로벌 행위자들은 이제 '군사력'을 '평화'라는 이름 밑에 감추고 '경제'라는 하드파워로 세계를 재편하려고 안달이다. 생활세계, 현실세계, 지역적 다양성과 이질적인 세계는 늘 이렇게 군사·경제 강국들의 야욕대로 '백색의 신화' 창조에 제물이 되어 왔다. 이들의 새로운 지리전략(géostrategie)은 그들이 내뱉는 평화, 인권이라는 수사학과는 상반되게 오직 자국 경제의 성장, 다국적기업의 부의 축적만을 목표로 한다.[81] G. 뒤수이의 지적대로, 세계의 모든 지역들이 '경제'라는 신종 패권을 쥔 자에 의해 재영토화의 길을 걷고 있는 것이다.[82]

'경제'를 축으로 전 세계가 재영토화의 길을 걷고 있다는 것은 이미 자본과 물질이 문화적·철학적 보편성의 자리를 탈취했다는 말에 다름 아니다. 즉 이 시대의 보편성은 경제, 시장에서의 성공이 보장한다. "보편적 자본주의(le capitalisme universel)"가 하버마스의 "의사소통적 합리성"이며 로티의 "민주적 대화"를 대체하는 시대가 된 것이다.[83] 그러니 각국의 생활세계가 물질화, 상업화의 도정에서 탈영토화되는 것은 불 보듯 빤한 일이다.

y = f(x)에서 우리는 이제까지 x에 역점을 두고 의견을 개진해 왔다. 하지만 이 지점에 이르고 보니 기실 중요한 것은 x와 y를 하나의 관계로 동이는 함수 f가 아닌가 싶다. 함수 f의 기능에 따라 각자의 미지수 값 x와 y의 관계가 바뀔

81 G. Dussouy, "Vers une géopolitique systémique", *Revue internationale et stratégique*, No. 47, 2002, p. 53 참조.
82 *Ibid*., p. 54.
83 M. Dufour, "Compte rendu du *Qu'est-ce que la philosophie?* de G. Deleuze et F. Guattari", *Philosophiques*, Vol. 23, No. 1, 1991, p. 178.

수 있기 때문이다. 지식의 지역세계화 차원에서 보자면 분명 우리의 지적인 토양은 x의 값을 최대로 높이는 것이 관건이다. 즉 외부적 보편성에 대한 환상을 버리고 내부적 상대성 및 특수성 자체를 제대로 정초하고 발전시키는 것이 중요하다. 하지만 논의의 초점이 보편성/상대성, 세계성/지역성의 문제에서 국내적 상황으로 이동하면, 함수f는 한국 내에서 철학의 역사, 철학교육의 역사가 그동안 어떤 과정을 겪어 왔는가를 묻는 것으로 이동된다.

이렇듯 대립되는 두 항 간의 소통이 원활하지 못한 데서 모든 문제가 야기되며 오해가 시작된다. 물론 개별항 자체가 문제인 것은 아니다. 두 항이 하나의 관계로 묶인 '사이'가 결국 문제 해결의 요체란 뜻이다. 사이를 인정하지 않기 때문에 다름은 배제되며 상호 간의 대화는 단절된다. 그런 식으로 다름(차이)이 배제되기 때문에 같음(동일성)의 폭력만이 계속 광대춤을 추는 것이다. 같음과 차이의 교류며 양립, 공생은 늘 물음 밖에 비켜서 있다. 두 대치된 항 간의 관계는 일치나 통일을 전제하면 같음의 폭력이 계속될 것이다. 레비나스의 저서가 지목하듯[84], 전체성(전체주의)이 서구의 철학사를 뒤덮고 있는 배경도 이와 무관하지 않다.

메를로 퐁티가 "중개적 통일성(l'unité indirecte)",[85] 즉 양자가 공히 매개된 통일성 개념을 제안한 것은 이런 점에서 아주 참신한 아이디어라고 판단된다. 필자의 생각엔 바로 그때라야 두 대치된 항 간의 사이가 열릴 것이고, 간극이 인정될 것이며, 결국 이제까지와는 다른 형태의 '완곡한 통일성'을 상망

84 E. Levinas, *Totalité et infini, Essai sur l'extériorité*, La Haye/M. Nijhoff, 1963 참조.
85 M. Merleau-Ponty, *op. cit.*, p. 155: "Entre nous et le passé, entre nous et l'Orient, entre philosophie et religion, il nous faudra chaque fois apprendre de nouveau à enjamber l'hiatus et à retrouver l'unité indirecte."

(想望)해 볼 수 있을 것이다.

"철학에 있어 성공과 실패는", M. 뒤푸르에 따르면, "진리의 범주가 저울질하는 것이 아니라 관심도(l'intéressant), 주목도(le remarquable), 중요도(l'important)의 범주가 결정한다"고 한다.[86] 그렇다면 현대인들의 욕망은 어디에 집중돼 있을까? 굳이 대답을 하지 않아도 될 질문이다. 더 이상 현대인들은 전문화된 철학에 눈길을 주지도 않으며 또 철학을 삶의 거울로 여기지도 않기 때문이다. 경제, 정치, 문화에 비하면 철학에 대한 관심도는 거의 0에 가깝다고 해도 과언이 아닐 것이다.

상황이 이러하다면 우리는 '보편성' 정도는 이제 눈을 감아도 될 것 같다. 그것이 만일 각자의 삶의 터전인 생활세계 어디에서도(no where) 감로수 역할을 못한다면 더더욱 그렇다. 하지만 바로 지금 여기(now here), '내' 앞에 펼쳐진 지역인 대한민국이 눈 뜨고 도둑맞는 일은 막아야 할 것 아닌가. 왜냐하면 바로 '이곳'이, 메를로 퐁티의 방식으로 표현하자면, 바로 '나-살'이요 '나의 살 길'이기 때문이다.

보다 솔이(率易)하게 고백하자. 우리에게는 서구에서 말하는 철학의 '기원'은 없다. 그렇게 속 편히 단정하자. 그래서 서양철학의 수용사는 100년이 지났지만 불행히도 한국철학은 자체의 역사를 가지고 있지 못하다고. 한국사, 한국철학이란 독립된 역사를 가지고 있지 못하기 때문에, 박종홍도 경고했듯, "지성의 빈곤"과 "지성인의 무력"을 다시 통감(痛感)하게 되는 것이라고.

썩 내키지는 않는 비유이지만, 앵무새는 주인에게 노리갯감에 불과하다. 애호도 학대도 주인의 손에 달렸다. 주인에게 저항하는 앵무새, 주인이 앵

---

86 M. Dufour, *op. cit.*, p. 180.

무새를 노리갯감이 아닌 자식이나 친구처럼 대하는 그런 세상을 상상해 볼 수는 없을까. 서구인들이 관심을 갖지 않으면 존재도 이름도 인정받지 못하는 시대, 100년 전 이야기가 아니다. 그들이 역사가 없다면 없는 것이고, 그들이 지성, 이성이 없다면 없는 것인가. 그들이 불량국가라면 불량국가이고, 그들이 인권 국가라면 인권 국가인 것인가.[87]

지역으로 독립하는 것은 세계로부터의 고립을 의미하지 않는다. 가능한 일일지 모르겠으나 지역에서 세계로 나아가기 위한 발판을 마련하기 위해서라도 우리는 '우리-지역'에 철학이란 종자를 재식(栽植)해야 한다. 서구인이 '우리-철학'을 GMO처럼 타자화하기 전에 우리 스스로 우리를 타자화해야 한다. 지역은 그 권위를 스스로 가질 때만 하나의 세계(a world)가 될 수 있다.

---

87 세네갈의 역사학자이자 인류학자인 셰이크 안타 디오프(Cheik Anta Diop)는 자신의 학위 논문에서 "아프리카 철학이 그리스 철학의 기원이자 요람이다", "아프리카가 오늘날 학문의 기원"이라는 주장을 펴 세간의 주목을 받은 바 있다 - 김경랑, 「아프리카 이미지의 명(明)과 암(暗)」, 『비교문화 연구』 제27집, 2012, 159쪽에서 재인용. 그동안 아프리카인은 서구인들에 의해 "어리석음을 극복하는 어떠한 감정도 없는"(Kant), "최소한의 지적 표시도 발견되지 않은"(Hume) 부정적 이미지로만 비추어졌다(ibid., 157쪽). 아프리카 자체가 서구인들에는 '역사가 없는 대륙', '검은 대륙'의 상징이었던 것이다. 우리의 아프리카에 대한 인식도 이와 크게 다르지 않다. 즉 유럽인에 의해 타자화된 아프리카를 아프리카 자체로 이해한다는 것이다. 여기서 우리는 타문화에 대한 좀 더 정확한 정보를 가지고 객관적으로 접근하는 태도가 얼마나 중요한지를 확인할 수 있다. 우리는 이를 반면교사로 삼아 '지역학으로서 한국철학'을 정초하는 작업뿐만 아니라 대한민국의 대외적 이미지나 문화브랜드에 대한 연구도 GDP나 GNP로만 환치하려고만 하지 말고 지피지기(知彼知己)의 입장에서 한국문화의 원형을 찾고 확산시키는 노력부터 강화해야 할 것이다.

제2장 ——

지식의 세계화 시대, 한국철학의 위상

"통일성, 다양성, 같음, 다름, 정도, 관계,

이것들은 모든 현실성의 속성이자 현실적인 범주들이다."

———————— W. 딜타이

"진리(의) 역사는 소유화 과정이다. 따라서 그 속성은 존재론적-현상학적, 또는

의미론적-해석학적인 질문과 아무런 관련이 없다."

———————— J. 데리다, 『에쁘롱』

1. 철학의 지형도 변화와 새로운 화두의 출현

우리가 '현대'라 칭하는 이 시대는 이미 전통-철학에서 말한 것처럼 하나의 실체나 존재로, 하나의 범주나 체계로 설명할 수 없을 만큼 복잡하고 이질적인 요소들로 가득 차 있다. 특히 인터넷 매체나 정보기술 등의 발달과 확산으로 인해 새롭게 등장한 화제(話題)들은 대부분 전통의 동일성의 논리나 재현적 사유 체계로 포섭되지 않는 것들이다. 이는 결국 '하나의 절대'로 환원되는 것에 저항하는, 동일성이나 유사성을 근본적으로 이반(離反)하는 것들

이 점증하고 있다는 방증이기도 하다.[1]

이러한 시대적 변화 상황에 비추어 볼 때 〈A = A〉로 상징되는 동일성의 논리에 따른 사유 체계는 신분(계급)에 빗대어 말하면 통치자나 국가에 복무하는 지식이라고 해도 무방할 것이며, 시장에 빗대어 말한다면 전체 인류 중 1%에 불과한 유산자(有産者)를 변호하는, 다시 말해 99%를 변호해야 하는 '보편적 지식'과는 거리가 먼 '상대적이고 특수한 지식', 결과적으로는 '반지식(non-savoir)'의 선봉군이라 할 수 있다.

아리스토텔레스에서 출발한 이 타자 배제 논리는 물론 근대에는 자유 시민 의식의 고취와 국민국가를 형성하는 데 공헌하기도 했다. 하지만 18~19세기에 이르러서는 서구열강의 식민지 지배 논리로 탈바꿈을 했고, 20세기 중후반에 들어서면서부터는 G7, G20 국가들이 주도하는 시장경제의 세계화의 논리를 대변하고 있다. 정치, 경제, 사회, 문화적 다양성을 단일화시키는 것이 목표인 동일성의 논리는 그런 점에서 분명 지배의 논리요, 권력과 감시의 논리라 할 수 있다.[2]

그런데 이렇게 타자, 타문화, 타국가를 배려의 대상이 아니라 지배, 관리 및 통제의 대상으로 치부하는 동일성의 논리가 여전히 지배적이라는 것은 역설적으로 이 시대의 철학이 고민해야 할 인식론적 과제가 무엇인지를 정확히 보여준다. 급하게 결론부터 제시하자면, 우리는 최소한 동일성과 차이, 즉 A와 -A의 공존동생(共存同生) 가능성에 대해 고민해야 한다. 다시 말해 이

---

1 J. 보드리야르가 진리, 윤리, 의미 등을 '무한 정보들' 속에서 일시적으로 탄생했다가 사멸할 뿐인 것들의 기국(器局)이라고 본 것도 이런 이유 때문일 것이다. 이에 대해서는 그의 다음 저서 참조: J. Baudrillard, *Simulacres et simulation*, Galilée, 1980.

2 M. Foucault, *Surveiller et punir, naissance de la prison*, Gallimard, 1975(미셸 푸코, 『감시와 처벌』, 오생근 옮김, 나남, 2011) 참조.

분법적인 서구철학의 고질적 사유습관으로부터 벗어나, 이름하여 '관계적 사유'를 참구(參究)할 때가 되었다는 것이다.

관계적 사유는 결과보다 변화와 과정을 중시하는 것이 특징이다. 결과보다 변화와 과정을 중시한다는 것은 전통의 관념론이나 초월 철학에서처럼 연구 방향이 미리 주어져 있거나 연구 목표가 미리 고정되어 있지 않다는 뜻이다. 중심의 울타리인 주변부와 중심을 중심이게 하는 제 요소들을 적극 배려하는 것을 기치로 하는 새로운 사유 논리는 'A'가 아닌 -A 또는 '내'가 속해 있거나 소유하지 못한 것, 즉 타자, 차이를 동화나 지배의 대상이 아니라 교류와 소통의 대상으로 여긴다는 점에서 보면 파르메니데스로부터 시작돼 하이데거까지 연결되는 존재의 사유 전통보다는 헤라클레이토스로부터 출발하여 H. 베르그송, F. 니체, A. 화이트헤드 등을 거쳐 쟁점화된 변화, 과정의 사유전통에 가깝고, 이는 특히 M. 세르의 '헤르메스적 사유'와도 맞닿아 있다.[3]

변화(생성)와 과정, 교류와 소통 자체가 지식의 새로운 사유 논리와 방향으로 요청되고 있다는 것은 전통의 실체와 존재 중심의 향일(向一, 向日)적 사유가 쌍방향적 사유[더 적극적으로는 다(多)방향적 사유]에로 방향을 전환해야 한다는 것을 의미한다. 이렇듯 현대는 철학의 지형도에 변화를 요구하고 있다. 지형도 변화의 필요성과 의미는 영원부동적인 존재(이데아, 실체)에 대해 '봉사 단청 구경'하는 것으로 심만의족(心滿意足)해야 했던 순진이론학(théorisme) 또는 이에 대한 절대적 신뢰로 구성된 이념학들(idéo-logies), 명석판명한 주체나 순수의식에 저당 잡힌 유아론(égo-centrisme) 등의 족쇄에서 벗어나 이 시대가 지향해야 할 철학, 더 구체적으로는, 야마와키 나오시가

---

3 A. N. 화이트헤드, 『과정과 실재』, 오영환 옮김, 민음사, 2003; M. 세르, 『헤르메스』, 이규현 옮김, 민음사, 1999 참조.

주목한, 철학의 공공성 실현이란 화두와 맞물려 있다.[4]

나오시에 따르면 이 시대가 요구하는 '공공철학'은 공공선, 공익의 문제에 대해 더 진지하게 재고해야 하며, 나아가서는 그 공공선과 공익이 개인이나 소수자 또는 특정 국가에만 적용되는 것이 아니라 인류 전체에, 다시 말해 종족, 민족(시민) 구분 없이 온 인류에게 적용되는 것을 목표로 한다. 부언컨대 국가주의나 지역주의를 극복해야 하는 것은 말할 것도 없고, 특히 경제강국 중심으로 모든 로컬들이 재편되어야 한다는 작금의 시장논리의 극복을 최우선 과제로 하고 있다. 신자유주의적 시장논리에서 벗어나 지구적 차원에서 진정한 분배와 보편적 복지, 인권과 다문화적 민권, 지구환경 문제와 인류평화를 구현하는 것이 나오시가 제시한 '글로컬 공공철학'의 궁극 지향점이다. 쓰지 신이치의 해석대로, 나오시가 추구하는 글로컬 공공철학이 부나 물질만을 추구해 온 성장경제론, 풍요의 경제학과는 다른 점이 여기에 있다.[5]

근대의 사유 체계(체제)를 깊이 연구한 E. 월러스틴의 새로운 보편주의 (universal universalism) 주창도 이런 점에서 우리에게 시사하는 바가 크다.[6] 그

---

4 야마와키 나오시, 『공공철학이란 무엇인가?』, 성현창 옮김, 이학사, 2011 참조. 이 책에서 나오시는 공공철학을 다음과 같이 셋으로 구분하고 있다: i) 내셔널 공공철학, ii) 글로벌 공공철학, iii) 글로컬 공공철학. 특히 글로컬 공공철학에 대해서는 197~215쪽 참조.

5 쓰지 신이치, 『행복의 경제학』, 장석진 옮김, 서해문집, 2009 참조. 한국계 일본인이기도 한 신이치는 일본에서 '슬로우 라이프(slow life)' 운동을 제창하기도 했다. 이 책에서 그는 성장경제론, 풍요의 경제학에서 탈피하여 부유한 삶이 아니라 충만한 삶, 행복한 삶을 살아갈 수 있기 위해서는 행복의 경제학에로의 전환이 필요하다고 강조하면서, 특히 인류의 미래는 '글로벌화'가 아닌 '로컬화'에 달려 있다는 입장을 역설(力說)하고 있다.

6 이매뉴얼 월러스틴, 『유럽적 보편주의』, 김재오 옮김, 창비, 2008, 137~138쪽: "오늘날 우리 앞에 놓인 쟁점은 유럽적 보편주의 - 기존 세계질서에 대한 이 마지막 왜곡된 정당화 - 를 넘어 달성하기 훨씬 어려운 보편적 보편주의로 어떻게 옮겨갈 수 있느냐다. 보편적 보편주의는 사회적 현실에 대한 본질주의적 성격 부여를 거부하고, 보편적인 것과 특수한 것 모두를 역사화하며, 이른바 과학적인 것과 인문학적인 것을 단일한 인식론으로 재통합하고 약자에 대한 강자의 '개입'을 위한 모든 정당화 근거들을 고도로 객관적이고 지극

에 따르면 유럽인들이 천착했던 보편주의는 인류 전체를 위한 보편주의가 아니라 오직 그들만을 위한 "특수한·상대적인' 보편주의"에 그쳤다는 것이다. 말을 바꾸면, 유럽인들도 이제 유럽 밖의 타지와 미지에 대한 연구가 시급하며, 이는 결국 '글로컬 공공철학'이 글로벌과 로컬을 동시에 고민하는 데서 출발한 것과 다르지 않다.

월러스틴의 새로운 보편주의는 "그 어떤 것도 배제하지 않는 중도론 (unexcluded middle)"에 기초한다.[7] 이에 가첨(加添)을 해 보자면 결국 새로운 보편주의란 동양(중국, 일본, 한국, 인도 등)을 서양과 문화적으로 '즉의(卽依)'의 차원에서 고려해야 한다는 말과 같으며, 동서양의 상이한 지층(知層)을 상호인정하고 수용해서 제3의 지식 공간을 구축해야 한다는 말이 될 것이다. H. 바바의 주장대로, "그 같은 제3의 공간을 탐색함으로써, 우리는 [비로소] 양극성의 정치학에서 벗어날 수 있다."[8]

포괄적으로 이야기해, 기독교적 사유와 불교적 사유, 힌두교적 사유, 이슬람적 사유를 균형 있게 수렴할 수 있을 때라야 비로소 우리는 월러스틴의 새로운 보편주의 요청도, 나오시의 글로컬 공공철학도, 바바의 제3의 공간도 상상의 이념 속에서가 아닌 현실 속에서 구현할 수 있다. 서양, 동양 할 것 없이 타자, 타문화, 타지역에 대한 무관심과 무지를 극복하고 상호 교류, 상호 소통을 강화해 자신의 지리적 로컬 문화에서만 유효할 뿐인 절름발이 지식체계에서 벗어나는 것이 급선무라는 것이다.

서양인에게 동양이, 동양인에게 서양이 부재했던 것은 아니다. 요는 '글로

히 회의적인 시선으로 바라볼 수 있도록 해준다."
7 *Ibid.*, p. 141.
8 호미 바바, 『문화의 위치: 탈식민주의 문화이론』, 나병철 옮김, 소명출판, 2002, 93쪽.

컬적 관점'을 겸비하고 타자, 타문화, 타지역을 자신, 자문화처럼 수용하는
데까지 이르지 못한 것, 문제는 여기에 있다. 유럽 중심주의자들이 '존재한
다'고 언명해야 '존재하는 것'이고, '야만인'이라면 '야만인'이고, 그들이 '불량
국가'라면 불량국가가 되는 것이 아니다.[9] 같은 이치로 철학도 소크라테스나
플라톤 전통으로부터 시작된 서구철학만 철학이 아니라 동양철학도, 더 구
체적으로는 인도철학도, 중국철학도, 한국철학도 유럽인들이 '철학'을 운운
하기 이전부터 이미 삶의 원리와 가치로 작동되고 있었다.

이런, 굳이 새로울 것도 없는, 그러나 우리가 오래도록 소홀히 했던 논리
(an unexcluded middle, une logique de tiers-inclus)를 받아들이게 되면, 이 장을
시작하면서 인용한 딜타이의 언급대로, 이제 철학은 통일성, 동일성만의 '이
념 주도적인' 폐습에서 벗어나 다양성, 차이를 '삶 연관적으로' 새롭게 논할
수 있다. 역으로 말하면 유럽 중심주의와 시장경제의 세계화 바람에 탈영토
화되어 있는 지역-로컬의 재영토화 작업이 필급하다는 뜻이다.[10]

지역-로컬의 재영토화는 선택 사항이 아니라 당위적 요청이다. 이를 하
버마스의 용어를 빌려 표현하자면, '식민화된 생활세계'의 복원을 의미한다.
삶-생활 연관적 철학의 지향점은 동일성의 논리의 첩자(妾子)이기도 한 '글
로벌 보편성'에서 벗어나 '로컬적 상대성'과 '로컬적 특수성'을 강구해 자신의

---

9 이에 대해서는 노암 촘스키, 『불량국가 - 미국의 세계지배와 힘의 논리』, 장영준 옮김, 두
   레, 2001 참조.
10 영토화, 탈영토화, 재영토화 개념에 대해서는 G. Deleuze et F. Guattari, *Mille Plateaux*,
   Minuit, 1980 참조. 시장경제의 세계화를 경계해 지역(local, territoire, région)의 재영토화
   가 얼마나 중요한지를 언급한 글로는 다음과 같은 것들이 있다: P. Virilio, *L'insécurité du
   territoire*, Galilée, 1993; M. Antonioli et P.-A. Chardel, "Reterritorialisation et obsession
   sécuritaire dans la mondialisation", *L'Homme et la société*, No. 165~166, 2007; Collectifs,
   Le territoire des philosophes, sous la dir. de T. Paquot et C. Younès, La Découverte,
   2009 참조.

고유한 색을 찾는 것이 중요하다. 지역-로컬은 글로벌-세계 '이전에', '타인의 시선'에 의해 평가받기 '이전에', 이미 존재한 자신의 진(眞) 자리이다. 글로벌적 보편성 속에는 누구나 익명으로 소속될 수 있을지 모르지만 아무도 자기 이름과 자기 문화를 가지고 소속될 수 없다.

'상대성', '특수성'은 결코 '보편성'의 결여가 아니다. 보편성이 절대지 (savoir absolu) 또는 완성지(savoir accompli)처럼 선재(先在)하고, 상대성과 특수성이 보편성을 모델로 삼아 뒤따라오는 것이 아니다. 따라서 요의 보편성을 우리는 '변화(생성)'나 '도래 사건'으로 이해해야지 영원한 사유의 '주인'으로 섬길 이유는 없다. 보편성은 사유가 도달해야 할 '목적격'으로서 인류의 공동 목표이지 결코 일개인(一個人)이나 소수의 '주어'로서 또는 특정 지역을 위한 정당화의 논리로 그 권리가 허여(許與)되어서는 곤란하다.

문화적으로 평가할 때, 상대성과 특수성은 보편성이 결핍된 것과는 무관하며, 실제 각 지역-로컬 문화의 코드를 반영해 나름의 통일성과 동질성을 유지하고 있다. 또 그들만의 문화적 통일성과 동질성을 통해 해당 공동체의 삶-생활을 창도하고 있다.[11] 그런즉 문화적 보편성에 도달하는 '과정'이 중요하고, 보편성에 이를 수 있는 '목적격으로서 가능성'에 목표를 두어야지 '허수아비 주어'로서 보편성에 문화의 본질이 있는 것이라 착각해서는 안 된다. 그 의미가 이미 고정되어 있고 외부에서, 외부인을 위해 만들어진 보편성, 그것을 모델로 자신이 속한 로컬 공동체를 이해하고 해석한다는 것은 어불성설이다. 외부에서, 외부인을 위해 수립된 보편성(서구적 보편성)은 우리 대한민국이라는 지역 공동체와는 무관한 객담(客談)일 뿐이다.

---

11 박치완, 김평수 외, 『문화 콘텐츠와 문화 코드』, 한국외국어대학교 출판부, 2011 참조.

태양과 별을 바라보는 것은 어디에서나 동일 사건일 수 있지만, 여기서 중요한 것은 바라보는 장소가 결코 동일하지 않다는 점이다. 바로 그 일상의 장소, 즉 삶-생활 연관적 지역-로컬을 망각하기에 우리는 우리의 실존과 삶-생활의 터전인 문화적 영토마저 포기하고서 '경제의 노예'로 전락하고 마는 것이다. 이런 문제의식하에 아래에서는 글로컬적 관점에서 한국철학을 포함한 로컬-지리 철학(독일철학, 프랑스철학, 영미철학 등)에 대한 새로운 의미부여를 시도할 계획이며, 지식 탐구와 철학의 위상까지도 위협하고 있는 작금의 세계화를 〈세계(글로벌) → 지역(로컬)화〉가 아닌 지역(로컬) → 세계(글로벌)화〉의 관점에서 재평가하는 자리를 마련해 볼까 한다.

2. 글로컬적 관점에서 본 로컬-지리 철학과 한국철학의 위상

1) 글로벌라이제이션과 글로컬라이제이션의 분별

글로벌라이제이션(세계화)과 로컬리제이션(지역화)의 합성어인 '글로컬라이제이션(세계지역화)' 개념은 20세기 말부터 21세기 초를 기해 해외 마케팅, 비즈니스 분야에서 다국적기업들의 기업 혁신 전략 차원에서 활용되었다.[12] 사전적으로는 i) "지역적인 것의 세계적 생산(the global production of the local) 과 ii) 세계적인 것의 지역화(the localisation of the global)"라는 이중의 의미가 있다.[13] 어원적으로도 그렇고 의미적으로도 '지역적인 것'과 '세계적인 것'은

---

12 G. Svensson, "Glocalization of Business Activities: a 'Glocal Strategy' Approach", *Management Decision*, Vol. 39, 2001; J. Cantwell, J. Molero, *Multinational Enterprises, Innovative Strategy and Systems of Innovation*, London: Elgar, 2003 참조.

13 C. Barker, *The SAGE Dictionary of Cultural Studies*, Sage, 2004, p. 77.

'상호구성적(mutually constituting, co-consturction)'이라는 데 이 신조어의 속뜻이 있다. 다시 말해 '지역'과 '세계', 즉 양자가 관계 증진을 통해 상호 '윈-윈'하자는 것이 목표다. 그러기 위해서는 팽팽한 긴장 속에서 각자는 상대를 위해 선의를 가지고 협조해야 마땅하다.

하지만 현실은 어떠한가? C. 바커의 위 사전적 정의를 자세히 뜯어보면 i)에서 '지역'은 실제로 ii)에서의 '세계'이다. 다시 말해 세계적인 것을 지역화하려는 데 그 의도가 있고, 단지 '생산(또는 판매)'이(가) '세계적인 것'의 확장을 위해 서로 다른 '지역(들)'에서 이루어진 것뿐이다. 이는 결국 '지역'과 '세계'가 글로벌라이제이션의 과정에서처럼 여전히 불균형적 관계에 있다는 것을 의미한다. 때문에 바커도 겉으로 보기에는 글로컬이 지역적인 것을 적극 배려하는 것처럼 보이지만, 실제로 지역적인 것이 "세계적인 것과 균형을 이루는 것은 [양자 사이에서 이루어지기보다는] 초지역적인 과정(translocal processes)의 결과"라고 직시하고 있다.[14]

부언컨대 '지역적인 것'과 이의 전체(종합)라고 할 수 있는 '세계적인 것'[15] 위에 '초국가적으로' 작동되는 뭔가가 있다는 것이다. 그게 뭔가? 그것은 다분히 지리적인 구분일 뿐인 '지역', '세계'와 같은 경계를 초월해 작동되는 다국적기업들의 "자본주의적 시장전략"이고, 이를 배후에서 지지하는 다양한

---

14 *Ibid.*
15 프레데릭 칼뤼에가 잘 분석하고 있듯, 우리는 여기서 '세계적인 것'(a)이 마치 '지역적인 것'(b)처럼 실제 존재하는 것이 아니라 단지 '표현' 상의 용어일 뿐이라는 것을 잊어선 안 된다. 그리고 a)와 b) 모두 지역적인 것(des mondes locaux)이고 단지 a)가 b)와 비교할 때 글로벌화된 정도가 높다(localités globales)는 것, 그것 이상의 의미는 없다. 이에 대해서는 다음을 참조. F. Carluer, "Réseaux d'entreprises et territoires: une matrice d'analyse stratégique", *Management & Avenir*, No. 6, 2005, p. 8.

"지구화 담론들(globalizing discourses)"이라는 것이다.[16] '신지리경제학'이나 '네트워크경제학'도 바로 이 담론들 중 하나이다.[17]

만일 이렇게 〈glocalization(세계지역화)〉이 단지 〈globalization(세계화)〉의 변종일 뿐이라면, 다시 말해 기존의 글로벌 전략이 글로컬 전략으로 명칭만 바뀐 상태라면, 지역과 세계가 여전히 수직 · 종속관계를 유지하게 되고, 이는 우리가 1절에서 살펴본 동일성의 논리나 진배없다. 때문에 세계지역화(glocalization)가 세계화보다 더 지역을 배려하면서 지역에 대해 유연하고 관용적인 논리를 펼 것이라는 성급한 판단을 해서는 곤란하다. 필자가 세계지역화를 세계화에서 파생된 일종의 변종 개념이자 나아가서는 쌍생아 개념이라고 보는 이유가 여기에 있다. 더 정확히 말하면 세계화가 지역들 간의 "경제, 정치, 사회, 문화 등 다방향적(multi-directional) 연계의 증대 그리고 이에 대한 우리의 자각"[18]을 불러온 것이라면, 세계지역화는 특히 "세계적 영향력을 가진 생산물이 지역에 뿌리를 내리는 데(localized)" 그 핵심이 있다는 것을 정확히 파악해야 한다.[19] 말을 바꾸면 세계화가 '단일화된 세계시장'을 겨냥해 상품을 생산했다면, 세계지역화는 '(지역)시장에 맞춘 상품 생산'을 통해 좀 더 치밀하게 현지화(ancrage localisé)를 꾀한다는 것이 차이이다.[20] 그

16 C. Barker, *op. cit.*, p. 78.
17 J. L. Mucchielli, T. Mayer, *Multinational Firms's Location and the New Economic Geography*, London: Elgar, 2004; J. Peck, H. Yeung, *Remarking the Global Economy: Economic Geographical Perspective*, Sage, 2003; M. Perry, *Small firms and Network Economies*, Routledge, 1999; R. Camagni, *Innovation Networks: Spatial Perspectives,* London: Belhaven Press, 1991 참조.
18 C. Barker, *op. cit.*, p. 76.
19 *Ibid.*, p. 77.
20 F. Carluer, *op. cit.*, p. 10. 이런 까닭에, 아래 도표에서 확인할 수 있듯, 다국적기업들에서는 그 전략 방향과 조직구조를 다각화시키고 있다.(*ibid.*, p. 12)

래서 바커도 세계지역화를 소비자의 끝없는 필요/욕구를 자극하는 "국경 없
는 소비자본주의"와 연결시켜 설명하고 있는 것이리라.

다시 말해 세계화가 다방향적 영역에 걸쳐 지역들에 영향을 미쳤다면, 세
계지역화는 오직 상품의 판매 및 소비 촉진에 그 전략을 집중시킨 것이다.
시장을 지역 단위로 세분화하여 현지화하기 때문에 지역에 밀착되고 영향
력은 강화된다. 결과적으로 시장의 전체 규모(외연)가 문제가 아니라 지배력
이 문제인 것이다.[21] 따라서 '세계적인 것'과 '지역적인 것'은 본래 이념(상호
구성적/수평적 관계)을 위배하며 오히려 대상이 된 지역에 피해를 입히는 경
우가 늘어나게 되고, 다국적기업들 간의 치열한 경쟁 속에서 세계적 생산 및
판매에 할애된 지역은 경제전쟁의 각축장이 되기도 한다.[22] G7, G20과 같은
경제강국들은 그럼에도 불구하고 계속해서 시장 · 금융 · 무역의 자유화만
이 지역이 발전할 수 있는 지름길이라는 장밋빛 청사진을 제시하며, 정작 지
역에서 직면하게 될 문제점들에 대해서는 무관심으로 일관한다.[23]

세계지역화는 이렇듯 경제강국의 다국적기업들이 세계화 과정에서 직면

Orientation	Structure	Rèseau
Ethnocentrique	Division internationale	Pivot centralisé
Polycentrique	Multinationale(mère-fille)	Fédération décentralisée
Holicentrique	Globale(aire, produit, fonction)	Division centralisée
Géocentrique	Transnationale	Intégré, hétérarchie
Régiocentrique	Glocale(ancrage)	Intégré, coopétition

21 J. Duncan, *Small Worlds: the Dynamics of Networks between Order and Randomness*,
Princeton University Press, 2003 참조.
22 U. Savir, "Glocalization: a New Balance of Power", *Development Outreach*, World Bank
Institute, November, 2003 참조.
23 J. H. Dunning, "Location and Multinational Enterprise: a Neglected Factor?", *Journal
of International Business Studies*, Vol. 29, No. 1, 1998; G. Colletis, B. Pecqueur, *Firms
et territoires, entre nomadisme et ancrage*, Paris: Syros, 1999; J. H. Dunning, J. L.
Mucchielli, *Multinational Firms, Global-Local Dilemma*, Routledge, 2002 참조.

하게 될 로컬시장의 장애물을 제거하고 더 자유롭게 경제활동을 하려는 데 초점이 있으며, 세계화와 마찬가지로 자본의 끝없는 축적, 시장을 중심으로 전 세계를 관리·경영하려는 근본 목표에는 변함이 없다.[24] 그리고 심지어는 "(지역)국민적 이해를 초월하여 '자신들의 법'을 (해당 지역) 정책담당자들에게 강제하기 위해서"[25] 제 수단들을 동원하기도 한다.

하지만 글로벌 행위자들이 원하는 바대로 로컬시장의 장애물이 제거될까? 천만의 말씀이다. 무역 규제나 관세는 여전히 모든 국가에서 자국의 경제와 기업 및 국민을 보호하는 차원에서 어떤 형태로건 유지하고 있다. 시장경제의 영토라고 해서 지리적·문화적 영토화와 별개로 움직이는 것은 아니다. 따라서 다국적기업들에서는 더 적극적으로 그들의 자사의 네트워크를 강화할 수밖에 없다. 뻘리옹의 다음 언급을 보라.

이러한 새로운 상황에서는 특정의 한 나라의 '국적'을 갖는 생산물을 찾아보기 어렵다. 사실 대다수의 생산물이 서로 다른 여러 장소에서 제조된 부품들의 조립으로 만들어진다. 고부가가치를 갖는 생산물들의 주요 성분을 이루는 지적 자본은 도처에서 구할 수 있고 당장이라도 사용될 수 있다. (…) 오늘날 국제무역은 대부분 이러한 유형[프랑스의 아이디어, 제3국의 인건비, 스페인의 조립, 미국의 특허, 영국의 금융 서비스 등이 결합됨]에 속하며, 이 거래들은 전 세계를 관통

---

24 이러한 목표 달성을 위해 경제적 수단 이외의 것들도 동원되고 있다는 것은 주지의 사실이다. 정치·외교적인 수단들 말이다. 글로벌 행위자라고 할 수 있는 경제강국들은 자국은 물론 자국 밖의 정치권과도 결탁하여 그들의 정책이 수용되기를 배후에서 조종하기도 한다.
25 도미니크 뻘리옹, 『신자본주의』, 서익진 옮김, 경남대학교 출판부, 2006, 39쪽.

하는 네트워크로 조직된 다국적 그룹의 자회사들 사이에서 이루어진다.[26]

요는 시장경제의 끝없는 확장을 통해 이익을 창출하는 것만이 다국적기업들이 노리는 목표라는 사실이다. 여기서 우리는 이들의 목표가 단지 로컬 '시장'의 점령에만 그치지 않는다는 점을 정확히 간파해야 한다. 시장경제의 세계화는 로컬 시장을 탈지역화(délocalisation), 탈영토화(déterritorialisation)시키는 것에 그치지 않고 문화다양성를 초토화시키는가 하면[27], 최근 들어서는 급기야 지식의 세계화(영어화)로 세력을 확장하고 있기 때문이다.[28]

필자의 판단엔 이것이 세계화의 수순이고 절차이다. 그렇기에 최종 단계에 속하는 지식의 세계화를 사전에 막기 위한 조치를 강구할 필요가 있다. 지식은 시장경제나 문화보다 더 유연한 것이 특징이다. 그래서 지역의 저항이 덜한 편이며 일반적으로 교차문화적(cross-cultural)이다. 또한 국제적(international)이며 초문화적(transcultural)이다.[29] 지식의 이런 특징들을 사람들은 아주 간이(簡易)하게 '보편성'과 연결시킨다. 하지만 이 경우는 지식이 문자 그대로 '순수'하고 '객관적'일 때다. 다시 말해 지배의 논리를 강요하지

---

26 *Ibid.*, p. 31.
27 J.-P. Warnier, *La mondialisation de la culture*, La Découverte, 2004; 박치완, 「탈영토화된 문화의 재영토화」, 『철학연구』 제42집, 고려대학교 철학연구소, 2011 참조.
28 지식의 세계화에 대한 상세한 논구는 박치완, 「지식의 세계화에 대한 재고」, 『해석학연구』 제29집, 한국해석학회, 2012 참조.
29 Eugene Chen Eoyang, *Two-way Mirrors: Cross-Cultural Studies in Glocalization*, Plymouth: Lexington Books, 2007, pp. 83~84 참조. 으젠(欧阳桢)은 이러한 지식의 특징을 〈Act local, Think global〉의 관점에 따른 것이라고 분석하면서 컴퓨터 등의 기술발달에 주목한다. 하지만 오늘날은 이미 사이버 공간의 보편화를 통해 〈Act global(glocal), Think Global(glocal)〉의 시대에 돌입했으며, "중심은 도처에 있고, 주변은 어디에도 없다."(*ibid.*, pp. 84~85)

않고 공존동생(共存同生)의 논리를 따르며, 특히 지식이 경제에 예속되지 않았을 때다. 그런데 만일 현실이 그 반대라고 한다면, 우리는 '지식의 세계화'를 경계하지 않을 수 없다.

2) 지식의 세계화 시대: 철학, 한국철학의 위상?

시장경제의 세계화는 세계지역화라는 전략적인 변장술을 통해 지역들을 개발, 성장이란 미명하에 더욱 옥죄고 있다. 그런 점에서 세계지역화는 '강화된 세계화'라 할 수 있다. J.-C. 기의보가 '경제 군림(écorègne)'이란 표현까지 써 가며 작금의 경제 중심의 세계 재편을 경고한 이유가 여기에 있다.[30] 경제 중심의 세계 재편 속에는 문화와 지식도 포함되며, 우리가 '문화의 세계화', '지식의 세계화'라는 표현을 앞서 사용했던 것도 바로 이런 맥락에서다.

전 세계의 '지역들'은 이 과정(시장경제의 세계화 → 문화의 세계화 → 지식의 세계화)에서, 색깔에 이를 비유컨대, '흰색'이라는 단일색으로, 자의건 타의건 획일화되어 가고 있다.[31] 하지만 이렇게 흰색으로 상징되는 세계화, 세계지

---

30 경제가 모든 것을 지배하고 있다는 뜻의 '경제군림'에 대해서는 J.-C. Guillebaud, *La refondation du monde*, Seuil, 1999, p. 239 이하 참조.

31 기 소르망, 『진보와 그의 적들』, 이진홍 · 성일권 옮김, 문학과 인식, 2003 참조. 소르망은 이 책의 결론에서 사회주의자들은 장미색, 환경론자들은 녹색, 신자유주의자들은 흰색에 비유하면서 흰색에 대해 다음과 같이 설명하고 있다: "흰색은 지표로는 성장, 방법으로는 시장에 만족한다. 이는 성장이 믿을 만한 상표이며, 시장이야말로 '양화'할 수 있는 경제적 진보와 동시에 조건의 공평성에 이르기 위해 택할 수 있는 최상의 해결책이라는 것을 전제로 한다."(*ibid.*, p. 315) 그리고 그가 추구하는 사회적 이상은 블루인데, 블루는 경제와 사회와 문화가 겹쳐지는 오늘날과 같은 시점에서 필요한 새로운 개념임을 강조하면서 아미야르타 센(A. Sen)을 인용해 '품위의 경제'를 주창하고 있다. 품위의 경제는 경제가 사회 · 문화와 독립적인 것이 아니라 경제적 번영과 더불어 확대되어 가는 개인의 선택의 자유가 한 사회 내에서 문화 · 윤리 · 미학적으로 용인된 것(*ibid.*, p. 316)을 목표로 한다.

역화는 보다 솔직히 이야기하면 "미국이 세계의 주인(America is unique)"[32]이라는 의식을 표현한 것에 다름 아니며, 미국화나 '맥도날드화'가 그 이명(異名)이다.[33] 세계화, 세계지역화가 인류의 공동체적 삶을 풍요롭게 해줄 것이라는 억지스런 역설로 미화된 미국화는 실제 신자유주의, 신자본주의가 그 배경 이론이며, 이는 다국적기업들의 무역 및 금융 자유화를 위해 경쟁을 방해하는 모든 장애물의 제거, 모든 기업의 민영화, 다국적기업들의 지적재산권에 대한 법적 보호 등을 기치로 내세우는 '워싱턴 컨센서스'의 핵심 내용과도 정확히 일치한다.[34]

이렇듯 세계화, 세계지역화는 로컬들의 거센 저항이 제기되고 있음에도 불구하고 제동을 멈출 기미를 보이지 않고 있다. 자기 제어력을 갖추지 못한 것이 세계화, 세계지역화의 야욕(野慾)이다. 지구적 차원의 대처가 필요한 문제들(빈곤, 환경 등), 경제·사회적 정의의 실현, 세계 평화와 같은 새로운 지구문화(geoculture)를 건설하는 것에 대해서는 딴청을 피우면서[35] '경제 군림'이라는 단일경제체제의 강화에만 모든 관심을 집중시키는 것이 세계화,

32 C. Rapaille, *The Culture Code*, New York: Broadway Books, 2006, p. 198. 이어지는 문장은 다음과 같다: "우리는 또한 우리들 자신과 우리들의 철학[미국이 꿈과 희망으로 상징되는 유일한 나라라는]을 세계의 나머지 나라들(the rest of the world)에 주창하는 것을 결코 멈추지 않을 것이다. 반면 우리는 항상 다른 문화들(cultures of others)을 존중해야 하며, 다른 문화의 고유한 코드는 우리가 형성할 수 없는 것이기에 위반해서는 안 된다는 점을 이해해야 한다. 이러한 낙관주의적 입장을 가질 때, 미국에 대한 꿈들은 전 세계(the entire world)를 이롭게 할 것이다. (…) 바로 이것이 인류에게 꿈들을 부여하기 위한 미국의 사명이다(*ibid.*)."
33 김수자, 송태현, 「맥도날드화를 통해 본 세계화와 지구지역화」, 『탈경계인문학』, 이화여자대학교 이화인문과학원, 2010 참조.
34 자세한 언급은 빨리옹, *op. cit.*, p. 43 참조.
35 '지구문화'란 월러스틴이 지정학(geopolitics)에 착안해 만든 용어로 "전 지구적으로 대부분의 국가에서 받아들여질 수 있는 이념이나 가치"를 뜻한다 - 이매뉴얼 월러스틴, 『지식의 불확실성』, 유희석 옮김, 창비, 2008, 33~34쪽 참조.

세계지역화인 것이다. 그런데 더 심각한 점은 이 거대 공룡과도 같은 글로벌 시스템에 편입되어야만 자국의 경제적 성장을 담보받을 수 있다는 믿음이 경제소국들에서 확산되고 있으며, 이를 한 국가의 생존의 문제로까지 여기는 나라들이 점점 늘어나고 있다는 것이다.

대한민국도 예외가 아니다. 작금의 인문학·철학의 위기 운운도 결국은 이와 같은 국제적·대외적 환경의 변화, 즉 자본/경제 중심으로 세계가 스펙터클화되어 가고 있는 현실을 주체적으로 대처하지 못한 결과라고 볼 수 있다. 더 구체적으로 말해, 21세기가 요구하는 '지식기반경제' 환경에 맞는 '지식'을 인문학·철학에서 생산해내지 못한 데 그 직접적 원인이 있는 것이다. 지식기반경제에서 요구하는 지식은 그렇다면 어떤 유형의 지식일까? 그것은 주지하듯 경제 성장의 핵심 변수로 작용하는 최첨단 기술과 관련된 지식들(원자력 기술, 정보통신 기술, 반도체 기술, 나노기술, 로봇 공학, 항공기), 제품의 경쟁력 확보에 필요한 원천기술과 독창적 기술 등 정부나 기업이 적극적으로 나서서 지원하는 지식을 말한다. 인문학과 철학은 유형재와는 다른 속성을 가진 무형적(정신적) 지식을 생산한다는 점에서는 지식기반경제가 요구하는 지식과 크게 다르지 않지만, 문제는 인문학적 지식이나 철학적 지식을 정부나 기업에서 부나 이윤 창출, 국가의 경제성장에 기여하는 지식으로 여기지 않는다는 데 있다. 그때문에 인문학 중에서도 특히 철학은 노동가치를 제대로 인정받지 못하고 있는 것이며, 교환가치는 두말할 나위가 없다.

이렇듯 지식까지도 부나 이윤창출 또는 화폐가치에 따라 그 세력 관계를 형성하고 있는 시대이기 때문에 철학이 이러한 지식과 등가관계에 있다고 말하기 어려운 상황이다.[36] 돈을 지불하고 소비하는 사람이 없는 지식은, 극단적으로 말해 지식기반경제사회가 필요로 하지 않은 지식이다. G. 소르망도 지적하듯, 이러한 급속한 변화에 직면해, 가장 큰 피해자는 플라톤 이래로 죽 그래왔지만 '진리와 선'이라는 추상화된 이념을 통해 사회적 불의와 사적 욕망으로 가득 찬 세계를 계몽해야 한다고 주장하는 철학자들이다.[37]

철학은 이렇게 늘 시대의 변화와 무관하게 지식의 교환가치보다는 사회·문화적 가치, 정신적 가치만을 우선시해 왔다. 하지만 문제는 오늘날은 그 현실이, 앞서도 강조했듯, 전대미문의 상태로 바뀌었다는 점이다. "꽃이 좋아야 나비가 모인다" 했던가! 호모 에코노미쿠스가 따먹을 꿀이 없으니 철학을 연구하겠노라며 젊은이들이 모일 리 없다. 심지어는 학문의 전당이라는 대학까지도 경영 차원에서 구조 조정의 대상이 되기도 한다. 대학에서도 교육은 아예 뒷전이고 오직 '글로벌 인재 양성'이란 수사학만을 남발하고 있다.[38] 변변한 '한국철학사' 한 권 존재하지 않는 대한민국에서 대한민국의 지식인들이 이러한 대외적 환경 변화에 대항력을 발휘하기 어려운 것은 너무도 당연하다.[39]

---

36 뿔리옹, *op. cit.*, p. 68 참조.
37 기 소르망, *op. cit.*, pp. 253~254 참조. "[이렇게] 세계화된 세계에서는, 미미하기 그지없는 그들[프랑스의 지성인들]이 기여하는 바에 합당한 그들 몫의 자리만 차지하게 될 뿐이다. 우리는 그들이 현세계를 불평하고 증오하고 있다는 것을 이해한다. 단지 그들만 이것[세계화]을 인정하지 않고 있을 뿐이다."(*ibid.*, p. 254)
38 김남두, 「지식의 지배: 성격과 과제」, 『철학사상』 제10호, 서울대학교 철학사상연구소, 2000, 17쪽 참조. 오늘날 "지식은 이런 의미에서 [시장 중심의 단일] 체제 유지의 요인일 뿐만 아니라 (…) 그 같은 체제의 구성 요인이 되고 있다. (…) 우리의 삶의 체제는 이 지식에 삶의 외적 조건과 내적 가능성 모두를 구속받고 있는 지식의 체제이다."(*ibid.*)
39 이런 상황에서 불교와 성리학, 양명학과 실학 등의 전개 과정을 통해 한국철학을 재구성한 다음의 공동연구는 우리에게 시사하는 바가 크다(물론 이들도 중국, 인도 등 외래사상을 매개로 '한국의 철학'이 정립된 것이라는 전제를 깔고서 이 책을 집필하였다) - 최영진,

결국 '한국철학'이 대한민국이라는 자신의 지역에서 계승되고 존중받는 날이 있었는지, 언제 그런 날이 오게 될지, 필자의 판단엔 요원하게만 느껴진다. 정확히 이런 상황에 처해 있기 때문에 '대한민국에서의 철학'은 자국의 지역민에게는, 특히 이번 세기에 접어들어서 이런 평가가 내려지고 있지만, 무국적의 담론으로 비칠 확률이 높고, 타국의 지역민들이 볼 때도 역시 서양철학적인 색깔이 너무도 짙은, 그래서 고유한 색깔이라곤 없는 일종의 피식민지 담론으로 비칠 수밖에 없다. 태생적으로도 그렇고, 대외적 환경의 변화 측면에서 볼 때도 우리가 '지식'이라는 장에서 과연 언제 '탈식민'을 외치는 날이 올지…. 여전히 중국에 이어 일본, 독일, 미국, 프랑스의 지적 영향 하에서 완전히 자유롭지 못하다는 뜻이다.

　　따라서 한국철학의 정체성 문제는 우리에게 예나 지금이나 여전히 현안 중의 현안이라고 할 수밖에 없으며, 이에 대한 부연은 더 이상 필요치 않아 보인다. 그런데 흥미로운 사실은 한국철학의 정체성에 대한 물음은 등한시하면서도 독일철학, 영미철학, 프랑스철학 등 우리 철학계에서도 지역을 중심으로 철학을 세분하고 있다는 점이다. 왜 그럴까? 이는 분명 철학에도 지역색, 국적이 있다는 반증 아닌가? 그뿐 아니라 인문학의 꽃이라 할 외국문학도 역시 같은 방식으로 세분하고 있다. 19세기 프랑스문학, 20세기 영미희곡 등. 철학에 더 근접한 예를 들어보자면, 우리는 심지어 '일본'불교철학, '한국'불교철학, '중국'불교철학, '티벳'불교철학, '인도'불교철학이란 구분까

김방룡, 박연수, 박정심, 안재순, 『한국철학사 - 16개의 주제로 읽는 한국철학』, 새문사, 2009 참조. 단독 저술로는 한자경, 『한국철학의 맥』, 이화여자대학교출판부, 2008; 이종우, 『한국철학사: 16개의 주제로 읽는 한국철학 - 외래사상 대 토착사상의 갈등과 융합』, 이담북스, 2011 참조.

지 하고 있으며, 이미 이러한 구분은 우리에게 전혀 낯설지 않다.

그렇다면 이렇게 '철학' 앞에 꾸밈말을 덧붙이는 이유가 어디에 있겠는가? 그것은 응연 지역 문화의 차이가 철학적 담론에도 배어난다는 것을 인정하기 때문이며, 이는 그 지역의 사회·문화·역사적 특징들이 해당 철학이나 문학적 작업에 투영되어 있다는 것을 입증한다. 물론 여기서 우리가 '지역' 개념을 단순하게 지리적인 의미로만 제한해서 이해할 필요는 없다. 왜냐하면 '지역'이란 개념 속에는 이미 문화적 전통, 역사, 표현 언어 등이 함께 작동되고 있기 때문이다.

항용 엄밀학, 본질학, 보편학 등으로 평가받고 있는 현상학의 경우도 예외가 아니라고 생각된다. 예를 들어, 프랑스철학계에서는 '프랑스현상학'이라는 표현을 공공연하게 사용하고 있다.[40] 이는 아마도 프랑스현상학이 훗설로부터 태동해 하이데거 등으로 대물림된 독일 현상학이나 미국에서의 현상학 수용과 비교할 때 주요 연구 내용이나 주제 등에서 많은 차이를 보이고 있기 때문일 것이다.[41] 그런데 대한민국에서는 20세기 철학의 포문을 연 하나의 '지적 운동으로서 현상학', 즉 독일이라는 지역의 국경을 넘어 다른 많은 나라들에서 널리 서로 다르게 수용되고 있는 현상학을 대체 어떻게 받아들이고 있는가?[42] 어쩐 일인지 대한민국 철학계에서도 프랑스현상학, 독일

40 J.-L. Marion, "Uu moment français de la phénoménologie", Rue Descartes, No. 35, 2002 참조.
41 존 R. 설, 『지향성 - 심리철학 소론』, 심철호 옮김, 나남, 2009 참조. 30대에 언어행위론 (Speech Act Theory)을 발표해 미국의 언어철학계에서 일약 스타로 각광을 받은 바 있는 설은 대한민국에도 몇 차례 방문한 바 있다. 그는 1970년대 이후부터는 훗설 현상학의 대표적 개념이라 할 지향성 개념을 차용하여 언어철학을 심리철학의 토대 위에 정초하는 작업을 시도했고, 이를 통해 심리철학이 언어철학에 선행한다는 주장을 전개했는가 하면, 인지과학 분야에서도 두드러진 업적을 남기고 있다.
42 허버트 스피겔버그, 『현상학적 운동 1-2』, 최경호 옮김, 이론과 실천, 1991-1992, 특히 제8

현상학, 미국 현상학을 정확히 구분해서 가르치고 있다. 그리고 현상학 전공자 역시 이 기준의 연장선상에서 분류한다. 그런데도 불구하고 정작 '한국 현상학'의 정초에 대한 고민은, 심지어는 현상학을 전공하고 있는 학자들도 깊이 고민하고 있지 않은 듯하다.[43] '순수의식', '현상학적 환원', '사물 자체로' 라는 구호만을 반복해 외칠 뿐 그 '사물'이 어디에 존재하는 어떤 사물인지, 순수의식이 '누구'의 의식인지에 대해서는 전혀 관심이 없다. 비트겐슈타인 도 술회하듯, 대한민국의 현상학 전공자들은 "철학은 하나의 주의(主義)가 아니라 하나의 활동(活動)"이라는 사실을 깊이 고민하고 있지 않은 것이다.[44]

이러한 결과로 해방 이후 대한민국에서의 철학연구와 철학교육은 거의 제자리걸음을 하고 있으며, 한국철학의 정체성에 대한 고민은 일천한 수준 에 머물고 있다.[45] 다른 나라의 철학적 연구 경향들과 비교도 거의 진행되지 않고 있다. 그런즉 철학의 비전을 제시할 만큼의 역량을 갖추는 데 실패한 것이다. 역설적으로 말하자면, '한국철학'에 한국철학만의 고유성, 특수성이 없다면, 한국철학의 지역성도 세계성도 운운할 수 없다.[46] 대한민국에서 철

장("현상학적 운동의 세계지도") 참조.

43 박치완,「프랑스에 수용된 (反-)현상학」,『인문학연구』제5집, 한국외국어대학교 인문학 연구소, 2000 참조.

44 J.-L. Marion, op. cit., p. 9 재인용 - Tractatus logico-philosophicus, 4.112.

45 대표적으로 우리는 박종홍의 작업을 들 수 있을 것이다『철학개설』, 박영사, 1954;『현실 과 구상』, 박영사, 1963;『한국의 사상적 방향』, 박영사, 1968;『한국적 가치관』, 교학사, 1975 - 모두『박종홍전집 1~7』(형설출판사, 2007)에 수록되어 있음] - 백종현,「독일철학 의 유입과 그 평가」,『철학사상』제6호, 1996, 30~33쪽 참조. 박종홍의 철학에 대한 평가 는 김석수,『현실 속의 철학, 철학 속의 현실』, 책세상, 2001 참조.

46 반면 한국문학계에서는 이미 세계문학론을 논한 지 오래다 - 조동일,『한국문학과 세계 문학』, 지식산업사, 1995; 김영의, 유희석(엮음),『세계문학론: 지구화시대 문학의 쟁점 들』, 창비, 2010 참조.; 특히 그 가운데 유희석,「세계문학의 개념들: 한반도적 시각의 확 보를 위하여」; 정홍수,「세계문학의 지평에서 생각하는 한국문학의 보편성」; 윤지관,「한 국문학의 세계화를 둘러싼 쟁점들」참조.

학을 대학에서 가르치기 시작한 지 100년이란 세월이 흘러감에도 상황이 이와 같다.[47] 설상가상으로 세대를 거치면서 서구철학에의 종속적 태도나 흠절(欠節)을 극복하거나 매워가기는커녕 점점 더 대한민국이라는 삶-생활 연관성으로부터 멀어지고 있으니, 철학을 연구하는 필자로서도 탄식이 절로 나온다.[48] 물론 그 탄식과 난연(赧然)함은 프랑스 철학을 전공한 필자 자신을 향한 것이기도 하다.

그렇다면 대한민국에서 제대로 된 '한국철학사'를 기대한다는 것이 여전히 요원하기만 한 일인가?[49] 이를 서술할 학자가 과연 언제쯤이면 출현할 수 있을까?[50] 한국철학의 고유한 연구 주제, 방법론은 영영 기대할 수 없는 것일까?[51]

---

47 한국철학회편집위원회(엮음),『한국철학의 회고와 전망 :『철학』 100집 출간 기념』, 철학과 현실사, 2010 참조.

48 백종현의 다음 작업은 이 점에서 시사하는 바가 크다. 하지만 그도 자신의 전공인 독일 관념론(칸트, 헤겔)을 크게 벗어나지는 못하고 있다 -「독일철학의 수용과 한국의 철학」,『철학사상』 제7호, 1997;『독일철학과 20세기 한국의 철학』, 철학과 현실사, 1998;「한국 철학계의 칸트연구 100년(1005~2004)」,『칸트연구』 제15집, 2005 참조.

49 필자의 기억에 따르면 1987년에 출간된『韓國哲學史』(韓國哲學會 編, 東明社)가 한국철학에 대한 최초의 공적인 고민의 결과물이 아니었나 싶다. 문제는 그 이후 후속 작업이 진행되고 있지 않다는 데 있으며, 한국철학사상연구회가 유일하게 대한민국의 현안들에 대해 철학적 담론을 생산하는 연구단체가 아닌가 싶다.

50 물론 이에 대한 문제의식이 한국철학계에 전혀 없는 것은 아니다. 1998년 서울대학교 철학사상연구소에서 〈서구 철학사상의 유입과 그 평가: 한국철학 근 백년의 회고와 전망〉(제1부: 서양철학수용에 다른 전통철학의 대응 및 전개; 제2부: 최근 100년 서양 철학 수용과 한국 철학의 과제; 제3부: 서양 철학 수용: 한국의 현실과 철학의 과제)이란 특집을 다룬 것이 대표적이라 할 수 있으며(『철학사상』 제8호 참조), 이어 2003년에도 〈동서 사상의 정체 형성과 21세기 한국 사상의 정립에 대한 연구〉라는 특집을 통해 동서를 아우르며 한국철학의 방향을 모색한 바 있다[『철학사상』 제16호(별책 1권), 2003]. 그뿐만 아니라 이기상이 주도하는 우리사상연구소에서도『우리말 철학사전 1-5』(지식산업사, 2001~2007)을 출간하여 '우리 철학'의 길을 '우리말'을 통해 '우리 학자'가 직접 집필하는 작업을 수행한 바 있으며, 한국철학사편찬위원회에서도 김용환, 이도흠, 이기동 등 34명의 전공 교수가 참여해『한국철학사전』(동방의빛, 2011)을 최초로 출간하기도 했다.

51 신승환 외,『우리 학문과 학문방법론: 학문의 죽음과 지식인의 몰락을 넘어서』, 지식산업

---

3) 한국철학의 위상 평가와 방향: 세계지역화에서 지역세계화로

대한민국에서 생산·소비되고 있는 거의 대부분 철학적 담론들은, 불행한 일이지만, 대한민국이라는 '지역'에 근거하고 있지도 않고 천착하고 있지도 않다는 게 필자의 의견이다. 해방 이후부터 현재까지 서구에서 이슈화된 내용들을 수입·전파하는 데만 급급했지 주체적으로 이것들을 해석·재구성하여 토착화하는 과정을 거치지 못한 것이다. 단적으로 말해, 예나 지금이나 서구철학을 '우리 눈'으로 소화하지 못하고 그저 앵무새 역할을 하는데 그친 것이다. 하지만 독일, 미국, 프랑스 등의 지역에서 태동한 이론들은 '그곳'의 삶-생활 연관적인 데 뿌리를 두고 있다. 따라서 이것들이 '우리'의 삶-생활을 위해 기여할 수도 없고, '대한민국'이라는 '지역 공동체'가 안고 있는 현안들을 해명·해결해줄 리도 만무(萬無)하다.

누구나 다 아는 이야기이지만, 동양철학이나 한국철학보다 서구철학이 대한민국 철학계의 중심을 틀어쥐고 있는 게 이렇게 '우리-철학'을 불구로 만든 근본적 원인이라고 할 수 있으며, 그 결과 우리 사회의 현안들과 우리의 문화적·철학적 정체성에 대한 관심과 인식을 태만케 한 것이다. 그런데도 대한민국에서 철학을 연구하는 학자들은 대부분이 '서구적 보편성', '이성이 조작한 이데올로기'만을 여전히 학문함의 절대 척도로 여기고 있다. 서구적 보편성은 우리에게 단순히 서구의 상징에 그치지 않고 마치 우리 모두가 추종해야 할 선진문명, 현대화, 기술화, 정보화의 표징으로 '군림'하고 있다고 해도 과언이 아니다. 그러다보니 당연 읽고 논하는 텍스트도 '우리 고전'이 아니라 '서양 고전'이 주를 이룰 수밖에 없다. 한국인이 직접 집필한 저술

사, 2008 참조.

보다 서양 고전의 번역서를 선호하는 것도 같은 맥락에선지 모른다. 이는 신민(臣民) 근성이 중국에서 일본, 유럽, 미국으로 변형되어 재연되고 있다는 단적인 증거다.

이를 시장경제의 세계화에 적용해 보자면, 대한민국의 위정자들이 오직 '미국식 세계화'만이 경제선진국 대열에 진입할 수 있는 첩경이라고 국민을 우롱하는 것과 크게 다르지 않은 양상이다.[52] 자신의 몸이 대한민국이라는 지역 공동체에 속해 있다는 엄연한 사실은 간과하고 "머리 없는 놈 댕기 치레"한다고 자신의 영혼을 내팽개치고 오직 계려(計慮)만 따진 것이다. 한마디로, 부와 자본의 축적만이 최고 가치라 여기는 것이다. 이런 열악한 학문적인 환경과 비주체적 · 비자발적 태도로 일관해 왔기 때문에 '한국철학'을 정립해야 한다는 공설(公說)이 본격적으로 제기되지도 못했고 또 그러다 보니 이와 관련 연구가 진척되지 못한 것이다.

바로 이런 까닭에 대한민국에서 철학의 위상은 다른 분과학문, 심지어는 인문학 내에서도 찬밥 신세로 전락한 상태다. 게다가 독일철학, 프랑스철학 등 다른 나라의 철학들과 관계(다른 지역의 철학들과의 비교) 속에서 그 정체성을 진지하게 탐문한 적도 심문받은 적도 없다. 대한민국 철학계의 관심은 '우리-지역'에 있는 것이 아니라 오직 '그들-세계'에 집중돼 있다. 때문에 학

---

52 (경제의) 세계화는 곧 미국화에 다름 아니라는 주장들은 많다. 대표적으로 제임스 데이비슨 헌터, 조슈아 예이츠, 「세계화의 선봉에서: 미국적 세계화주의자들의 세계」, 『진화하는 세계화 - 현대 세계의 문화적 다양성』, 피터 L. 버거 & 새뮤얼 P. 헌팅턴 편, 김한영 옮김, 아이필드, 2005 참조. 이들은 미국 주도의 세계화를 단지 경제 · 경영 분야에 그치는 것이 아니라 대중문화 분야, 금융 분야, 자선사업 분야, 종교 분야(미국의 복음주의 개신교) 할 것 없이 거의 모든 분야에서 지배적으로 나타나고 있는 현상이기에 "'미국화'가 세계화 과정 그 자체와 종종 같은 의미로 여겨지는 것은 놀라운 일이 아니다(*ibid.*, p. 483)"라고 분석하고 있다.

문적 정체성에 대한 자기반성의 기회를 가질 수 없었던 것이다. 또한 그때문에 지피지기(知彼知己)의 정신이 발휘될 수도 없었던 것이다. 다시 말해 다른 로컬 철학들과의 '교류·소통'의 장에서 '우리-철학'의 위상을 점검할 기회를 갖지 못한 것이다. 어쩌면 이런 이유 때문에 주체적 의식의 발현을 통해 창의적으로 우리 현실과 문화에 기초한 담론들을 생산하는 일이 원천적으로 차단되었는지 모른다. 해방 이후 줄곧 서구철학에 의존적인 태도로 일관해 왔던 탓에 이제는 그 하중을 감당할 수 없는 지경에 이르렀다. 온통 외부에서 유입된 '흰색'만이 나부끼고 있다. 따라서 한국철학의 길이 보이지 않는다는 것, 이것이 바로 '우리 문화', '우리 지식', '우리 철학'이 부재하게 된 직접적 내인(內因)이 아니고 무엇이겠는가?

지피지기의 관점에서 스스로의 위상을 점검하는 일, 즉 외국의 로컬 철학들과의 비교와 교류·소통의 관점에서 대한민국에서의 철학의 현주소를 평가하고 그 위상을 점검하는 자리가 필요한 근본적 이유가 바로 여기에 있다. 이제 우리는, '대한민국'이라는 로컬적 토대를 철학적으로 공고히 하면서 동시에 글로벌적 안목까지 겸비해야 하는, 즉 특수성과 보편성, 지역성과 세계성을 하나로 아울러야 하는 이 중의 과제 앞에 서 있다. 이것이 바로 이 장의 화두이기도 한 '글로컬 시대에 철학하기'의 본질이다. 글로컬적 관점의 수득(修得), 체화(體化) 없이는 한국철학은 영영 그 특수성, 상대성마저도 정립하기도 힘들 것이다. 이러한 상황에서는 그토록 일관되게 추종해 왔고 또 현재에도 그렇게 추종하고 있는 유럽적 보편성에도 다다르지도 못할 것이다. 때문에 우리의 삶-생활 연관적인 반성을 통해 한국철학의 영토화-재영토화를 시도하지 않으면 안 되며, 그 기초가 다져졌을 때, 그때 비로소 우리는 글로벌화를 꿈꿀 수 있다.

우리는 어디까지나 경제 · 문화 · 지식강국들과는 달리 '지역적인 동시에
세계적'일 수 있을 뿐, 그들의 가장질(計巧)처럼 '세계적인 동시에 지역적'일
수 있는 형편도 못 되며, 솔직히 연구 환경도 열악하고 역량도 부족하다. "글
로벌하게 사유하고 로컬하게 행동하라"고 했던가![53] 헌데 로컬에서의 아무
런 구체적 행동 없이 글로벌하게 사유만 하고 있지 않은가! 글로벌하게 사유
하는 것만으로 로컬의 문화와 로컬의 지식이 살찌고 풍요로워질 수는 없다.
그래서 심지어는 유럽에서도 G2를 겨냥해 "글로벌하게 사유하고 유럽인으
로 행동하라"고 외치고 있다.[54] 여기서 우리는 글로벌이 로컬 위에 있는 것이
아니라 글로벌과 로컬이 등가여야 한다(〈GLocal〉과 같이)는 점을 정확히 인
식할 필요가 있다.

필자가 〈glocalisation〉을 다국적기업들의 해외 마케팅이나 비스니스 전
략에서처럼 세방화(世方化), 지구지역화, 지구 · 지방화, 세계지역화와 같이
〈global〉에 무게 중심을 두는 번역을 지양하고[55] 〈local〉에 무게 중심을 두어
〈지역 → 세계화〉로 번역해야 한다고 제안하는 소이가 여기에 있다. 그렇다
면 왜 우리에게는 〈세계지역화〉가 아닌 〈지역세계화〉를 실천해야 할까? 그
이유는 아주 간단하다. 시장경제는 어찌할 수 없는 일이라 하더라도, 최소한
문화와 지식은, 특히 대한민국이라는 '지역-로컬'이 생산의 기점이고, 그것이
향유되는 장 또한 '우리-지역'이기 때문이다. 따라서 우리-지역에서 문화와
지식이 제대로 위치를 잡았을 때가 아니고서는 '세계'의 다른 지역-로컬로

---

53 이 슬로건은 게디스가 대영제국의 도시와 정원 조경을 영국 식민지의 개별 문화들을 존
   중하고 수용하는 형태로 만들어야 한다고 제안하면서 사용한 것임 - P. Geddes, *The
   Evolution of Cities*, Williams & Norgate, 1960 참조.
54 P. Cagny, "Think Global, Act European", *Strategy+Business*, August, 2004 참조.
55 최병두, 임석회, 안영진, 박배균, 『지구 · 지방화와 다문화 공간』, 푸른길, 2011 참조.

횡단 가능성, 즉 〈지역 → 세계〉의 길이 열릴 수 없다. 그 역(세계 → 지역)은 이미 우리가 우리의 역사 속에서 경험한 바 있고 또 현재에도 뼈저리게 경험하고 있기에 그 방향을 우리는 분명히 해야 한다. 세계로 나아가는 주체가 '우리'라는 것과 '세계'가 '우리-지역'에 들어와 그들의 기준을 따르라고 개입하고 강요하는 것과는 천양지차다. 세계화, 세계지역화의 기치로 경제·문화·지식강국들만이 누리는 '개입의 권리'는 형평성의 원칙에도 벗어나며, 그래서 더더욱 정당한 것일 수 없다.[56] 세계화, 세계지역화가 지역과 세계 간의 균형을 파괴하고 불평등만 야기하고 있다는 분석이 우세한 일반론인 것도 이 때문이다.[57]

　지역과 세계, 즉 이 둘의 선후 관계와 방향은, 특히 문화와 지식의 관점에서, 뒤바뀌어서는 곤란하다. 문화와 지식까지도 약육강식의 시장경제에 내맡겨 마치 상품처럼 거래되어도 좋다고 생각하지 않는다면 더더욱 그렇다. 지구촌을 강타하고 있는 세계화, 세계지역화라는 바람은 우리가 "더 약하게 불어라", "우리에게 유리하게 불어라", 결정할 수 있는 것이 아니다. 세계화라는 바람은 세계지역화라는 가면까지 쓰고서 더 세차게 불고 있다. 하지만 대한민국이라는 배를 안전지대로 인도해 가기 위해서는 키잡이의 역할이 중요하고, 그 배에 몸을 실은 국민이 최소한 돛의 방향은 결정할 수 있어야 한다. 국가도 국민도 세계화, 세계지역화를 외칠 때가 가장 위험한 순간이라

---

56 이매뉴얼 월러스틴, 『유럽적 보편주의』, op. cit., p. 55: "개입은 실제로 강자에 의해 전유(專有)된 권리다. 그러나 그것은 정당화되기 힘든 권리이고 따라서 항상 정치적·윤리적 도전을 받기 쉽다."

57 F. Carluer, Pouvoir économique et espaces: Les disparités régionales en question, L'Harmattan, 2004; B. Lassudrie-Duchêne, "Les incidences régionales des échanges internationaux", Revue d'Économie Politique, Vol. 94, No. 1, 1984 참조.

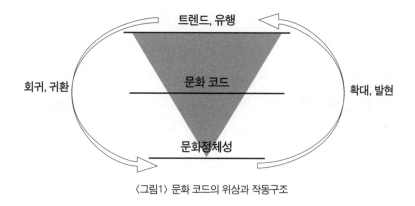

〈그림1〉 문화 코드의 위상과 작동구조

는 것을 명심하자.

문화와 지식은 세계화, 세계지역화로부터 대한민국이라는 지역을 지켜주는 마지막 보루이다. '문화적 예외'란 구호가 등장한 배경도 이와 무관하지 않다.[58] 문화적 예외는 최소한 문화만은 시장경제에서 예외로 해야 한다는 것이 그 본의이다. 요인즉 전 세계의 시장을 무대로 하는 상품화된 '문화산업'과 각기 역사와 전통을 코드로 해서 형성된 '전통문화'를 구분할 필요가 있다.(〈그림1〉 참조) 공동체 구성원의 문화적 정체성, 문화원형을 형성하는 데 있어 핵심적인 역할을 하는 문화를 보호해야 하는 주체는 문화산업, 문화콘텐츠산업의 생산자이자 트렌드와 유행만을 좇으며 시장을 지배하는 기업이 아니라 국가라는 것을 잊어선 안 된다. 문화 주권은 곧 국가 주권이며, 국가는 문화적 정체성을 섭수(攝受)하는 마지막 장소이다. 그런데 국가 주권을 포기할 수 없다는 것은 잘 알면서 어떻게 문화 주권을 포기해도 된다는 착각

58 '문화적 예외'는 2005년 10월 21일 유네스코 33차 총회에서 합의된 〈문화적 표현의 다양성과 증진 협약〉의 토대이기도 하다. 참고로 강자의 논리, 경제적 논리로 문화에까지 패권주의를 휘두르는 미국은 총회에서 반대표를 던진 것으로 유명하다.

을 하는 것인지?

　지역세계화는 다국적기업의 해외시장 개척자들이나 현대판 문화제국주의자들처럼[59] 서로 다른 언어, 서로 다른 역사, 서로 다른 문화를 가진 지역들을 그들이 정한 새로운 원칙과 기준에 따라 목표 지역을 공략하려는 상술과는 분명 구분할 필요가 있다. 〈그림2〉에서 보듯, 이들이 말하는 '글로컬' 개념 속에 각 지역들은 '세계'와 등가 관계에 있는 것이 아니라, 오히려 '세계'에 종속되어 있다. 그리고 지역들(L1, L2… L5 등) 간의 상호 교류도 불가능하다. 누군가는 이런 필자의 주장에 대해 각 국가, 지역들 간의 정책적, 경제적, 문화적인 실제적 교류를 언급할 수 있다. 그러나 그 '교류'란 것도 단지 '세계'가 허용하는 방식, 한계 내에서만 작동될 뿐이다. 그리고 이러한 방식을 소위 '글로벌 스탠더드'라고 사람들은 주장하곤 한다. 이렇게 서로 언어·역사·문화가 다른 지역들이 소위 '글로벌 스탠더드'라는 검열기제를 거쳐 L1, L2… L5와 같이 단위화된다. 각각의 지역들은 단위화를 통해서만 서로 교류하고 소통할 수 있으며, 이런 측면에서 보자면 결국 지역은 더욱

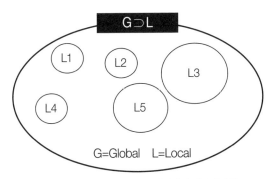

〈그림2〉 로컬을 시장 단위로 환원시킨 세계지역화

---

59 에드워드 사이드, 『문화와 제국주의』, 박홍규 옮김, 문예출판사, 2005 참조. 특히 제1장: 〈겹치는 영토, 뒤섞이는 역사〉 부분.

종속적인 방식으로 '세계'의 영향 하에 놓이게 된 것이라 할 수 있다.

요인즉 로컬들의 상대성과 특수성은 이 과정에서 전혀 고려의 대상이 아니며, '세계'가 요구하는 것은 오직 동일화(identification), 동질화(homogénéisation), 표준화(standarisation)뿐이다. 바르니에가 '지역적인 것과 세계적인 것의 불길한 환상'이란 제하(題下)에서 IBM의 사훈(社訓)이라고도 할 수 있는 "세계무역을 통한 세계평화!"에 사람들이 속지 않기를 경고하고 있는 것도 이런 이유 때문이다.[60] 그에 따르면 세계화, 세계지역화는 "소비를 문화적 생산의 공간이 되게 했으며"[61] "시장을 수단화하여"[62] 결국 모든 지역 문화를 미국화의 도정에 처하게 하여 지역적인 것과 세계적인 것이 변증법적으로 상호 구성된 것이 아니라 오히려 차이와 간극만 키웠다고 지적한다.[63] 바커가 세계지역화를 '소비자본주의'와 연관시켰듯, 우리는 여기서 시장에서 교환되는 것(그것이 상품이건 문화건 또는 지식이건 간에)은 어디까지나 양도(인도) 가능한 것에 국한되어 있다는 것을 잊어선 안 된다.

지역세계화는 그 지향점이 세계지역화와 구분될 뿐만 아니라 기존의 국수주의자나 국지주의자, 또는 문화상대주의자들처럼 자신의 지역만을 배타적으로 고수하겠다는 생각으로 각 문화의 가치를 통약불가능한 것으로 여기는 것과도 구분된다. 이렇게 되면 〈그림2〉에서 보았듯, L1, L2… L5는 상호 교류·소통 가능성이 완전히 차단되며, 지구촌 전체(G)를 위해 협력하고 공조해야 하는 사안들에 대해서까지도 무책임한 행동을 할 수 있게 된다.

---

60 J.-P. Warnier, op. cit., p. 92.
61 Ibid., p. 97.
62 Ibid., p. 106: "Le marché est un moyen d'échange globalisé. Certes, il mondialise les flux d'objets aliénables et de conduite."
63 Ibid., pp. 105~106 참조.

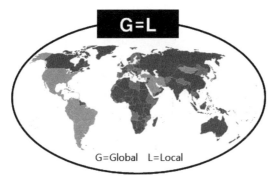

<그림3> 로컬들의 다양성을 있는 그대로 인정하는 지역세계화

오늘날 지역과 세계의 '관계'는 피할 수 없는 운명과도 같다. 그때문에 우리는 이 장에서 지역세계화를 단지 세계지역화의 변종이나 쌍생아로 치부하며 등을 돌릴 것이 아니라 엄밀한 의미의 '지역이 세계화될 수 있는 길'은 없는지를 모색해 보아야 한다고 제안하는 것이다. <그림3>에서 보듯, 지역세계화는 지역과 세계가 양분되지 않는다. 세계지역화에서처럼 동일성의 논리에 따라 로컬이 글로벌과 종속관계에 있는 것도 아니다. 지역과 세계는 서로 대등한 관계, 아니 '대등'이라는 표현 자체가 불필요한 비분리적 관계, 즉 각기 상대의 '있는 그대로의 현실'을 받아들이는 데 초점이 있다.

있는 그대로의 현실은 '흰색'이 아니라 '다채색'이다. 따라서 지역과 세계의 조화는 다층적인 관계로 구성될 수밖에 없다. 이렇게 필자가 세계지역화를 굳이 지역세계화와 구분하려는 이유를 좀 더 솔직하게 이야기해 볼까 한다. 우리가 과연 국제사회에서 미국, 프랑스, 영국을 비롯한 서구의 열강들이나 중국, 일본처럼 글로벌 행위자로 행세해 본 경험이 있는가? 감히 말하지만, '없다' 또 그런 날이 금방 올 것으로 기대되지도 않는다. 다시 말해 우리는 언제나 글로벌-세계 또는 글로벌-시장에서 변수로 존재했지 항수(恒數)

로서 중심에 선 적도 없고, 더더욱 우리 국민이 그런 의식을 가진 적도 없다. 그때문에 우리의 선택은 경제강국이자 동시에 문화와 지식강국인 미국, 중국, 일본, 인도, 유럽 등과는 달라야 한다. 이들 국가에서 자신들이 세계의 중심이라는 의식을 가지고서 세계화 또는 세계지역화를 외치는 것과 전혀 그런 위치에 있지 않은 우리가 그들을 흉내 내는 것은 그 차원이 다르다. 그들이 세계의 중심에 있다는 의식을 갖는 것이 설사 허위의식의 일종이고, 결과적으로는 다른 지역 국가들에 대한 폭력 행사로 밝혀졌다고 해도, 우리가 그런 그들의 허위의식을 모방하는 것은 결코 우리의 지역 현실에 부합하는 것이라 볼 수 없다. 우리는 고작 글로벌을 우산 삼아 그들 '따라 하기', 그들 '흉내 내기' 정도를 〈globalization〉이라 착각해 온 것이다.

이상과 같은 연유 때문에 우리는 〈세계 → 지역화〉가 아닌 〈지역 → 세계화〉를 선택할 수밖에 없으며, 우리의 지역부터 다잡아야 한다는 주장에 필자는 무게를 싣고자 한다. 결국 우리에게 필요한 '대안적 세계화'는 지역세계화라는 것이 필자의 입장이며,[64] 이렇게 새롭게 의미를 부여한 〈glocalization〉이라야 나오시의 주장대로 제 지역의 문화적 다양성, 역사적 다양성, 언어적 다양성, 철학의 다양성을 수용하고 포용할 수 있는 길이 예비된다.[65] 지역세계화가 흰색이 아닌 다채색에 본의가 있다고 말한 이유

---

64 참고로 뿔리옹은 오로지 수익성만을 목표로 하는 현대자본주의를 극복할 수 있는 대안적 세계화의 원리로 다음 세 가지를 제안한 바 있다: i) 사회적 정의, ii) 생태적 신중성, iii) 경제적 효율성(뿔리옹, *op. cit.*, p. 157).
65 야마와키 나오시, *op. cit.*, pp. 198~199 참조. 참고로 나오시는 자신의 글로컬 공공철학의 구성축을 i) 자기 이해, ii) 타자 이해, iii) 공공 세계의 관계에 기반한 것이라고 강조하면서, "단순히 글로벌도 로컬도 아니고 그 양쪽을 겸비한 '글로컬' 공공철학을 구상하는 데 있어서 결정적으로 중요한 것은 칸트의 〈세계시민 = 지구 시민〉적인 관점과 헤르더의 '다문화[언어] 공존'적인 관점을 대립적으로가 아니라 '상호보완적'으로 파악한 것(*ibid.*, p. 205)"이라고 부연하고 있다.

도 여기에 기인한다. 즉 지역세계화는 기본적으로 세계화, 세계지역화의 획일화, 동질화와 대면(對面)한다. 지역들이 곧 세계 자체이지 지역들을 순전히 임의로 지배·관리하도록 어떤 국가나 기업에게 권한이 부여되어 있고, 이에 종속된 지역들이 따로 존재하는 것이 아니다. 나오시가 자기-타자-공공세계라는 상관삼원론(相關三元論)을 통해 글로컬 공공철학을 주창한 까닭이 여기에 있으며, 그가 '존재'와 '당위', '가능성'을 유기적으로 종합한 일종의 '현실적 이상주의', '이상적 현실주의'를 제시한 까닭이 여기에 있다.[66]

부언하자면, 지역세계화는 그러니까 아직 그 꼴이 완성된 것은 아니다. 그 꼴과 뼈대를 채우는 일은 우리의 몫이다. 돌려 말해 지역세계화의 실현은 우리에게 하나의 '과제'인 것이다. 그것이 우리 모두의 과제인 까닭은, 장-뤽 낭시도 정확히 지적하듯, 우리가 아직 이러한 글로컬적 시각에서 인류공동체에 대한 철학적 고민을 해본 경험이 없기 때문이다.

> [근대의 기독교적·휴머니즘적 의식 속에] 공동체는 자리 잡았던 적이 없다. (…) 그렇기에 공동체는 사회와 단절되었거나 사회가 잃어버렸던 것이기는 커녕 사회를 근거로 해서 우리에게 도래해야 하는 것 - 물음·기다림·사건·명령 - 이다.[67]

앞 절에서도 언급했듯, 현대는 '기술'과 '경제'가 '만학의 여왕' 역할을 전유하고 있는 시대다. 모든 지식이 바로 이 '기술'과 '경제'의 눈치를 보아야 하는 신세로 전락했다고나 할까. "지구 전체가 하나의 시장이 되면서" 모든 것이

---

66 *Ibid.*, pp. 15, 18 참조.
67 장-뤽 낭시,『무위(無爲)의 공동체』, 박준상 옮김, 인간사랑, 2010, 40~41쪽.

"경제에 예속되어" 버렸고, 심지어는 "삶의 체계", "지식체계"까지도 경제가 "지배하고 [있는 현실이다.]"[68]

정확히 이런 이유 때문에 하루라도 빨리 경제단일 체제에 손발이 묶인 철학의 본래 역할을 되찾아오는 일이 시급하다. 왜냐하면 작금의 글로벌 경제 시스템은 국경을 해체시키면서 지난 세기의 정치적 전체주의를 그대로 재연하고 있기 때문이다. 국경을 만들던 노력이 이제는 그 국경을 없애기 위한 압력 하에 놓인 셈이다. 하지만 실제 시장경제 영역에 국한해서 볼 때도 로컬의 복수체제들이 존재하기 때문에 글로벌 경제단일체제라는 것을 상상할 수 있는 것 아니겠는가. 그런데도 우리는 2008년 세계금융위기를 직접 체험했으면서도 '언제 그랬냐'는 식으로 그 폐해는 망각한 채 대한민국의 로컬 기반의 중요성에 대해서는 깊게 고민하지 않는다. '오직 세계로'라는 최면상태에 빠져 삶, 생활, 현실과 분리된 생각을 하고 있는 것이다. 철학이 글로컬적 관점을 취하지 않으면 안 되는 이유가 여기에 있다. 1%를 위해 시중을 드는 철학이 아니라 인류 전체, 지구상의 모든 지역 공동체들을 위해 복무하고 기여하는 글로컬 공공철학을 구축하는 일, 그것은, 낭시의 표현을 빌리자면, 우리에게 하나의 '명령'이라는 것을 기억하자.

"그동안 공동체가 철학자들에게 자신의 자리를 내어주었다면", 이제는 "공동체가 철학자들에게 공동체 속으로 들어와 사유하라"고 주문하고 있다.[69] 철학자들이 자신의 지역 공동체 속에서 사유하는 것은 바로 그 공동체의 현안들에 대해 고민한다는 것이다. 그런 점에서 모든 철학자들에게 "공

---

68 김남두, op. cit., p. 17.
69 장-뤽 낭시, op. cit., pp. 196~197 참조.

동체는 (…) 물질적/선험적 조건이다."[70] 그리고 그때문에 "철학과 공동체는 분리될 수 없다. (…) 공동체는 철학에서 하나의 주제일 뿐만 아니라, 철학의 모든 주제들 중의 주제이며, 아마 철학에서의 '연구 주제'라는 것 자체를 초월하거나 그것에 앞서 있다."[71]

철학은 당대가 제기하는 물음들에 영향을 받는다고 해도 과언이 아니다. 그렇다면 이 시대가 '철학에' 요구하는 것은 무엇인가? 그것은 '부유한 특정 지역'만을 위해서 사유를 작동시키지 말고 '세계의 전 지역들'을 위해 봉사하라는 것 아니겠는가! 세계의 전 지역과 지역민들을 위해 봉사하는 철학, 그것은 지금까지 우리가 구축해 왔던 철학보다 훨씬 더 보편적이며 특수한 것이자 훨씬 더 포용적이며 실질적인 것이다.

오늘날 지식 탐구의 목표는 지식의 권력화, 특권화도 지양해야 하지만[72], 특히 상업적 논리를 따르면서 수단화되는 것을 무엇보다 경계해야 한다. 지식은 어디까지나 사람들 사이에서 민주적이고 합리적인 절차와 과정을 통해 '지식 일반'으로 자유롭게 교류·소통되면서 삶의 지혜로서의 역할을 하는 데 그 유용성이 있다. 이는 곧 지식 수용자들과의 '상호작용' 속에서 지식의 유의미성이 생성된다는 뜻이다. 상호작용은 기계적인 참견이 아니라 자발적인 참여에 기초한다. 자발적 참여는 상호 교류와 소통을 전제로 때론 자

---

70 *Ibid.*, p. 197.
71 *Ibid.*, p. 191.
72 김남두, *op. cit.*, p. 16 참조. 김남두는 이 글에서 '지식의 지배'라는 말은 무엇보다도 자연 과학이라는 특정 지식의 보편적 확산에서 파생된 개념이라고 전제하면서, 그런 점에서 지식의 지배는 '지식 일반'의 확대라기보다 '특정지식의 확대 보편화 현상'이라고 지적하고 있다. 필자의 판단에 따르면 이러한 경향은 최근 정보과학·기술적 지식 등에서 두드러지고 있으며, 상업적 논리만을 따르는 경제지식도 마찬가지다. 한마디로, 지식이 권력화 형태로 변질돼 수단화되고 있는 것이다.

신의 의견을 단념해야 할 상황이 생길 수도 있다는 의미가 포함되어 있으며 그 역도 마찬가지다. 이를 인드라망에 비유하자면, 부분과 전체, 자아와 타아, 인간과 세계가 즉(卽)하여 있고 의(依)하여 있기에[73], 바로 이 '즉의'의 적극적 의미를 받아들이면 단념은 결코 자기를 포기한 것이나 배제를 의미하지 않고 오히려 관계와 상호성을 보충하고 강화한다. 물론 인드라망에서도 각각의 개물(個物)은 하나의 '점'으로 존재한다. 하지만 중요한 것은 그 개물로서의 점이 다른 점들과 늘 연결되어 있다는 데 있다. 각각의 점들의 결합으로 구성된 세계는 이렇게 무한히 확대된다. 이것이 바로 지역세계화 시대에 철학이 나아갈 길이며, 한국철학의 이정표가 될 것이다. 한국철학은 인드라망에서 보듯, 하나의 점에 비유 가능하지만 중요한 것은 그 점이 한국철학의 지역성이면서 동시에 세계성이라는 사실이다.

3. 모든 철학에는 지역성이 반영되어 있다

글로컬적 관점에서 평가할 때, 훗설의 현상학도 지역성이 잘 반영된 대표적 철학이라고 할 수 있다.[74] 다시 말해 현상학은 독일이라는 지역-로컬의 학문적 토양과 역사적 배경 하에서 탄생해 하나의 '지적 운동'으로까지 발전한 20세기의 철학일 뿐, 그 이상도 이하도 아니다. 마찬가지로 구조주의나 후기구조주의(해체주의)도 프랑스라는 지역-로컬의 지적 전통과 자양분을 십

---

73 신용국, 『인드라망의 세계』, 하늘북, 2003 참조.
74 최경섭, 「엄밀한 학이 아닌 엄연한 지역학으로서 철학 1」, 『철학』 제103호, 한국철학회, 2010; 최경섭, 「엄밀한 학이 아닌 엄연한 지역학으로서 철학 2」, 『철학』, 제104호, 한국철학회, 2010 참조.

분 살려 그 가치를 대외적으로 인정받았기에 현상학과 함께 20세기를 대표하는 철학적 운동으로 평가받는 것이다. 같은 맥락에서 러셀, 비트겐슈타인으로부터 출발한 영미철학이 언어분석철학이나 과학철학, 인지과학 등에서 두각을 나타내고 있는 것도 독일이나 프랑스에서와는 다른 학문적 토양이 작용한 결과라 할 수 있다.[75]

이런 견지에서라면, 심지어는 대부분의 철학자들이 철학함의 척도요 보루라고 여기고 있는 '보편성', '객관성'의 의미 역시 새롭게 해석되어야 할 것이다. 왜냐하면 인간과 세계에 대한 의견이 이렇게 지역에 따라 달라진다는 것은 이미 보편성, 객관성이란 개념과 충돌하기 때문이다. 충돌하는 것이 아니라면, 다시 말해 서로 다른 공간에서 각자가 보편성, 객관성에 따라 인간과 세계를 이해하고 해석한 것이라면, 보편성과 객관성의 의미는 '하나'가 아니라 '여럿'이라는 말이 된다. 물론 이 또한 '철학적 상식'에는 모순된 주장이지만, 현실은 예외 없이 이와 같다.

E. 매슈스의 다음 고백은 우리가 '국적(전통·역사)이 없는 철학', 다시 말해 누구에게나 어디서나 통하는 "'보편적' 철학"을 탐구한다는 것이 과연 가능한 일인지를 되돌아보게 한다는 점에서 매우 유의미한 발언이라 할 수 있다.

> 우리가 철학적인 훈련을 받았다고 해도 그것은 프랑스철학과는 다른 전통, 즉 영미의 분석철학적 전통의 훈련이다. 필자도 분석철학의 지적 세례를 받으면서 자랐다. 언뜻 보면 최근의 프랑스철학과 분석철학은 서로가 너무나 상이

---

75 이에 대한 자세한 언급은 김효명, 「영미철학의 수용과 그 평가」, 『철학사상』 제6호, 서울대학교 철학사상연구소, 1996 참조.

하기 때문에 똑같이 철학의 이름으로 불릴 수도 없을 지경이다. (…) 프랑스 '철학'도 영미권의 '철학'과 똑같은 목표를 추구하고 있다고 생각함으로써 우리는 어쩌면 프랑스철학을 심하게 왜곡하는 것은 아닐까?[76]

매슈스에 따르자면 결국 '보편성', '객관성'이라는, 모든 철학자들의 안식처가 실제로는 엄연히 상존하는 철학적 지역성, 즉 상대성과 특수성을 간과하고 왜곡하게 하는 장본인이 아니겠느냐는 지적이다. 1절 말미에서 우리는 "태양과 별을 바라보는 것은 어디에서나 동일 사건일 수 있지만, 문제는 바라보는 장소가 동일하지 않다"고 언급한 바 있다. 이에 부가해 그 장소에 서 있는 자가 누구인지의 문제도 변수로 작용한다는 점을 언급할 필요가 있겠다. 동일 공간 내에 거주하는 철학자라고 해도 철학적으로 추구하는 이상이 다를 수도 있고, 현실 인식의 측면에서도 차이를 보일 수 있기 때문이다. 이를 세계경제에 대해 상반된 의견을 제시하는 경우와 비교해 보자. 예를 들어 세계가 평평하다며 현재처럼 단일화된 경제권을 낙관적으로 평가하는 학자들이 있다. 이들은 인터넷 등 전자통신기술의 발달이 오늘날과 같은 '신세계'를 가능케 한 것이라며, 지리적 국경과 문화적 차이 등을 무시한 채 국가 간의 자유로운 교류와 협력만이 상호 원-윈하는 길이라고 강조한다.[77] 반면 세계는 지리적으로는 말할 것도 없고 문화적으로도 여전히 울퉁불퉁하기 때문에 경제강국들이 주창하는 세계화, 세계지역화의 달콤한 유혹에 속지 말라며 경고하는 학자들도 있다. 이들은 세계가 평평하다고 말하는 자들의 속셈은 결과적으로 경제소국들에 대한 경제적 지배와 문화적 잠식을 야

76 에릭 매슈스, 『20세기 프랑스철학』, 김종갑 옮김, 동문선, 1999, 12~13쪽.
77 T. L. 프리드먼, 『세계는 평평하다』, 김상철, 최정임, 이윤섭 옮김, 창해, 2006 참조.

기할 뿐이라고 경고한다.[78] 다시 말해 단일화된 경제권과 글로벌 시장의 통합을 통해 '무한-계속-성장'하는 길만이 인류 행복의 원천이라고 강조하는 학자들과는 반대로 성장의 한계, 역효과에 주목한다.[79]

철학의 경우도 세계경제를 평가하는 서로 다른 두 의견과 결코 다르지 않다. 요컨대 동일 공간 내에 사는 철학자라고 할지라도 "같은 목표"를 가지고 소위 '철학함'을 수행하지 않는다는 뜻이다. 그러니 장소 내적 이유로도 장소 외적 이유로도 철학은 결코 단일색을 띨 수가 없다. 또 그러하기에 철학에도 엄연히 '역사(서양철학사, 동양철학사, 한국철학사 등)'가 존재하는 것 아니겠는가. "세계사가 다종다양한 지역의 역사로 성립하듯", 철학사도 서로 다른 지역의 철학적 주장들로 구성되어야 한다면, 우리는 나오시의 지적대로 "19세기 초에 헤겔이 구성했던 세계사론[일국사관론]은 글로컬 공공철학의 입장에서 거부해야"[80]할 권리가 있다. 헤겔의 세계사론은 요즘의 시각으로 평가하자면 일종의 정치제국주의론, 시장경제세계화론과 하등 다를 바 없기 때문이다.

이렇듯 그 어떤 철학적 주장도 그것이 탄생한 해당 장소(공간)에서는 물론이고 그 장소에 속해 사는 철학자의 현실 인식, 시대 인식, 역사 인식과 무관하게 형성되지 않는다. 자연과학이 시간과 공간, 시대와 지역을 초월해 보편적인 이론체계를 세우는 데 목표가 있다면, 이와 달리 인문학, 철학 속에는 '지역의 색깔'이 배어 있을 수밖에 없다. 지역의 색깔은 삶-생활 연관성을 대

---

78 데이비드 스믹, 『세계는 평평하지 않다』, 이영준 역, 비즈니스맵, 2009; H. 데 블레이, 『분노의 지리학: 공간으로 읽는 21세기 세계사』, 유나영 옮김, 천지인, 2007 참조.
79 도넬라 H. 메도즈, 데니스 L. 메도즈, 요르겐 랜더스, 『성장의 한계』, 김병순 옮김, 갈라파고스, 2012 참조.
80 야마와키 나오시, *op. cit.*, p. 201.

변하는 철학의 활력이자, 공동체의 정체성을 대외적으로 표시하는 요체요, 문화다양성의 징표다. 그뿐 아니라 철학은 앞에서도 언급했듯, 시대 유관적 물음들에 무관심할 수 없다. 20세기 중후반에 들어서서 논의하기 시작한 욕망, 타자, 신체, 사건, 쾌락, 소비 등을 보면 알 수 있듯, 이것들은 근대철학에서 주로 논했던 주제들과는 확연한 차이를 보인다. 이는 피할 수 없는 일이며, 결과적으로 한국철학이 독일철학, 프랑스철학, 영미권의 철학과 달라야 하는 것 또한 이런 전체적 맥락에서 볼 때 보다 분명해지는 것 아닌가 싶다.

이상에서의 전체 논의를 다음 두 가지로 요약하며 결론을 짓고자 한다. 그 하나는 그 어떤 철학도, 탄생/생산의 과정에서건 수용/소비/향유의 과정에서건, 기본적으로는 지역적 특성이 반영되어 있을 수밖에 없다는 점이며, 다른 하나는 이들 철학이 탄생/생산된 지역의 경계를 초월할 수는 있으나, 이보다 더 중요한 것은 그것이 과연 보편적이고 객관적 가치를 지니고 있어선지 아니면 국력, 즉 군사력, 정치기술력, 문화력 때문인지를 세찰(細察)할 필요가 있다는 점이다. 만일 후자에 주효한 기인(起因)이 있다면, 철학 역시도 결코 '순수한' 학문이라고 말하기는 어렵다. 데리다의 표현을 빌리자면, 그러하기에 철학은 심지어 '진리'와의 유관성(有關性)까지도 의심받는 시대가 된 것이다.[81]

---

81 자크 데리다, 『에쁘롱』, 김다은, 황순희 옮김, 동문선, 1998, 99쪽: "진리(의) 역사는 소유화 과정이다. 따라서 그 속성은 존재론적-현상학적, 또는 의미론적-해석학적인 질문과 아무런 관련이 없다."

제3장 ——

글로컬 시대가
요구하는 지식의
새로운 지형도

"역사는 과거의 것이 아니다. 성경, 복음서, 코란, 리그베다,
도(道)는 우리에게 현재에도 [여전히] 살아 있다. 새로운 집단신화를 창조하는 것은
이상적(utopique)이지만, 오래된 신화를 해석하는 것으로
충분하지 않다. 현대적 언어로 이를 다시 쓰고, 다시 사유하고,
다시 생기를 불어넣는 것은 우리의 몫이다."

———— J. 크리스테바, 「21세기의 휴머니즘을 위한 10대 원칙」

1. (동서) 사상의 교류와 (글로벌) 공공선

21세기는 가히 모든 것이 개방된 시대라 해도 과언이 아니다. '지식정보'
의 경우를 살펴보자. 주지하듯 사람들이 원하는 지식정보는 시간을 투여한
만큼 수집 · 분류가 가능한 시대가 되었고, 그렇게 수집 · 분류한 지식정보
는 삶의 현장에서 실시간으로 매우 유용하게 사용되고 있다. 쌍방향 데이터
교환(enhanced parallel port)까지 가능해져 '사이버 소통'이란 용어까지 등장
했는가 하면 인터미디어(inter-media)와 탈경계의 문화를 공공연하게 담론화

하는 것도 결코 우연한 일이라 할 수 없다.[1]

　이렇듯 오늘날 정보화된 지식은 사람과 사람, 매체와 매체, 국가와 국가, 문화와 문화 간의 '사이'를 자유롭게 넘나들며 우리 시대를 이해하는 중요한 열쇠 또는 '권력'으로까지 정의되는 상황이다. 여기서 문제는 누가 어떤 의도로 지식정보들을 생산하고 소비하는가이다. 범람하는 지식정보들에 대해 선의(善意)를 가지고 수집·분류하는 것도 가능한 일이지만, 기업이나 국가기밀까지도 한 사람의 해커에 의해 얼마든지 악의(惡意)로 사용될 수 있는 기술 환경이 조성되었기 때문이다.

　빅 데이터, 그 마력의 곳간에는 이렇게 선악의 얼굴이 동시에 공존한다. 결국 중요한 것은 지식정보의 수집·분류의 목적과 사용처라 할 수 있다. 지식정보의 수집과 분류의 목적이 불순하거나 악의적인 경우, 다시 말해 순전히 사적 이익을 목적으로 수집·분류된 경우는, 만일 그 정보가 공적 이익을 위해(危害)하는 경우라면, 특히 비인도적·비윤리적 용도로 사용되어 국가나 인류의 공공선의 실현에 위배될 경우라면 언제든 이를 공개해 그 피해를 줄이거나 막는 조치가 필요하다.

　최근 지식정보의 '공개' 문제가 화두로 부상한 것도 이런 이유 때문이다. 공개의 투명성과 정보의 공용(公用)이 정보 공개의 관건이 된 것도 마찬가지다. 2013년 4월 ICIJ(국제탐사보도언론인협회)에 의해 탈세의 온상이자 재벌들의 보물섬인 조세피난처(Tax heaven)의 한국인 블랙리스트가 공개되자 우리 국민들은 '어찌 이런 일이 있을 수 있느냐?'며 경악한 바 있다. 또 같은 해 10월에는 에드워드 스노우든(E. Snowden)에 의해 미 국가안보국(NSA)에서 35

1　이화인문과학원, 『인터 미디어와 탈경계의 문화』, 이화여자대학교 출판부, 2009 참조.

개국 정상들의 전화 도청 의혹 사건이 폭로되자 독일을 비롯한 전 세계의 주요 국가와 시민들이 아연실색한 바 있다. NSA의 요악(妖惡)한 의도가 만천하에 공개되어 미국은 국제적 망신을 산 것이다.[2]

PC와 인터넷의 상용화 및 대중화가 몰고 온 정보 공개의 역설이 바로 여기에 있다. 물론 혹자는 이러한 지식의 공개를 '디지털 나눔 가치의 실현', '네트워킹 문화의 탄생', '지식의 민주화 및 대중화'라고 포장하기도 한다.[3] 그리고 유럽에서는 지적재산권의 전면적인 폐지를 주장하는 정당(Pirate Party)까지 탄생해 유럽의회에 진출하기도 했으며, 리처드 스톨만(R. Stallman)이 이끄는 자유소프트웨어재단(Free Software Foundation)에서도 현행의 지적재산권 보호제도에 대해 전면적인 도전을 하고 있다.[4]

이렇게 더 많은 사람들과 지식을 공유하기 위해 '정보공시'가 필요하다는 현금의 국내외적 요구에 대해 반대할 명분을 찾기는 그리 쉽지 않아 보인다. 정보공시는 지식의 공공성 측면을 십분 고려한다면 21세기가 요구하는 설득력 있는 시대적 요구라고 할 수 있으며, 이는 지식의 새로운 지형도 형성에 적잖은 영향을 미치고 있음이 분명하다. 하지만 국내의 경우처럼 정부나

---

2 물론 미국은 국가이익을 들먹이며 이를 되레 공격하고 나섰다. 국제적 비난이 쏟아지는 가운데 로저스 미 하원 정보위원장은 "미국 정보기관들이 국내외에서 국익을 보호하는 정보들을 수집하려 하지 않았다면 그게 더 큰 뉴스일 것입니다"라며, NSA의 정보 활동을 두둔한 바 있다.
3 이언 F. 맥닐리 & 리사 울버턴, 『지식의 재탄생』, 채세진 옮김, 살림, 2009, 244~251쪽 참조. 저자들에 따르면 고등학문의 민주화는 2차 세계대전 이후(물론 미국의 예로 한정된 언급이긴 하지만) 연구소와 산업계가 연계되면서 가속도가 붙었고, 특히 지식의 상업화 및 민영화는 냉전 시대에 군사적 목적으로 연구된 컴퓨터와 인터넷의 발달이 일조한 것이라고 분석하고 있다. 그리고 '지식사회', '지식산업', '학문네트워크', '네트워킹 문화', '대학자본주의', '지식노동자', '지식경제' 등의 개념은 1970~1980년대부터 이미 상용화되기 시작했다.
4 박치완 외, 『키워드 100으로 읽는 문화 콘텐츠 입문사전』, 꿈꿀권리, 2013, 242쪽 참조.

국가기관이 나서서 이를 다분히 관리 차원에서 주도해 갈 일인지는 여전히 의문이다. 그 이유는 개인의 지적재산권을, 대부분 연구비 지원을 받는 경우가 특히 그렇지만, 국가나 정부 기관에 사적 재산을 양도하라는 폭력의 행사와 하등 다를 것이 없기 때문이다.[5]

지식이 지향해야 하는 본래적인 측면, 즉 공공성의 차원에서 공시/공개 원칙을 지켜야 한다는 데 이의를 제기할 사람은 없을 것이다. 지식의 가장 중요한 가치는 사적으로 소유되거나 독점되기보다 널리 공개되어 시민(대중)의 양식과 양심을 고양하고 국가나 인류의 미래 비전을 공유하는 데 이바지하는 것이다. 지식의 지향점이 여타의 산업이나 상품과 다른 이유가 바로 여기에 있다. 지식의 공개는 한 국가의 단위에서는 물론이고 국가와 국가와의 관계에서도 문화권과 문화권 등 지구촌의 차원에서도 공공선의 실현에 공헌하기 위해서도 필요하다. 이 조건이 충족될 때 '사회적 재화'로서 지식의 공개는 인류공동체 구성원 모두에게 이익이 되는 방향으로 활용될 수 있다.[6]

『예기(禮記)』에 "대도(大道), 즉 공공선이 실행되면 천하는 모든 이의 것이 된다"는 구절이 등장한다.[7] 국가는 통치자가 주인이 아니라 시민, 대중이 주인이요, 지구촌 역시 G2, G7, G20와 같은 경제 강자들을 위해 존재하는 룰렛이나 말판이 아니라 온 인류의 삶터요 다양한 문화의 저장소다. 그런데 우리

---

5 참고로 현재 행정안전부에서는 공공데이터 포털(www.data.go.kr)을 운영하고 있으며, 한국문화정보센터 등 80개의 공공기관에서 공공저작물을 보관 및 공개하고 있다.
6 사회적 재화로서 지식, 그러한 지식을 생산해야 하는 지식인의 역할은 아무리 강조해도 지나치지 않을 것이다. 사회정의며 경제민주화도 이제는 정치인, 경제인들에게 맡길 것이 아니라 사사로움에 덜 종속된 지식인이 선도해야 하지 않을까 싶다.
7 『禮記』, 「禮運」: "大道之行也, 天下爲公."

의 현실은 1990년대 초 대처와 레이건이 주도한 '워싱턴 컨센서스'의 등장 이후 시장이나 기업이 국가보다 더 막강한 영향력을 행사하고 있으며, 분배와 복지에 국가가 손을 놓은 틈을 타서 자본에 의한, 자본을 위한 자율화와 민영화, 자유화와 사유화가 가속화되고 있다. 이름하여 모든 것을 경제와 자본이 지배하는 시대(l'ère de l'écorègne)가 된 것이다.[8]

단비는 한 사물만을 편애하지 않는다고 했다![9] 자연의 이치에서 인도(人道)의 철학을 익히고 펼쳤던 동아시아의 선현(先賢)들의 지혜가 타자 배제, 무한 경쟁이 심화되면서 단일 시장체제, 획일화의 시대로 전락해 갈수록 더욱더 마음이 끌리는 이유가 바로 여기에 있지 않나 싶다. 그리고 지식인이라면 모름지기 무사심(無私心)한 태도로 공공선, 공공성을 추구해야 한다는 화두는 동서양과 시대를 불문하고 여전히 유효하고 설득력 있는 학문탐구의 지침이 아닌가 생각된다.

바로 이런 취지에서 이 장에서는 '동서사상의 교류'의 문제를 새롭게 접근해 보고자 한다. 여기서 '새롭게 접근'이란 동서사상의 교류가 글로벌 공공선의 실천 차원에서 진행된 것인지 아니면 그 반대인지를 의문에 부쳐 보겠다는 의미다. 만일 동양과 서양 양자 간에 사상적으로 진정한 의미의 '간발적인 교류(interactive exchange)'가 진행되었더라면 이렇게 '교류'라는 화두가 부상하지 않았을 것이다. 또 문자 그대로의 '무편(無偏)한 지식'이 간발적으로 교류되어 동서양 간에 가로놓인 문화적 장벽이나 지식 격차가 극복되

---

8 J.-C. Guillebaud, *La refondation du monde*, Seuil, 1999 참조.
9 『呂氏春秋』,「貴公」: "天下非一人之天下也, 天下之天下. 陰陽之和, 不長一類. 甘露時雨, 不私一物. 萬民之主, 不阿一人(천하는 한 사람의 천하가 아니라 모든 이들의 천하이다. 음양(陰陽)의 조화는 한 종류의 생물만 키워주지 않고, 제 때에 내리는 이슬과 단비는 한 사물만을 편애하지 않는다. 이렇듯 만민의 군주는 한 사람만 편들어서는 안 된다)."

고 온 인류에게 이로운 공공재, 인류재로서 역할을 성실히 수행했더라면, 본 논의를 새삼스럽게 전개하지 않아도 되었을 것이다. 그런데 만일 이와 반대로 서구의 '지역재', '지리재'로서의 로컬 지식(savoir local)이 보편지(savoir universel)나 세계지(savoir global)로 과대 포장돼 다른 지역이나 문화권에서 글로벌 강자로서의 지배의 논리를 강화하고, 지식의 식민화를 정당화하는 데 남용되었다면, 이는 누가 보더라도 재고의 여지가 충분히 있다.

아래에서 우리는 이와 같은 문제의식과 연구 목표 하에 문화적 로컬리티와 지리-철학의 부상과 관련한 G. 들뢰즈와 J. 색스의 주장을 기초로 문화적 특수성이 곧 문화적 보편성을 담보하는 출발점임을 주장해 볼 계획이며, 이어서 최근 전 세계적으로 화두가 된 소위 '경제기반지식(knowledge based economy)', 즉 신자유주의의 물결을 타고 등장한 창조지식(creative knowledge)에 대한 환상이 재차 지식의 공공성, 인문학문의 토대를 무력화시키는 요소로 작용하고 있음을 비판적으로 규명해 볼까 한다. 그리고 마지막으로는 로컬과 글로벌 모두에서 공히 유용하고 필요한 지식은 '글로컬 지식'이라는 점을 강조하면서 서구학자들에 의해 그동안 '닭고기 된장국'이나 '쇠고기 매운탕' 수준으로 평가받는 데 그친 동양, 동양학을 어떻게 우리 스스로 극복할 수 있을지를 고민 · 제안하면서 이 장을 매듭지어 볼까 한다.[10]

2. 문화적 로컬리티, 지리-철학의 부상과 한국 인문학문의 현주소

'21세기의 신대륙'이라 할 사이버 공간의 등장으로 인해 현실세계가 가상

---

10 필자는 이러한 서양인들의 동양에 대한 곡해를 「정신분석학과 선, 그리고 쇠고기 매운탕」(『불교평론』 제15호, 2003)에서 논한 바 있다.

세계에 의해 좌우되고 있는가 하면, 지식의 소통 공간 역시 무한 대역(帶域)으로까지 확대되었다. 이렇게 변화된 환경 탓에 전문가나 소수 특권층의 전유물로 여겨졌던 지식이 이젠 지식의 소비 여력이 있는 '누구나'의 것으로 전화(轉化)되고 있는 느낌마저 들게 한다.[11]

지식이 이렇게 '세속화', '대중화'의 길로 접어들면서 지식이 시장을 기웃거려야 하는 차마 웃지 못할 일들이 벌어지고 있다. 바로 그 '누구나'를 위해 지식이 스스로 권위를 버려야 하는 상황이 전개되고 있는 셈이다. 앞서 우리는 "모든 것이 개방된 시대"라 언급한 바 있는데, 지식도 이제는 '누구나'에게 소비되는 것을 최종 목표로 여기는 시대가 된 것이다. 이를 가능케 한 원동력은 거듭 강조하듯 PC와 인터넷의 상용화 및 대중화에 있다.

PC와 인터넷의 상용화 및 대중화는 생활지(savoir quotidien)의 확산에 기여한 바 크며, 집단지성을 발휘해 새로운 지식 영역들 또한 개척되고 있다.[12]

---

11 이러한 새로운 경험은 지식의 생산자와 소비자 간의 간극을 좁히고 있으며, 학문들 간의 경계 또한 약화시키고 있다. 심하게는 '망라적 융합지식'이 마치 지식 탐구의 본질이나 목표라도 되는 양 착각을 일으킬 정도다. 현대가 요구하는 학문 간 융합은 하지만 학문 내적 필요성에 의해 촉발된 것이라기보다는 자본의 조종을 받고 있다. 자본이 학문연구와 지식 탐구의 상투를 틀어쥐고 있는 상황에 대한 경계심을 늦추어서는 안 될 것이라고 생각하는 것도 이 때문이다.

12 그동안 전문가나 소수 특권층만 소유했던 지식은 컴퓨터 프로그래머인 워드 커닝햄(Ward Cunningham)의 아이디어로 만들어진 온라인 백과사전인 위키피디아로 인해 다중(多衆)의 손에 넘겨졌다 해도 과언이 아니다. 그 영향력과 위력은, 불리한 내용 삭제, 잘못된 정보 전달 등 문서의 신뢰성에 대한 의문이 제기되고 있음에도 불구하고, 21세기형 협업지식생산의 상징이라는 데 이의를 제기하기는 힘들 것이다. 게다가 집단지성을 활용해 참여자들이 직접 자신의 의견을 교환하며 훼손되거나 왜곡된 내용을 수정할 수도 있다는 장점도 있다. 최근 들어 영국에서는 영국 정부의 컴퓨터가 개입해 토니 블레어 당시의 총리 부인의 부동산 특혜 의혹과 관련된 내용이 삭제되었다가 복원되는 등 논란이 일기도 했다 -《연합뉴스》(2014년 5월 1일자). 참고로 '집단지성'은 i) 어디에나 분포하며, ii) 지속적으로 가치를 부여하고, iii) 실시간으로 잘못된 내용들이 수정되며, iv) 필요할 때면 언제든지 실제적 동원이 가능한 지성을 의미한다 - 피에르 레비, 『집단지성』, 권수경

필자는 동서사상의 교류가 국내의 학계에서 하나의 반성적 화두로 급부상하게 된 계기도 이러한 환경 변화와 무관치 않다고 생각한다. 무엇보다도 우리와 다른 문화 및 국가들에 대한 관심의 증대는 자연스럽게 그곳의 역사와 전통에 관한 지식의 습득으로 연결되는 것이 상례인데, 우리는 이를 최근 해외에서의 한류의 확산 과정을 통해서 역체험하고 있다. 이렇게 상대 문화의 축적된 지식에 대한 접근이 수월해짐으로 인해 그동안 오해 또는 곡해되었던 상대 문화에 대해서 자기반성 또는 자기비판 작업이 불가피한 시대가 된 것이다. 단적으로 말해 모든 성역, 특히 허구적인 철학적 이념들이 해체-재구성이라는 심판대 위에 소환되고 있다는 점에 주목할 필요가 있다.

J. 데리다의 등장 이후 해체-재구성의 시대를 맞이한 21세기는 이념적·정치적 권력에 의해 중심/주변으로 위계화된 담론들 전반에 대해 심문(審問)하고 있다. '서구적인 것'만이 '보편적인 것'이라는 잘못된 믿음체계도 해체-재구성의 대표적 심문 대상 중 하나라 할 수 있다. 우리는 여기서 서구인 스스로 그동안 지식 탐구의 원리나 기준으로 제시했던 보편지(universal knowledge)가 기실은 온 인류를 위한 진지(眞知) 또는 공공지(公共知)나 인류지(人類知)가 아니라 단지 유럽적인 속지(俗知)에 불과했다는 월러스틴 같은 학자의 내발적 반성을 접하면서 다소 당혹스러울 수 있다.[13] 그에 따르자면, '비유럽적인 것'은 기본적으로 유럽인들이 제안한 보편적인 것, 보편지 속에 포함되어 있지 않다. 그렇다면 우리가 그동안 보편지로 믿고 있었던 것이 결국은 상대지(relative knowledge)였다는 말이 되는가? 그렇다면 이를 우리는 어떻게 대접(待接)해야 할까?

  옮김, 문학과 지성사, 2002 참조.
13 이매뉴얼 월러스틴, 『유럽적 보편주의: 권력의 레토릭』, 김재오 옮김, 창비, 2008 참조.

월러스틴뿐만 아니다. 폴 A. 코헨 같은 학자는 월러스틴보다 더 구체적인 방안까지 제시해 주고 있다. 정치적 제국주의와 마찬가지로 학문세계에서도 여전히 서구의 제국주의적 시각이 오늘까지도 지배적 패러다임을 형성하고 있는데, 이를 극복하기 위해서는 연구자 스스로가 자신이 속한 문화적 로컬리티에 입각해 학문을 재영토화하는 길만이 최선책이라는 것이다. 요컨대 유럽인의 시각에 의해 제시된 담론으로는 각 문화의 고유한 로컬리티를 적실하게 인문학문적으로 담아낼 수 없다는 것![14]

유럽의 지성계는 이렇듯 최근 지식 탐구의 원리나 기준을 재설정하는 데 박차를 가하고 있다. 이러한 자기반성은 모든 것이 개방된 시대에 응대하는 방법이자 타자를 배려한다는 측면에서 보면 인도적 대처라고 할 수도 있다. 들뢰즈가 시공간초월적 보편지를 정면으로 비판하고 나선 것도 같은 맥락에서 이해할 수 있다. 들뢰즈는 감히 이렇게 선언한다: "철학은 지리-철학(géo-philosophie)이다. 이는 정확히 역사가 지리-역사학(géo-histoire)인 것과 같다."[15]

보편지를 위장한 유럽의 상대지가 결국 자신의 로컬 문화권 밖에서 분별력을 잃고 횡행 활보했던 것이 직접적 원인이 되어 그들의 후학들에게 부메랑이 되어 돌아온 것이다. 문화적 로컬리티의 중요성과 지리-철학의 부상에 주목해야 하는 이유가 여기에 있다. 들뢰즈에 빗대 재삼 강조하건대, 모든

---

14 폴 A. 코헨 , 『학문의 제국주의』, 이남희 옮김, 순천향대학교 출판부, 2013 참조.
15 G. Deleuze et F. Guattari, *Qu'est-ce que la philosophie?*, Minuit, 1991, p. 91. 물론 들뢰즈가 '철학'을 '지리'와 직결시킨 것에 대해 혹자는 철학을 너무 협소하게 정의하는 것 아니냐고 반문할 수도 있다. 하지만 들뢰즈의 주장을 가감없이 수용하게 되면, 철학이 시공간초월적 보편지로서 글로벌 공공선의 실현에 과연 기여했는지 아니면 그 반대였는지를 되짚어 보게 해준다. 그리고 들뢰즈처럼 시공간초월적 보편지에 대해 부정적 입장을 취하게 되면 "모든 지역-로컬의 철학이 자기 정당성을 갖는다"는 새로운 주장을 낳게 된다.

로컬에서 아무런 문화적 저항없이 받아들여진 보편지란 존재한 적도 없고, 존재할 수도 없다. 해서 우리는 유럽의 철학과 세계 지향을 보편지로 숭앙하며 자신의 지적 식민성을 애써 부인하거나 변명하려 할 것이 아니라 과감히 그들이 구성한 '그들의 보편지(their universality)'를 그들에게 되돌려주고 우리 스스로가 로컬리티의 관점에서 세계를 재분석하고 재이론화해야 한다는 주문을 겸허히 받아들여야 할 때가 되었다. 동서양사상 간의 '교류'는 기본적으로 이러한 전제에 기초해서 재론될 필요가 있다. 즉 비교의 대상인 양자가 형평성의 관점에서 상호 간의 교류를 논의해야 한다는 것이다. 이러한 전제를 간과한 채로는 상호 간의 교류를 논한다는 것은 어불성설에 그칠 것이다.

모든 것이 개방된 21세기는 우리에게 묵시적으로 다음과 같이 주문하고 있다: 로컬과 글로벌이 현실적으로 이미 불이적(不二的) 관계에 진입했으니, 획일적 사고는 이제 버리라고, 문화다양성을 문화단일성으로 환원하려는 태도는 구시대의 산물이라고![16]

이 명제를 문화 연구와 결합시켜 보자면, 이는 분명 19세기 제국주의의 확장기에 자기 정당화를 위해 소위 유럽의 문화강국들이 타문화에 강제로 덧씌웠던 베일들이 하나 둘 벗겨지는 것을 주목한 유럽인의 자기반성의 결과라 할 수 있다. 이를 다시 지식의 공간과 연결시켜 보면, 시공간적으로 멀리 떨어진 타문화의 지식에 대한 고질적 곡해와 폄훼는 결코 정당화될 수 없다는, 그런 지적 폭력 자체가 얼마나 부당한 것이었나를 재평가한 결과라 할

---

16 세계화가 문화다양성을 해체시키며 단일화(획일화)로 치닫는 경향에 대한 비판은 J.-P. Warnier, *La modialisation de la culture*, La Découverte, 2004; F. Jullien, *De l'universel, de l'uniforme, du commun et du dialogue entre les cultures*, Fayard, 2008 참조(DU로 약칭).

수 있다.

주지하듯 서구에서의 동양에 대한 자기반성과 재평가는 70년대 말 에드 워드 사이드(E. Said)가 불씨를 당겼다고 볼 수 있다.[17] 그 파장은 『프랑스어에 착근된 동양학 사전』을 공동 집필한 F. 뿌이용의 주무(主務) 하에 『오리엔탈리즘 이후: 동양에 의해 조성된 동양』이란 저서에도, 물론 중국이나 일본에 관한 글은 몇 편 안 되고 - 대한민국에 관한 글은 아예 없지만 -, 대부분이 알제리, 마로크, 리비아 등과 회교와 회교도에 관한 것이 대부분이긴 하지만, 찾을 수 있다.[18] 하지만 여기서 우리가 놓쳐서는 안 되는 것이 하나 있다. 그것은 다름 아닌 서구의 지성인들의 관심은 아직 중국, 일본, 한국을 포함한 동아시아(극동아시아)에 이르지 못하고 있다는 점이다. 다시 말해 서구인들이 말하는 '동양'은 어디까지나 이 장에서 우리가 언급하려고 하는 '동양'과는 지리적으로 '다른 동양'이다. 즉 그들에게는 여전히 구(舊)비잔틴제국의 방토(邦土)와 이슬람세계가 곧 '동양'이다.

서로마제국의 후신인 유럽의 지성사에 대한 비판이라고도 할 수 있는 사이드의 『오리엔탈리즘』이 일으킨 파장은 그럼에도 세계지성사에 일종의 고질화된 문화적 보편주의에 대한 본격적 비판 시도와 문화적 탈식민화의 기

---

17 E. Said, L'Orientalisme. L'Orient créé par l'Occident, Seuil, 1978 참조.
18 F. Pouillon et J.-C. Vatin (dir.), Après l'orientalisme. L'Orient créé par l'Orient, IISMM-Karthala, 2011. 이 저술은 '서양에 의해 조성된 동양'이란 사이드의 저서를 패러디한 것이라 할 수 있다. 그 밖에도 필자의 눈에 띄는 글로는 다음 세 편이 있다: P. Beillevaire, "Comment le Japon a échappé à l'orientalisme(de l'Occident)"; T. Brisson, "Pourquoi Said? Une relecture socio-historique de la genèse d'un ouvrage"; Z. Rhani, "Ne touche pas à mon Orient! Auto-exotisme et anti-anthropologique chez quelques intellectuels marocains contemporains". 물론 필자도 일찍이 대한민국은 이들이 논쟁하고 있는 '동양'이란 범주에 속하지 못한 '슬픔'을 한 논문(「아직도 보편을 말하는가: 서양인들에 비친 동양 그리고 불교」, 『오늘의 동양사상』 제7호, 2002)에서 역설한 바 있다.

치를 널리 전파했다는 데 의의가 있으며, 그의 영향은 이후 『문화의 위치』, 『국민과 서사』 등의 저자로 널리 명성을 떨친 인도계 학자 H. 바바나 『사람 잡는 정체성』, 『아랍인의 눈으로 본 십자군 전쟁』의 저자인 아랍계 A. 말루 프를 비롯해 아프리카 연구가이자 세계자본주의 체제의 패권 교체를 일찍 이 예견한 I. 윌러스틴의 『유럽적 보편주의』, 『지식의 불확실성』 등과 연계 되면서 문화·사상적 로컬리티에 대한 관심이 세계 인문학계의 전면에 부 상하기에 이르렀다고 할 수 있다. 그리고 문화·사상적 로컬리티의 중요성 에 대한 대대적 관심은 각 사회와 문화의 특수성을 새롭게 심찰(審察)하는 결정적 계기가 되었다고 해도 과언이 아니며, 국내에서도 이미 관련 연구가 20여 년 가까이 진척되고 있는 상태다.[19]

상식적으로 볼 때, 특수성과 상대성에 대한 이해 없이 일반성과 보편성 에 이르는 길은 상비(常備)될 수 없다. 우리 모두는 특정한 사람을 사랑하는 것으로 사랑과 연대의 가치 및 인류애를 배운다. J. 색스가 『차이의 존중』에

---

19 참고로, 국내에서는 부산대학교 한국민족문화 연구소의 〈HK사업단-로컬리티의 인문학〉
에서 한국의 문화적 로컬리티에 대한 체계적 연구를 하고 있다. 『로컬리티 인문학의 새
로운 지평』 (로컬리티 연구총서 1), 혜안, 2009 참조. 그 밖에도 한국연구재단에서 진행된
관련 연구로는 다음과 같은 것들이 눈에 띈다: 권인호, 〈21세기와 동양사상의 비교철학
적 탐구〉(협동연구지원, 2000); 박희, 〈오리엔탈리즘의 계보를 찾아서: 프랑스, 영국, 독
일, 미국을 중심으로〉(인문사회분야지원 국내외지역, 2002); 정용화, 〈개화기 한국인의
'근대적 자아' 형성: 오리엔탈리즘의 내면화 과정을 중심으로〉(선도연구자지원, 2002); 임
홍빈, 〈동서철학을 통해서 본 공적 합리성〉(인문사회분야지원 일반연구, 2002); 박희, 〈
오리엔탈리즘의 유산과 한국의 인문·사회과학〉(인문사회분야 일반연구, 2003); 최진석,
〈서구의 동아시아 독법: 도가사상을 중심으로〉(대학교수 해외방문연구지원, 2003); 서
유석, 〈동서양 윤리 패러다임의 충돌과 융합: 한국 근현대 100년, 그리고 미래〉(인문사회
분야지원, 2004); 김종욱, 〈원효와 하이데거의 대화: 원효사상의 존재론적 해명〉(인문저
술지원사업, 2007); 최인숙, 〈칸트철학과 불교철학에서 마음과 물질의 관계〉(중견연구자
지원사업, 2007); 박찬국, 〈불교와 니체 사상의 비교연구〉(인문저술지원사업, 2010) 등.

서 밝힌 바대로라면, 이에는 "지름길이 없다."[20] 해서 색스는 전통을 무시한 채 글로벌 시대로 점입(漸入)할수록 오히려 각 로컬의 역사와 전통 및 문화적 특수성과 상대성이 부상하게 된 것이라고 분석하고 있다.[21] 문제는 지식, 진리를 논할 때 여전히 많은 사람들은 보편지, 즉 비지역-로컬적이고 초시간적인 보편성(non-local and trans-temporal universality)에 자신의 연구 목표를 고정시킨다는 점이다. 이는 마치 '그래야만 한다'는 당위성으로까지 여겨져 소위 인문학문을 연구하는 자들의 무의식에 깊이 착근돼 있다. 논리학자나 과학자들처럼 소위 '어디에서나' '누구에게나' 타당한 과학적 · 객관적인 지식의 탐구를 연구의 본(本)으로 삼아야 한다고 믿기 때문에 필경 이와 같은 '허위믿음'이 팽배하게 된 것 아닌가. 물론 논리적 진리, 수리 · 물리적 진리라면 가능한 주문이며, 정당한 요구라 할 수 있다. 하지만 체험지(體驗知), 일상지(日常知), 생활지(生活知) 등을 핵심으로 하는 인문학문 분야에서도 '어디에서나' '누구에게나' 의미 있고 호소력 있는 '절대적 지식', 소위 '탈로컬적 지식(global knowledge)'이란 게 존재할까?

비지역-로컬적이고 초시간적인 보편성을 21세기적 신조어로 변환시키면 아마 '글로벌 스탠더드'라 할 수 있을 것이다. 그런데 여기서 우리는 '글로벌 스탠더드로서 진리', 즉 세계성(globality)을 무기 삼아 지리 · 물리적 시공간을 초월해 인종 · 민족 · 언어 · 종교 위에 군림하면서 초유(初有)의 영향력을 행사하고 있는 '글로벌 지식'을 놓고 그것이 과연 '정당한 것이며 상식적인 요구'라고 할 수 있느냐는 의문을 갖게 된다. 과연 지구상에 그런 탈지역-로컬 문화적 인문지식(knowledge of humanities)이란 게 존재하기나 한 것일까?

---

20 조너선 색스, 『차이의 존중: 문명의 충돌을 넘어서』, 임재서 옮김, 말글빛냄, 2010, 107쪽.
21 J. Sacks, *Tradition in an Untraditional Age*, London: Vallentine Mitchell, 1990 참조.

오직 서구인들을 위해 수 세기 동안 '선민(選民)'과 '문명'의 대명사로 포장된 지식, 다시 말해 '유럽적 보편성(european universality)'에 기초한 지식이 그들과 문화적 에토스며 사회적 가치체계 및 정념체계가 판이하게 다른 미얀마나 한국에서도, 아프리카의 에티오피아나 남미의 볼리비아에서도 '보편적인 것'으로 수용해야만 하는 것일까? 지식이며 진리-담론 안에는 로컬의 사회문화적 요소들이 전혀 포함되어서는 안 되는 것인가? 그런 보편적 인문지식이란 게 이미 자기기만의 소산이라는 것을 잘 알고 있기 때문에 항용 우리는 철학의 경우도 그리스 고전철학, 근대 독일철학, 영미 분석철학, 한국 불교철학 등으로 구분하는 것 아닐까?[22]

이런 아주 상식적인 의문 때문에 필자는 인류의 역사 속에서 근대 이후 '진리'라는 명분으로 무소불위의 힘을 행사해 온 담론들은, 문화다양성의 시대로 표징되는 21세기의 시각에서 심찰(深察)해 볼 때, 기실 그것은 로컬(지역)의 문화적 에토스와 사회역사적 정념 체계 그리고 생활세계나 믿음체계, 가치관 등에 뿌리를 두고 있을 수밖에 없다는 주장을 들뢰즈와 색스에 기대 감히 제기해 본다. 단도직입적으로 이야기하자면, 그동안 우리가 '보편지(savoir universel)'나 '보편학(science universelle)'이라고 여겨 왔던 인문학문은 철저히 문화적 로컬리티를 반영한 결과이기에 동서양 간에도 간발적 교류, 즉 격의 없는 호류(互流)가 이루어질 수 없었던 것이다.

그렇다면 구체적으로 우리 대한민국의 인문학문계의 상황은 어떠한지 한 번 위 논의에 빗대 보자. 유럽의 대표 철학자인 칸트나 헤겔의 표현을 응용해서 말하자면, 우리는 인문학문(철학)이 불가능한 토양에서, 현실을 구원할

---

22 박치완, 「지역과 세계, 상대성과 보편성의 경계에 선 철학」, 『철학과 문화』 제26집, 한국외대 철학연구소, 2013 참조.

힘도 미래의 비전을 제시하기 위한 능력도 모자란 상태에서, '중간치기 연구'를 하고 있다고 볼 수 있다. 그런 상황에서 '철학'이란 명의를 남용해 가면서 '지식의 식민화'에 앞장선 지식인도 부지기수다. 진지하게 한국철학의 기원에 대한 질문도 한국철학의 전개 과정에 대한 내발적(內發的) 반성도 거치지 못한 탓에 특히 해방 이후부터, 소위 서구인들에 의해, 서구들을 위해 수립된 보편성이 우리 인문학계 위에 먹구름처럼 드리우고 있었다고나 할까.

솔직히 이러한 지식의 식민성이 어디 대한민국에서만 나타나는 지배적 경향이겠는가! 경제·문화강국들의 글로벌 스탠더드형 진리는 오늘날에도 여전히 많은 로컬 학자들의 눈을 멀게 하고 있기 때문이다. '그들'이 강설해 놓은 진리(vérités établies)에 많은 로컬의 학자들이 주박(呪縛)되어 심지어는 본인이 소속된 로컬 인문학문의 정체성 찾기마저 백안시하는 상황이 전개되고 있다. 인문학적 진리가 '어디에서나' '누구에게나' 당위로 주어진 것이라면 이미 강설된 진리의 역할을 도외시할 수는 없을 것이다. 하지만 인문학적 진리가 문화적 에토스, 로컬의 역사와 현실을 반영해서 생성·창조되는 것이라고 한다면, 인문학문의 정체성이 탈영토화된 경우란 상상할 수도 없는 일이다. 거듭 강조하건대 인문학문의 연구 결과물은 철저히 문화적 에토스, 로컬의 역사와 현실의 재현체이다. 따라서 문화적 에토스, 로컬의 역사와 현실에 천착하지 못한 인문학문, 인문지식은 당연 정체성이 없는 것이라 할 수밖에 없다. 보편성이라는 학문의 인도(引導) 원리만 중요한 것이 아니라 인문학문의 탄생 조건 및 문화·역사적 배경과 문맥 또한 중요하다는 것을 잊어선 안 되는 까닭이 여기에 있다.

물론 유럽적 보편성만이 우리의 인문학문을 이 지경에 이르게 한 원인이라고 볼 수는 없다. 100여 년 전까지만 해도 중국의 유교적 보편성이 조선의 지성계를 통제 · 감독해 왔고, 작금에 이르러서는 미국의 실용적 보편성이 유럽적 보편성보다 더 기세(氣勢)를 떨치고 있다.[23] 이렇듯 '그들의 보편성(Their universality)'과 '우리의 보편성(Korean and Asian universality)' 간의 간발적 교류가 전개되지 못했던 탓에 우리는 유럽의 보편성(중국이나 미국의 보편성)의 일방적인 발신과 그것의 단순 수용이라는 논리에서 벗어나지 못한 채 외래 학문의 수입 역사만을 수치스럽게 소장하고 있는 것 아니겠는가. 더욱이 이와 같은 상황이다 보니 우리는 고유한 생활세계적 경험, 세대 간에 문화유전자적으로 물려받은 역사와 전통은 백안시한 채 오직 '그들'의 정당성만을 절대시하면서 비주체적인 연구 환경을 지속시키고 있는 것이다.

솔직히 대한민국의 인문학문계는 그렇게 서양인문학을 수용하며 100여년이라는 세월을 흘려보냈다.[24] 그런데도 여전히 서양 콤플렉스에 갇혀 독자적인 연구 패러다임 구축은 요원하기만 한 상태다.[25] 이런 이유 때문에 당연히 '그들의 보편성'과 '우리의 보편성' 간의 간통(間通)을 상상한다는 것은 기대하기 어렵다. 쌍방향적 간통이 진행된 바 없기에 상호비교는 어차피 불가능하다. 상호비교가 불가능하기에 서로 과연 어떤 학문적 공통 경험을 했는지를 확인할 방도도 없다.[26] 그들은 그들대로 발신하고 우리는 우리대로 수신한 것, 그것이 전부다. 앞서 언급한 들뢰즈의 촉찰(燭察)이 돋보이는 이

---

23 J. S. Nye, *The Paradox of American Power*, Oxford University Press, 2002 참조.
24 이진우, 『한국 인문학의 서양 콤플렉스』, 민음사, 1999 참조. 특히 〈제9장: 세계체제의 도전과 한국 사상의 변형: 독자적 패러다임을 위한 문화 상대주의 전략〉 참조.
25 조동일, 『인문학문의 사명』, 교보문고, 2011 참조.
26 미셸 세르에 따르면, 간통(間通)은 미지의 세계와 특별한 항해(voyage extraordinaire)가 전제되어야만 수수(授受)하는 것이 극대화된다고 했다. 그가 자신의 대표 저서의 결론에서 '헤르메스'를 교차로와 광장의 신(dieu du carrefour)이라고 했던 것도 개인의 경험과 타자와의 공통경험이 기본적으로 교환의 구조(structure d'échange)를 지녀야 한다고 보았기 때문이다 - M. Serres, *La Communication, Hermès I*, Minuit, 1968 참조.

유다. 그 의미를 되새겨보기 위해 이 자리에서 다시 인용해 본다.

철학은 지리-철학이다. 이는 정확히 역사가 지리-역사학인 것과 같다. (…) 철학은 개념을 재영토화한다. 개념이란 대상이 아니라 영토이다. 그것은 대상을 소유하는 것이 아니라 하나의 영토를 소유하는 것이다. 정확하게 이러한 이유로 그것은 과거, 현재 어쩌면 미래까지의 형태를 지닌다.[27]

들뢰즈의 이러한 철학과 지리 및 영토와의 불이적(不二的) 연계에 대한 강조는 보편지라는 깃대 아래서 인문학문을 연구하는 사람들에게 필경 서름한 주장으로 여겨질 확률이 높다. 하지만 필자의 생각엔 이제 우리도 이와 같은 들뢰즈의 '전환 요구'를 이해할 만큼 서구철학의 내력(來歷)을 충분히 익혀 알고 있는 수준에 이르렀으며, 그들의 철학이 어떻게 해체와 재구성의 과정을 거쳤는지도 정확히 살피고 있다. 또 우리가 수용하고 이해하는 만큼 철학의 지형도(知形圖)가 국가, 문화권별로 편차를 보인다는 점도 이제는 충분히 요지(了知)하고 있다. 그리고 필자는 바로 이러한 상식에 준해 이 장에서 동서사상의 '글로컬적 교류'의 필요성을 거듭 강조하고자 한다. 이는 역설적으로 그동안 우리가 얼마나 우리 인문학문의 로컬성, 즉 학문과 이론의 지리 및 장소 연관성을 등한시해 왔는지를 되돌아보게 한다. 부언컨대 지리 및 장소 연관성을 보편지를 방패막이 삼아 간과함으로써 각 로컬리티의 고유한 문화며 생활세계가 강자인 타자의 시선에 의해 추상화·익명화되고,

---

27 G. Deleuze et F. Guattari, op. cit., p. 91. 들뢰즈가 이어지는 문장에서 "현대철학은 자신의 고유한 과거의 형태로서 그리스를 재영토화한다"고 털어놓고 있는 것을 보면, 그 역시도 그리스-유럽의 소생(所生)이라는 점은 부인할 수는 없는 모양이다.

약자인 로컬민들의 삶은 철저히 비인칭화된 것이다. 이런 점에서 J. 색스의 다음 언급 또한 우리에게 시사하는 바가 적지 않다.

우리는 특수하고 보편적인 인간, 동일하면서도 다른 인간이지만, 또한 이런 저런 역사와 유산을 물려받은 이 가족, 저 공동체의 일원이기도 하다. 우리의 언어가 우리와 다른 언어를 사용하는 사람들과 공유하는 세계를 이해하는데 필요한 수단인 것처럼, 우리의 특수성은 보편성을 내다보는 창이다.[28]

물질적 환경의 개방화로 인해 지식정보의 교환이 수월해지고 타문화에 대한 이해가 지난 세기에 비해 더욱 심화돼 이와 같은 특수성에 기반한 보편성, 인류애적 불이성을 인식하게 된 것이 분명하다. 특수성과 보편성, 로컬과 글로벌의 불이성은 이제 단순히 규범적 · 규제적 요구가 아니라 지구촌의 미래를 위한 하나의 공통 현실이 되었다. 그리고 어찌 되었건 21세기에 이르러 마침내 지구촌이라는 공간 안에 다양한 인종, 다양한 종교, 다양한 언어와 사상, 다양한 문화가 실재(實在)한다는 사실 자체를 우리 모두가 인지하게 되면서, '울퉁불퉁한' 채로 서로 고유하면서도 보편지향적인 삶을 살아가고 있다는 것을 터득하게 되었다. 해서 우리는 문화적으로 비동질화 · 비균등화된 모습을 있는 그대로 인정하고 포용해야 하는 시대, 비록 철늦은 각득(覺得)이긴 하지만, 이것이 바로 지식의 새로운 지형도를 구상하는 데 얼마나 중요한 것인지를 널리 공유할 필요가 있다.[29]

---

28 조너선 색스, op. cit., p. 103.
29 H. de Blij, *Why Geography Matters: Three Challenges Facing America: Climate Change, the Rise, and Global Terrorism*, Oxford University Press, 2005 참조.

3. 제2의 암초 출현: 자본의 점유와 창조지식의 출현

서구인들이 정초한 철학과는 다른 철학이 지구촌 곳곳에 존재한다는 사실은 유럽적 보편성만이 보편지의 대명사일 수 없다는 것을 반증한다. 그런데도 불구하고 소위 유럽적 보편주의(중국적 보편주의, 미국적 보편주의를 포함해)는 근현대사에서 지식이나 진리 탐구의 영역에서는 물론이고 도덕적으로도 비서구 지역에 극대(極大)한 영향력을 행사해 왔는가 하면 문화·외교·정치적 차원에서도 지속적인 개입과 부당한 외압을 행사해 왔다. 그 연장선상에서 작금의 글로벌 지식시장은 인류 공동체의 이익을 위해 봉사하기를 단념하고 경제강국이나 몇몇 초강기업의 사적 이익 창출에 온 에너지를 쏟아붓고 있다.

그런데 설상가상으로 다분히 지리성에 한국(限局)된 상대적인 가치관과 세계관일 뿐인 그들만을 위한 지식이 지구촌의 모든 로컬 국가들에서 아무런 저항 없이 인문학문의 원리 또는 연구 이정표로 수용되어 그들의 민족적·인종적 편견에 정당성을 부여하는 것도 모자라 급기야는 민족·인종의 학살을 감행하는 무기로 사용되기도 했다는 사실을 우리는 근접한 현대사를 통해 이미 경험한 바 있다. 문화적 차이와 문화적 다양성을 철저히 간과·무시한 '절대적 무차별주의'로서 서구적 보편지는 "문화들 간의 갈등이 다양한 문화를 유지시켜 주는 원동력이라는 것"을 전혀 헤아리지 못했던 것이다.[30] S. 아가신스키도 지적하듯, 넓은 의미의 '타자', '타문화'와의 "거리, 간극, 섞임(융합)이 철저히 배제된(sans écart, sans faille, sans mélange)"[31], 그런 '이

---

30 S. Agacinski, *Critique de l'égocentrisme. L'événement de l'autre*, Galilée, 1994, p. 154.
31 *Ibid.*

성-서구(유럽)-백색신화'를 유지하는 것만이 그들에게는 중요했던 것이다. 이러한 서구의 신화는 오늘날 신자유주의와 세계화의 물결을 타고 20세기보다 더욱 강력하고 정치한 방법으로 로컬 지식의 초토화를 설두(設頭)하고 있다. 그리고 그 중심에는 거대 글로벌 자본이 겉으로 드러나지 않게 동작(動作)하고 있다. 들뢰즈가 앞서 강설(强說)한 지리-철학, 영토-철학의 의미와 중요성이 각 로컬들에서 회성(回省)의 기회를 가질 겨를도 없이 경제 세계화의 바람을 타고 거대 글로벌 자본에 의한 지식의 점유가 지구촌 전체 국가로 유행병처럼 번지고 있는 것이다.

단적으로 말해, 오늘날 거의 모든 지식은 경제 환원주의적 태도에 침윤돼 있다고 해도 과언이 아니다. 소위 '지식의 자본화', '지식의 상품화'가 진척되고 있는 것이다. 한마디로 '성장-경제학'이 21세기에 접어들어 모든 학문을 대표하는 제일철학이 되었다고나 할까. 우리는 이렇게 인문학문의 고유한 가치, 대사회적 기능과 역할, 즉 비판과 비전 제시 기능을 상실했을 뿐만 아니라 제 지식의 정체성마저 성장-경제학이 탈취해 간 소위 '경제기반지식의 전체주의 시대'에 살고 있다.

제6공화국의 여섯 번째 정부에서 활발히 논의했던 '창조경제', '창조산업', '창조지식'의 경우도 결국 지식의 고유성 존중이나 지식의 다양성 함양보다는 경제성장 일변도의 지식전체주의적 경향이 주도적 이데올로기로 작동한 것이라 할 수 있다. 심지어는 인간을 인적자본(human capital)으로 폄훼하는가 하면, 인간의 상상력까지도 자본 이득과 직결시키고 있는 그런 시대에 우리는 살고 있다. 대학에서까지 앞장서서 '시장에서 유통되어 돈을 버는 지식'을 최우선시하고 있으니 인문학문의 미래가 밝다고만은 할 수 없는 것 같

다.[32]

J. 색스의 저서명, '예전에도 과격했는데, 지금도 여전히 과격한'이 잘 직시하고 있듯,[33] 인간은 예나 지금이나 늘 이렇게 악수(惡手)를 두면서도 그것이 스스로를 파멸의 길로 인도할 거라는 것을 전혀 자각하지 못하고 있는 것이다. 신자유주의의 파생상품에 해당한다고 볼 수밖에 없는 '창조지식'은 글로벌 차원에서의 사회정의나 공공성의 실현보다 글로벌 다국적기업이나 경제 강국의 성장을 제일 우선시하는 소비사회의 전초지식, 핵심지식에 해당한다. 인류 공동체를 위한 대의보다는 사적 이익만을 우선시하며, 타자는 안중에도 없는 것이 창조지식의 본바탕이다. 세계화와 시장 자본주의를 선도하는 창조지식이 마치 '깨어진 거울'처럼 로컬의 저개발국가들에서 큰 호감을 사지 못한 이유가 여기에 있다.

그렇다면 우리는 과연 이런 유형의, 다분히 사적이며 비공공적인 지식에 대해 '글로벌 지식'이란 평가를 해야 할까? 어불성설이다. 성장-경제학만을 제일 기치로 내세우는 '지식경제'는 오직 '경제에 기반한 지식'만을 지식의 본령(本領)으로 여긴다. 이것이 세계화론자, 신자유주의자들이 주창하는 소위 '창조지식'의 핵심 내용이다. 부언컨대 창조지식은 J.-C. 기의보가 정확히 지목하고 있듯 '자본 지배 시대' 지식의 블랙홀이라 해도 과언이 아니다.

창조지식은 서로 토대와 연구영역이 다른 지식들, 특히 문화, 사회, 예술 영역의 지식까지도 '융복합'시켜 오직 경제의 성장과 자본주의의 확대만을 꾀하려고 안달한다. 그리고 심지어는 "지식의 성장", "지식의 혁신"도 주저

---

32 J. Howkins, *The Creative Economy: How People Make Money from Ideas,* London: Penguin, 2001 참조.

33 J. Sacks, *Radical Then, Radical Now*, London: Parper Collins, 2001 참조.

없이 역설한다.[34] 한마디로 경제의 성장과 자본주의의 확대를 위해 모든 지식이 각색되지 않으면 안 된다는 것이다. 이러한 다분히 경제 일변도의 사적이고 비공공적인 지식이 창조지식의 본질이라고 한다면, 필경 이에 대해 '지식인'이라면 누구나 의심하고 비판해야 하는 것은 마땅한 책무가 아니겠는가. 이것이 바로 상식적으로 온당한 대응이고 조치라 할 수 있지 않겠는가. 감히 말하지만 오직 자본축적과 함수관계를 유지하는 지식, 그렇지 않은 주변의 모든 지식들을 자본 중심으로 재편시키려는 지식을 일러 우리는 보편지식이라 할 수 없다.

더더욱 이런 까닭에 우리는 "창조경제만을 위해 복무하는 지식"[35]의 방향성에 대해 재고해 보지 않을 수 없으며, 국가별, 문화권별로 서로 다른 정치·경제·역사적 환경과 토대를 탈영토화시켜 가면서까지 그들의 백색신화만을 전파하려는 세계화론자들의 속셈이 어디에 있는지를 정확히 들여다보는 지혜가 요구된다 하겠다.[36]

C. 기어츠는 "세계는 곧 다양한 장소(The world is a various place)"[37]라 했다.

---

34 J. Hartley, Jason Potts, Stuart Cunningham, Terry Flew, Michael Keane & John Banks, *Key Concepts in Creative Industries*, Sage, 2013, p.130.

35 *Ibid.*, p.129.

36 T. Cowen, *Create Your Own Economy: The Path to Prosperity in a Disordered World*, New York: Dutton, 2009; L. Kong and J. O'Connor (ed.), *Creative Economies, Creative Cities: Asian-European Perspectives*, Dordrecht: Springer, 2009; 김기홍·박치완, 「한국형 '창조경제' 담론의 논의사(論議史) 고찰」, 『인문콘텐츠』 제31호, 인문콘텐츠학회, 2013 참조. 창조지식은 전 세계시장에서 통용되는 '글로벌 지식'을 일컫기도 하는데, 영어를 모태로 한 비즈니스 언어, 더 직접적으로 말해 월리시(Wallish)가 그 상징이라 할 수 있다 - 박치완, 「탈영토화된 문화의 재영토화」, 『철학연구』 제42집, 고려대학교 철학연구소, 2011 참조.

37 C. Geertz, *Local knowledge. Further Essays in Interpretive anthropology*, New York: Basic Books, 1983. p. 234.

이는 곧 모든 문화는 각기 나름의 고유한 가치와 지식체계를 가지고 있다는 말과 다르지 않다. 그 고유 가치를 존중하고, 상대와의 대화를 통해 서로의 고유 가치를 나누어 가질 때 양생·상생의 지평이 열릴 수 있다. 서로 다른 문화를 비교 연구를 할 때 우리가 주목해야 하는 것도 바로 이 점이다. 줄리앙이 "문화적 가치들은 협상의 대상이 아니다"라고 했던 것도 같은 맥락에서 이해할 수 있다.[38]

그런데 바로 그 다양한 장소에서 "[신]자유주의만이 '유일사상'"이라는 이데올로기가 팽배해 있다는 게 문제라 아니 할 수 없다.[39] D. 뻘리옹의 지적대로, "앵글로·색슨 유형의 단일 [경제]모델", "일방적 제국주의"[40]가 마치 세계체제의 지도이념인 양 작동되고 있는 것이다. 다보스 포럼으로 상징되는 세계체제의 주역들은 이렇게 경제의 세계화뿐만 아니라 지식의 상업화와 비즈니스화에도 앞장서고 있다. 앞 절에서 언급한 '글로벌 스탠더드로서 지식'은 지식의 공공성 이념을 도외시한 채 오직 시장에서의 이익만을 위해 복무하는 데 몰닉(沒溺)해 있으며, 이미 사적 이익의 추구에 종속된 지식으로 전락해 버렸다. 경제강국, 글로벌 행위자들이 입에 달고 사는 인권, 평화, 민주주의도 허념(虛念)에 불과한 것 아닌가, 라는 의심이 드는 소이도 여기에 있다. J. 색스도 이 점을 다음과 같이 정확히 지적하고 있다.

자유민주주의의 미덕이 다른 시각에서는 악덕이다. 사람들은 공적 생활에서 달아나서 사적 취향과 욕망의 세계로 뛰어든다. 그들은 [자본주의] 체제에 길들

---

38 DU, 220.
39 도미니크 뻘리옹, 『신자본주의』, 서익진 옮김, 경남대학교 출판부, 2006, 41~42쪽.
40 Ibid., pp. 163, 159.

여지고 자기 일에만 열중하는 부르주아가 된다. (…) [그들은 인권, 평화, 민주주의 등과 같은] 대의에 더 이상 몸을 던지지 않는다.[41]

이렇듯 세계는 경제강국, 글로벌 행위자들이 원하는 대로 변화하고 있다. 아니 정확히 표현하자면 지식의 공공성의 이념과 역행하는 방향으로 흐르고 있다. 그들의 눈에는 인권, 평화, 민주주의 등은 단지 지난 세기의 유물에 불과할 뿐이다. 그래서 그들은 감히 이렇게 외친다.

세계는 [이미] 자유민주주의로 포화 상태가 되었고, 그래서 더 이상 투쟁해야할 폭정과 압제가 존재하지 않는다. (…) 그들[사적 취향과 욕망의 세계로 뛰어든 사람들]은 투쟁하기 위해 투쟁할 것이다. 달리 말해 지루함에서 벗어나기 위해 투쟁할 것이다. 투쟁 없는 세상의 삶은 상상할 수 없기 때문이다. 그리고 평화롭고 풍족한 자유민주주의가 세상의 절반 이상을 뒤덮게 되면, 그들은 [급기야] 그 평화와 번영에 대항해서, 민주주의에 대항해서 투쟁할 것이다.[42]

경제강국, 글로벌 행위자들에게 중요한 것은 시장에서 온갖 비인도적인 수단을 동원해서라도 자신들이 원하는 것을 획득하는 것이지, 결코 지구촌의 평화와 번영, 인권과 민주주의의 확대가 목표가 아니라는 것을 위 인용문을 통해서도 재삼 확인할 수 있다. 그런데 더더욱 문제가 되는 것은 신자유주의와 세계화라는 개입 가치는 지금보다 더 약화되지는 않을 것이라는 점

---

41 조너선 색스, *op. cit.*, p. 323.
42 *Ibid.*, pp. 323~324(F. Fukuyama, *The End of History and the Last Man*, London: Hamish Hamilton, 1992, p. 330 재인용.)

이다. 그런즉 그들이 일종의 책략(策略)으로 내세운 '글로벌 공공선'을 우리는 결코 정당하고 설득력 있는 제안이라며 즉급(卽急)하게 받아들여서는 안 된다.[43]

물론 창조지식이 성장경제를 추동시켜 보겠다는 의도로 제안된 것이라는 점을 이 자리에서 문제 삼고자 하는 것은 아니다. 문제는 이미 넘쳐나는 자본, 즉 경제적 결실을 공공적 차원에서 분배하는 일에 너무도 인색한 데 있다. 촘스키는 이를 다음과 같이 정확히 짚고 있다.

> 자본은 넘쳐흐른다. (…) [21세기는] 결핍과 고난의 시대가 결코 아니다. [그런즉 경제위기를 조장하는 것은 하나의] 속임수일 뿐이다.[44]

촘스키의 지적인즉 이미 파행적으로 치닫고 있는 소비자본주의 사회를 대량소비사회로 이끌어 더욱 강력한 통제경제 질서를 재건해 보겠노라는 작금의 다보스주의자들의 착상 자체에 문제가 있다는 것이다. 책임은 자본주의 체제의 정당화와 소비사회의 구조화를 위해 조력하며 자본 권력에 기생하는 지식노동자에게도 있다. 지근(至近) 거리에 사회민주주의, 사회주의적 분배 이념 등이 있음에도 이를 철저히 백안시하며, 오직 자본주의의 신화만을 재생산하려는 것은 자기 이익을 위해 자기 자신조차 속이는 사람이 아니고서 할 수 있는 선택이 아니다. 프랑스의 사회학자 A. 바디우가 정확히

---

43 박치완, 「개입가치로서 공공선과 그 이면: 글로벌 공공선에 대한 비판적 해석을 중심으로」, 『해석학연구』 제34집, 2014 참조.
44 노엄 촘스키, 데이비드 바사미언(인터뷰), 『촘스키: 공공선을 위하여』, 강주헌 옮김, 시대의 창, 2011, 42쪽.

꼬집고 있듯, 우리는 이렇게 인간과 신이 함께 사라진 시대, 즉 전체주의적 자본 테러의 세기, 집단파멸의 시대를 살아가고 있다.[45]

이런 상황이기에 솔직히 우리는 자문해 보지 않을 수 없다. 자본주의와 시장경제의 적자인 호모 에코노미쿠스(homo economicus)는 과연 인류에게 행복한 삶을 보증해줄 수 있을까? 이에 대해 긍정할 사람은 아마 거의 없을 것이다. 해서 우리에게 지금 시급한 것은 다니엘 코엔의 제안대로, 불행을 스스로 자처하는 호모 에코노미쿠스의 욕망을 최대한 줄이고 호모 에티쿠스(homo ethicus)의 윤리의식과 호모 엠파티쿠스(homo emphaticus)의 연대의식 같은 아주 상식적이면서 지구촌의 시민들에게 호소력이 있는 인도적 가치의 복원을 통해 인류의 공동체적 가치를 확대시켜 나가야 한다.[46] 모름지기 지식이란 이렇게 글로벌 공공선의 실현에 앞장설 때 본의를 다하는 것이라 할 수 있다. 이러한 목표를 방기하거나 간과한다면 결국 글로벌 다국적기업과 세계화론자들이 꿈꾸는 대로 머지않아 지구촌은 온통 자본의 유령이 지배하게 될 것이다. 그뿐인가. 문화다양성은 종국에 자본획일성으로 환원될 것이고, 지식은 월리시(Wallish), 즉 세계증권가의 비즈니스 영어로 표현해야만 가치를 인정받는 날이 올 것이다.[47]

한 국가의 응집력은 공동체 구성원이 미래에 대한 꿈을 공유할 때에만 강화될 수 있다. 전망도 없고 통제도 불가능한 자본주의 체제에 대해 창조지

---

45 알랭 바디우, 『세기』, 박정태 옮김, 이학사, 2014, §13 참조

46 다니엘 코엔, 『호모 에코노미쿠스』, 박상은 옮김, 에쎄, 2013 참조. 또 다른 책에서 코엔은 호모 에코노미쿠스에 의해 갈수록 글로벌 공공악은 성창(盛昌)하고 있으며 연대의 종말에 의해 복지국가로의 세기에 역행하는 일들이 비일비재하게 나타난다고 비판하고 있다 - 다니엘 코엔, 『악의 번영』, 이성재 옮김, 글항아리, 2010 참조.

47 T. Cowen, *Creative Destruction: How Globalization is Changing the World's Cultures*, Princeton Univ. Press, 2002.

식, 창조경제와 같은 임시변통의 방도를 모색한다고 해서 국민이 국가를 위해 충성심을 발휘할까?[48] 성장과 진보, 정치적 안정과 정신적 평안에 대한 믿음과 신뢰가 없는 상황에서 국민이 국가에 충성심을 발휘한다는 것은 상상할 수도 없는 일이다. 국가의 능력이 글로벌 다국적기업보다 약화된 현실이기에 국가 중심의 좀 더 근본적인 치유책 마련이 절실한 시점이다.[49] 그리고 무엇보다도 '경제가 문화화'되고[50], '문화가 자본화'되며[51], '지식이 경제화'되는[52] 것은 개별 인간을 위해서는 물론이고 한 사회나 국가, 나아가 온 인류를 위해서도 최악의 '집단선택'에 불과하다는 것을 잊어선 안 된다.

자본주의가 쇠락의 길을 걷고 있는 징후는 도처에서 발견되고 있다. 창조지식이 월러스틴의 표현대로 자본주의 이후로의 이행기(The age of Transition)를 맞이해 좀 더 윤리적이고 좀 더 '치유적인' 혜안을 가진 '글로벌 공공지식'으로 거듭나야 하는 이유 또한 여기에 있다.[53] 인류 공동체의 이익을 실현해야 하는 글로벌 공공지식은 어디까지나 지구촌의 공동체적 가치

---

48 S. Lash and J. Urry, *The End of Organized Capitalism*, Cambridge: Polity Press, 1987 참조.
49 월러스틴은 현대(1990~2025)를 '국가성의 하락 시기'로 진단하면서, 이렇게 되면 국민은 "앞뒤 가리지 않고 이익을 찾아(아니, 불이익을 피하기 위해) 나서기 바쁠 것(…)이며, 집단 간의 혼란스러운 투쟁이 이 무질서를 한층 더 심화시킬 것이 분명하다"고 적고 있다. - 이매뉴얼 월러스틴 · 테렌스 K. 홉킨스 외, 『이행의 시대』, 백승욱 · 김영아 옮김, 창작과 비평사, 1998, 298쪽 참조.
50 S. Lash and J. Urry, *Economies of Signs and Space*, Sage, 1994 참조.
51 B. Miège, *The Capitalization of Cultural Production*, New York: International General, 1989 참조.
52 D. Foray, *The Economics of Knowledge*, Cambridge: MIT Press, 2000 참조.
53 월러스틴은 『유럽적 보편주의』에서 글로벌 스탠더드로 널리 통용된 유럽적 보편성이 결코 정당한 것이 아니었음을 고백한 바 있고, 『이행의 시대』를 비롯해 『우리가 아는 세계의 종언』(백승욱 옮김, 창작과 비평사, 2001), 『미국패권의 몰락』(한기욱 외 옮김, 창작과 비평사, 2004)과 같은 명저들을 통해 우리 모두가 자본주의의 환상에서 벗어나기를 일관되게 주장하고 있다.

의 확대를 통해서만 뿌리내릴 수 있다. 그러자면 지구촌의 시민들, 기업가들, 위정자들에게 로컬과 글로벌을 동시에 아우르고 구원하는 '글로컬 의식'이 필요하다.

글로벌 공공지식은 이런 점에서 기본적으로 글로컬 의식에 기반해 탄생할 수 있으며, 그렇게 탄생한 지식, 다시 말해 '글로컬 지식'은 무엇보다도 각 로컬의 시민들 겪고 있는 제반 불평등적 요소와 사회·경제적 격차를 줄이는 것을 제일 목표로 하고 있기에 '참여적 지식'이란 점이 특징이기도 하다. 참여적 지식은 전통의 관념론이나 유토피아주의에서 보여준 추상적 지식과 달리 현실을 초월하는 것이 아니라 부정의하고 부당한 현실을 변화시키는 데 목표를 둔다.

'글로컬 공공철학'의 개설자이기도 한 나오시의 말을 빌려 부언하자면, "소여적 세계"에 만족하지 않고 "과제로서 세계"를 지향하기에 '참여'는 필수적이며, "활사개공(活私開公)"의 정신을 발휘해 "21세기의 전 지구적·국내적, 각 로컬이 직면하고 있는 제 문제"에 소홀히 하지 않는다는 점에서 참여적·글로컬 지식은 "현실주의적 이상주의"를 모토로 한다.[54] 21세기의 과제는 우리 모두가 이러한 참여적·글로컬 지식의 전 지구적 확대에 동참해서 궁극적으로 인간해방, 인간행복과 평등사회를 구현하는 데 일조해야 할 것이다. 개인의 불행과 비극을 최소화하는 일로부터 시작해 사회와 국가 및 지구촌 구성원 모두가 각기 존엄함을 인정받고 행복의 심포니와 해방과 평화

---

54 야마와키 나오시, 『공공철학이란 무엇인가?』, 성현창 옮김, 이학사, 2011, 206쪽, 214~215쪽. 참고로 나오시는 이 저서의 결론을 〈글로컬 공공철학을 위해서〉라는 제하로 마무리하고 있으며, 자기-타자-공공 세계라는 상관삼원론(相關三元論)으로 글로컬 공공철학의 이념을 설명하고 있다.

의 합창에 동참할 수 있는 길 안내를 하는 것, 이는 우리 모두가 글로컬 의식, 타문화와의 교류 의식을 보유하지 않은 상태로는 불가능한 일이다.

4. 로컬과 글로벌의 간발적 교류, 글로컬 지식과 그 이념

철학에 '역사'가 있다는 것은 철학이 시공간의 산물이란 증거다. 철학이 시공간의 산물이라는 것은, 일찍이 메를로 퐁티도 직시한 바 있듯, 결국 "모든 철학들을 포괄하는 하나의 철학이란 존재할 수 없다"[55]는 말과 상통한다. 철학이 시공간의 산물이라는 것은 더 근원적으로는 모든 인간은 자신이 태어난 장소와 독립적일 수 없는 존재란 말과 궤를 같이 한다. 인간이 장소 종속적 존재라는 것은 기후와 풍토와 같은 외적 환경을 비롯해 역사 · 문화 · 언어적 전통으로부터 결코 자유로운 존재일 수 없다는 말과 같다.

결국 철학은 하늘로부터 누구에게나 보편적으로 '주어진' 것이 아니라 장소 종속적인 인간이 애써 연구하고 '공들여 창조한' 세계인 것이다. 2절에서 살펴본 들뢰즈의 지리-철학 이념은 이런 점에서 보편학이나 제일철학, 아니 그런 비일상적 · 비체험적 추상지나 제도지의 노예로 전락한 인문학문을 겨냥해 우리로 하여금 21세기 철학이 어디로 향해야 하는지를 제시하고 있다는 점에서 유의미한 제안이라 할 수 있다. 그리고 색스의 문화적 특수성 강조 또한 각 로컬의 환경세계 및 생활세계가 세계와 우주를 인식하고 이해하는 시발점이자 초석이라는 점을 환기시키고 있다는 점에서 매우 긴요한 연구 지침이라 생각된다.

---

55 M. Merleau-Ponty, *Eloge de la philosophie et autres essais*, Gallimard, 1953 et 1960, pp. 145~147 참조.

외부적 강자의 개입에 의해 탈영토화된 지식과 철학의 영토를 재영토화하는 길만이 "아무 데도 소속되지 않는 자아(unsituated self)"[56]를 역사·문화적 문맥을 수장(收藏)시켜 문화적 자아로 거듭나게 할 수 있는 첩경이라고나 할까. 우리 모두에게는 "문화적인 것만이 보편적인 것"이다.[57] 데카르트의 코기토가 놓친 것이 바로 이것이다. 그에게는 신체 없이도 인간이 존재 가능하듯, 문화적인 것 없이도 인간이 존재 가능할 것이다. 이런 점에서 데카르트는 비일상적·비체험적 추상지나 제도지의 극단에 서 있는 것이다. 하지만 문화적 자아의 자양분이라고 할 수 있는 생활지, 체험지는 추상화될 수 없는 개인이 어떤 장소에 소속되었을 때 마침내 탄생할 수 있는 실존적 지혜이다. 지식이 장소를 초월하거나 체계화라는 미명하에 균질화되지 않고 서로 울퉁불퉁할 수밖에 없는, 그래서 때로는 불협화음을 일으키며 충돌할 수 있는 이유도 여기에 있다. 생각해 보라. 주희, 공자의 사상이 발아한 곳이 어디인가? 중국이다. 도스토예프스키의 『죄와 벌』이 탄생한 배경이 어디인가? 러시아의 생활세계이다. 박경리의 『태백산맥』, 조세희의 『난장이가 쏘아올린 작은 공』, 조정래의 『한강』이란 작품도 대한민국이라는 지리적 배경과 역사 및 정치·경제적 상황들과 교직돼 있으며, 이 소설들이 대한민국의 근현대사를 이해하는 데 유의미한 작품들인 이유를 중국이나 러시아에서 찾아야 할까?

일상과 생활세계적 문맥에서 장소(지역)는 이렇듯 '개별적인 지역'으로 한정된다. 그렇다고 해서 그 개별적 지역이 '보편'이라는 초시공간적 심급에 의해 '상대적'이라는 뭇매를 맞아야 할까? 한국현대사는 스페인현대사와 아

56 조너선 색스, *op. cit.*, p. 104.
57 DU, 152.

무런 연관이 없으며, 기독교문화는 불교문화와 역사적으로 크게 갈등의 소지마저도 없었던 것이 사실이다.

그런즉 역사·문화적으로, 언어·사상적으로 상이한 지역들을 보편적으로 이론화하고 객관적·과학적으로 체계화한다는 명분하에 이들 지역들의 공통된 특징들을 추출하고 추상화시켜 '보편지역'을 정의하려는 망상을 버려야 하듯, '인류보편사'로 개별 지역의 역사를 강자의 시선으로 착색하려고 해서도 안 된다.[58]

어쩌면 필자는 이 자리에서 너무도 당연한 이야기를 너무도 힘들여 하고 있는지 모른다. 그런데 앞서 몇 차례 강조했듯, 철학과 지리 및 영토와의 불이성(不二性), 문화적 특수성에 대해 공론화하기 시작한 것은 근래의 일이다. 그렇다면 "유럽 밖에도 철학은 존재한다"는, 즉 소크라테스나 플라톤 이후 유럽인들이 일이관지로 축성해 온 철학과 다른 철학이 지구촌 곳곳에 존재한다는 사실을 공론화하는 데 이토록 오랜 시간이 걸렸던 이유가 뭘까? 타자(타문화)에 대한 무지가 일차적 원인이라 할 수 있으며, 그렇게 무지한 대상에 대해 진지하게 다가서서 연구할 기회를 갖지 못한 것이 이차적 원인이라 할 수 있다. 그 결과 동양과 서양의 경우도, 〈그림1〉에서 그 단적인 예를 발견할 수 있듯[59], 간발적으로 교류했다고 평가하기에는 아직 이른 감이 있다. 서구에서의 동양, 더 정확히 말해 한국을 포함한 동아시아, 극동(極東)

---

58 박치완, 「지역과 세계, 상대성과 보편성의 경계에 선 철학」, 『철학과 문화』 제26집, 한국외국어대학교 철학문화연구소, 2013, 62쪽.
59 I. Shah, *La magie orientale*, Payot & Rivages, 1994, p. 218 - 이에 대한 평가는 박치완, 「프랑스에 불고 있는 정체불명의 불교 붐」, 『오늘의 동양사상』. 제8호, 2003 참조. 그림에서 보듯, 서양에서는 동양의 한자를 '그림'으로 이해하기 때문에 심지어는 '쾌락(快樂)'이란 단어가 거꾸로 인쇄되어 있는 데도 불구하고 이를 바로 잡지 못하는 것이다. 이는 서양에서의 동양 이해가 어떤 수준인지를 단적으로 보여주는 예라 할 수 있다.

에 대한 관심은 아직 간발적 교류를 운위할
수 있는 수준, 즉 상호이해가 확대·심화된
상황이라고 말하기에는 넘어야 할 장애물들
이 많다는 뜻이다. 감히 말하지만 서구에서의
동아시아에 대한 이해는 21세기에 이르러서
도 여전히 '이국취향' 수준에 머물고 있다고나
할까. 오히려 필자는 그들이 선의의 관심을
갖는 것은 좋으나 더는 동양을 서구인의 시선
으로 재단하는 일은 경계하라고 준엄히 주문
하고 싶다.[60]

〈그림1〉 서양에서 이해하는
동아시아 문화의 현주소
(출처: I. Shah, 1994: 218)

거듭 강조하지만, 동양과 서양이 그동안 서
로 대등한 위치에서 사상적으로 간발적 교류
를 했거나 하고 있다고 평가할 수 있는 단계
는 아직 아니라는 것이다. 필자가 이렇게 간발적 교류에 대해 다소 회의적
의견을 갖게 된 이유는 기본적으로 서구인들에게 '동양'은 여전히 직접적이
고 근원적 질문의 대상이 아닐 뿐만 아니라[61], 글로벌 지식시장의 차원에서

---

60 필자가 이렇게까지 언급한 이유는 실제 크리스마스 험프레이(Ch. Humphreys) 같은
학자는 미래에 도래할 부처님은 소승(小乘)도 아니고 대승(大乘)도 아니고 서승(西乘,
bouddhisme occidental)이라고 호언장담하고 있기 때문이다 - F. Lenoir, "Adaptation du
bouddhisme à l'Occident", *Diogène*, No. 187, 1999, p. 131 참조. 당연 이러한 서구적 시
각에서의 불교에 대한 곡해는 자체적인 반성을 촉구할 수밖에 없고, 다비드 닐의 다음
저서가 그 단적인 예다: A. David-Neel, *Le bouddhisme du Bouddha et le modernisme
bouddhiste*, Ed. du Rocher, 1977, p. 10 이하 참조.
61 다음 논문에서도 우리는 서양인들이 말하는 '동양'이 우리가 이 장에서 살펴보고 있는
'동아시아'와 전연 무관한 것임을 거듭 확인할 수 있다 - O. Suleimenov, "Des frontières
culturelles existent-elles entre Orient et Occident?", *Diogène*, No. 210, 2005 참조.

판단할 때도 철학의 보편문법으로서 서구의 지식이 여전히 강자의 랑그를 구성하고 있다고 판단되기 때문이다. 바꿔 말해 그들의 눈에 철학의 특수문법을 형성할 뿐인 동양의 지식은 여전히 상대적이고 특수한 지식으로 비칠 뿐이라는 것이다. 약자의 파롤이 강자의 랑그를 최종심급으로 삼아 연구의 정당성을 확보하는 것, 이것이 동아시아에서 학문하기의 현주소라면 지나친 가학일까? 상대적이고 특수한 지식이 글로벌 지식시장으로 진입하기 위해서는 강자의 랑그에 의존할 수밖에 없는 것, 이는 피할 수 없는 운명인 것인지? 아니면 이를 전면 부인하고 문화적 지역성과 특수성에 기초한 지식의 재영토화를 통해 글로벌 차원의 지식의 지형도를 새롭게 구성해야 하는 것인지?

필자가 「지식의 세계화에 대한 재고」에서 경제의 세계화, 문화의 세계화 못지않게 경계심을 가져야 하는 것이 언어와 지식의 세계화라고 역설한 것도 이런 까닭에서였다.[62] 특히 대한민국의 철학 문법은 서구인들이 볼 때 중국이나 일본에 비하면 파롤 중의 파롤에 해당한다고 볼 수밖에 없다. 이처럼 불리한 조건인 데다 설상가상으로 중국의 철학적 문법을 전제하지 않고서는 대한민국의 철학을 서구인들에게 여실히 소개하기도 쉽지 않다. 문제는 이와 같은 상황인데도 우리는 서구의 글로벌 공공철학에 경도돼 한국철학의 기원 문제를 진지하게 탐문하지 않고 있다는 점이다. 한국인의 문화유전자 중의 하나라 할 수 있는 '명분'과 '눈치' 때문일까?[63] 아니면 한국철학의 기원이 한반도 내에 있는데 이를 아직 우리가 발굴하여 구체화시키지 못한 것인가?

62 박치완, 「지식의 세계화에 대한 재고」, 『해석학연구』 제29집, 한국해석학회, 2012 참조
63 한국국학진흥원, 『한국인의 문화유전자』, 아모르문디, 2012 참조.

주지하듯 서구철학이 소크라테스, 플라톤으로부터 그리스에서 출발했다는데 이의를 제기하는 서구인은 없다. 단지 그들은, 데리다가 제기한 하이데거와의 논쟁에서 보듯, 그리스에서 출발한 '철학의 정신'이 현대 독일어에 살아 있는지 아니면 현대 프랑스어에 살아 있는지를 가지고 말질하며 그 유산의 보유권을 둘러싼 시비를 벌이고 있을 뿐이다.[64] 그런데 우리는 아무도 한국철학과 한국철학의 정신이 중국이나 한자에 기원하고 있다고 말문을 떼지 못한다. 그 결과 한국철학은 서장(序場)이 생략된 '불구의 역사'를 옹호하지도 부인하지도 못한 채 그저 붙들고 있는 수준이다. 이런 비정상적 상황에 한국철학이 처해 있기에, 그 '전개 과정'이 설사 역사적으로 오랜들, 당당할 수도 없고 자부심을 외부세계에 내비칠 수도 없다. 특히 해방 이후부터는 서구철학 일변도의 담론이 지배력을 행사한 관계로 한국철학의 정체성에 대해 진지하게 탐문하는 기회마저 놓치고 말았다. 감히, "한국에 철학은 존재하지 않는다"고 말하면, 문제는 간단히 해소될 수 있다. '역사'를 살피고 중시하는 청안(靑眼)을 갖지 못한 탓에 한국철학의 현주소가 이러한 상황에 다른 것이다.

철학은 기본적으로 '글로벌 하늘'에서 단비처럼 주어진 것이 아니라 '로컬 토양'에서 가뭄을 견디며 고통의 결실로 탄생하며, 바로 그 로컬에서 로컬민들이 대를 이어 가꾸어 가야 하는 것이다. 대한민국이라는 지역에 뿌리를 내린 경우라야 그것을 일러 우리는 마침내 '한국철학'이라 할 수 있으며, 다른 지역에서 탄생한 철학과의 본격적 비교도 가능할 것이고, 어떻게 교류되고 있는지도 살필 수 있을 것이다. "세계는 곧 다양한 장소"라 했다. 하늘이 둘

---

64 J. Derrida, *De l'esprit. Heidegger et la question*, Galilée, 1987 참조.

이 아닌 한 이는 지고의 진리이다. 인문학문은 말할 것도 없고 철학에도 소위 "땅의 정령(genius loci)"이 살아 꿈틀대고 있다.[65] 그때문에 이제는 발신지가 불투명한 글로벌 공공철학, 그 누구를 위한 것도 아닌 보편지의 망령에서 벗어날 필요가 있다.

동양과 서양으로 구분되기 이전에, 대서양을 태평양이나 인도양과 지리적으로 나누기 이전부터 인류는 각기 주어진 해당 장소에서 잘 살았고, 현재에도 아주 잘 살아가고 있다. 생각해 보라. 서구인들을 비롯해 우리 모두는 이렇게 각기 땅의 정령이 꿈틀대는 장소에서, 서로 다른 가치관과 세계관을 가지고 살아가는 군상들이다. 그리고 장소는 '사유하는 인간'과 분리될 수 없는 영원한 고향이요, 그렇게 뿌리내린 철학이 꽃을 피우고 향을 발산하는 '조국'이다.

이렇게 철학의 장소성과 문화적 특수성 및 상대성을 용인하고 나면 인류가 지식이나 철학에 거는 희망 또한 그리 대단한 것이 아니라는 것을 알 수 있다. 함께 형제애, 인류애를 발휘해 행복하게 잘 살아 보자는 것, 이러한 인도적 이념의 공유 이외의 것이 아니기 때문이다. 이러한 이념을 공유하는 것만으로도 세상은 상상하는 것 이상으로 변모할 수 있다. 솔직히 이런 범상한 요구라면 지식을 로컬과 글로벌 간에 공유하지 못할 이유도 없다. 문화들 간에 갈등을 불러일으키는 불씨가 되거나 담론의 폭력으로 지탄받는 일도 물론 없을 것이다.

불행 중 다행한 일이지만 우리는 21세기에 이르러서야 비로소 철학과 지리, 보편성과 특수성, 절대지와 상대지, 동일성과 차이의 불이성을 널리 공

---

65 나카무라 유지로, 『토포스: 장소의 철학』, 박철은 옮김, 그린비, 2012, 5쪽.

론화하는 기회를 갖게 되었다. 그리고 이러한 불이성에 대한 통찰은 모름지기 '지식'은 글로컬적 관점에서, 즉 로컬과 글로벌이 쌍방향에서 서로에게 이롭지 않으면 안 된다는 새로운 요구로 이어진다. 부언컨대 21세기가 원하는 지식은 로컬과 글로벌 모두에서 공평하게 수용되는 지식일 때 의미가 있으며, 이는 일종의 지상명령과도 같은 것이다. 로컬과 글로벌 모두에서 공평한 지식을 궁구하기 위해서는 그동안 문화적 편견에 착근된 지식의 생산과 소비의 일방향성을 극복하는 것이 아마도 제일 과제가 될 것이다. 동서양 간의 지식의 간발적 교류란 이렇게 그동안 우리가 이해한, 아니 부단히도 오해해 온 '문화'가 필시 상대적인 것(le relatif, 상호관계적)이었음을 자각하는 것으로부터 발정(發程)할 수 있다.

제2부

문화와 지리

― 문화, '공유'의 발판인가 '재식민화'의 도구인가?

제4장 ——

문화적 정체성의 물음과 글로컬 시대의 문화인식론

"새로운 현실이 나타나면 우리는 우리의 태도와 습관을 재고할 필요가 있다. 그런데 이따금 이 새로운 현실이 너무 빨리 나타날 경우, 우리는 미적거리고 주저하다가 급기야는 소화제를 뿌려가면서 화재와 싸우게 된다. 어지러울 만큼 빠른 속도로 모든 것이 뒤섞이며 우리 모두를 둘러싸고 있는 세계화의 시대에, 정체성에 관한 하나의 새로운 개념 [정립]이 절실히 요구된다. 그것도 매우 급하게!"

——— A. 말루프, 『사람 잡는 정체성』

"나는 중국과 유럽 사이에서 사유한다. (…) 이러한 사유들의 사이사이를 열어젖히고 증진시키며 제시하는 것이 [나의 철학적] 과제다."

——— F. 줄리앙, 『간극과 사이』

1. 21세기, 문화적 정체성의 회오리 시대

천동설이 지동설로 바뀌는데 무려 1800여 년이 소요되었고, 인도에서 발견된 숫자 영(零)이 유럽인들에게 이해되고 수용되는데 무려 800년이 걸렸다고 한다. 무(無)나 공(空) 개념의 전제는 기독교 세계의 출발점인 '창조' 개념과 상충하기 때문에 유럽인들에게 '이성'이 제대로 작동되었을 리 없다. 심지어는 근대철학의 아버지라는 데카르트마저도 코기토 논증을 절대자 신에게 의뢰해서 해명하는 자기모순을 범하고 있을 정도니, 더 이상 무슨 추가 설명이 필요하겠는가.[1] 이는 인간이 자연의 이치와 우주의 원리에 대해 아주 그리고 몹시 무지했고 또 디지털 시대인 오늘날에도 여전히 무지한 행동들을 얼마든지 할 수 있다는 뜻이다.

과연 인간이 자연과 우주에 대해서만 무지한 것일까? 개인과 사회, 국가와 국제관계 등에 대해서도 역시 그 작동원리며 행위규칙 등을 통관(通觀)하고 있지 못한 탓에 무수한 이론의 생산이란 그리 명예롭지 못한 역사만 간직한 채 보편적인 해법은 제시하는 데 어려움을 겪고 있는지 모른다. 여기서 '무지하다'라는 동사는 단순히 '알지 못한다'는 것을 의미하기보다는 어떤 기존의 사유전통 또는 널리 통용되고 있는 이론이 이데올로기로 작동됨으로써 주어진 연구 대상이나 사회적 현안 등에 대한 통찰력 및 해결책을 제시하지 못한 것으로 이해해도 무방할 성싶다. 우리는 많은 경우 이론적 예측과 현실이 서로 엇박자를 치는 경우를 자주 목도하게 되는데, 이 또한 무지가 원인이라 할 수 있다. 복잡다단한 현실에 대한 사회과학적 분석은 말할 것도 없고 자연과 우주에 대한 수리·물리학적 접근의 경우도 인간의 무지함을 여실히 보여주고 있으며, 그런 예들은 현대에 이르러 허다히 발견되고 있다. 제 이론들이 시대나 공간이 바뀜에 따라 명멸하기를 반복하는 것도 결국은 유한한 존재인 인간의 무지와 뼛속까지 침투해 있는 무지와 편견이 작동하기에 그런 것인지 모른다.

---

1 박치완, 「데카르트의 〈코기토 논증〉, 과연 효과적인가?」, 『프랑스학연구』 제40집, 2007 참조.

무지와 편견은 이런 점에서 참된 사유의 독(毒)이라 할 수 있다. 연구자들이 자신에게 주어진 시공간을 소홀히 하고 늘 이론 중심의 회고적 태도를 취하며 변화하는 현실에 무감한 것도 이러한 무지와 편견을 키우는 직접적 원인이라 할 수 있다. 하지만 '사유의 미래'는 변화하는 현실에 대한 적확한 해명 없이는 개전(開展)될 수 없다. 역설적으로 이야기해 참된 사유, 즉 진리는 무지와 편견이 존재하는 한 결코 그 역할과 기능이 경감되지는 않을 것이다.

지난 반세기 동안 우리는 이루 형용할 수 없을 정도로 많은 변화를 경험했다. 동일 무대 위에 함께 진열해 놓고 평가할 수 없는 정도로 다양하고 이질적인 변화를 가히 '총체적으로' 겪었다고 해도 과언이 아니다. 대표적인 것이 디지털 기술에 의한 생활문화 전반의 변화일 것이며, 구소련의 붕괴와 베를린장벽의 해체 이후 이념적 양극화가 와해되면서 1990년대부터 가속화되기 시작한 신자유주의(신자본주의)의 물결 또한 간과할 수 없는 우리 시대의 대표적 변인 중의 하나로 꼽을 수 있다.

'정치적 동물', '상징적 동물'을 비롯해 인간에 대한 정의는 다양하지만, 현대인은 '호모 디지피에코노미쿠수(homo digipieconomicus)'라 정의해야만 필경 이상과 같은 시대 변화를 나름 반영한 것 아닐까. 주지하듯 현대인은 전 세계 어떤 사람과도 실시간 소통할 수 있는 '전신전화국'을 자신의 호주머니에 지니고서 자본이 모이고 회전되는 곳이면 언제든, 욕망을 분출할 수 있는 곳이면 어디든 이동할 태세를 갖춘 존재이다. 일찍이 G. 들뢰즈는 자본에 전염돼 정신분열증세를 보이기까지 하는 현대인을 '매매(賣買)의 코기토'라는 개념을 통해 경고한 바 있는데, 이는 현대인이 자신과 세계에 대해 깊이 성찰하는 일보다 오로지 사고파는 일, 자본시장에서 홀로 영리하게 살아남는 일 등이 어느새 인간 본성의 자리를 차지하고 들어섰다는 점을 폭로한 것이나 다름없다. 자유화, 민영화, 자율화를 기치로 하는 신자유주의의 세계화 물결이 지구촌을 견인하는 지도이념으로 군림하게 되면서 특히 '오직 경제(Only Economy)'가 지구촌시민의 최대 관심사가 된 셈이다.

각국의 위정자들의 통치철학 또한 경제성장이 최우선 과제이며, 오직 경제의 성장만이 국가의 유일무이한 정책목표가 된 아주 '기이한 세상'이 전개되고 있다고나 할까. '오직 경제-성장(Only Economy-Growth)', 이것이 바로 널리 공준된 21세기의 좌표라지만, 그 이면에는 우리가 간과해서는 안 될 것들이 있다는 것 또한 잊어선 안 된다. 2010년 통계에 따르면 국제적으로 약 2억 14만 명에 이르는 자발적 노동이민이 발생했다고 한다. 이 수치도 표면상으로는 정치적 불안정, 종교적 분쟁이나 전쟁, 노동이민에 원인이 있는 것처럼 보이지만, 그 내밀한 원인을 들여다보면 결국 '경제적 이유' 때문에 국경을 넘는 사람이 대부분이라는 것을 확인할 수 있다.[2] 경제-성장에만 집일(執一)함으로써 오히려 지구공동체가 '국가 해체'라는 위협에 노출된 것이다. 경제 성장의 '그늘'에 대해 지구촌 차원의 좀 더 진지한 고민이 병행되지 않으면 안 되는 이유가 여기에 있다.[3]

디지털 세계로의 일상 및 생활문화 전반의 편입, 신자유주의 물결의 확산은 이렇듯 지리적 경계로 구분된 국가의 개념마저 약화시키고 있다. 국가 개념의 약화는 물론 총체적인 시대 변화의 반영이라 할 수 있다. 그런데 문제는 기술 분야 및 경제 분야뿐만 아니라 학문의 거의 전 분야에 걸쳐 이와 같은 획일화 및 표준화의 경향이 가속화되고 있다는 점이다. 심지어는 예술도

---

2 Ted Cantle, Interculturalism. *The New Era of Cohesion and Diversity*, London: Palgrave Macmillan, 2012, p. 5. 참고로 2050년이 되면 약 4억 명에 이를 것이라 예상하고 있음.
3 파스칼 브뤼크네르, 『번영의 비참』, 이창실 옮김, 동문선, 2003 참조.

철학도 다양성과 창조성을 위협받고 있다. 이는 디지털 기술과 자본에 대한 세계시민들의 무한 신뢰가 불러들인 파괴의 바이러스라 아니 할 수 없다. 그런데도 아무런 부끄러움도 없이 스스로를 세계화론자라고 자처하는 자들, 글로벌 감각을 갖추었다고 스스로를 속이는 자들은 개인의 자유와 행복도, 인권과 정의며 민주주의도 디지털 기술과 자본에 의해 보장되고 확장될 것이라는 일종의 '집단적 환각' 상태를 조장하고 있다. 이렇게 전통적으로 인간의 소속을 가름하는 데 결정적 요소가 되었던 장소(공간)가 디지털 기술과 자본의 영향력 하에 탈영토화의 도정에 처하게 되었고, 가상공간을 무대로 자유자재로 이동하는 N세대들 사이에서 '탈영토화된 의식'은 점점 확대돼 가고 있다.

이렇게 급변한 현실 앞에서 많은 사람들은 스스로 묻게 될 것이다, "나는 누구인가?" 또는 "인간이란 무엇인가?"라고. 그런데 21세기에 이르러 제기된 이 물음은 데카르트나 칸트가 해명했던 것처럼 더 이상 개별적·존재론적·보편적 물음이 아니라 '문화적 정체성'에 기반한 물음이라는 게 차이이다. 현대에 이르러『오리엔탈리즘』등 문화적 정체성과 관련된 인문학적 담론들이 봇물처럼 쏟아지고 있는 것도 결코 우연한 일이라 할 수 없다. 굳이 문화 연구나 문화인류학, 문화해석학, 국제관계학, 글로벌 비즈니스 등을 전문적으로 연구하는 학자들만의 전유물이라 할 수 없을 정도로 다양한 영역에서 문화적 정체성에 관한 글들이 출간돼 세간의 이목을 받고 있는 것도 같은 이유 때문일 것이다.[4]

---

4 이론적 재생산의 불을 지핀 것으로 판단된 주요 흐름을 요약해 보자면, 1940년대 마르티니크 출생의 프랑스 정신의학자 프란츠 파농의『검은 피부 하얀 가면』을 필두로 해서, 1980년대 팔레스타인 태생의 미문학비평가이자 사상가인 에드워드 사이드의『오리엔탈

이렇듯 문화적 정체성의 물음은 이 시대의 화급(火急)한 철학적 화두로서 그 누구도 피해갈 수 없는 물음이며, 동시에 말루프가 지목하듯 '새로운 개념 정립'이 요구되는 물음이라 판단해 이 장에서 이를 '새로운 문화인식론'의 시각에서 조명해 볼까 한다. 아래 2절에서는 A. 말루프의『사람 잡는 정체성』을 화두로 삼아 문화적 정체성에 대한 논의를 새로운 연구 지평에서 제의해 보고, 이어 3절에서는 프랑수와 줄리앙의『문화들』과『거리와 사이』를 중심으로 이 시대가 요구하는 문화인식론의 얼개를 공통세계(le monde commun)와 거리(l'écart) 또는 사이(l'entre) 개념을 참고해 설명한 후[5] 결론에서는 이러한 새로운 문화인식론을 노표(路標)로 삼아 이제 철학은 동일성의 논리에 따른 철학만의 배타적 영토 고수와 보편지의 전파라는 과거의 망념에서 벗어나 '변화된 열린 공간'에서 주체와 타자, 동일성과 차이, 로컬과 글로벌 양간(兩間) 모두에서 수용성이 높은 담론을 생산할 때 이 시대, 즉 글로컬 시대가 요구하는 소임을 다하는 것이라는 주장을 펴 볼까 한다.

2. 안과 밖, 내재성과 외재성의 양간에 선 현대인과 현대철학

문화적 정체성에 관한 물음은 현대인에게 아주 '절박한' 물음이다. 그런데 여기서 우리가 세심한 주의를 기울어야 할 것이 하나 있다. 그것은 문화적

리즘』과『문화와 제국주의』를 거쳐, 1990년대 말에서 2000년대에는 레바논 태생의 국제적 저널리스트 아민 말루프의『사람 잡는 정체성』과『아랍인의 눈으로 본 십자군 전쟁』그리고 노벨경제학상에 빛나는 인도 벵골 출신인 아마르티아 센의『정체성과 폭력』에 이르기까지 문화적 정체성과 관련해 무수한 저서들이 출판되었다.

5 F. Jullien, *De l'universel, de l'uniforme, du commun et du dialogue entre les cultures*, Fayard, 2008(본문에서는『문화들』로 그리고 각주에서는 UC로 약칭함); F. Jullien, L'écart et l'entre. *Leçon inaugurale de la Chaire sur l'altérité*, Galilée, 2012(각주에서 EE로 약칭함).

정체성에 관한 물음은 기본적으로 한 사회의 중심부에서 생활하고 있는 사람들에게서는 거의 제기되지 않는다는 점이다. 역으로 말하자면 문화적 정체성은 주로 한 사회나 국가의 주변부, 즉 제도권 밖에서 떠도는 사람들에게서 제기되는 물음이다. 이들에게 "나는 누구인가?"라는 물음은 결국 "나는 사회적으로 또는 문화적으로 이방(異邦) 사회에서 누구인가?"라는 물음으로 대체된다.

이렇듯 현금의 문화적 정체성에 관한 물음은 단순히 개인의 개별적-존재론적-보편적 문제 제기가 아니라 그가 과거에 속했던 또는 현재 소속돼 있는 사회적 · 문화적 · 역사적 배경의 문제로 자리바꿈을 한다. 더 구체적으로 이야기하자면, 과거와 현재의 사회적 · 문화적 · 역사적 배경과 소속의 문제가 현대에 이르러 '나의 존재'의 외부환경이나 주위세계에 그치지 않고 심장의 자리를 차지하고 들어선 것이다. 이게 무슨 의미인가? 주지하듯 신과 신학의 시대에 데카르트가 "나는 누구인가?"라는 물음을 던졌을 때, 이는 곧 "신 앞에서 '인간'이란 어떤 존재인가?"라는 물음이었다.[6] 하지만 디지털 기술과 자본의 지배 시대, 즉 탈경계 · 탈국가의 시대, 이름하여 세계화의 시대에 직면해 "나는 누구인가?"라는 물음은 "나는 지금 왜 내가 태어난 '고향'이 아닌 '타지 이방'에서 존재해야만 하는가?", 즉 '저기'가 아닌 '여기'에서 모국어가 아닌 외국어를 사용해 가며 국외자로 살아가야 하는가?, 라는 물음으로 물음의 중심이 이동된 것이다. 이는 곧 "여기(타지)에서 나는 왜 소외인,

---

6 물론 여기서 '인간'은 '데카르트'나 '박치완'이 아닌 '독립적 존재로서 보편 인간'이다. 해서 '나'의 존재가 철학사적으로 보편적 지위를 갖게 되었는지 모른다. 하지만 문제는 그 '나'는 어디까지나 익명적이고 비인칭적이라는 점이다. 이때 '나'는 단지 '생각한다'의 '주어'에 그친다.

주변인일 수밖에 없는가?"라는 물음과도 같다.

　단적으로 말해 '나의 문화적 정체성'에 관한 물음이 '나의 존재 가치'에 대한 물음보다 더 우선시 되는 시대에 많은 현대인들이 살아가고 있다는 것이다. 이렇듯 현대인에게 있어 문화적 정체성의 물음은 지난 세기처럼 존재론적 자기 해명이나 자기 동일성의 강화로 해답을 찾기보다 자기소외 또는 차이(차별)의 발견으로 그 성격이 바뀌었다. 문화적 차이의 인식은 자연스럽게 자기소외로 지각되며, 자기소외는 기본적으로 두 문화(고향/타지, 저기/여기) 간의 간극으로부터 생긴 것이다. 앞서도 언급했듯 물론 모든 현대인에게 이와 같이 문화적 정체성에 관한 물음이 제기된다고 생각되지는 않는다. 왜냐하면 개개인에 따라 문화적 정체성에 관한 고민을 하지 않는 경우도 충분히 예상할 수 있기 때문이다. 다시 말해 문화적 차이의 인식 또는 문화적 차별 경험이 전혀 없는 경우라면, 당연 자신의 문화적 정체성에 관한 물음은 그 반대의 경우처럼 한 개인의 존재 자체를 뒤흔들 정도로 심각하지 않을 수 있다는 뜻이다. 자발적 선택에 의해서건(노동이민, 국제결혼, 해외 취업 등) 비자발적 선택에 의해서건(정치적 망명, 전쟁 피해자 등) 자신이 태어나고 자란 곳을 떠나 문화적으로 낯선 곳에서 부득이 생활을 영위해야만 하는 사람들에게 문화적 정체성에 관한 물음은 필연적으로 제기될 수밖에 없으며, 이는 당사자의 존재 자체를 심리적으로 구속하는 것은 물론이고 심한 경우는 생명을 위협하기도 한다.

　요인즉 문화적 배경과 소속이 다름으로 인해 그와는 다른 배경과 소속의 사람 또는 사건, 사안을 접하게 되었을 때 불쑥 고개를 드는 질문이 문화적 정체성에 관한 물음이라는 것이다. 이들에게 "나는 누구인가?"라는 물음은 거듭 강조하지만, 존재론적 · 실존적 차원에 무게 중심이 있는 것이 아니라 이와 같은 물음이 제기된 곳의 문화적 배경과 소속이 나와는 다름, 즉 낯섦으로부터 시작돼 급기야는 자신이 '타자화'되어 있다는 인식으로 연결되기까지 한다. 타자화된 자신의 문제로 근본 물음이 이동된 것이기에 "나는 누구인가?"라는 근대적 주체의 물음은 결국 문화적 정체성의 물음과 필시 병발(並發)하게 된다. 부언컨대 이들에게 주체의 물음은 '나'에 관한 독립적이고 보편적인 질문이 아니라 내가 과거에 속했던 그리고 동시에 내가 현재 낯설게 접하고 있는 타문화에 관한 물음과 병발된 이중의 물음이 되는 셈이며, 때문에 현대에 이르러 많은 사람들을 괴롭히는 "나는 누구인가?"라는 물음은 곧 '문제의 물음'이자, 주체의 내재성만으로 해명될 수 없기에 외재성으로부터 야기되는 문제의 원인을 밝혀야 하는 물음인 것이다.

'문화'라는 개념은 이제 누구에게라도 상찬(常餐)일 수 없을 정도로 많은 사람들이 그 의미를 충분히 이해하고 있다. 따라서 많은 사람들이 이 '문화'를 때로는 대수롭지 않게 여기기도 하며 또 그래서 때로는 별로 중요하지 않은 개념 정도로 치부하기 쉽다. 하지만 바로 이 '문화'가 심지어는 '사람을 잡는다'는 사실을 받아들이게 된다면, 그러한 벽견(僻見)은 이내 잘못된 것임을 깨닫게 될 것이다. 아민 말루프의 저서 『사람 잡는 정체성』이 정확히 드러내고 있듯[7], 문화는 현대철학의 핫이슈임에 틀림없고, "새로운 개념 정립이 절실히 요구되는" 현대철학의 제일 화두로 부상한 것이 분명하다.

문화적 정체성의 물음을 필자가 이 시대의 핫 이슈이고 현대철학의 제일 화두라고 본 것은 다음과 같은 필자 나름의 판단에 따른 것이다. 앞서 언급했듯, 현대에 이르러 무수한 사람들이 문화적 배경의 차이로 인해 상처받고

---

7 아민 말루프, 『사람 잡는 정체성』, 박창호 옮김, 이론과 실천, 2006 참조.

고통스러워하며, 문화적 정체성의 문제로 인해 동료들 사이에서 배신자, 변절자로 낙인찍히는가 하면, 이중의 차별과 무시, 인격적 모욕과 적대감의 대상이 되기도 한다. 심지어는 이라크전이나 시리아전, 〈샤를리 에브도〉 사건이나 IS 사태 등에서도 보듯 최신 병기의 시뮬레이션 게임의 목표물이 되는 경우도 있다.

상황이 실제 이처럼 인간에게 위해(危害)를 가하는 수준에 이를 수도 있다는 점을 이해하고 나면, 문화가 가히 '사람 잡다'는 말 또한 어렵지 않게 받아들일 수 있을 것이다. 물론 자신의 문화적 배경과 소속이 '하나'라고 믿는 사람들도 여전히 이 지구상에 존재한다는 사실 또한 부인할 수 없는 현실이다. 이들처럼 자신의 문화적 정체성을 '나'의 나르시시즘적인 동어반복으로 일관하는 자들은 문화적 정체성의 혼동을 겪지 않는 게 일반적이며, 대개 자기 자신이 세계의 중심에 거주한다고 착오하기도 한다. 하지만 이처럼 자신이 존재하는 곳이 곧 세계의 중심이라는 문화우월주의적 믿음을 가지고 사는 사람의 수는 의외로 많지 않다.

그런데 바로 이렇게 문화우월주의적 믿음을 가지고 살아가는 자들이 곧 '문화전쟁'의 원인 제공자들이라는 점을 우리는 직시해야 한다. 그들에게는 '자신의 밖'이 존재하지 않는다. 더 정확히 말하면 그들은 '자신의 밖'을 인정하지 않기에 '문화적 차이' 또한 용인하지 않는다. 그들의 문화직 공간, 즉 그들이 이제껏 한껏 누렸던 사회문화적 시스템 안에 다른 모든 문화가 동화 · 포섭되어야 한다고 굳게 믿고 있는 것이다. 바꿔 말해 '그들 밖'에 존재하는 타문화는 그들의 문화적 틀거리 '안'에서 흡수 · 통합되어야 한다. 이렇듯 그들에게 '밖'은 어디까지나 계몽이 필요한 야만의 대상이었던 것이다. 이러한 폭력의 논리는 자문화중심주의, 문화우월주의, 서구중심주의를 통해 '보편주의'처럼 포장되었다.

작금의 문화우월주의자들 역시 타자에 대한 폭력을 대수롭지 않게 여기며, 심지어는 타자의 생명을 위협하거나 전쟁을 불사하기도 한다. 심각한 문제는 이들에게 일말의 부끄러움이나 죄책감도 없다는 점이다. 이러한 태도는 그 내면을 살펴보면 당연 '밖'으로부터 자신들이 거주하는 '안'을 보호하기 위한 선택이라는 것을 알 수 있다. 많은 국지전에서 보듯, 이들은 오직 자신들의 '안'을 보호하기 위해 갖은 수단을 동원하며, 타자는 아예 안중에도 없다. 국제적 여론까지 동원해 드러내놓고 상대 국가를 최신병기로 공격하기도 한다. 결국 이들 문화우월주의자들에게 타자는 '존재하지 않는다'고 보는 것이 옳을 것이며, 설사 존재한다고 해도, 그것은, 훗설이 마치 묘안이라도 되는 양 제시한 바 있는, '다른 나(l'autre moi)'에 불과하다. 즉 타자는 '나의 의식의 지향 대상'인 '그'일 뿐이다. '그'를 물론 레비나스와 데리다 같은 학자는 절대타자로 승격시켜 '환대'해야 한다며 상식을 벗어난 주장을 펴고 있지만, 문제는 그렇게 '신격화된 그'가 되레 '나'를 무력화시켜 '인질'로 여긴다는 데서 절대타자론은 설득력을 잃는다.[8]

자아중심주의나 그와 상반된 주장인 절대타자주의는 공히 타자를 고려하지 않는 논리이기에, 문화적 정체성이 '하나'라고 여기는 자들에게서 두드러진 믿음체계다.[9] 작금에 회자되고 있는 아메리칸 드림이나 유러피안 드림도,[10] 차이니즈 드림이나 이스라엘리안 드림도 종국에는 자아중심주의의

8   박치완, 「레비나스의 윤리적 개입 논제는 타당한가?」, 『해석학연구』 제31집, 2013 참조.
9   S. Agacinski, *Critique de l'égocentrisme. L'événement de l'autre*, Galilée, 1994 참조.
10 C. Rapaille, *The culture code*, Random House of Canada, 2007; J. Rifkin, *The European Dream*, the Penguin Group, 2004 참조.

집단적인 의식/무의식의 표현이라 할 수 있다. 심지어는 아프리칸 드림이나 유대인 드림까지도 모두 타자, 타문화의 존재 자체를 공존, 공생의 파트너가 아니라 철저히 배제의 대상으로 여기는 일종의 굴절된 문화 코드라 할 수 있다.

이렇게 배타적 코드가 지구촌을 수놓을수록 세계시민의식, 세계시민주의는 철학적 논의의 무대 위에서 제자리를 잡기 힘들 것이다. 인류공동체를 전쟁이나 기아 등으로부터 구원해야 한다는 외침도 반향을 불러일으키지 못할 것이다.[11] '문화적인 것'과 더불어 공존하고 공생하는 인류의 미래를 부인하며 문화유전자적 결정론만을 제일 가치로 착각하는 이들의 다분히 반문화적 태도, 과연 이들의 태도가 정당한 것이라 할 수 있을까? 결코 정당화될 수 없는 문화우월주의나 자문화중심주의적 관점을 극적으로 미화한다고 해서 그 폭력을 사람들이 기억에서 지울 수 있을까? 댄 스퍼버가 정확히 지목하듯, 이러한 편견은 다른 시간, 다른 공간, 다른 문화가 스스로를 형성하며 고유한 역사를 새겨 온 것이라는 엄연한 '진리'를 거부하고 '무지의 전염'에 의해 세계를 점점 더 수렁에 빠트리게 될 것이다.[12]

이러한 왜곡된 집단적 의식/무의식의 표출이 '보편'과 '진리'를 가장하고 있다는 게 문제다. 무지몽매함이 물리적 폭력을 능가한다는 것을 보여준 대표적 사례가 아닐 수 없다. 어떠한 이론이나 제도도 이러한 무지의 폭력을 완전히 퇴치하지 못했다는 것이 유감스러울 뿐이다. "차이가 공포를 유발한

11 J. A. Camilleri, "Citizenship in a Globalizing World", *Globalization & Identity*, New Brunswick & London: Toda Institute for Global Peace and Policy Research, 2006 참조.
12 D. Sperber, *La contagion des idées: théorie naturaliste de la culture*, O. Jacob, 1996 참조.

다"[13]는 M. 메이에르의 지적은 정확히 이와 같은 자아중심적 문화우월주의의 폭력에 대한 준엄한 경고라 할 수 있다. 그럼에도 타자를 자신의 '문화 안'에 포함시키려고 노력하지 않으며, '관계'의 가치에 대한 무관심과 이해 부족은 21세기에 이르러서도 크게 나아진 것이 없다. 하지만 우리 모두는 다음과 같은 아주 기본적인 사실을 피부로 느끼며 살아가고 있다: 모든 개별자는 독립적 존재이기보다 기본적으로 부모, 가족, 공동체 및 타국가(문화)와 상호영향 관계 하에 존재한다는 사실을![14]

타자와의 관계 자체는 내가 부인하거나 거부한다고 부인되거나 거부되는 것이 아니다. 자기보존, 자기생존을 위해 타자를 나의 존재 영역 밖으로 밀쳐내는 것 또는 나의 존재 영역 안에서 타자가 나의 방식대로 재구성되기를 강요하는 것은 곧 공생(vivre avec), 공존(être avec)의 원리를 위협하고 파괴하는 주범이다. 타자와의 관계, 타자와의 공생 및 공존을 전제하지 않은 자기중심, 자기독립은 그 어떤 변명을 늘어놓더라도 결코 정당화될 수 없다. 다문화공생의 시대인 현대는 오직 자신만이 세계의 주인이라는 우월의식의 폐기 없이는 새로운 국면으로 접어들 수 없다. 앞서 우리는 노동이민자 수가 전 세계적으로 볼 때 약 2억 명이 넘는다고 했는데, 이렇게 금세기에 들어 변화된 현실을 정확히 인식하기 위해서라도, 이제 우리는 "정체성은 '하나'이다", 그 하나의 문화적 정체성이 "모든 이에게 '보편적인 것'이다"라는 편견으로부터 깨어나야 한다.

---

13 M. Meyer, *Petite métaphysique de la différence*, Librairie Générale Française, 2000, p. 146.
14 박치완, 「관계가치의 관점에서 본 개인과 사회, 국가와 문화의 상관성」, 『해석학연구』 제33집, 2013 참조.

정체성이란 단 한 번에 완전한 형태로 주어지지 않는다. 정체성은 한 사람의 일생에 걸쳐서 형성된다.[15]

그렇다. 인간의 정체성은 "단 한 번에" 독립적이고 완전한 형태로 주어지는 것이기보다 사회적 · 문화적 · 역사적 배경 하에서 "일생 동안에 걸쳐 형성된다." 그뿐만 아니라 이렇게 '형성되어 가는' 문화적 정체성은 기본적으로 다양한 내외적 매개 변항들과 작용-반작용의 과정을 겪기 때문에 물리적 환원주의나 생물학적 결정론으로 접근하는 것은 위험하다. 설상가상으로 문화적 정체성은, 다음 예에서 보듯, 내적 타자성이나 외적 타자성 단독으로는 설명하기 힘든 측면 또한 강하다: 프랑스령 마르티니크에서 태어나 프랑스로 건너와 학업을 마친 후 알제리의 해방을 위해 활동하는 아랍계 의사, 팔레스타인에서 태어나 영국에서 유학을 마치고 인도계 여성과 결혼한 후 미국으로 건너가 중세문학을 강의하는 무슬림 대학교수, 가톨릭 신자인 흑인 아버지와 유대인 어머니 사이에서 태어난 불교도인 미국인, 파키스탄인 공학도 아버지와 베트남인 기자 출신의 어머니 사이에서 태어난 한국인과 교제하는 중국인 여성의 아버지인 일본인 야마와키 등.

노동이민의 증가로 중층적이고 복합적인 정체성을 가진 사람들의 수는 갈수록 늘어날 것이다. 물론 이미 벌써 전 세계에는 자신의 문화적 정체성의 문제로 심적 · 정신적인 차원에서뿐만 아니라 정치적 · 경제적 고통을 감내해야 하는 자들의 수도 이미 상당하다. 앞으로 그 수가 더 늘어날 것은 자명하고, 그렇게 될수록 문화적 정체성의 물음은 한 사회나 국가의 중요 현안으

15 아민 말루프, *op. cit.*, p. 34.

로 부상하게 될 것이다. 여기서 우리는 이렇게 물을 수 있다. 그렇다면 인간의 정체성은 '하나'가 아니라 '여럿'이란 말인가?

자니 럼은 『세계화와 정체성』 서문에서 "[세계화 시대에 직면해] 인간의 정체성을 하나라고 말하는 것은 불가능하고, 설사 정체성이 하나인 경우라 해도 그것은 하나 또는 그 이상의 다른 정체성을 참조하지 않을 수 없다"[16]고 했다. 자니 럼의 언급에서 중요한 것은 설사 어떤 사람이 자신의 정체성을 '하나'라고 믿는다고 할지라도 반드시 그 사람이 가지고 있는 부차적 정체성이 무엇인지 함께 고려해야 한다는 것이다. 생각해 보라. 실제 우리는 한 인간의 문화적 정체성을 종교를 기준으로 구분할 수도 있고, 국가를 단위로 한 법적 정체성을 기준으로 삼을 수도 있으며, 인종이나 민족에 따라 서로 정체성이 갈릴 수 있다는 사실을 익히 숙지하고 있다. F. 라스티에가 문화과학의 재해석이 필요한 시점이 되었다는 점을 강조하면서 하나의 문화는 다른 문화들과의 컨텍스트 또는 문화라는 집합적 코퍼스(corpus, 자료들) 속에서만 유의미성을 갖는다고 말한 이유가 여기에 있다.[17] 거듭 강조하지만 이제 우리는 "나는 누구인가?"라는 물음을 데카르트 식으로 대답하는 것으로는 만족할 수 없다. 사회적 · 문화적 · 역사적 배경과 소속이 함께 물어지고 있는 현대의 정체성 물음은 어떤 기준에 준해 답할 것인지의 문제도 반드시 고려되어야 한다. 그리고 자의에 의해서건 타의에 의해서건 일단 정체성을 구분하거나 정체성이 구분되고 나면, 이는 기본적으로 타자를 전제하고 있다는

16 M. Tehranian, B. Jeannie Lum (ed.), *Globalization & Identity*, New Brunswick and London: Toda Institute for Global Peace and Policy Research, 2009, p. 3.
17 F. Rastier, *Une introduction aux sciences de la culture*, sous la dir. de F. Rastier et S. Bouquet, PUF, 2002 참조.

사실 또한 잊어선 안 된다. 그리고 타자가 전제될 때 '문제로서 정체성'은 마침내 비교-관계의 범주 안으로 들어선다. 이렇게 비교-관계의 범주 안으로 문화 및 문화적 정체성에 관한 물음이 진입하게 되면 개인 그리고 가장 포괄적 의미의 문화권은 늘 타자(또는 타문화)에 대해 하나의 '상대적 관점'으로 정의될 수밖에 없다는 점을 잊어선 안 된다. 바로 이런 이유 때문에 안과 밖, 내재성과 외재성 사이에서 나타나는 갈등 상황에 대한 이해가 급선무이며, 이에 대한 성찰 없이 문화, 문화적 정체성을 논하게 되면, 그 논의는 자칫 '사람 잡는 위험한 무기'로 둔갑할 수 있다는 점을 우리는 늘 상기해야 한다.

3. 차이의 강조에서 공존, 공생을 위한 거리와 사이의 인정으로

문화는 하나의 유기체와 같다. 이로부터 우리는 한 문화의 내적 정체성은 늘 '생성(변화, 발전)'의 과정에 있다는 사실을 잊어선 안 된다. 그런데 이러한 유기체로서 문화는 주지하듯 지구상에 단 하나만 존재하는 것이 아니다. 다시 말해 생명체의 종다양성과 마찬가지로 '내'가 속한 문화와는 다른 문화들이 지구상에는 엄연히 존재하고 있고, 문화다양성이 곧 문화의 진상(眞相)이다. 때문에 '내'가 속한 문화를 이해하는 과정에서도 최소한 다른 문화들과의 비교 및 영향관계 등을 살피는 것이 필수적이다.

이런 견지에서 보자면 '나'를 '하나'의 문화에 속한 자로 선규정하거나 속단하는 것은 그 자체로 자가당착에 빠질 수 있으며, 그렇다고 급하게 '문화적 정체성은 하나가 아니라 여럿'이라고 섣불리 내달리는 것에도 문제가 없는 것은 아니다. 문화적 정체성에 관한 물음과 대답 과정에 신중함이 요구되는 것도 이 때문이다. 말루프가 정확하게 짚고 있듯, "한 사람의 정체성이란 두 개, 세 개 혹은 여러 개의 구역으로 구획되어질 수 있는 그런 [성질의] 것이 아니기"[18] 때문이다.

> 내말루프는 여러 개의 정체성을 가지고 있는 것이 아니다. 각 사람마다 서로 다른 '배합'에 따라서 정체성을 형성하는 여러 요소로 형성된 단 하나의 정체성만을 가지고 있[을 뿐이다.[19]

'문화적 정체성'을 우리가 '한 개인의 문화적 독립성'이라고 정의할 때, 당연 문화적 정체성은 수적으로 둘 또는 여럿으로 나뉠 수 없다. 게다가 설사 문화적 정체성이 수적으로 '하나'라고 할지라도, 그것은 필경 '여러 요소들'로 구성된 '하나'라는 것이 말루프의 입장이다. 여기서 '하나'는 '여러 요소들'의 대표적 특질일 뿐 분류 기준이 바뀌면 '여러 요소들' 중 다른 것이 대표적 특질의 자리를 대신할 수도 있다. 종교를 기준으로 하느냐, 사용언어를 기준으로 하느냐, 지니계수를 기준으로 하느냐에 따라 요의 '하나'가 달라질 수 있다는 뜻이다.

우리의 논의 전개를 위해 참량(參量)한 자니 럼과 아민 말루프의 언급을 종합해 보건대, 문화적으로 여러 배경과 소속을 가진 현대인이 점점 늘고 있고, 그들은 자신이 유지(維持)하고 있는 소속과 배경이 다른 소속과 배경을 가진 개인 또는 집단 앞에서 겪게 되는 차이(차별)의 자각으로 인해 개인의 정체성에 관한 번민을 하게 되며, 이렇듯 "경계선에 놓여 있는 존재들"[20]이

---

18 아민 말루프, *op. cit.*, p. 6.
19 *Ibid.*
20 *Ibid.*, p. 10.

점증하고 있기에 문화적 정체성과 관련한 물음은 늘 당사자들에게 목숨을 거는 일에 버금가는 물음이기도 하다는 것이다.

우리가 문화세차(cultural distance), 즉 미묘한 문화적 요철들까지도 십분 고려하지 않으면 안 되는 이유가 여기에 있다. 문화세차를 심찰(審察)하지 않은 채 한 인간의 정체성을 문화대차(cultural difference)의 관점에 따라 속단하게 되면, 결국 요의 정체성이 '사람을 잡는' 경우도 발생하게 된다는 것이며, 심하게는 집단 학살이나 "전쟁의 도구"로도 돌변할 수 있다.[21] 집단이 늑대가 되어 다른 집단을 학살하고 살해한 경우를 우리는 현대사 속에서 종종 목도하고 있다. 이런 경우는 특히 문화적 정체성의 문제가 단위 사회의 내부 문제에 그치지 않고 국가와 국가 간의 문제, 심하게는 지구촌 전체의 정치·외교적 문제로까지 비화(飛禍)되기도 한다. 문화적 정체성의 문제를 하나의 기준으로 단순화시키려는 집착도 버려야겠지만 기실은 해결책을 모색할 때도 우리는 어떻게 하면 피해를 최소화할 수 있는지에 대한 고민을 최우선 과제로 삼아야 할 것이다. 인류의 공동자산인 지구촌의 운영은 어느 한두 국가가 주도권을 독점해서도 안 되며, 어느 한두 국가에게 그 책임을 떠넘길 수도 없다. 따라서 우리 모두에게 '공동(공통의) 세계'인 지구촌을 구하려는 노력이 문화인식의 차원에서도 중요하다. 타국가나 타문화를 적으로 상정하는 닫힌 국가주의나 기존의 식민지주의 또는 문화제국주의의 연장선상에서 세계 지배의 욕망을 불태우고 있는 현금의 경제강국 주도의 국제주의

---

21 *Ibid.*, p. 46: "나는 정체성이란 말이 '거짓 친구'라고 생각한다. 정체성은 정당한 열망을 반영한 것으로 시작하지만 곧 전쟁의 도구가 되어 버린다. (…) 우리는 부당함을 고발하고 고통받는 사람들의 권리를 옹호하지만 그 다음 날에는 자신이 살인의 공범자가 되어 있는 것을 발견하게 될 것이다."

(글로벌리즘)에 기대어 자신들에게 주어진 사회경제적 현안들을 해결하려는 태도는 우리 모두가 이미 지난 세기에 경험한 바 있는 그런 종류의 폭력을 용인하는 결과를 낳게 될 것이라는 점을 잊어선 안 된다. 이 장을 시작하면서 말루프를 인용해 강조한 바 있듯, "새로운 현실"은 우리에게 "새로운 개념 정립"을 요구한다. 그리고 글로컬 공공철학의 주창자인 나오시도 지목하듯, "소여로서 세계를 과제로서 세계로 변화시켜야" 한다.[22] 즉 인류와 지구촌의 미래를 위해 현재 적지 않은 현대인들이 자신의 문화적 정체성으로 인해 겪고 있는 고통을 최소화할 수 있는 방도를 모색해야 한다. 아마도 불평등과 부정의를 조장하며 글로벌 차원에서 소외계층을 양산하고 있는 '세계화'라는 마왕(魔王)을 퇴치하는 것이 우리에게 제일 과제가 되지 않을까 싶다.[23]

여기서 우리는 1절에서부터 일관되게 제기한 "나는 누구인가?"라는 물음에는 〈그림1〉에서 보듯 다음과 같은 두 물음이 추가된다는 사실을 기억할 필요가 있다: i) 인간의 정체성에 관한 물음은 기본적으로 사회적 · 문화적 · 역사적 배경과 소속의 물음과 병발(竝發)한다. ii) 그리고 이와 더불어 경제적 세계화의 확산에 따른 피해도 고려의 대상에 추가되어야 한다.

정체성의 문제는 거듭 강조하지만 기술-경제 세계화 시대에 직면해 인류가 지혜를 모으지 않으면 해결할 수 없는 '난제'가 되었다. 개인에게 주어진 서로 다른 상황도 물론 중요하다. 하지만 이에 못지않게 지구촌 전체 차원에서 시대적 화두를 함께 해결하는 것 또한 서로 다른 상황에 대한 배려 이

---

22 야마와키 나오시, 『공공철학이란 무엇인가?』, 성현창 옮김, 이학사, 2011, 206쪽.
23 아민 말루프, op. cit., p. 7: "자신은 하나의 소속이 아니라 복잡한 소속으로 이루어진 정체성을 가졌다고 인정하는 사람은 누구든지 그 사회의 변두리 계층으로 소외되기 마련이다."

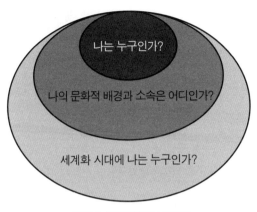

〈그림1〉 3중의 정체성 물음도

상으로 중요하다. 나오시의 '글로컬 공공철학'에 대한 제안이 설득력을 얻는 까닭이 여기에 있다. 그의 결사(結辭)를 눈여겨보자: "시대의 폐쇄를 넘어서 21세기의 전 지구·국내, 각 지역이 직면하고 있는 제 문제에 진지하게 몰두하기 위해서는 활사개공(活私開公)에 기초한 응답적·다차원적인 자기-타자-공공 세계론을 기반으로 한 글로컬 공공철학이 전개돼야 한다."[24]

나오시가 역설하는 글로컬 공공철학은 "활사개공의 이념 하에 타자의 존엄을 매개로 개인의 존엄과 공공성을 양립"시키는 것이 목표이다.[25] 그뿐만 아니라 이러한 그의 이념은 지구 차원의 공공성의 고양과 지구시민적 의식의 확대 및 문화횡단적 다문화 공존의 논리를 통해 그 적용 범위를 점진적으로 확대시켜 인류가 인종, 언어, 사상의 노예가 되거나 자본축적만을 행복의 기준을 삼지 않고 지금보다 '더 행복할 수 있는 길'이 무엇인지를 모색하는 데 있다. 나오시는 아트만이나 모나드처럼 실체인 '활사'로서 개인이 지구촌

24 야마와키 나오시, *op. cit.*, pp. 214~215.
25 *Ibid.*, p. 202.

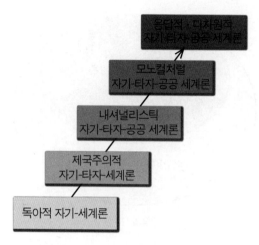

〈그림2〉 나오시의 글로컬 공공철학의 추진도

전체의 변화를 앞당기는 '개공'의 역할까지 해야 한다고 역설하고 있다. 그리고 나오시가 이러한 자신의 철학적 이념을 통해 지향하는 바는 "인류가 현재 직면하고 있는 제 문제에 등을 돌린 로컬리즘"을 극복함과 동시에 "제 지역의 문화적 · 역사적 다양성에 관한 공공지식을 소홀히 여기는" "이데올로기로서 글로벌리즘"을 극복하는 데 있다.[26] 그리고 로컬리즘과 글로벌리즘을 극복해 가는 과정은 응답적이고 다차원적 방법에 준해야 한다고 그는 강조한다. 그 방법이 '응답적'이어야 하는 이유는 글로컬 공공철학이 기본적으로 타자(상대 또는 대상)와의 '관계'에서부터 출발하기 때문이며, '다차원적'이어야 하는 이유는 개인 대 개인, 사회 대 사회, 국가 대 국가, 문화권 대 문화권에 따라 해결해야 할 현안들이 각기 다르기 때문이다.

기술-경제 세계화 시대에 직면해 거의 모든 사회 · 경제적 현안들이 지구

26 *Ibid.*, p. 199.

촌 차원에서 대응하지 않으면 안 되는 이유를 이 장의 논지와 연결시켜 설명해 보자면, 문화적 정체성의 탐구는 이제 어떤 선민(選民)이나 어떤 선국(選國)만을 위해 제한적이고 배타적 태도를 취하는 것으로는 더 이상 설득력이 없고 정당하지도 않다는 취의와 맞물려 있다. 역설적으로 말해 온 인류에게 '공통된 이익'을 최대화할 수 있는 해법을 구하자면 지구촌과 지구촌 전체 시민을 고려하는 것이 필수적이라는 것이다. 다시 말해 기본적으로 로컬사회들로 구성된 '글로벌'이라는 가상의 공간에서[27] 공히 정당성과 설득력을 담보받기 위해서라도 공공선을 지향하는 무편(無偏)한 방도를 수립해 정체성의 물음을 인권의 차원, 인도주의적 관점에서 살필 필요가 있다는 뜻이다.

이렇듯 문화적 정체성 문제로 고통을 겪는 사람들은, 특히 인권 차원에서 볼 때, 한 국가 내부에서는 물론이고 국제적 공조를 통해 이들의 기본권을 보호하기 위한 공동의 노력이 절실히 요청되고 있다. 이는 21세기가 요구하는 공감과 연대의 철학의 핵심이기도 하다. 로먼 크르즈나릭이나 제레미 리프킨의 지적대로 타자의 고통에 대해 공감하고, 이를 해결하기 위해 지구촌 차원에서 상호 협력하는 연대의식의 발동은 인간의 특별한 능력이 아니라 인간이면 누구나 갖고 있는 본성이라는 것을 잊어선 안 된다.[28] 이러한 공감

---

27 '문화적으로 글로벌한 것'이란 존재하지 않는다는 코로보프의 지적에 필자는 공감한다: "문화에 있어서 글로벌화된 것이란 없다. 문화는 정체성을 응축한다. 하지만 정체성이 그 자체로 개방과 접촉에 장애물인 것은 아니다. 오히려 그 반대로 문화는 개방과 접촉을 위해 필수적인 것이다. 프루스트, 벨라스케스, 톨스토이에게 있어 글로벌화된 것이란 아무것도 없다. 정체성을 더 잘 유지할수록 개방과 접촉의 폭이 더 넓어진다. 그리고 문화적 다양성 또한 강화된다." - V. Korobov, "Models of Global Culture", *Globalization & Identity*, New Brunswick & London: Toda Institute for Global Peace and Policy Research, 2006, p. 50.

28 로먼 크르즈나릭, 『공감하는 능력』, 김병화 옮김, 더퀘스트, 2014; 제레미 리프킨, 『공감의 시대: 경쟁의 문명에서 공감의 문명으로』, 이경남 옮김, 민음사, 2010 참조.

과 연대의 필요성은 줄리앙이 '문화적 대화'와 '거리와 사이의 철학'을 이야기하면서 역설했던 핵심 내용이기도 하다.[29]

"세상은 단 하나의 드라이버로 풀 수 없는 복잡한 기계"[30]라 했던가! 문화적 정체성의 물음을 푸는 과정도 이와 크게 다르지 않을 것이다. 문화적 정체성의 물음은, 앞서 〈그림1〉에서 확인한 바 있듯, 3중의 물음이 복합적으로 얽힌 사안이기에 특히 고도의 지혜와 공공성 및 공공선을 유지시키는 것이 관건이다. 게다가 모든 인간은 부득이 안과 밖, 내재성과 외재성이라는 두 경계에서 살아가야 하는 존재이다. 이는 인간의 정체성에 관한 평가의 기준이 단일한 것이라고 오판할 때 바로 그로 인해 '사람 잡는' 무기가 될 수 있다는 방증이 아닐 수 없다. 앞서 우리가 메이에르를 인용해 "차이가 공포를 유발한다"고 강조했던 것도 같은 맥락에서 이해할 수 있다.

이제 우리는 우리의 논의를 이 장의 서두에서 예시한 방향에 맞추어 한 단계 진척시켜야 할 시점에 이른 것 같다. 그 여정을 미리 요약하자면, 줄리앙을 좇아 '문화들'의 공존을 위한 '거리' 및 '사이' 개념의 의미를 회성(回省)해 보고, 이를 바탕으로 문화 교류 및 문화 대화에 대한 시각을 새롭게 제시해 보는 자리가 될 것이다. 이를 위해 우리는 먼저 줄리앙이 어떤 이유로 거리(간극, l'écart)' 개념을 자신의 비교문화 연구의 중요 화두로 제시했는지부터 정확히 이해할 필요가 있다. 이는 무엇보다도 동일성의 대(對) 개념이기도 한 차이 개념에 대해 재고할 필요가 있기 때문이다. 현대의 많은 학자들이 지적하듯 차이 개념은 '근대'라는 시기 내내(물론 현대에 이르러서도 크게 달라진 것은 없지만) 동일성의 논리에 의해 사회에서 제거·배제되는 불운을 겪어야

---

29 UC, pp. 39~49, 191-217 참조.
30 아민 말루프, *op. cit.*, p. 42.

했다. 그런데 필자가 이미 한 논문에서 밝혔듯, 프랑스의 니체주의자들의 소위 '차이론' 역시 논리적으로는 동일성의 논리가 행한 폭력과 거의 유사한 폭력을 행사하며 일정 부분 사유의 무대를 무정부 상태에 빠트린 폐단을 노정시키기도 했다.[31] 그런 점에서 동일성의 논리나 차이의 논리가 폭력적이기는 마찬가지라 할 수 있다. 게다가 동일성과 차이 개념은 서로 상호 모순적 관계라서 기본적으로 상대와 어깨를 함께 나란히 할 수 없다. 이런 상황에서 양자 간에 가로 놓인 거리가 좁혀지거나 진정한 대화가 모색되리라고 기대하는 것은 어불성설에 가깝다. 결국 문화 교류나 문화 대화의 측면에 견주어보면 동일성과 차이는 모두 배타적 단일문화주의에 기초하고 있다는 것을 알 수 있다. 바로 이런 고질적 문제를 해결해 보기 위해 줄리앙은 '거리' 개념을 제안하게 된 것이리라. 『거리와 사이』에서 관련 논의를 살펴보자.

거리는 무엇보다도 원리로서 동일성이 제기되는 기회를 부여하지 않으며, 그런 동일성과 동일적 요구(le besoin identitaire)에 응대하지도 않는다. 거리는 하지만 문화들과 사유들을 분리해 그것들 간에 하나의 반성 공간(un espace de réflexivité)을 열어젖혀 사유를 [새롭게] 펼친다.[32]

줄리앙이 전제한 반성 공간은 어떤 이론이나 이데올로기에 의해서도 아직 물들지 않은 순수한 사유 공간이며, 기본적으로 "열린 공간"을 의미한다. 그리고 바로 이 열린 공간에서 각기 고유한 문화들이 대화나 교류를 희망하는 상대 문화와 서로 "눈맞춤(un dévisagement réciproque de l'un par l'autre)"이 가

---

31 박치완, 「동일성의 폭력과 차이의 허구」, 『철학과 현상학연구』 제23집, 2004 참조.
32 EE, p. 31.

능하다. 그렇게 "열린 공간에서 하나의 문화는 다른 문화를 마주 대하며[긴장하게 되고], 자신과 분리된 타자로부터, 자기 자신을 발견하는 기회를 갖게 된다. 그리고 그 과정에서 더 이상 방법적 · 이론적 초월성은 필요치 않다."[33] 생각해 보라. 사실 우리는 이렇게 늘 '문화들'을 마주 대한다. 문화는 다른 것과 구분 · 판별되기 위해 공간을 점유하고 있는 것이 아니라 거리가 있기에 서로 다를 수밖에 없고, 서로 다른 것이기에 자신에게 없는 것을 서로 상대에게서 배워야 하는 것이다. 그런데도 우리는 그 거리 때문에 생긴 무지는 별개로 하고 오직 문화적 동화나 순응의 논리에만 무게를 실어주었던 것이다.

줄리앙이 문화 연구에서 감초처럼 등장하는 "문화다양성" 개념을 한 차원 진척시켜 "문화들의 복수(le pluriel des cultures)"라는 개념에 천착한 이유가 여기에 있다. 그에 따르면, 사유가 그렇듯, 문화는 '복수'라는 좀 더 폭넓은 지평 위에서 이전과는 전연 새로운 인식을 요한다. 줄리앙이 거리 개념을 "문화적 차이로부터 파생하지 않은 것"이라고 부연한 이유가 여기에 있다.[34] 역설적으로 말하자면, 차이 개념 속에는 상대와의 관계에서 항존하는 거리 자체를 인정하지 않겠다는 의미가 숨겨져 있다고 본 것이다. 더 직접적으로 표현하자면 동일성의 논리와 마찬가지로 주어진 거리를 제거하려는 의도가 차이 개념 속에 내포돼 있다는 것이다. 이렇듯 '차이'는 이미 동일성과 마찬가지로 타자의 청산, 타자에 대한 외적 개입을 전제하고 있기 때문에 동일성의 논리와 하등 다를 것 없이 늘 통합을 전제하고 있다.[35]

하지만 이러한 상쇄(相殺)의 사고 유희를 벗어나 보자. 그러면 우리는 역

33 EE, p. 33.
34 EE, p. 24.
35 EE, pp. 28~29 참조.

사적 측면이나 언어·문화적 측면에서 자기 문화와 아무런 접촉도 없는 그런 문화들이 지구상에 무수히 존재한다는 사실을 깨닫게 될 것이다. 문화는 그동안 문화제국주의자들에 의해 상식화되고, 그것을 자연화된 사유틀로 받아들이는 무지나 편견 '밖'에도 엄연히 존재한다. 그래서 줄리앙은 문화들 간의 거리를 인정하는 것 못지않게 문화는 기본적으로 '복수(cultures)'로 혜량할 필요가 있다고 역설(力說)했던 것이다. 줄리앙이 모든 문화들에 공통된 문화, 우리가 항용 '보편문화'라고 말하곤 하는 편견을 버릴 것을 요청한 이유도 여기에 기인한다.

> [공통-보편문화가 존재한다는 편견을 일소하는 것에서부터 나의 근본물음이 시작된다.] 공통의 정체성 구실을 하는 단수의 제일문화(culture première)와 같은 것은 존재하지 않는다. 그리고 공통의 정체성이라고 해 봐야 그것은 고작 우리가 지구상에서 마주치게 되는 복수의 다양한 문화들(diverses cultures au pluriel)의 변양태일 뿐이다.[36]

그렇다. 지구상엔 실제 '다양한 복수의 문화들'이 존재한다. 이렇게 '문화들'이 곧 자신의 새로운 문화인식의 모태가 된 줄리앙의 신문화론에서는 당연 기존의 문화론에서처럼 문화들 간의 차이 밝히기나 우열 가리기에 목표를 두지 않고 어떻게 '문화들'이 서로 자유롭게 공존할 수 있는지를 고뇌하기에, 우리는 이를 일종의 '문화임상학'이라 명명해 볼 수 있을 것 같다.[37] 그렇

---

36 EE, p. 25. 이런 입장을 취하고 있기 때문에 줄리앙은 중국문화도 유럽문화도 '특수한 것(un cas particuler)'이라고 감히 평가할 수 있었을 것이다. - EE, p. 81.
37 박치완, 「F. 줄리앙의 신문화론과 글로컬 공공선」, 『동서철학연구』 제73호, 2014, 345쪽.

다면 "'문화들'이 서로 자유롭게 공존하는 것"을 중시한 줄리앙이 이를 통해 우리에게 궁극적으로 전달코자 하는 메시지는 무엇일까? 그것은 바로 "모든 문화는 각기 고유한 것"이라는 명제이다. 그렇다. "문화적 고유성"[38]은 어떤 문화나 가지고 있다. 그런데 문화들 간의 거리를 왜곡 또는 폐쇄함으로써 각 문화의 고유성이 망각되거나 영향력과 파급력을 가진 문화에 종속되는 상황이 우리의 현실 속에서 여전히 전개되고 있다. 우리 모두가 소위 '고급문화', '보편문화', '글로벌 문화'라는 편견으로부터 시급히 깨어나야 하는 이유이다.

거리의 인정에 이어 줄리앙이 자신의 신문화론에서 두 번째로 중요하게 생각한 것은 문화의 자기 변화(transformation)와 자기 전개(autodéploiement)이다. 사람들이 더 이상 사용하지 않은 언어는 자연스럽게 사멸되듯, 자기 변화나 자기 전개를 거부하는 문화도 역시 사멸하기 마련이다. 다시 말해 문화는 자기 변화나 자기 전개 없이는 생명력도 독립성도 유지할 수 없다.[39] 바로 이런 입장에 서 있기에 줄리앙이 볼 때 '프랑스의 문화적 정체성'과 같은 표현은 문화의 자기 변화와 자기 전개를 부인하는 처사라고 비판한다. 그에게 모든 문화는 "생동하며, 그런즉 [늘] 변화 중에(culture en vie, donc en mutation) 있다"[40]는 말이 된다.

논의를 종합해 보면 지구촌에는 결국 문화에 대한 기존의 모든 이론적 ·

---

38 EE, pp. 24, 26.
39 참고로 줄리앙은 이러한 문화의 특징을 한문 〈文化(wen-hua)〉에서 〈化〉의 개념이 이를 잘 드러내고 있다고 부언한다(ibid., p. 27)
40 EE, p. 27. 이런 이유 때문에 줄리앙은 자신의 거리 개념이 관점적(aspectuel), 기술적 (descriptif)인 것이 아니라 생산적(productif), 발견적(heuristique), 번식적(fécond)인 것 이라고 강조하는 것이리라(EE, pp. 34~35).

정치적 편견 밖에서 "살아 생동하는 문화들이 존재한다"는 것이고, 공생과 공존의 문제는 이제 단순히 하나의 철학적 주문이 아닌 일종의 당위적 윤리학과도 같다는 것이다. 그렇다면 이러한 '문화 공생·공존의 윤리학'을 구현하기 위해서 우리는 어떻게 해야 할까? 줄리앙의 대답은 의외로 간단하다. 나와 타자, 로컬과 글로벌, 강자와 약자, 위정자와 시민, 내국인과 외국인 '사이'를 활성화시키는 일, 바로 그것이다. 요는 이렇게 양간의 사이가 활성화될 때, 다시 말해 간수발적으로 소위 '문화적인 것'이 자유롭게 오가며, 주고 또 받으며, 그렇게 새롭게 열린 공간 안에 '문화적 휴머니즘'을 안착시키는 일,[41] 바로 여기에 줄리앙의 소위 글로컬 공공철학의 이상과 문화인식론의 핵심이 녹아있다.

> 사이는 항상 자기를 타자에게 보내 참조케 한다. 사이의 고유성(le prorpe de l'entre)은 가득 차 있는 것이 아니라 결정되지 않은 빈 곳이 많다는 데 있다. 사이는 소유하는데 본질이 있는 것이 아니며, (…) 원리로부터 부여된(다고 우리가 믿는) 모든 권한도 거부한다. (…) [감히 말하건대] 서구철학은 바로 이 사이를 연구하지 않았다[이 사이가 없이는 존재에 관한 물음이 불가능함에도 말이다].[42]

여기서 우리는 2절에서 살펴본 문화적 정체성에 관한 물음을 다시 떠올려 볼 필요가 있다. 그리고 요는 개인 대 (타)문화의 물음도 문화 대 (타)문화(권)의 물음도 결국은 거리와 사이를 주어진 그대로 인정하지 않고 소유 내지 점

41 박치완, 「글로컬 시대가 요구하는 지식의 새로운 지형도: 동서사상의 간발적(間發的) 교류를 위한 시론」, 『철학논집』 제38집, 서강대 철학연구소, 2014 참조.
42 EE, pp. 50~51.

유하려 했기 때문에, 즉 상대를 자신의 영향 하에 두거나 지배하려 했기 때문에 양간(兩間)이 막히어 교류가 끊기고 대화가 막힌 것이라 할 수 있다. 허나 생각해 보라. 거리, 사이가 없이는 타자를 바라볼 수조차 없다. 타자와의 눈의 마주침도 없이 그와 교류하고 대화한다는 것은 이미 이치에도 어긋나고 사리에도 맞지 않다. "불은 태어나고 성장하는 모든 것을 삼키며, 잔뜩 먹고 배를 가득 채운 뒤 더 이상 먹을 것이 없어지면 결국에는 자기 자신마저도 삼킨다"고 했던가![43] 그렇다. 근대 이후 철학을 지휘해왔다고 해도 과언이 아닌 동일-보편-획일성의 논리,[44] 이성의 선험적 필연성에 준해 객관성과 과학성만을 추구한다는 거짓 믿음에 휩싸여 있었던[45] 철학은 바슐라르의 위 언급에 빗대어 보건대 결국 자기 자신마저 삼키는 지경에 이르고 만 것이다. 바슐라르의 지적대로, 과학적이고 보편적인 지식, 객관적 인식에 정신분석학적 치유가 필급한 이유가 여기에 있다. 돌려 말해 논리와 의식의 억압과 억제의 체계 위에서만 사유가 확고부동하게 설립될 수 있다는 것이다.[46]

그런데 이 또한 무지와 편견의 소산이 아니겠는가. 이러한 무지와 편견을 타파하기 위해 그렇다면 우리는 어떻게 해야 할까? 이 장의 중심 논지와 연결시키면, 타자를 인정하고 타자와의 거리(사이)를 유지하는 것이 관건이라 하겠다. 그리고 그렇게 주어진 자유-열린 공간에서 우리는 '휴머니즘'이란 불씨를 다시 지펴야 한다. 휴머니즘이란 불씨는 타자를 살리면서 나를 살리

---

43 가스통 바슐라르, 『불의 정신분석』, 김병욱 옮김, 이학사, 2007, 124~125쪽.
44 줄리앙에 따르면 획일성은 "보편성이 강화된 것"으로 "세계화 시대를 선도하는 데 결정적 역할을 하고 있다." 하지만 그가 볼 때 획일성은 한마디로 보편성의 "메마른 반복(répétition stérile)"에 불과하다 - UC, p. 31 참조.
45 UC, pp. 17~19 참조.
46 가스통 바슐라르, *op. cit.*, pp. 183~184 참조.

는 공생, 공존의 불씨다. 공생, 공존의 불씨가 한 개인에서 인류 전체로, 한 로컬 사회에서 글로벌 세계 전체로 퍼져갈 때, 그때 철학은 어쩌면 그동안 자신이 세워 놓은 제 구획선, 제 개념을 잊고 미지의 신세계로 나아갈 수 있을지 모른다.

4. '문화적인 것'은 인류의 미래를 위한 화합과 조화의 토대다

인간은 이기적 존재인 만큼이나 이타적인 존재이다. 바로 이 이타적인 면을 간직하고 있기 때문에 인간은 타자의 고통, 타자의 불행을 십분 공감하고 또 동정하기도 한다. 필자가 문화적 정체성의 문제를 해결할 수 있는 새로운 실마리로 굳이 공감을 부기하는 이유가 여기에 있다.[47] 타자와의 공감 확대를 통해 문화들 간의 갈등과 반목이 사라지고, 그동안 무지와 편견으로 인해 척진 갈등과 반목을 지성과 이성의 능력으로 잘 다스려 화해를 이끌어내는 것이 중요한 것도 마찬가지 이유에서다. 그렇다. '문화적인 것'은 결코 갈등과 반목의 대상이 아니라 인류의 미래를 위해 화합과 조화를 가능케 할 원천이다.

인간은 태생적으로 이미 이러한 화합과 조화의 능력과 자질을 선천적으로 가지고 태어난 존재이다. 그런데 이러한 능력과 자질을 자각하지 못한 탓에 문화우월주의와 자문화중심주의가 21세기에 이른 지금에도 여전히 권위와 권력을 행사하도록 방치한 것이다. 이는 기본적으로 인간이 지혜롭기보다 대개는 무지와 편견에 갇혀 산다는 증거가 아니고 무엇이겠는가. 무지와

---

47 제레미 리프킨, 『공감의 시대』, 이경남 옮김, 민음사, 2010 참조.

편견은 사유의 독소일뿐더러 심한 경우 한 사회나 국가 전체를 악의 수렁으로 몰아넣기도 한다. 21세기에 이르러 공공악은, 간디도 일찍이 예견했듯[48] 원칙 없는 정치, 도덕 없는 상거래, 인류(인간)를 간과한 과학 등에 의해 더욱 가속화되고 있다. 더더욱 문제는 세계화, 표준화, 획일화[49]에 밀착된 현대인의 '자본화된 의식', 매매의 코기토에 있다.

하지만 방법이 아주 없는 것 같지는 않다. 작금의 기술-경제 세계화 시대를 염려하며 K. 모피드도 제안하듯, '공공선을 지향하는 세계화'라면 현재 지구촌에 만연된 정치·경제적 공공악을 상당 부분 줄여갈 수도 있지 않을까 싶다. 요인즉 "공유의 경제", "공동체의 경제"에 대한 공감 확대가 공공악을 줄이는 시발점이 될 것이라는 점이다.[50] 이제는 "시장도 경제적 영역에 국한된 것이 아니라 인간 정신의 공간"이라는 사유의 일대 전환이 절실한 시점이다.[51]

제 정신을 잃은, 미래를 내다보는 안목을 자본과 욕망에 소실(消失)해 버린 현대인, 그런데 그럴수록 삶의 만족감이 증대되기는커녕 소외감만 증폭되지 않는가. 호모 루푸스(homo lupus, 늑대인간)나 다름없는 다보스주의자들에게 지구촌의 운영권과 인류의 미래를 의뢰할 수 있겠는가. 하지만 그럼에도 우리에게 희망이 없는 것은 아니다. 타인을 사랑한다는 것, 지구공동체를 염려한다는 것, 그것은 곧 인간의 지성과 이성을 믿는다는 것과 같다는 사실을!

---

48 K. Mofid, "Globalization for the Common Good", *Globalization & Identity*, New Brunswick & London: Toda Institute for Global Peace and Policy Research, 2006, p. 31 재인용. 참고로 간디는 이외에도 노동 없는 부, 인격 없는 교육, 의식 없는 쾌락, 희생 없는 숭배를 일러 우리가 저항해야 할 7대 사회악이라고 언급한 바 있다.
49 줄리앙은 이 셋을 거의 동의어처럼 사용하고 있다 - EE, p. 46 참조.
50 K. Mofid, *op. cit.*, p. 28.
51 *Ibid.*, p. 27.

인간의 지성이 올곧게 작동되는 곳에서 문화적 정체성의 물음은 더 이상 고통과 불행의 불씨가 되지 않을 것이다.[52] 해서 우리는 스스로에게 이렇게 다시 묻지 않을 수 없다: 나는 과연 자신의 무지와 편견, 그로부터 야기될 수 있는 공공악에 대해 깊이 반성해 본 적이 있으며, 목전의 공공악에 대해 일말의 부끄러움을 느껴 본 적이 있는가라고?

부끄러워할 줄 알아야 사람이라 했다.[53] 자신의 무지와 편견에 대한 반성도 공공악에 대한 부끄러움도 없다면, 그 책임은 이미 남의 것일 수 없다.

---

52 줄리앙이 강조하는 '인간의 지성'은 일개인의 차원이 아니라 인간 공동의 차원(l'intelligence du commun, le commun de l'humain)의 것이라는데 특징이 있다. 그뿐만 아니라 줄리앙에게 인간의 지성은 '문화적인 것(le culturel)'의 모태이기도 하다 - EE, pp. 46~47 참조.
53 윤천근, 『부끄러워야 사람이다』, 글항아리, 2012 참조.

제5장 ——

문화적 전환의 시대,
'문화'는 보편적으로
매개되고 있는가?

"'문화적 전환'은 단순히 강단 지식의 강도 높은 편리성의 상품 또는 단순 트렌드에

불과하며, [문화적 전환에 대해 이야기하는] 권위 있는 이론가들이란 스타들이

빨리 불타 사라지기를 바라는 '멋진 연예인'과 다르지 않다."

——— C. 바르네트, 「문화적 전환에 대한 비판」

"우리는 여전히 식민적 세계에 살고 있으며, 탈식민화(decolonization)에

대한 20세기의 미완성되고 불완전한 꿈을 이루기 위해 식민적 관계에 대한

사고의 편협성에서 벗어나야 한다. 이러한 제안은 바로 유럽중심주의와 제3세계

주의자의 근본주의를 넘어서는 새로운 탈식민주의적이고

이상적인 대안들을 모색하기 위해 필수적이다."

——— R. 그로스포겔, 「탈식민적 인식 전환」

1. 죽은 유령-개념이 아니라 생동하는 생물로서의 문화

식민지 개척 시기와 궤를 같이해 가동된 서구에서의 문화 연구는 문화본
질주의적 입장을 통해 그들의 피식민지를 '야만'이라 판별(判別)하고 '문명화

의 사명'을 정당화하며 타자 배제의 논리를 펴 왔다.[1] 20세기에 접어들어 이러한 서구의 유일보편문화론이 서구 내에서 문화적·종교적 근본주의를 태동시키는 직접적 원인 중 하나라는 것을 모르는 사람은 없을 줄 안다. 요의 '다문화주의'는 근본적으로 미국, 중국, 프랑스, 브라질, 인도 등 역사적 조건으로 인해 다문화·다인종·다민족으로 형성된 국가들에서 연구되기 시작했으며, 현대에 접어들어서는 현실적(경제적) 이유로 노동이민자 수가 유럽 등지에서 폭발적으로 증가하면서 문화본질주의는 이미 그 이론체계가 실효성을 의심받는 시대가 되었다.

하지만 다문화주의 역시 문화본질주의의 패인이자 패악이라고 해도 과언이 아닌 중심/주변, 동화/배제, 우리(서구, 문명)/그들(비서구, 야만)의 양분법적 인식틀을 완전히 극복했다고 보기 어려운 측면이 있다. 다문화주의 내에서도 여전히 양분법적 인식틀이 작동되고 있다는 것은 다문화주의가 본의("모든 문화적 가치는 평등하다"는)와는 상반되게 하나의 우세문화(culture supérieure)가 약세문화들(cultures inférieures)에 대해 '차이의 논리'를 펴거나 약세문화들 스스로 무정부주의적 극단주의로 흐르는 경향이 있기 때문이다. 이런 점에서 다문화주의는 문화본질주의와 동일한 제3자 배제의 논리를 말끔히 떨쳐내지 못하고 있다. 이와 같이, 다문화주의에서는 무엇보다도 "문화'들'"의 가치 공유에 성공하지 못하고 우세문화 또는 이에 저항하는 문화들 간의 '문화적 차이'만이 부각이 되다 보니 오히려 한 사회나 국가의 질서를 유지하는 데 걸림돌이 된다는 인식이 확대되고 있는 것도 사실이다. 그 결과 다문화주의는 문화적 차이와 문화적 분리, 즉 문화상대주의를 합리화

---

1 박치완, 「식민주의적 타자관과 인종 문제」, 『동서철학연구』 제79호, 2016 참조.

함으로써 사회와 국가를 분열시킨다는 것이 널리 받아들여지고 있는 일반적 평가다.[2]

다문화주의의 이러한 이론·현실적 한계는 문화 연구자들에게 문화적 차이, 더 직접적으로 표현하면 문화적 특수성에 함몰되기보다는 한 공동체 안에서 서로 다른 문화 '들' 간의 실제적인 관계와 현실적인 상호영향에 관심을 갖게 했고, 이것이 바로 1980년대를 전후해 상호문화주의가 탄생된 배경이다. 그렇다고 상호문화주의가 문화들 간의 외적 교류나 관계에만 방점을 두고 있는 것은 아니다. 여기에 바로 상호문화주의의 중요한 특징이 있는데, 그것은 바로 "그러한 문화들"의 담지자인 개인들 간의 관계, 즉 상대의 문화적 차이를 이해하고 존중하는 시민들 간의 교호작용, 다시 말해 타문화와의 끝없는 의견 교환과 소위 '공통문화적인 것'의 공유에 방점이 있다는 점이다.[3] 상호문화주의가 인권, 민주주의, 평등이라는 인류 보편의 가치를 다시 앞세워 '새로운 문화운동'을 전개하는 것도 이 때문이다. '상호문화적으로 된다는 것'은 따라서 다문화주의에서의 자문화독립(고립)적인 경향과 달리 타문화(또는 그 다른 문화를 가진 사람)의 이해와 존중에 대해 진지한 관심을 가지고 상호 노력한다는 데 있으며, 문화적 상호성, 상호문화성의 증대가 기본 전제요, 목표이다.

그런데 최근 캐나다, 프랑스를 중심으로 일고 있는 상호문화주의 관련 논의들을 살펴보면 상호문화주의를 둘러싼 공방 역시 만만치 않다는 것을 확

---

2   C. Taylor, *Multiculturalisme: différence et démocratie*, Flammarion, 2009; H. van Ewijk, *European Social Policy and Social Work: Citizenship-Based Social Work*, Routledge, 2010, p. 136 참조.

3   L. Goulvestre, *Les clés du savoir être interculturel*, Ed. AFNOR, 2012 참조.

인할 수 있다.[4] 결국 '문화논의사(〈문화본질주의〉 → 〈다문화주의〉 → 〈상호문화주의〉)'의 전개 과정에서 볼 때 이와 같은 이론적 궤도 수정은 우리에게 다음과 같은 사실을 환기시킨다. 문화는 하나의 정의(une définition)나 하나의 이론(une théorie)으로 뜻매김되거나 설명되는 '추상적이고 보편적인 무생물'이 아니라 늘 '살아 생동하는 구체적이고 특수한 생물'이다. 이 정의에 따르면 '문화'를 우리는 더 이상 '서구적인 것', 서구인들이 말하는 '보편적인 것'의 단극화(monopolisation) 논리로 정의하고 재정의하려는 태도는 자억(自抑)할 필요가 있으며, 비서구 로컬 문화의 특수성, 즉 고유성을 서구적 기준으로 일반화하려는 편견을 버려야 한다. 서구적 가치(이성, 과학, 계몽 등)만이 보편적인 것의 유일한 담지자라는 편견도 마찬가지다. 이러한 서구적 가치의 특권을 비서구권에 널리 전파해야 한다는 서구인들의 편견이 첨예한 문화적 갈등의 원인으로 작용하고 있다는 것은 더 이상 부연이 필요치 않을 것이다. 문제는 이러한 편견들이 탈식민주의 시대에 이르러서도 지구촌을 장악하는 이데올로기로 작용하고 있으며, 이를 정당화하기 위한 수사학 또한 수도 없이 남발되고 있다는 점이다.[5]

이러한 서구발 수사학은 주지하듯 경제-기술 세계화 시대로 돌입하면서 너욱 기승을 부리고 있다.[6] 세계화의 확장과 더불어 비서구 로컬 문화의 다양성은 다시 한번 '보편적인 것(서구적인 것, 표준화된 것)'에 소환되어 그 생동

---

4 대표적으로 다음 글을 참고할 필요가 있다: M. Wieviorka(sous la dir. de), *Une société fragmentée?. Le multiculturalisme en débat*, La Découverte, 1997; F. Lorcerie, "France: le rejet de l'interculturalisme", *International Journal of Migrations studies*, No. 186, 2012 참조.

5 I. Wallerstein, *European Universalism: The Rhetoric of Power*, New Press, 2006 참조.

6 N. Fligstein, "Rhétorique et réalités de la mondialisation", *Actes de la recherche en sciences sociales*, Vol. 119, No. 1, 1997, pp. 36~47 참조.

성과 고유성, 각자성과 특수성을 위협받고 있는 것이다. 이 장에서 우리는 아주 상식적이지만 그럼에도 불구하고 '새롭다' 말하지 않을 수 없는 〈문화 = 생동하는 생물(autopoiēsis)〉이라는 정의를 통해 문화 관련 최근 논의들을 주제적으로 반추해 보면서 "문화' 연구"의 새로운 방위를 '로컬 문화의 다양성'을 기초로 새롭게 다잡을 필요가 있다는 제안을 해 볼까 한다. 로컬 문화의 다양성을 새로운 문화 연구의 좌표로 삼을 때 과연 서구의 문화관(보편성 또는 보편주의로 무장한)에 어떤 문제점들이 있고 또 어떤 패악이 지속되고 있는지가 극명히 드러날 것이며, 특히 오랜 세월 동안 서구의 식민 지배를 받아온 제3세계의 관점에서 볼 때 과연 근년 들어 널리 회자되고 있는 '문화적 전환', '문화 혼종성', '횡단문화' 등의 개념이 서구에서의 일관된 논의와 같은 의미망 안에 포함될 수 있는지도 되돌아보게 하는 기회가 될 것이다.

결론부터 미리 얘기하자면, 오늘날 제3세계에서 문화 논의는 서구적 식민/탈식민 논제가 핵심에 자리 잡고 있다. 이는 현재 미국, 유럽 등을 중심으로 전개되고 있는 세계화의 기세가 신식민주의와 신제국주의의 형태로 작동되고 있는 것에 대한 비판에 서구적 식민/탈식민 논제가 조준돼 있다는 뜻이기도 하다. 제3세계에서의 문화 논의가 이렇게 신자유주의적 글로벌 세계체제를 정면으로 겨냥하게 된 배경은 기존의 서구의 지배 신화가 IMF, WB, NATO, WEF 등이 동원돼 '글로벌 식민성'을 조장하고 있다는 로컬적 자각에 기초한다.

제3세계의 입장에서 글로벌 식민성이 화두일 수밖에 없는 것은 신자유주의적 글로벌 세계체제 하에서 서구의 식민지 지배 신화가 경제적, 정치적, 문화적, 정신적, 인식적, 인종·민족적, 성적인 분야를 가리지 않고, 전방위적으로, 교묘하게, 영향력을 행사하고 있는 현실에 대한 성찰에 기원한다.[7] 요의 '상호문화주의'가 '다문화주의'의 대안으로 뿌리내리지 못하고 표류하게 된 직접적 원인도 어쩌면 여기에 있을 것이다. 로컬의 상황과 문맥이 판이하게 다르기 때문에 단지 이론의 옷을 갈아입는 것만으로 변화된 현실을 담아낼 수 없다는 것이다. 신자유주의적 세계화는, E. 모랭에 따르면, "프로그램도 계획도 없이 오직 경제강국들의 '헤게모니적 제국'을 위해 길을 열라"고만 강요한다는 데 문제가 있다. 신자유주의적 '오직 성장론'이 과연 지속가능한 것인지, 그것이 자연생태적 문맥을 고려한 것인지, 그것이 인류를 위해 선한 것(global common good)이라 할 수 있는지에 대해 아무도 묻지 않는다는 것이다.[8]

이 장에서 우리가 '문화', 더 정확하게는 "문화 '들'"을 문화본질주의적 유일보편문화론, 글로벌 세계체제, 글로벌 식민성의 패러다임에서 해방시켜 '문화' 본연의 역할과 가치를 되찾아야만 인권, 민주주의, 평등도 회복할 수 있다는 주장을 펴 보려는 것도 이 때문이다. 오늘날 그 어떤 국가도 무한 경쟁에 기초한 글로벌 세계체제로부터 자유롭지 못하다. 글로벌 세계체제기 지금과 같은 방식으로 작동되는 한 타자, 타문화는 결코 배려, 관용의 대상이 될 수 없다. 그렇다면 결국 이 장을 시작하면서 인용한 그로스포겔의 표현대로, "우리는 여전히 식민적 세계에 살고 있나"는 비문(悲文)에 갇혀 있게 된

---

7   R. Grosfoguel, "The epistemic decolonial turn. Beyond political-economy paradigms", *Cultural Studies,* No. 21, 2007, p. 212 참조.
8   E. Morin, "Une mondialisation plurielle", *Le monde,* le 25 mars 2002 참조. 참고로 모랭은 신자유주의적 '발전' 개념 속에 '인도적 발전(developpement humain)'이 포함되어야 하는 것 아니냐고 반문하면서 '인간(l'humain)'이란 단어가 '빈 실체(vide de tout substance)'나 다름없는 시대가 되었다고 비판하고 있다.

다. 관건은 각 로컬 문화가 이러한 '식민적 세계'에서 벗어나 자신들의 '생동하는 생물로서 문화'를 재영토화할 수 있느냐에 달려 있다. 이러한 자각이 있는 로컬이라면 "보편적인 것은 서구의 전유물이 아니"라며 글로벌 식민성에 저항하겠지만, 이러한 자각이 약하거나 부재한 로컬은 글로벌 식민성에 부속되어 영영 '식민적 존재'로 살아갈 수밖에 없을 것이다.[9]

2. 문화적 전환과 탈식민적 인식의 전환

21세기에 접어들어 다양한 매체의 발달로 인해 상호문화적 현상, 즉 문화들 간의 교류가 지난 세기에 비해 아주 활발하게 진행되는 것처럼 비치기도 한다. 이러한 가시적 현상을 지켜보면서 사람들은 "서로 다른 문화들이 지구촌이라는 무대 위에서 평화롭게 공존한다"는 착시 현상에 빠질 수 있다. 소위 문화 혼종성이나 횡단문화성 관련 논의가 주목받는 것도 이런 이유 때문이 아닐까 싶다. 그러나 그 이면을 자세히 관찰해 보면, 이러한 가시적 현상의 목도(目睹)는 서로 판이하게 다른 로컬 문화, 로컬 시민, 로컬 역사와 전통이 뿌리를 서로 다른 곳에 두고 있다는 점을 '의도적으로' 망각케 하는 점은 없는지 세찰(細察)할 필요가 있다. 그 이유는 무엇보다도 문화 혼종성이나 횡단문화성은 기본적으로는 "문화의 '세계화'"와 더불어 등장한 담론이라는 점 때문이다.[10]

---

9 N. Maldonado-Torres, "On the coloniality of Being", *Cultural Studies*, No. 21, 2007 참조.
10 M. M. Kraidy, "Hybridity in Cultural Globalization", *Communication Theory*, Vol. 12, No. 3, 2002, pp. 316-339; J. Poulain, *Reconstruction Transculturelle de la Justice. Mondialisation, Communautès et Individus,* L'Harmattan, coll. 《Perspectives transculturelles》, 2011 참조.

물론 "자신의 고유한 문화, 자신의 고유한 역사와 거리를 두게 되면", 이와 같은 문화 혼종적·횡단문화적 현상이 크게 불편하게 느껴지거나 문화 지배의 새로운 형태로 인식되지 않을 수 있다. 하지만 그 반대의 경우라면 상황은 완전히 달라질 것이다. 즉 자신의 고유한 문화와 역사가 '다른 외부 문화(American culture as un example)'에 의해 침식당했다는 것을 자각하고 이에 대처해야 한다는 생각을 가진 사람이 있을 수도 있다.

"어떤 경험도, 어떤 사회화의 양식도 배제하지 않는" 것이 "사회학적 원리의 힘"이라 했다. 이러한 사회학적 원리에 따르면, 문화 혼종적·횡단문화적 현상들에 대해 개인이 무관심을 보이건 반감을 갖건 그것들 모두 한 사회에 대한 경험과 체험이라는 것을 알 수 있다. D. 마틴, J.-L. 메츠거, P. 피에르가 언급하고 있는 바와 같이 오늘날 지구촌 시민이라면 누구나 할 것 없이 "세계를 이해하는 것은 가히 세계화된" 수준에 이르렀다고 해도 과언이 아니다. 결국 누구나 이러한 문화 혼종적·횡단문화적 현상을 목도한다는 뜻이다. 그런데 이러한 세계화된 인식 과정에서 사람들은 세계화의 보편논리(?)가 "사회질서와 권력관계의 불평등을 정당화하고 있다"는 것 또한 분명하게 인식할 것이다.[11]

여기서 우리는 재삼 자신의 고유한 문화와 역사의 뿌리를 멀리하고 문화 혼종적·횡단문화적 현상에 경도되게 조장하는 것, 이는 정확히 비서구 로컬을 무대로 횡행활보하는 세계화론자들(global actors)의 이데올로기가 원하는 바대로 작동된 결과라는 사실을 직시할 필요가 있다. 세계화론자들에게는 주지하듯 '문화'도 일종의 '거래품'의 뿐이다. 문화가 글로벌 시장을 무

11 D. Martin, J.-L. Metzger, P. Pierre, "Sociologie de la mondialisation: réflexions théoriques et méthodologiques", *International Sociology*, Vol. 21, No. 4, 2006, p. 519.

대로 '상품'이라는 옷을 걸치면서 우리는 문자 그대로 '세계화된 혼종문화'에 점점 익숙해져 가고 있다. 그 결과 그 착취와 폭력성, 개입의 위험성에 대한 감각은 둔해지기 마련이다.[12] 하지만 여기서 우리가 놓쳐서는 안 되는 것이 있다. 각 로컬 문화의 고유성과 독자성은 결코 글로벌 시장에서의 거래품처럼 생산·소비되는 것이 아니라 사실, 바로 그것이다.

세계화는 곧 획일화, 표준화, 불모지화에 다름 아니다. 따라서 오직 생산의 편익과 거래의 용이성만을 위한[13] 이와 같은 반문화적이고 반인도적인 세계화의 이데올로기 전파를 로컬 문화 차원에서는 경계할 필요가 있다. 다양한 로컬들의 '문화적 차이'가 글로벌 자본가의 힘에 의해, 글로벌 시장의 지배를 위해 획일화·탈영토화되는 것을 반길 사람은 없지 않은가? 더더욱 그것이 자신의 로컬에 직접 영향을 행사하는 것이라면 더는 수수방관하고만 있을 수 없는 일 아닌가?

신자유주의자들이 노리는 경제의 세계화는 문화의 세계화와 암수한몸이다. 문화의 세계화는 문화의 제국주의와 암수한몸이다.[14] 각 로컬 문화 자체의 보호를 기치로 유네스코에서 '문화공생의 윤리'를 전개하는 이유가 어디에 있겠는가? 거듭 강조하지만 문화 혼종적·횡단문화적 현상들은 서구의

---

12 따라서 우리는 M. M. 크래디가 경고하고 있는 바와 같이 "혼종성을 단지 문화적 조건에만 국한시키지 않고 지속적으로 [상호문화적, 상호국가적 문맥과 소통과정 등을 고려해가면서] 이론화하는(theorizing hybridity) 작업이 필요"한 것인지 모른다(ibid., p. 376). 그가 또 다른 책의 〈서문〉에서 이와 같은 이론화의 노력 없이 '혼종성'을 단지 하나의 아이디어나 개념 또는 주제로 사용하는 것이 '위험하다'고 언급한 것도 같은 이유 때문일 것이다 - Hybridity, or the Cultural Logic of Globalization, Temple University Press, 2005, p. vi.

13 F. Jullien, "Respecter la diversité culturelle", Le Débat, No. 153, 2009, pp. 157~162 참조.

14 J. Tomlinson, "Cultural Globalization and Cultural Imperialism", International Communication and Globalization (ed. A. Mohammandi), London and New Delhi: Sage, 1997 참조.

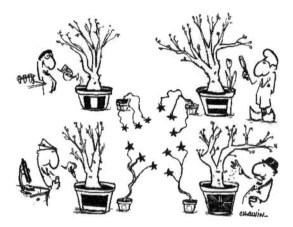

〈그림1〉 문화다양성을 통제·감시하는 유럽의 정치지도자들을 풍자한 삽화
(출처: G. Assouline et J. Chataway, "Politique scientifique: le règne de la diversité", *Biofutur*, No. 155, 1996: 34)

글로벌 문화에로의 재편입이 전제된 일종의 '신식민주의적·신제국주의적 발상'일 뿐이다. 반면 문화공생 이념은 시장·자본에 의해 탈문화화된 로컬 문화들이 각기 고유성과 독자성을 회복해야 한다는 반세계화 운동의 일종이라 할 수 있는 '(로컬)문화의 재영토화'가 그 목표이다.

한 번 곰곰이 생각해 보자. 문화(언어, 풍습, 가치관, 제도 등)가 파괴되면 기본적으로 공동체 자체가 뿌리째 흔들리게 된다. 현금의 문화의 세계화-상품화-자본화 과정에서 우리는 인류공동체를 위한 고민의 흔적을 찾아볼 수 없다. 요의 '문화적 전환' 역시, 문화적 혼종성과 횡단문화론이 그러하듯, 단지 하나의 '학문적 유행'에 그치고 마는 것인지 아니면 진정 오토포이에시스(autopoiësis)로서 로컬 문화의 다양성에 대한 새로운 인식에 기초한 것인지 숙고할 필요가 있는 것도 이 때문이다. 그런데 C. 바르네트가 주시한 바에 따르면, 마치 유행을 좇듯, '문화적 전환' 개념을 진지한 고민 없이 전파하는

(얼치기)학자들이 많기 때문에, 아예 "문화적 전환에 대한 '비판'"이란 논문까지 제시된 것 아니겠는가.[15] 그가 또 다른 논문에서도 같은 취지로 비판하고 있듯, "'문화적 전환'은 단순히 강단 지식의 강도 높은 편리성의 상품 또는 단순 트렌드에 불과하며, [문화적 전환에 대해 이야기하는] 권위 있는 이론가들이란 스타들이 빨리 불타 사라지기를 바라는 '멋진 연예인'과 다르지 않다. (…) 우리는 지적인 자율성의 환상을 불러일으키지 않고 제도적 네트워크 안에서 [보다 진지한] 이론적 작업을 통해 이를 설명할 수 있어야 한다."[16]

헌데 불행히도 많은 사람들이 마치 트렌드처럼 '문화적 전환'을 너무 가볍게 이야기하는 경우가 많다. 때문에 C. 바르네트는 감히 '문화적 전환'은 학문적으로 '표준 서사(standard narratives)가 될 수 없다고까지 이야기하고 있는 것이다.

> 내가 이 글에서 제안하고자 하는 것은 단순하다: '문화적 전환'의 중요성과 긴박성에 대한 주장은 (…) 지적 진보의 표준 서사로 등극되기는 어렵다. 문화적 전환은 아마도 학문적 활동을 규제하는 판단의 지적 · 정치적 규범에 있어 최상의 사유(the best thought)보다 더 근본적인 파탄을 야기(惹起)하는 것이라 해야 하지 않을까 싶다.[17]

물론 바르네트가 '문화적 전환' 개념의 의미, 방향에 대해 지나치게 비판

---

15 C. Barnett, "A critique of the cultural turn", J. Duncan, N. Johnson, R. Schein (ed.), *A Companion to Cultural Geography*, Oxford: Blackwell, 2004.
16 C. Barnett, "The Cultural Turn: Fashion or Progress in Human Geography?", *Antipode*, Vol. 30, No. 4, 1998, p. 389.
17 *Ibid.*

적인 입장을 취하고 있다는 의심을 살 수도 있다. 하지만 최소한 '문화적 전환'을 '자본문화'와 한통속으로 오해해서는 곤란하다는 그의 지적은, 필자가 판단하기엔, 십분 옳고 타당해 보인다. 자본화된 · 상품화된 '글로벌 문화'는 로컬의 문화적 다양성을 탈영토화시키는 것은 물론이고 심지어는 '인간' 까지도 자본의 일종으로 여긴다는 데 문제의 심각성이 있다. 주지의 '인적자본' 개념이 그 단적인 증거라 할 수 있다. 이렇게 '인간'마저도 수익 창출 능력으로 평가하고 매매의 대상과 다르지 않게 여기는 것이 신자유주의의 상술이며, 그렇게 현대사회는 전격 '문화'로 포장되어 가고 있으며, F. 제임슨의 표현대로라면, "문화의 이미지가 포화 상태"에 이르렀다고 해도 과언이 아니다.

문화 자체가 널리 확대되어 시장 중심 사회와 공통점을 갖게 됨으로써 문화는 더 이상 초기의, 전통적인, 실체험적인 형태로 제한되지 않고 쇼핑이나 전문직 활동 또는 여가의 다양한 TV 형상을 통해 일상생활 자체를 통해 소비되고 있다. 결국 시장을 위한 생산과 그 시장 제품들의 소비를 위한 문화가 일상의 가장 비밀스러운 곳, 즉 주름지고 구석진 곳까지 장악하고 있는 셈이다. 사회 공간은 이제 문화의 이미지로 완전히 포화되어 있다.[18]

단적으로 말해, 신자유주의적 세계화론자들은 "교환의 대상과 교환할 수 없는 대상"을 구분하지 못하고 있는 게 분명하다.[19] 생각해 보라. '인간'은 교

---

18 F. Jameson, *The Cultural Turn: Selected Writings on the Postmodern, 1983-1998*, Brooklyn: Verso, 1998, p. 111.
19 P. Ebtinger, "Portrait de l'individu en marchandise", *Cliniques méditerranéennes*, No. 75,

환할 수 없는 대상 정도가 아니라 '교환' 자체에 대해 "저항해야 하는 대상"이 아닌가. 그렇다면 어느 로컬에서나 인간을 생육시키는 자양분이라 할 고유한 문화를 상품처럼, 물건처럼 교환해도 된다고 생각해서는 안 되는 것 아닌가? 그렇게 교환하며 "글로벌 혼종 문화를 '유행'"시키는 것이 '문화적 전환'의 목표라는 것인가? 이 과정에서 로컬 문화의 다양성이 자본문화, 시장문화, 상품문화에 의해 획일화, 초토화되는 것에 대한 책임은 누가 질 것인가?

감히 말하지만, 현대의 소비자본문화가 도모하는 경제의 세계화, 문화혼종화, 횡단문화는 지구촌의 모든 시민들이 바라는 세계상이라 할 수 없다. 물론 그것을 꿈꾸고 갈망하는 '다보스주의자들'도 존재한다는 것을 모르는 사람은 없을 것이다. 하지만 이들 소수를 제외한 지구촌의 대부분의 시민들은 세계화 과정에서 오히려 전에는 결코 경험해 본 적이 없는 "다양한 세계"[20]가 존재한다는 사실을 자각 · 인식하게 되었다. 바로 이 다양한 로컬의 발견은 제아무리 세계화론자들이 신자유주의가 "이상향(le nouveau monde)"이라고 외쳐대도, 결코 이를 곧이곧대로 믿지 않을 것이다. 왜냐하면 그들은 작금의 글로벌 세계체제가 "더 이상 '순수한' 기표의 우주도 아니고, 더 이상 신앙의 우주도 아니며, 더더욱 더 이상 이상적 우주가 아니"[21]라는 것을 분별할 수 있을 만큼 깨어 있기 때문이다.

세계화론자들이 모르는 게 하나 있다. 그것은 바로 세계는 '평평'한 것이 아니라[22] '다양'하다는 사실을! 아니 세계화에 의해 탈영토화된 로컬 지리가

2007, p. 47.
20 *Ibid.*, p. 53.
21 *Ibid.*, p. 52.
22 토머스 L. 프리드먼, 『세계는 평평하다』, 김상철 · 이윤섭 옮김, 창해, 2005 참조.

〈그림2〉 "Les cicatrices de la colonisation"
par Cecil Rodes-Wikipedia

'분노'하고 있다는 사실을![23] 세계화론자들이 모르는 것이 이것뿐만이 아니다. 그것은 바로 침묵했던 피식민 주체들(subalterns)이 벙어리가 아니었다는 사실을! 이제는 예전처럼 계속 침묵만 하고 있지 않고 '새로운 세상'을 만들기 위해 자기 목소리를 내는 것은 물론이고 저항하는 주체로 변신할 것이라는 사실을!

여기서 우리는 다음과 같이 물을 수 있다. 그렇다면 이러한 현대의 글로벌 소비자본문화의 횡포에 대해 가장 강하게 반발하는 로컬이 어디겠는가? 그곳은 일차적으로 대표적 피식민 로컬이라 할 아프리카일 것이며, 라틴아메리카, 인도가 그 뒤를 이을 것이다. 생각해 보라. 신식민주의적·신제국주의적 세계화의 횡포가 얼마나 심하면 "남반구에는 서구인들이 그토록 중요시하는 '개인', 즉 글로벌 세계체제의 강화에 희생을 자초한 '낭비적 소비자'가 존재하는가?"라고 반문하겠는가?[24] G. C. 스피박의 표현대로라면, 이들 개인-피식민 주체들은 서구의 식민지 지배 시기에는 자기를 표현할 수 있는 수단마저도 가지고 있지 않았던 존재들이었다.[25] 그들에게 무상의 희생을 강

23 하름 데 블레이, 『분노의 지리학: 공간으로 읽는 21세기 세계사』, 유나영 옮김, 천지인, 2007 참조.
24 D. Martuccelli, "Y a-t-il des individus au Sud? Expérience en Amérique Latine", L'individu aujourd'hui, Presses universitaires de Rennes, 2010 참조.
25 G. C. Spivak, Can the subaltern speak?, Basingstoke: Macmillan, 1988.

요했던 서구의 지배 세력에게 자신이 원하는 바를 언어로 전달할 수 있는 방도 자체가 없었던 것이다. 자신의 속내를 상대 앞에서 드러낼 수 없는, 표현할 수 없는, 그런 '즉자 존재'에 불과했던 셈이다. 그런즉 이들 제3세계 시민들에게 또 다시 '문화적 전환' 운운하며 혼종문화나 횡단문화의 현상들을 증거로 들먹이며 세계화라는 '방향 잃은' 배를 탈 것을 종용한다는 것은 서구인들의 솔구이발(率口而發) 이상의 의미가

〈그림3〉G. C. 스피박의
『학문의 죽음』 표지(2003)

있을 수 없다. 세계적인 비교문학비평가인 스피박이 『하위주체는 말할 수 있는가?』를 출간한 지 15년이 지나서 『학문의 죽음』을 출간했다는 것은 이런 점에서 우리에게 시사하는 바가 적지 않다. 이는 서구의 합리성/근대성 자체에 대한 부인이자[26] "비교문학 자체가 불가능하다"는 공표에 다름 아니기 때문이다.[27] 비교문학이 불가능하다는 것은 곧 비교문화가 불가능하다는 말과 다르지 않다. 그녀는 우리에게 문화는 교류(호류), 문화 횡단성에 본질이 있는 것이 아니라 문화적 차이의 지배 및 재지배가 본질 아니냐는 반문을 던지고 있는 것이다. 그렇다면 비교문학, 비교문화가 가능하기 위해서는 어떻게 해야 할까? R. 그로스포겔도 C. 바르네트도 그리고 F. 줄리앙도 F. 제임슨도 공히 지목하고 있듯, '문화'를 글로벌 시

---

26 이에 대해서는 Noesis에서 2002년 겨울과 2003년 봄에 걸쳐 학술대회를 한 후 책으로 엮어낸 특집호("Formes et crises de la rationalité au XXe siècle") 참조(sous la dir. de J.-L. Gautero, A. Tosel, A. Miquel, http://journals.openedition.org/noesis/213).
27 G. C. Spivak, *Death of a Discipline*, Columbia University Press, 2003 참조.

장의 결정과 평가로부터 벗어나게 하는 것, 바로 그것이다. 이와 같은 '경제결정론'이 제2의 '문화결정론'으로 여우질하는 것은 막아야 한다는 것이다.[28]

'문화'를 '경제'와 '시장'에 신탁(信託)하면, '문화적 전환'은 '문화적 전쟁'의 원인이 된다는 것을 굳이 더 설명해야 할까.[29] 해서 우리는 1970년대 이후 "인문사회과학 분야에서 가장 영향력 있는 트렌드 중 하나"[30]로 부상한, 그래서 '학문적 운동'으로까지 평가받곤 하는, '문화적 전환'을 단지 글로벌 소비시장과의 연계 차원에서 마치 유행처럼 가볍게 해석·이해하기보다 그 내면(젠더, 성차, 인종, 민족성 등 차이의 차원들)에 대체 어떤 '불편한 진실들'이 은폐돼 있는지를 주시할 필요가 있다.[31] 문화적 전환 운동이 "'인문'지리학"의 부상과 궤를 같이해 서구적 문화보편(본질)주의를 '이론적 다원주의'에로 도인(導引)하는 데 일조했다는 점을 평가절하할 생각은 없다. 그리고 타문화에의 관심, 문화다양성이나 복수문화적 인식을 통해 글로벌 시장의 획일화를

---

28 참고로, '문화결정론'은, 생물유전적 결정론, 자연환경결정론과 대비되는 것으로, 인간이 성장하는 과정에서 문화가 인간의 정서 및 행동의 차원을 결정한다는 믿음에 기초한 이론이며, 괴테, 피히테, 쉘레겔 등 낭만주의자들이 그 전범(典範)이다. 그런데 현대에 접어들어서는 인간의 정서와 행동에 영향을 미치는 것은 문화가 아니라 경제라는 것은 주지의 사실이다. '경제결정론'은 필자가 이런 취지로 사용한 것이며(물론 마르크스 이론이 그 전범이라 할 수 있지만), 어떤 형태가 되었던 '결정론'은 기본적으로 인간의 의지에 반한다는 것이 필자의 생각이다.

29 A. D. Walsh, *Religion, Economics, and Public Policy: Ironies, Tragedies, and Absurdities of the Contemporary Culture Wars*, Praeger, 2000; A. K. Webb, *Beyond the Global Culture War*, Routledge, 2006 참조.

30 자세한 언급은 M. Jacobs & L. Spillman, "Cultural sociology at the crossroads of the discipline", *Poetics*, No. 33, pp. 1~14 참조.

31 이런 이유 때문에 '문화적 전환'에 대한 재평가가 부득이했는지 모른다. 다음 책은 '문화적 전환'에 대한 현상과 본질, 이론과 실천 부분을 역사적 접근법으로 풀이한 대표적 저작이다 - V. E. Bonnell & L. Hunt, *Beyond the Cultural Turn*, Berkeley: University of California Press, 1999.

〈그림4〉 프랑스에서 2005년 2월 24일 식민지배의 '긍정적 역할'에 대한 법안(Loi No. 2005-158)이
국회와 상원을 통과한 것을 희화한 삽화(출처: Clio-Texte par C. peyronnard, P. Delpin, 2015)

경계해야 한다는 과녁을 조준하고 있는 연구도 적지 않다. 하지만 이를 보다
예각화하면 문화적 전환의 진정한 의미는 로컬 문화의 재영토화에 이르러
야만 비로소 글로벌 시장의 결정과 평가로부터 자유로울 수 있다는 게 필자
의 기본적 입장이다.

같은 맥락에서 우리는 '지리적 전환'의 의미 또한 되새길 필요가 있다.[32] 필
자가 그동안 연구해 온 방식으로 이를 좀 더 부연하자면, 글로컬의 관점에서
기존의 서구 중심의 문화 연구를 로컬 문화의 다양성에 초점을 맞추어 재론
할 필요가 있다는 말이 된다. 그렇다면, 우문(愚問)에 불과할 수도 있지만, 서
구에 의해 피식민화된 남반구는 과연 현재 어떤 상황에 처해 있는가? N. 말

32 D. Gregory, *Geographical Imaginations,* Blackwell Publishers, 1994.

도나도 토레스의 용어를 빌어 표현하지면, 지구촌의 남반구는 물리적 식민화에 이어 '정신 · 존재의 식민화'까지 진행되고 있는 상황이라는 게 일반적 평가다.[33] 문화적 전환이 '탈식민적 인식의 전환'으로 탈바꿈하지 않고서는, 그로스포겔의 지적대로, 글로벌 식민성 안에 갇힌 신세에서 한 발도 벗어나지 못할 것이란 뜻이다. I. 월러스틴, A. 키야노, G. C. 스피박과 더불어 탈식민주의 연구의 한 획을 긋고 있는 M. 미뇰로의 언급대로 서구의 "식민적 권력 매트릭스"는 이렇게 끈질기고 참으로 모질기도 하다.[34] 끈질기고 모진만큼 이로부터 벗어나기도 당연 힘들 수밖에 없다. 지리에 대한 인문적 관심(human geography)이 서구의 식민 지배를 받아온 제3세계 국가들에서 "저항의 지리학"의 면모를 띨 수밖에 없는 소이도 여기에 있는지 모른다.[35]

3. 탈식민적 인식의 전환 요구: '문화'는 보편적으로 매개되고 있는가?

이 자리에서 우리는 T. 테르보넨의 글("보편적인 것은 거기(là)에 있지, 저기(là-bas)에 있지 않다")이 전달하려는 메시지가 정확히 무엇인지 음미해볼 필

---

33 N. Maldonado-Torres, *op. cit.*, p. 242: "[존재의 식민성] 개념은 권력의 식민적 관계가 권위, 성, 지식, 경제 분야는 물론이고 존재의 일반적인 이해에도 심대하게 잔존하고 있다. (…) 존재의 식민성은 식민성의 결과에 대한 물음을 정신 속에서뿐만 아니라 삶의 구체적 경험에서 주제화할 필요가 있다는 것에 대한 답응(答應)이라 할 수 있다." 주지하듯 '존재' 개념은 독일의 대표적 현대철학자인 하이데거 철학의 핵심 개념이다. 말도나도 토레스는, 뒤늦게야 이를 깨달았다며, 자신에게 하이데거가 강조한 '존재', '현존재'는 이미 유럽인에 의해 '천벌을 받은(damné)' 것이나 다름없다며, "우리는 이미 '존재의 식민성(coloniality of being)'에 관한 담론의 사유지(territory)에 존재한다"고 해도 억지가 아닐 것이라 적고 있다.
34 W. Mignolo, *Local Histories/Global Designs: Coloniality, Subaltern Knowledges and Border Thinking*, Princeton University Press, 2000 참조.
35 M. Keith and S. Pile (ed.), *Geographies of Resistance,* London: Routledge, 1997.

요가 있다. 그는 이 글에서 그토록 서구에서 외쳐댄 인권도, 자유도, 평화도, 정의도, 민주주의도 비서구인에게는 단지 헛된 공약(空約)에 불과하다는 것을 이렇게 비유적으로 표현하고 있다. 단적으로 말해, 이는 서구인들이 신처럼 떠받드는 '문화'가 온 인류에게 '보편적인 것'으로 통용되지 않고 있다는 반증이다. 그러니 비서구인들에게 서구의 지배 이데올로기인 '보편적인 것'의 지시체가 눈앞에 있는 '저기'도 아니고, 지시체 자체가 아예 어디 있는지도 가늠할 수 없는 '거기'라고 표현한 것 아니겠는가!?[36] 그러나 "'거기'에 있는 문화(인권, 자유, 평화, 정의, 민주주의 등)"는 비서구의 제3세계와는 무관한 이념일 수밖에 없다.

그렇다면 서구의 지배/종속의 논리, 글로벌 식민성의 늪에서 벗어나 '문화'가 평등하게 상호적으로 교류할 수 있기 위해서 어떻게 해야 할까? 그 기본 전제는 앞서도 언급했듯 글로벌 시장의 결정과 평가로부터 '문화'를 독립시키는 것이 급선무라 하겠다. '문화'는, 거듭 지적하지만, 신자유주의적 세계화의 물결 하에서 '복수적 형태의 글로벌 지배 메커니즘(E. Morin)'을 통해 상업화되고 상품화되는 것이 현실이며, 단지 물질적인 것으로, 또는 소비되는 것으로 폄훼된 상태라 해도 과언이 아니다. 1970~1990년대에 들어서서 문화적 전환 운동, 문화지리학의 등장, 탈식민주의 연구가 가속화되면서 '문화'를 통해 보편적 가치를 부활시키려는 움직임이 일고 있는 것도 결국은 세계화에 대한 응대라 할 수 있다.

'보편적 가치로서 문화'는 기존의 '서구 중심적 디자인(Western-centered Design)'에 종속된 것이 아니라 각 로컬 문화의 고유성과 독자성에 기초한 새

---

36 T. Tervonen, "L'universel est là, pas là-bas", Entretien aves Aminata Sow Fall, *Africultures*, No. 57, 2003.

로운 담론이라는 점에 우리의 관심을 집중시킬 필요가 있다.[37] 물론 문화와 지리의 관계 설정을 놓고 이론적 공방은 '현재 진행형'이며, "주된 흐름이 있거나 아직 관련된 학파가 형성된 것은 아니다."[38] 그렇지만 이 논쟁에 참여하고 있는 학자들은 21세기가 어의(語義) 그대로 '문화적 전환'의 시대라는 공감대는 형성돼 있고, "'문화'가 인류의 미래를 기획하는 수단을 제공할 것이며, 특히 개인과 집단의 실존적 의미를 부여하는 매개 역할을 할 것"[39]이라는 믿음을 공유하고 있다. 그리고 중요한 것은 서로 다른 로컬 상황들에 대한 이와 같은 '문화적 접근'은 기본적으로 서구의 식민 지배에 대한 총체적 반성을 촉구하고 있다는 점에서 그로스포겔의 논문 제목이 시사하는 바대로 '탈식민적 인식 전환'이 요구된다 하겠다.

문화적 전환의 진정한 의미는 문화 혼종적·횡단문화적 현상이나 트렌드 분석만으로는 부족하고 세계에 대한 '인식론적 전환'이 수반되어야 한다는 뜻이다.[40] 탈(후기) 식민성, 인종, 인권, 에스닉 정체성, 문화다양성 등의 주제가 문화지리학의 핵심 주제로 등장한 것도 같은 이유 때문이라 할 수 있다.

---

37 문화 연구 및 지리학 분야에서 분만 아니라 철학 분야에서도 최근 '지리-철학'에 대한 연구가 활발하다. 이에 대해서는 다음 글 참조: G. Deleuze et F. Guattari, "Géophilosophie", *Qu'est-ce que la Philosophie?*, Minuit, 1991, chap. 4; M. Antonioli, *Géophilosophie de Deleuze et Guattari,* L'Harmattan, coll. 《Ouverture Philosophique》, 2004; E. S. Casey, "Between Geography and Philosophy: What Does It Mean to Be in the Place-World?", *Annals of Association of American Geographers*, Vol. 91, No. 4, 2001; H. Bhabha, *The Location of Culture*, Routledge, 1994; C. Geertz, *The Interpretation of Cultures*, New York: Basic Books, 1973; C. Geertz, *Local knowledge. Further Essays in Interpretive Anthropology*, New York: Basic Books, 1983.
38 P. Claval et J.-F. Staszak, "Où en est la géographie culturelle?", *Annales de géographie*, No. 660~661, 2008, p. 3.
39 *Ibid.*
40 상세한 설명은 J. Chatué, *Epistèmologie et transculturalité*, L'Harmattan, coll. 《Epistémologie et Philosophie des Sciences 》, 2010 참조.

문화와 지리의 관계가 지리와 철학의 관계와 무관하지 않는 이유도 마찬가지다. 여기서 잠시 지리와 철학의 관계에 대해 부연할 필요성이 있을 것 같다. '지리 철학'은 들뢰즈와 가타리의 공동 저작인 『철학이란 무엇인가?』에서 점화된 것이라 해도 과언이 아니다. 일반 독자들에게 '지리 철학'은 다소 생경하게 느껴질 수도 있는 개념이다. 하지만 들뢰즈와 가타리가 정확히 지목한 대로, "철학은, 역사학이 지리역사인 것처럼, 지리 철학"이다.[41] 부언컨대 사유(철학)는 인간의 생활 터전(terre)에 바탕하고 있다는 것이 골자다. 그리고 그 터전이 바로 철학의 영토(territiore)이다. 해서 들뢰즈와 가타리는 이러한 자신들의 지리 철학적 관점에 준해 "그리스가 철학자의 영토이고, 철학의 터전"이라고 정의하는 데 주저하지 않는다.[42]

'음양(yin et yang)'에 기초한 동양철학이 같은 논리로 '존재(Etre)'에 기초한 그리스 이후의 서구철학과 그 지향점과 목표가 다르고 또 다를 수밖에 없는 것도 결국은 생활 터전과 철학적 영토가 다른 데 기인한 것이라 할 수 있다.[43] 마찬가지로 아프리카도 라틴아메리카도 인도도, 그리고 한국이나 일본도 생활 터전과 철학적 영토가 서구의 그것과 다르기 때문에 사유의 색깔이 다르고 또 달리해야 하는 것은 너무도 자명하다. 그런즉 더더욱 '보편적

41 G. Deleuze et F. Guattari, op. cit., p. 91.
42 Ibid., p. 82.
43 앞서 인용한 글 외에도 칸트와 니체의 지리학에 대한 새로운 해석들이 진행되고 있는 것은 고무적인 일이라 하겠다: D. N. Livingstone & R. T. Harrison, "Immanuel Kant, Subjectivism, and Human Geography: A Preliminary Investigation", Transactions of the Institute of British Geographers, Vol. 6, No. 3, 1981; P. Richards, "Kant's Geography and Mental Maps", Transactions of the Institute of British Geographers, No. 61, 1974; G. Shapiro, "Beyond peoples and fatherlands: Nietzsche's geophilosophy and the direction of the earth", Journal of Nietzsche Studies, Vol. 35, No. 1, 2008; S. Gunzel, "Nietzsche's Geophilosophy", Journal of Nietzsche Studies, Vol. 25, No. 1, 2003.

인 것'은 서구의 전유물이라는 편견을 과감히 버릴 필요가 있다.

'보편적인 것'은 문화적 차이가 클수록 이에 비례해 서로 다른 모습을 띨 수밖에 없다. 그런즉, "[문화적] 차이와 특수성의 권리"[44]를 서구 중심적 디자인과는 다른 방식으로 평가할 필요가 있는 것이다. 문화적 차이와 특수성이 재평가되어야 한다는 것은 서구의 익명적(비인격적) 보편주의가 문화적 차이와 문화적 상대주의를 '인격적'으로 고려해야 한다는 말이기도 하다. 이는 앞서 모랭이 경제의 성장과 발전을 '인도적 발전'으로 재정위(再定位)할 필요가 있다고 강조한 문맥과도 접점이 있는 언급이다. 이는, 역설적으로 말해, 서구의 피지배 개인-주체들을 그들의 개인-주체처럼 존중하지 않고 마치 '물건(choses)'처럼 '처리'했다는 말과 상통한다. 서구 중심적 디자인 하에서 피지배 개인-주체들의 '보편적 존엄성'이 존중되었을 리 만무하다.[45] 한마디로, 피지배 개인-주체들은 서구의 개인-주체와 같은 주체가 아니었던 것이다. J.-J. 루소가 일찍이 『인간 불평등 기원론』에서 설파한 대로 그들 스스로 조작해낸, 그들에게만 '보편적인 것'이 비서구권의 입장에서는 오히려 식민 지배와 인권 침탈의 씨앗이 된 것이다.[46] 이성, 진보, 과학, 부, 권력이 서구적 특권으로 자리 잡게 되면서 인간의 본원적 행복과 정의, 자유와 인권, 평화와 민주주의 등이 형체를 알아볼 수 없을 정도로 세속화되고 타락한 것이다. 루소에 따르면, 소유, 즉 사유화(privatisation)의 관념이 인간의 이성과 양식의 능력을 능가하게 되면서부터 이렇게 지구촌에 불평등이 만연하게 되고 타

---

44 C. Obadia, "Entre le même et l'autre, l'Universel", *Le Philosophoire*, No. 31, 2009, p. 118.
45 *Ibid.*, p. 115 참조.
46 J.-J. Rousseau, *Discours sur l'origine et les fondements de l'inégalité parmi les hommes*, Gallimard, coll. 《Folio/essais》, 2014 참조.

락하는 직접적 원인이라 한다.

문화는 매매의 수단이나 지배의 수단이 아니라 인류의 공유 자산이다. 사회재, 공공재, 인류재로서 문화가 재정립될 때 마침내 인권도 평화도 정의도 본의대로 발현될 수 있을 것이다. 탈식민주의 연구나 페미니즘, 반세계화 운동 등을 통해 '보편적인 것으로서 문화'를 바로 세우려는 움직임이 강하게 일고 있는 것도 이 때문이다. 인문지식의 디지털화(Digital Humanities)와 지식의 글로벌 표준화를 공공연하게 요구하는 이 시점에서 로컬 문화다양성이 얼마나 중요한지는 이제 군이 강조할 필요가 없을 줄 안다.[47] '보편적인 것으로서 문화' 바로 세우기는, i) 거듭 강조하지만 글로벌 식민성에 의해 로컬 문화의 식민지화가 제2라운드로 들어섰다고 볼 수 있기 때문에, 이렇게 탈영토화된 로컬 문화를 재영토화해야 한다는 주문과 직결되며, ii) 근 5세기 동

〈그림5〉2015년 12월 13일 사우디아라비아의 지방선거 장면(http://patlotch.com/ext/488b2cdb) 사우디아라비아에서는 2005년 여성신분증제도가 처음 도입되었고, 2015년 여성참정권이 보장되어 지방선거에 참여할 수 있게 되었다. 당시 선거에서는 각지에서 여성들이 대거 투표에 참여해 20여 명의 여성당선자를 만들어냈다. '기적'이다. 이들이 사우디아라비아의 남성들과 '같은 인간'이라 할 수 있는지 묻지 않을 수 없다.

47 박치완,「인문학의 이중고: 글로벌 표준화와 로컬의 문맥화」,『철학연구』제56호, 2017, 269~302쪽 참조.

안 지구촌을 지배해 온 서구의 지적 헤게모니에 대한 총체적 반성 없이는 인류가 사상적으로 궁지에 처할 수도 있다는 염려 때문이다.[48]

들뢰즈와 가타리의 "철학은 지리-철학이다"라는 명제가 우리에게 촉구하는 반성의 지점이 바로 여기에 있다. 그리고 이들의 명제는 급기야 프랑스 지식인들 사이에 '보편주의 논쟁'을 야기시키는 화원(禍源)이 되기도 한다.[49] 2000년 초반에 이렇게 불현듯 보편주의 논쟁이 제기된 연유가 어디에 있을까? 그것은 상식적으로 우리가 항용 보편적인 것, 보편성, 보편주의라고 의심 없이 받들어 온 다분히 서구식인 개념(또는 사조, 논리 및 사유틀)에 뭔가 중대한 결함과 모순이 있다는 방증이 아닐 수 없다. 부언컨대 로컬의 토착적 지식의 특수성(spécicipité)과 독자성(particularité)에 대한 재평가가 이루어져야 한다는 게 논쟁의 핵심이다. 한마디로 '보편적인 것(l'universel)'은 서구가 줄곧 제시해 온 추상적인 사유 원리나 규범이 아니라 각 로컬에 따라 사회문화적으로 각기 다른 방식으로 생산된다는 것이다. 따라서 비서구권의 로컬을 간과·무시한 서구적 보편주의는 더이상 현대인이 경험하고 있는 문화

---

48 박치완, 「로컬의 관점에서 본 (서구)철학의 헤게모니, 어제와 오늘」, 『인문학연구』 제110호, 충남대학교 인문과학연구소, 2018 참조.

49 보편주의 논쟁이 얼마나 열렬한지는 다음 학술지들의 특집호만 보더라도 충분히 예측할 수 있으리라 생각된다: Le Magazine Littéraire의 "Leibniz: philosophe de l'universel(라이프니즈: 보편적인 것의 철학자)" 특집호(No. 416, 2003)를 비롯해 Revue de métaphysique et de morale의 "L'universalisme(보편주의)" 특집호(No. 61, 2009), Esprit의 "L'universel dans un monde post-occidental(탈식민주의 세계에서 보편적인 것)" 특집호(fév. 2009), Le Philosophoire의 "L'universel(보편적인 것)" 특집호(No. 31, 2009), Pardès의 "Face à l'universel: la pensée juive(유대적 사유, 보편적인 것과의 대면)" 특집호(No. 49, 2011), Revue des sciences philosophiques et théologiques의 "Singulier, pluriel, universel(특이성, 다수성, 보편성)" 특집호(T. 95, No. 3, 2011), Insistance의 "Questions sur l'Universel et la diversité. Psychanalyse et politique(정신분석학과 정치학의 관점에서 보편적인 것과 다양성에 대한 의문들)" 특집호(No. 8, 2012), Critique의 "Retours de l'universel(보편적인 것에로의 회귀)" 특집호(No. 833, 2016) 등.

다양성, 혼종문화, 횡단문화를 해명할 수 있는 유효하고 적법한 사유 원리나 논리라 할 수 없다는 것이다.

다시 들뢰즈와 가타리를 인용해 보건대, "보편적 민주주의 국가(l'État démocratique universel)"는 이 지구상에 존재하지 않는다.[50] 이는 결국 어느 국가 또는 어느 문화권이나 '인권', '자유', '평등'에 대해 자유롭게 구담(口談)할 수는 있지만, 그것이 '하나의' 국가(또는 문화권), '하나의' 권리, '하나의' 국민(시민)의 정신의 특수성을 반영하는 데 그치기 때문에, 그 '하나'가 마치 인류를 위한 '보편성'인 양 포장하지 말라는 것이다. E. 발리바르가 "보편적인 것은 하나로 집결(수렴)되지 않고, 각기 서로 다른 방식으로 분할된다"고 주장한 것도 같은 취지의 주장이라 할 수 있다.[51] 서로 다르고, 다를 수밖에 없는 문화와 철학을 오직 '하나'로, 즉 '서구적인 것'을 기준으로 삼아 임의로 재단하지 말라는 것이다. 그가 〈차이 ⇆ 배제 ⇌ 타자〉라는 또 다른 주장을 펼 수 있었던 것도 이런 이유 때문이다.[52]

2000년대에 접어들어 거의 매년 보편주의 논쟁 특집호를 유수의 해외 학술지들이 발간하고 있다는 것은 그만큼 철학, 문화 영역에서 서구의 보편주의에 대한 비판과 재해석이 진행되고 있으며, 보편주의에 대한 전적으로 새로운 해석이 필요하다는 단적인 증거라 할 수 있다. 프랑스의 대표적 중국학자라 할 수 있는 F. 줄리앙의 저서 『문화들 간의 보편적인 것, 획일적인 것, 공통적인 것, 대화적인 것』[53]에 그 문제점과 해답이 제시되어 있다. "보편적

50 G. Deleuze, F. Guattari, op. cit., chap. 4: "Géophilosophie" 참조

51 E. Balibar, "L'universel ne rassemble pas, il devise", Propos recueillis par J. Birnbaum, Le Monde, le 9 fév. 2017 참조.

52 E. Balibar, "Difference, Otherness, Exclusion", Parallax, Vol. 11, No. 1, 2005.

53 F. Jullien, De l'universel, de l'uniforme, du commun et du dialogue entre les cultures,

〈그림6〉〈식민주의자(Colonialiste)〉(http://culturevie.info/tag-colonialiste.html)

인 것을 가장한 획일적인 것"을 문화들 간의 "공통적인 것(le culturel)을 통해 대화를 재개시켜야 한다"는 것, 바로 그것이다.[54]

로컬-장소에 기반한 특수복합문화론(Pluri-verse-cultures)은 기본적으로 21세기가 요구하는 새로운 '문화해석학'이자 철학의 새로운 이정표라는 데 이견이 있을 수 없다. 게다가 각각의 로컬 문화가 활성화되지 않고서는 유네스코에서 주창하는 '문화다양성'이 기본적으로 존중될 수 없다. 그런즉 단일보편문화론(Uni-verse-culture)의 폐기는 필연적 수순이라 하겠다.

특수복합문화론은 지역세계화의 '완성태'이다. 하지만 완성태의 실현을

Fayard, 2008 참조.
54 박치완, 「글로컬 시대, 문화 해석의 새로운 지평」, 『철학탐구』 제38집, 중앙대학교 중앙철학연구소, 2015 참조.

기대하기에 아직 길은 험하고 멀다. 지역세계화를 앞당기기 위해서는 무엇보다도 로컬(지식약소국)과 글로벌(지식강대국)이 공히 지리문화적 특수성을 편견 없이 상호인정하고 지구촌 시민 전체를 위한 공공성, 공공선을 위해 함께 진력(盡力)해야 한다.

글로컬의 관점에서 볼 때 글로벌 지식강국들이 강조하고 있는 표준화된 지식이란 '주인 없는 유령 지식'을 의미할 뿐이다. 같은 논리로 글로벌화된 지식 역시 '허공에 떠도는 환상'의 레토릭일 뿐이다. 인문학, 철학은 각기 로컬의 특수문화를 반영하고 보존하는 대표적인 토착학문이다. 민주주의도 인권도, 세계평화도 사회경제적 정의도 특수복합문화의 존중이 전제되지 않는 한 결코 기대할 수 없다. 모피드가 정확히 지목하고 있듯, "온 인류를 위해 선한 것(common good for all)"만이 참된 지식이라는 것을 잊어선 안 되는 이유이다.[55]

그동안 서구가 고수해 온 '하나의 지배적인 전통'은 따라서 더이상 지식의 보편적-글로벌 기준이 될 수 없다는 것은 이제 부연할 필요가 없을 줄 안다.[56] 이를 인류가 21세기에 이르러서야 깨닫게 되었다는 것은 인간이 과연 이성적·합리적 동물인지 의심하게 만든다. 어쩌면 인간은 이성적·합리적 동물이기보다 문화적 편견의 동물, 이데올로기적 동물인지 모른다. 전 지구촌을 단극화, 획일화하려는 지식의 세계화 열(돌)풍은 로컬 인문지식의 고유성 및 다양성 등을 척도로 재고되고 재평가될 필요가 있다. 감히 말하지만,

---

55 K. Mofid, "Globalization for the Common Good", *Globalization & Identity*, Ed. Majid Tehranian, B. Jeannie Lum, Transaction Publishers, 2006, pp. 29~30 참조.

56 P. Mungwini, "Dialogue as the Negation of Hegemony: An African Perspective", *South African Journal of Philosophy*, Vol. 34, 2015.

로컬 인문지식의 고유성 및 다양성, 특수성과 독자성은 서구적 보편주의의 보호 아래 침묵하고 있어야 할 이유가 하등 없다. 발라바르의 지적대로, 만일 보편주의가 폭력의 온상이라면, 우리는 이에 저항해야 할 정당성과 책무가 있다. 그런즉 '문화'를 외눈박이 거인에게 맡겨 서구 중심적으로 회돌이 하는 어리석음에서 깨어나 비서구권 학자들이라면 최소한 자신의 로컬 터전 기반 사유를 해야 한다.[57] 이것은 '의무'의 일종이라 할 수 있으며, 어쩌면 서구 자체를 염두(고려)하지 않고 사유하는 것이 첫 디딤돌이 되지 않을까 싶다.[58]

데리다의 해체주의가 서구의 철학과 형이상학의 전통에 대한 해체를 시도한 것이라면, 문화적 전환 운동, 탈식민주의적 인식의 전환은 서구의 헤게모니, 특히 문화보편주의에 대한 '저항의 표시'라는 점에서 훨씬 더 '혁명적'이다.[59] 앞서 우리는 발리바르를 인용해 "보편적인 것은 하나로 집결(수렴)되지 않고, 각기 서로 다른 방식으로 분할된다"고 했다. 보편적인 것이 각기 서로 다른 방식으로 존재한다는 것은 '문화'가 보편적으로 매개된 적이 없다는 직접적 증거이다. 요인즉 서구에 의해, 서구인을 위해 "'정당화된' 문화보편주의"는 "보편적인 것의 폭력"에 다름 아니라는 것이다.[60] 보편적인 것의 폭력에 다름 아니라는 것은 이제 '보편적인 것'을 각 로컬을 기준으로 해서 다

57 M. Sahlins, *Au coeur des sociétés. Raison utilitaire, raison culturelle*, Gallimard, 1976 참조.

58 V. S. Vellem, "Un-thinking the West: The spirit of doing Black Theology of Liberation in decolonial times", *HTS Teologiese Studies/Theological Studies*, No. 73, 2017 참조.

59 S. Krishna, *Globalization and postcolonialism: hegemony and resistance in the twenty-first century*, Rowman & Littlefield, 2009; M. Keith and S. Pile (ed.), *op. cit.*, 1997 참조.

60 H. Lourdou et D. Schreiber, "Etienne Balibar et la *violence de l'universel*", *Lectures politiques*(http://vert-social-demo.over-blog.com/2017/02/etienne-balibar-et-la-violence-de-l-universel.html), 2017 참조 (검색: 2018.02.10).

시 세워야 한다는 요구와 맞닿는다.

　이렇게 다시 세워야 할 보편적인 것은 타자, 차이, 특수성, 상대주의를 보편화하는 것으로 성급하게 일반화해서는 곤란하다. C. 오바디아의 논문 제목 그대로(Entre le même et l'autre, l'Universel) 동일자와 타자 '사이'에서 '보편적인 것'을 모색해야 하기 때문이다.

　　차이의 권리만을 주장하는 사회가 곧 보편적인 것의 사회인 것은 아니다. 차이의 권리만을 주장하다 보면 이타성을 신성시하거나 타자를 타자로서 존경해야 하는 의무와 관용이라는 미명 하에 [차이에 대한] 판단 자체의 권리를 금지하는 그런 사회로 전락할 수 있다. 모든 정체성[그것이 동일자(le même)에 관한 것이건 타자에 관한 것이건]은 존경할 만하다. 하지만 정체성은 그것이 [겉으로] 표현(제시)하는 것에 국한되지 않는다. 이러한 관점에서 우리는 문제를 제기할 권리 자체를 갖는가? 정체성이 대체 타자인 한에 있어 타자의 외형일 수 있는가? (⋯) 보편적인 것은 정체성이 동일자와 타자를 넘어선 것이라 규정하고 있기에 우리를 인류학의 물음의 중심에 위치시킨다. 인간에 관한 물음은 우선 어떤 조건에서 우리가 보편적 인간(un homme universel)을 사유할 수 있는지를 아는 데 있고, 이어서 인간에 관한 물음이 만일 행위 일반에 관한 물음, 즉 행동에 관한 물음이라면, 우리로 하여금 정의를 방어하고 정의에 대해 깊게 고민하도록 촉구하는 그런 역사의 혼란과 분노에 대한 대응이라면, 그것은 우리에게 하나의 의무를 부여하는 것이리라. 인간 종(種)의 이념을 가치가 있는 만큼 가치 있게 수호하는 것, 인간의 침해할 수 없는 권리의 보편성을 정초짓는 것, 그리하여 결국 (⋯) [이 논문에서는 차이의 권리에 대한] 비판의 권리(le droit à la critique)를 주장

하는 것이다.[61]

식자우환(識者憂患)이라 했던가? 그동안 '보편주의'를 머리에 이고 살아온 세월이 얼마인데? 이렇게 서구의 보편주의가 뭇매를 맞을지 누가 감히 상상이나 했겠는가? 하지만 이상의 고찰에서 우리는 보편주의가 결함과 모순덩어리라는 것을 분명히 확인했다. 탈식민주의적 인식의 전환이 불가피하지만, 그럼에도 해결책은, 오바디아의 제안처럼 동일자와 타자 '사이'에서, 다시 말해 "동일자와 타자의 관계"[62] 재고를 통해 동일자의 정체성과 타자의 정체성이 각기 상대에 대한 적대성을 극복할 때, 가능하다. 극복의 결과물을 우리는 '보편적인 것'이라 명명할 수 있을 것이고, 이를 〈서구-지배-우리(European)〉와 〈비서구-피지배-그들〉이라는 별개의 세계, 우주, 문화에 적용해 이 둘 '사이'에서 공통성을 찾게 된다면, 그것이 바로 이 장의 문두(文頭)에서 우리가 화두로 던진 상호문화성이 출발점이 되지 않겠는가?

4. 상호문화성의 확보: 문화가 보편적으로 매개되기 위한 전제 조건

개인이건 집단이건 문화를 타자에 의해 침해받지 않고 호지(護持)하는 것은 하나의 '권리'이자 '의무'이다. 다문화주의의 등장은 우리에게 정치권(Droits politiques), 사회권(Droits sociaux)과 더불어 문화권(Droits culturels, Cultural rights)의 중요성을 환기시켰다는 데 의의가 있다. 2001년 유네스코에서는 〈문화다양성보편선언〉을 통해 문화다양성 및 문화권의 행사와 관련된

---

61 C. Obadia, *op. cit.*, pp. 119~120.
62 *Ibid.*, p. 113.

원칙을 공표했는데,[63] 이 선언은 문화다양성을 '인류 공통의 유산'으로 인식하고 인간의 존엄성에 대한 존중과 문화다양성이 분리될 수 없는 '구체적이고 윤리적인 명령'이자 '규범적 도구'라고 정의하였다. 이는 모든 인간은 자신의 문화적 정체성을 이해하고 발전시킬 권리, 즉 문화권을 가지고 있다는 것으로 요약될 수 있다.

부언컨대 문화권은 '보편적 인권'과 마찬가지로 인종, 종교, 언어 구분 없이 모든 인간이 갖는 '보편적 권리'이다. 따라서 문화권은 그 어떤 사회 · 정치적 제약과 문화 · 종교적 구속으로부터 자유로운 권리인 셈이다. 이런 점에서 문화권은 인간이 갖는 다른 권리(정치권, 사회권 등)에 의해서도 침해받을 수 없는 '절대권'이라 할 수 있다. 문화권은 개인의 입장에서 보면 개인의 정체성의 뿌리이기도 하기 때문에 이를 침해받는 것은 곧 인권을 침해받는 것과 다르지 않다. 따라서 개인의 문화권이 다른 집단이나 사회에 의해 거부 · 침해당한다는 것은 결국 개인의 자유가 침해받는 것과 다르지 않으며, 이런 점에서 문화권을 침해하거나 위반하는 행위는 그 어떤 제도나 원리, 법칙에 의해서도 정당화될 수 없다는 것이 유네스코의 위 선언의 골자이다.

이러한 유네스코의 선언은 역설적으로 문화권이, 인권이 침해받은 것과 마찬가지로, 다양한 방식과 구실들로 침해받고 있다는 것에 대한 일종의 경고가 아닐 수 없다. 문제는 이러한 문화권 침해와 남용이 인류 역사에서 지속적으로, 다층적으로, 교묘하게 진행되고 있다는 사실이며, 더더욱 문제는 그것이 현재 진행형이라는 데 있다. 앞서 스피박을 언급하는 자리에서도 이야기한 바 있듯, '문화'는 타문화들과 상호 교류하기보다 지배 · 재지배의 형

---

63 이에 대해서는 〈Déclaration universelle de l'UNESCO sur la diversité culturelle〉, Article 3~5 참조.

〈그림7〉당신의 몸무게는 '유로'로 얼마입니까?
(출처: Consei de l'Europe, "Culture and Sport" (https://www.coe.int/en/web/compass/culture-and-sport))

태로 자기 변신을 꾀하는 '괴귀(怪鬼)'가 되어 있는 상황이라고나 할까. 물론 그 주범이 서구의 단일보편문화라는 것은, 앞서 충분히 살펴보았듯, 재론의 여지가 없고, 탈식민적 인식의 전환을 요구하는 목소리가 높다는 것은 상호문화성의 구현이 현실적으로 해법을 찾기가 요원하기만 하다는 뜻이다.

다문화주의도, 그 대안으로 모색된 상호문화주의도 이런 측면에서 보자면 아직 탈식민적 인식의 전환에는 이르지 못하고 있는 것이 분명하다. 그렇기 때문에 문화다양성이 위협받고 있는 것이며, 문화다양성이 위협받고 있기 때문에 문화본질주의가 사라지지 않고 여전히 꿈틀대고 있는 것이다. 문화를 생명체로 이해하지 않고 이론환원적으로 또는 정치적으로 도구화하면서 상호문화주의가, 아래 캐나다의 경우에서 확인할 수 있듯[64], 서구 중심적 디자인인 문화본질주의적으로 후퇴하는 경향을 노정하는 것도 이 때문인지 모른다. 사회문화적 다양성의 요구에 직면해 R. 파스키에 같은 사회과학자가 오죽했으면 '(사유의) 원리 없음'이라는 곳(?)으로까지 우리를 초대할 생각을 했겠는가.[65] 이는 논리·관념적 정치(精緻)함이 현실을 반영하기에는 아직 역부족이라는 말과 같다. 우리의 논제와 관련해 부연하자면, 그 정도로 서구의 단일보편문화가 다양한 로컬들의 문화적 특수성을 녹여내지 못하고 있다는 반증이라 할 수 있다.[66] 해서 우리는 문화들 간에 '공통 토대'를 확보하는 것이야말로 문화와 문화권, 로컬과 글로벌이 보편적으로 매개되기 위한 조건이자 전제라는 점을 재삼 강조하지 않을 수 없다.[67]

---

64 〈표1〉은 D. Letocha, "Un vivre ensemble équivoque: multiculturalisme et interculturalisme au Québec 2007~2012"(http://danieleletocha.com/index_htm_files/Interculturalisme)를 참고해서 필자가 작성한 것임.

65 R. Pasquier, "De l'interdiscipline à l'indiscipline. Et retour?", *Labyrinthe*, No. 27, 2007(numéro spècial: La fin des discipline?). 주지하듯, '학제적 연구(방법론)'는 한때 유행처럼 활발히 논의되었고, 지금도 대학의 교육 현장에서 빈번히 그 중요성과 필요성이 회자되고 있다. 하지만 최근 이를 근원적으로 회의하는 목소리가 높다. 그 이유는 다양한 분과적 지식들(인간학, 사회학, 물리학, 생물학 등 또는 철학, 문학, 역사 등)의 조화를 꾀한다는 목표는 단지 '수사학'에 불과하고 수학이나 통계 등으로 귀일적인 경향을 보인다는 점 때문이다. 이렇게 되면 결국 요의 〈inter~〉에서 그 본의(本義)라 할 "상호적 관계(relation réciproque)"를 살릴 수 없게 되며, 더더욱 다른 분과학과의 "바람직한 이웃 관계(bon voisinage)"마저 유지할 수 없게 된다(*ibid.*, p. 99). "공통 토대(le terrain commun)"를 마련하지 못하고 "합의(consensus)"보다 "불화(dissensus)"만을 조장하게 되니(*ibid.*, pp. 103~105), 그럴 바엔 아예 '원리 없음(indiscipline)'만 못하다는 것이 파스키에의 결론이다. 파스키에와 거의 유사한 시각에서 L. 페리도 다학제간 연구(pluridiscipline, multidiscipline)의 문제점을 지적하고 있다 - L. Ferri, "La multidisciplinarité institutionnelle en France après mai 1968", *Labyrinthe*, No. 27, 2007 참조.

66 자세한 설명은 박치완(2015), *op. cit.*, pp. 249~265 참조.

67 물론 최근에는 '문화권' 못지않게 '문화적 의무'를 다해야 하는 주장이 제기되기도 한다 - Collectif, "Des droits aux devoirs culturels", Numéro spéclai des *Cahiers de la Lutte Cotre*

	다문화주의	상호문화주의
문화관	문화의 상대성 인정	공통문화 모색
사회적 인식틀	구분/분할	수렴/통합
개인관	개인/인격/자유	시민/권리/의무
토대 이념	명시적 토대 이념이 존재하지 않음	민주주의, 인권존중, 공생, 문화다양성
중심 문화	국가가 다수가 속한 문화 지지	중심/참조 문화가 존재
논의 시기	1971~1882	2007~2008
정치적 슬로건	Multiculturalisme Canadien	Interculturalisme Québecquois

〈표1〉 다문화주의와 상호문화주의에 대한 캐나다의 사례와 특징 요약

우리가 장미를 좋아하는 것은 뭣 때문인가? 당연 가시 때문이 아니라 그 향기 때문이다. 타문화도 마찬가지다. 그런데 그동안 우리는 타문화를 가시처럼 여기고 적대시한 것이다. 문화다양성을 적대시한 결과로 나타난 것이 뭔가? 그것은 바로 우리가 반드시 극복해야 할 "편견, 인종주의, 차별"이 아니겠는가.[68]

게다가 장미만 꽃이 아니다. 민들레, 제비꽃, 국화 등 종류도 다양하다. 심지어는 이름이 없는, 이름을 모르는 야생 들꽃들도 부지기수다. 중요한 것은 이것들 모두가 각기 제 향을 가지고 있다는 점이다. 문화도 각기 제 향이 있다. 그런데 현대사 속에서 형용할 수 없는 끔찍한 사건들이 '문화'로 인해 발생했고, 또 현시점에도 발생하고 있다는 것은, 예나 지금이나 도처에서, 과연 인류가 '함께 사는 삶(vivre ensemble)'의 이치를 이해하지 못해서일까? 서

---

les Discriminations, L'Harmattan, 2018.

68 Council of Europe, *Intercultural Learning T-kit*, Council of Europe Publishing, 2000, p. 98 참조. 유럽평의회는 반면 상호문화사회는 "다양성을 사회, 정치, 경제를 위한 긍정적 자신으로 보는 관점을 갖는 사회이다. 이 사회는 가치, 전통, 규범에 대한 사회적 상호작용, 교류, 상호존중의 수준이 높은 사회"(*ibid.*)라고 정의하고 있다.

로가 동등(평등)한 권리를 유지하면서 차이를 환영하고 인식하는 방법을 몰라서일까?

공감, 공공선은 세상을 변화시키는 힘이다. 장미를 향기로 대하듯, 타인, 타문화를 '나', '자문화'에 없는 향기로 대한다면, 타인, 타문화에 편견을 갖고 차별할 사람은 없을 것이다. 정치권(투표)도 사회권(사회보장)도 그 초석은 문화권에서 출발한다. 문화권의 요구는 문화가 동일성의 지배 강화나 차이의 권리 주장으로 점철된 공간, 즉 문화가 "상호작용, 교류, 상호존중의 수준"을 유지할 수 없을 만큼 배타적인 사회, 결국 문화가 보편적으로 매개되고 있지 않은 사회에서는 계속 제기될 수밖에 없다는 것을 기억하자.

'보편적인 것'은 당연 '거기'도 아니고 '저기'도 아닌, 바로 '지금-여기'에서 구현되어야 한다. '지금-여기'에서 '문화'가 상호적으로 매개될 때 인류의 공통 토대는 견고해질 것이고, 그때 우리는 '문화'가 매매의 대상이나 소비품목, 전쟁의 도구가 아니라 널리 향유되면서 나/타자, 자문화/타문화, 로컬/글로벌 간에 가로놓인 장벽을 허무는 평화의 문이 될 것이라는 점을 깨닫게 될 것이다. 문은 닫고 여는 것이 본질이다. 문의 이 두 본질을 이해한다면, 상호문화성은 이제 더는 인위(人爲)로 막아설 수 없다는 것 또한 깨닫게 되지 않겠는가!

제6장 ——

문화의
재식민화 과정과
유일보편문화론의
비판

"식민주의, 탈식민화 그리고 탈식민성은 '타자'로 간주되는
사람들과의 특별한 종류의 교류를 포함하는데, 그것은 말하자면
'다 같은 사람'으로 추정되는 친숙함이 낯설게 되는 것[과] 같다."

——— G. 스피박, 『경계선 넘기』

1. 유일보편문화론의 진화와 재식민화의 도정에 처한 지구촌

데리다는 『글쓰기와 차이』에서 인류사(사상사)를 '중심 대체의 역사'로 정
의한 바 있다. 부언컨대 세계를 계속 이념적으로 지배하기 위해 '초월적 기
의(signifié transcendental)'를 생산해 온 것이 근대 이후 서구의 철학이요, 서구
의 역사라는 것이다. 그가 지목한 대표적인 서구의 철학적 이념들로는 플라
톤의 이데아와 아리스토텔레스의 실체를 비롯해 중세의 신, 데카르트의 코
기토, 헤겔의 역사적 이성 및 절대정신, 하이데거의 존재 등이 있다.[1]

이러한 서구의 철학적 이데올로기는 18세기를 전후해 근대의 과학 및 역
사의 진보 개념과 짝을 이루어 비서구인, 즉 타자를 지배하는 것을 스스로

---

1 J. Derrida, *L'Écriture et la différence*, Seuil, 1967, chap. X 참조.

정당화하는 논리로 변환되기에 이른다. 그리고 비서구세계에 대한 서구인들의 식민 지배의 정당화는 19세기에 이르러 극에 달한다. 소위 '문명화'라는 표주(標柱)를 내세워 지구촌 전체를 서구적 이데올로기로 물들이기 시작한 것이다.

서구열강은 이렇게 타자 지배의 정당성을 스스로에게 부여하며 20세기까지 무소불위의 권세(權勢)를 행사해 왔다. 이 장에서 비판적 관점에서 되새김질해 보려는 '유일보편문화론(l'uni-verse-culture)'의 본질이 바로 여기에 있다. 유일보편문화론은 철저히 서구중심적 지역론이다. 그런데도 이들의 유일보편문화론은 자신들의 지역을 초월해 타지역 및 타국가를 지배의 대상으로 삼는 과정에서 사상적 병기(兵器)로 남용되었다. 20세기 후반에 접어들어 구소련이 해체되고 동유럽에서의 공산주의의 와해, 베를린 장벽의 해체 등과 같은 사태를 겪은 후에는 신자유주의적 경제 세계화라는 이념으로 자기 변신을 꾀한다. 지구촌의 대부분의 국가들에서는 이러한 변신에 희망을 걸었다. 그리하여 국경을 개방하고 자유무역을 통해 '경제민주주의'가 앞당겨질 것이라는 환상에 빠지기도 했다. 지구촌의 많은 시민들도 그런 환상, 아니 글로벌 강국들의 장밋빛 청사진에 낙관적인 입장을 취했던 것 같다. 진화된 서구적 지배 이데올로기가 단지 문명화, 산업화에서 세계화, 자유화로 겉옷만을 바꿔 입었을 뿐인데 속까지 바뀐 것으로 착각한 것이다.

하지만 이 자리에서 우리는, 미뇰로가 정확히 꿰뚫고 있듯, 서구의 "식민적 권력 매트릭스"[2]는 점점 더 교묘한 방법으로 비서구권 국가 및 문화에 대

---

2 월터 D. 미뇰로, 『라틴아메리카, 만들어진 대륙: 식민적 상처와 탈식민적 전환』, 김은중 옮김, 그린비출판사, 2010, 8쪽. 미뇰로는 식민적 매트릭스의 과정을 다음과 같이 도식화하고 있다: 〈기독교의 복음화 → 문명화의 사명 → 근대화(산업화)와 신자유주의의 세계

한 지배력을 강화하고 있다는 사실을 직시할 필요가 있다. 19세기적 식민주의의 정당화 논리(logique colonialisée)가 21세기적 세계화의 논리(logique globalisée)로 꼴만 바꾸어 그대로 재연되고 있는 것이 지구촌의 현실이란 뜻이다. 이렇듯 서구열강의 유일보편문화론, 즉 문화우월주의적 편견은 가히 '집단적 무의식'의 발로라 해도 과언이 아닌 "식민적 욕망"[3]을 노골적으로 표출하고 있으며 오늘날에도 타자 지배라는 고삐를 전혀 늦추지 않고 있다. 소위 "식민성의 논리"[4]는 지구촌 처처(處處)에서 그 용체(容體)를 다 동원해 로컬의 반응을 감안(勘案)하면서 강약을 조절해 가는 유연성까지 보일 정도이다. 비서구권의 타자를 대하는(배척하는) 서구인들의 변함없는 집단코드, 즉 "'지배' 대상"으로서 타자 개념은 개인과 사회, 국가와 지구공동체의 평화와 공존을 창설하는 것과는 정반대로 일종의 전체주의적 이념으로 고착된 느낌마저 든다.

그 결과는 메이에르의 지적대로 "차이에 대한 증오(haine de la différence)"가 지구촌 곳곳에서 표출되는 것 아니겠는가?[5] 인류평화, 인권, 민주주의와 같은 글로벌 차원의 공공선 이념은 단지 허념(虛念)에 불과한 것인가? 유네스코가 앞장서서 문화다양성의 함양이 민주주의와 인류평화를 앞당길 수 있다며 국제사회를 향해 목청을 돋우는 것도[6], 전 지구사(Global History)의 관

화(→ 중국을 중심으로 한 탈서구화 기획)〉.
3 R. J. C. Young, *Colonial Desire: hybridity in theory, culture, and race*. London & New York: Routledge, 1995 참조.
4 월터 D. 미뇰로, *op. cit.*, p. 7.
5 M. Meyer, *Petite métaphysique de la différence*, Librairie Générale Française, coll. 《Le Livre de Poche》, 2000, pp. 7~16 참조.
6 2005년 10월 21일 유네스코 제33차 총회에서 합의된 문화다양성 협약(Convention on the Protection of the Diversity of Cultural Contents)은 세계 각국의 문화적 다양성을 국제법으로 보호하는 협약임.

점에서 서구 중심의 세계사를 재기술할 필요가 있다는 역사학계의 새로운 움직임도,[7] 철학계에서 서구의 보편 철학보다 이제는 지리-로컬철학에 천착할 때라는 주장이 제기되고 있는 것도,[8] 인류학이나 세계문학계에서 '비교' 개념이 화두로 재점화되고 있는 것도,[9] 결과적으로 서구중심적 유일보편문화론에 대한 재고의 결과라 할 수 있지 않는가? 21세기에 접어들어 중심-해체 움직임은 이렇듯 여러 연구 분야에서 봇물처럼 터지고 있다. 이것이 과연 우연한 사건이나 일시적 현상이라고 가벼이 넘겨도 되는 것일까? 서구중심적 시각에서 고려되지 않았던 것들, 푸코의 용어를 빌리자면 '사유되지 않았던 것들(des impensés)'의 대항 헤게모니가 이렇게 일대 외현(外現)의 기회를 누리게 된 연유가 어디에 있을까?

다방면에서 이와 같이 대대적으로 대항 헤게모니가 표출되고 있다는 것은 분명 이 시대가 사유의 패러다임 변화를 요구하는 단적인 증거라 할 수 있다. 이 장에서 필자가 유일보편문화론의 적폐 중의 적폐라 할 수 있는 식민주의의 정당화 논제와 이로부터 파생된 인종 문제를 타자 개념의 재고를 통해 새롭게 진단해 보려는 이유가 여기에 있다. 필자가 다른 논문에서

---

7 한국서양사학회(엮음), 『유럽중심주의 세계사를 넘어 세계사들로』, 푸른역사, 2009; 김용우, 「로컬과 글로벌 사이에서: 유럽중심주의와 지구사 서술」, 『인문학연구』 제57호, 이화여자대학교, 2009; A. Dirlik, "History without Center? Reflexions on Eurocentrism", E. Fuchs, B. Stuchety (ed.), *Across Cultural Borders: Historiography in Global Perspective*, New York: Rowman & Littlefield Publishers, 2002 참조.

8 C. Geertz, *Local Knowledge: Further Essays in Interpretive Anthropology*, New York: Basic Books, 1983; G. Deleuze et F. Guattari, *Qu'est-ce que la philosophie?*, Minuit, 1991, chap.: Géophilosophie 참조.

9 가야트리 차크라보르티 스피박, 『경계선 넘기 - 새로운 문학연구의 모색』, 문화 연구이론회 옮김, 인간사랑, 2008; Eugene Chen Eoyang, *Two-Way Mirrors. Cross-Cultural Studies in Glocalization*, Lexington Books, 2007 참조.

도 이미 밝힌 바 있듯,[10] '유럽식 보편주의(universalisme européen)'는 획일화(uniformisation), 단일화(unification)와 동근원적이다. 소위 '식민지화와 '인종화', '비인간화'도 철저히 이와 같은 타자 배제의 논리(logique du tiers exclu) 하에서 진행된 것으로 지구촌 곳곳에 무수한 '식민적 상처'를 남겼다. 단적으로 말해, 서구열강의 문화보편주의자들의 눈에 모든 인간은, 하위주체론의 대가 스피박도 직시하고 있듯, 결코 동류(同類)의 인간이 아니었던 것이다. 좀 더 직접적으로 표현해 서구인들에게 흑인종, 황인종과 같은 유색인은 그들과 생물학적으로도 문화적으로도 서로 대등(對等)한 존재일 수 없었던 것이다. 그렇게 인류는 서구의 백인종을 중심으로 우열/열등이란 차별적 이분법을 양산한 것이며, 이러한 구분 하에서 주지하는 바와 같이 '인종차별', '인종학살', '인종청소'와 같은 비인도적 비극이 자행된 것이다. 주지하듯 차별받지 않을 권리는 자유로울 권리, 평등할 권리와 더불어 모든 인간이 가진 기본적인 권리다. 그리고 기본권은 곧 인권의 핵심이자 불가침성이 핵심 이념이기도 하다. 이러한 인권에 대체 어떻게 피부색이 차별의 기준으로 개입할 수 있었단 말인가. 그런데 식민주의적 타자관에 의하면 불행히도 인간은 '인종'에 따라 구분된다. 서구인과 구분된 인간은 이미 서구인과 '같은 사람'이 아닐뿐더러, 이 기준에 따르면 모든 인간이 자유롭고 평등하게 태어난 존재도 아니다. 주로 제3세계 국가의 학자들이긴 하지만, 오늘날 많은 학자들이 '탈식민지화(décolonisation)'를 요구하는 목청을 높이고 있는 것도 이 때문이리라.

탈식민지화의 외침은 결국 탈서구화(déwesternisation)의 요구와 다르지 않

---

10 박치완, 「글로컬 시대, 문화해석의 새로운 지평」, 『철학탐구』 제38집, 중앙대학교 철학연구소, 2015, 264쪽.

다. 하지만 역설적으로 현실 속에서는 오히려 재식민화(recolonisation)의 과정이 작금의 경제의 세계화, 문화의 세계화, 지식 및 디지털 기술의 세계화를 통해 더욱 강화되고 있는 실정이다. 단적으로 말해 유일보편문화론의 쇠우리(Iron Cage), 식민 지배의 먹구름이 지구촌의 하늘을 여전히 뒤덮고 있는 것이다. 인류의 역사와 전통, 과거의 상처와 고통으로 얼룩진 기억들이 '경제'와 '문화' 그리고 '기술'의 짓궂은 장난에 의해 퇴색되면서 반인류적·비인도적 범죄는 더욱 더 교묘한 방법으로 지구촌 곳곳을 파고들고 있다. 이것이 그레고리 만이 직시하고 있는 '식민주의의 현주소'이다.[11]

이 장에서는 이러한 문제의식 하에 문화의 재식민화 과정에서 '타자'를 바라보는 서구인들의 시선이 어떻게 강화되고 있는지를 살펴보려고 한다. 이를 살펴봄으로써 우리는 서구의 유일보편문화론의 극복 없이는 문화 간의 진정한 교류가 불가능하다는 것을 '통감'하게 될 것이다.

2. 문화적 차이 개념의 의미 재고와 식민주의적 타자관 비판

"탈식민 시대가 되었다"며 많은 사람들이 외친다고 해서 식민주의의 폐해가 지구촌에서 사라질까? 식민적 상처로 고통스러워하는 로컬 문화들에 대한 관심이 다소 증대되었다고 해서 글로벌 다국적기업의 로컬국가나 문화에 대한 지배력이 감소될까? 문화다양성 협약이 공표되었다고 해서 문화다양성이 실제 보호되고 있는가? 인류평화, 인권과 민주주의의 상징국가 미국이나 서구에서는 시민들이 과연 자유롭게, 행복하게 살아가고 있는 것일까?

---

11 G. Mann, "Colonialism Now. Contemporary Anticolonialism and the facture coloniale", *Politique Africaine*, No. 105, 2007, pp. 181~200 참조.

국제사회에서 인권을 가장 부르대는 미국만 놓고 보더라도 1965년에야 흑인에게 참정권을 부여했다. 이는 거의 불가해한 일에 가깝다고 할 수 있다. 20세기에 접어들어 미국이 인권과 민주주의를 '무기'삼아 정치 · 경제적으로 개입한 국가가 대체 얼마인가? 그런데 정작 자국 내에서는 인권과 민주주의를 제한적으로 적용한 것이다. 한마디로 미국에서 흑인은 오랫동안 백인과 '같은 사람'이 아니었다는 증거다. 그리고 사우디아라비아에서는 2011년에야 마침내 여성에게 참정권을 부여했다. 이슬람 국가의 종주국인 사우디아라비아에서는 여성이 남성과 '같은 사람'이 아니었던 것이다. 그리고 스피박의 향국(鄕國)인 인도에서는 개명천지인 21세기가 되었음에도 불구하고 아직도 카스트제도가 버젓이 사회적 통제 기제로 작동되고 있다. 게다가 다우리(dowry)라고 하는 신부지참금 제도까지 버젓이 잔존해 있는 나라가 바로 12억 인구 대국 인도이다.[12]

스피박이 『경계선 넘기』에서 정확히 표현하고 있듯, 위에서 열거한 사항들은 우리에게 '낯설기' 그지없다. "어떻게 이런 일이?"라며 되묻게 된다는 것이다. 그 낯섦을 전혀 낯설게 느끼지 않는 사람도 물론 존재할 것이다. 하지만 '그런 걸 가지고 뭘' 또는 '그럴 만한 곡절(曲折)이 있었겠지'라고 낯섦을 승인하게 되면, 그것이 바로 인종이나 성차, 종교 등의 차이로 인해 그동안 핍박받아 온 하위주체, 즉 식민주의적 타자의 존재를 부정하는 것에 동의하는 결과가 된다는 것을 잊어선 안 된다. 그리고 이는 모든 인간이 평화롭게 공존할 수 있는 세계에 대한 청사진 제시를 스스로 포기하는 것과 다르지 않다.

이런 까닭에 스피박은 그 누구보다도 오늘날과 같은 전 지구적 자본주

---

12 G. C. Spivak, "Can the Subaltern Speak?", C. Nelson and L. Grossberg (ed.), *Marxism and the interpretation of Culture*, University of Illinois Press, 1988 참조.

화 경향을 예의 주시했던 것이며, 새로운 유형의 피식민 주체, 즉 하위주체나 하위계급이 경제의 세계화 과정에서 계속 늘어날 것이라며 인류의 미래를 위협하는 신자유주의의 음흉한 계략을 경고했던 것이다. 물론 오늘날과 같은 신자유주의 시대의 피식민 주체는 19세기의 식민 지배 시대와는 다른 형태와 다른 방식으로 양산되고 있다. 무엇보다도 신체를 구속하고 지배하는 데 그치지 않고 인간의 욕망을 구속하고, 소비-기호를 통해 인간을 더 유치한 방식으로 지배하고 있기 때문이다. 문제는 이렇게 거의 모든 지구촌 국가에 영향력을 행사하고 있는 경제의 세계화를 거스를 수 있는 나라가 없다는 데 있다. 감히 말하지만, 세계경제의 주도국인 미국과 같은 나라도 경제의 세계화로부터 결코 자유롭지 못하다. 이를 두고 우리는 자승자박(自繩自縛)이라 하던가!

그 결과가 어떻게 될지는 누구라도 예측가능하다. 경제적 불평등 구조는 더욱 가속화될 것이고, 하위주체, 경제적 피지배 집단은 계속 늘어날 것이다. 게다가 더더욱 문제가 되는 것은, 특히 제3세계 국가들의 경우에 해당하지만, 경제강대국의 지배하에 있는 내부의 지배자들이 마치 글로벌 행위자들을 흉내라도 내듯 자국민들에게 재이재삼의 지배력을 조직 · 행사하고 있나는 데 있다.[13] 결국 우리는 외부의 지배와 내부자의 지배, 외적 식민주의와 내적 유사식민주의라는 장벽을 헤쳐가야 할 과제를 떠안고 있는 셈이며, 하위주체 문제의 해법을 모색하는 것이 생각처럼 간단치 않은 것도 여기에 원인이 있다.

13 김종영, 『지배받는 지배자들』, 돌베개, 2015 참조. 김종영은 특히 미국의 전방위적 영향력과 그곳에서 연구를 마치고 국내에 귀국한 학자들의 권위적 행동을 일러 이렇게 표현하고 있다.

이런 현실적 사태를 충분히 고려할 때 우리는 과연 더 이상 대항 헤게모니가 필요치 않은 그런 탈-식민사회, 만민평등자유 구현사회, 이름하여 '유토피아적 인류 공동체'를 꿈꿀 수 있을까? 갈 길은 여전히 멀지만, 그렇더라도 우리는 최소한 스피박이 강조한 하위주체의 '말'에 귀 기울일 자세는 갖추어야 하지 않을까? 주어진 현안들을 단위 국가별로 먼저 해결하고, 나아가 지구촌에 산재한 문제들을 해결할 방도 또한 모색하면서 말이다.[14] 우리

〈그림1〉사르트르(1905~1980)
(출처: Historic Collection / Alamy Stock Photo)

앞에 주어진 사태가 얼마나 난공불락의 지경인지는 굳이 더 부연이 필요치 않을 것이다. 경제의 세계화가 가속화되면서 하위주체, 하위계급은 '말할' 수 있기는커녕 소속사회로부터 "소외되고 주변화되어" "자신의 목소리를 들을 수 있게 말하는 법"마저도 잊어버렸다고 진단하는 학자도 있다.[15] 그리고 이러한 현실을 누구보다 잘 간파했기에 스피박은 「하위주체는 말할 수 있는가?」라는 논문을 무려 45페이지나 전개한 끝에 "하위주체는 말할 수 없다"며 자신의 문제제기를 거둬들이기까지 한다. 정리하자면, 피식민 주체는 '자신을

14 R. Guha, *Dominance without Hegemoney: History and Power in Colonial India*, Cambridge University Press, 1997 참조.
15 양종근,「스피박의 현대이론에 대한 해체적 개입: 초기 저서를 중심으로」,『영미어문학』 제82호, 2007, 166쪽.

지배계급 앞에서 표현할 수 없는 존재'이다. 그뿐이겠는가. 이들 피식민 주체는 자신의 성도 이름도 식민주체(식민지로 이주한 서구인) 앞에서 제대로 인정받지도 못한다. 사르트르의 용어를 빌려 표현하자면, 이들은 '무엇에 대해서' 그리고 '무엇을 위해서' 스스로 선택하고 결정하는 대자 존재와 달리 마치 사물과 같은 '즉자 존재'에 그친다. 마르크스의 용어로 바꾸면, 이들이 다름 아닌 즉자 계급(Klasse an sich)인 것이다.[16]

앞서도 언급한 바 있듯, 동인동족을 실질적으로 지배했던 자들은 외부의 지배자보다 내부의 지배받는 지배자가 태반이었던 게 제3세계 국가의 현실이다. 이들은 마치 '흰 가면'을 쓴 자들처럼 자신의 정체성마저 속이고서 동인동족을 무자비하게 통치했던 것이며, 오히려 외부의 지배자들보다 더 잔인한 행동을 마다하지 않았던 것도 사실이다. 이들은 이방(異邦)의 식민적 정체성을 자신의 고유한 문화적 정체성이라도 되는 양 착각하고 마치 리플리증후군 환자처럼 계속 자신의 거짓 정체성을 정당화할 수밖에 없었을 것이다.[17] 피식민 주체들의 상황이 어떠했는지는 〈그림2〉의 영국노예제도폐지협회(Médaillon officiel de la Société britanique anti-esclavage)의 공식 행사 포스터의 문구에도 잘 나타나 있다. "나는 인간이 아니란 말인가요. 그대들과 형제자매가 아닌가요?(Ne suis-je pas un homme et un frère?)" 철족쇄에 손과 발이 꽁꽁 묶인 채 목숨만은 살려달라고 절규하는 흑인의 모습을 바라보면서

---

16 이 즉자 계급이 바로 마르크스가 말한 노동자계급이다. 노동자계급은 자본주의 시스템하에서 대자 계급으로 변천해 가며, 이를 마르크스는 불가피한 과정이자 역사적 필연이라고 분석했다. 하지만 하위주체, 하위계급은 앞서도 이미 이야기했지만, 지배계급인 자본가 앞에서 심지어는 '말도 꺼내지 못하는' 집단이다. 결국 이들에 의해 사회 변화가 일어날 것으로 예측했던 마르크스는 현실을 지나치게 낭만적으로 분석한 것이라 볼 수 있다.

17 프란츠 파농, 『검은 피부 하얀 가면』, 이석호 옮김, 인간사랑, 2013 참조.

〈그림2〉영국노예폐지협회 공식 포스터(1795)

우리는 과연 서구인들이 이성적으로 '타자'를 대한 것인지 묻지 않을 수 없다. '휴머니즘'을 이런 상황을 모르지 않으면서도 쉼 없이 뇌까렸던 것이 바로 서구 지식인들이다. 바커가 인종화 과정에서 인간의 존엄성이 멸살(滅殺)되었다고 비판한 이유가 여기에 있다.[18] 바커에 의하면 인종화는 사회 · 정치 · 경제적 우월성을 독점한 집단이 자신의 권력을 이용해 단지 인간의 생물학적 특성에 불과할 뿐인 '인종'을 사회 · 정치 · 경제적 관계 내에서까지 구조적으로 종속의 위치에 있는 것으로 일반화하는 것을 의미한다.

결과적으로 피부색을 통해 인종을 구분하는 '인종의 정치학'은 이미 그 출발부터 "인종차별적"이라는 모순을 내포하고 있다는 말과 다르지 않다. "'문명'이 존재하기 위해서는 '야만성', '잔인성'이 함께 존재해야" 했던 것이다.[19] 이런 취의에서 판단하건대, 사르트르처럼 인간을 '자유롭도록 처단된 존재'로 애써 해명하려 하거나 또는 하이데거처럼 '존재의 목자'라는 식의 객담(客談)을 늘어놓아도 될지?[20] 더더욱 '절대타자의 인질'로 인간 주체의 자발성마

---

18 크리스 바커, 『문화 연구사전』, 이경숙 · 정영희 옮김, 커뮤니케이션북스, 2009, 253쪽 참조.
19 마달레나 드 카를로, 『상호문화 이해하기』, 장한업 옮김, 한울, 2011, p. 18. 이어지는 문장은 다음과 같다: "'문명'이라는 단어의 역사를 살펴보면, (…) 가장 개화된 사람들을 그 나머지 사람들과 구별하도록 하는 것을 지칭했다는 사실을 알 수 있다."
20 J.-P. Sartre, L'existentialisme est un humanisme, Éditions Nagel, 1946; M Heidegger, Lettre sur l'humanisme, trad. franç. de Über den Humanismus par R. Munier, Éditions Montaigne, 1957; E. Levinas, Humanisme de l'autre homme, Fata Morgana, 1972 참조.

저 부정하는 레비나스의 타자론은 이 시대가 직면하고 있는 무수한 비서구적 타자들의 문제의 핵심과 상접(相接)하고 있는 것인지?[21] 필자가 판단하기엔 이들의 타자 물음과 대답 속에는 기본적으로 피식민 주체의 문제는 아예 그림자도 찾아볼 수 없다. 역설적으로 말해 이들 철학자의 타자 물음은 여전히 서구중심적 지배계급의 범주 안에 갇혀 있다. 타자의 지배를 위해 타자를 조직한 서구의 후손들답게 이들 역시 주체(개인)중심주의, 자문화중심주의의 틀을 벗어나지 못하고 있다고나 할까. 다시 말해 이들의 휴머니즘 논의에서 '인간'의 물음은 그것이 '자유 유럽인'이건 아니면 '유대인'이건 기본적으로 '서구인' 밖으로 물음이 확장되고 있지 않다는 사실이다.

이런 점에서 스피박의 소위 '유럽형 휴머니즘'에 대한 근원적 의문 제기는 일반적 타자관 자체, 더 정확히는 식민주의적 타자관의 아킬레스건을 건드리고 있다고 판단된다. 그녀의 질문은 다음과 같다: "휴머니즘이란 개념 속에 대체 '누가' 인간, 즉 주체의 자리를 전유하고 있는가?"[22] 식민주의적 타자관은 바로 이런 이유 때문에 스스로 세계의 중심에 존재한다는 믿음을 가지고 있는 서구인들 간의 '일반적 타자관', 즉 '타자론 일반'과 구분할 필요가 있다. 왜냐하면 식민주의적 타자관에서는 '자신들을 제외한 모든 인간(및 사물)'이 타자이며, 미뇰로의 지적대로 비서구인을 "열등한 인간" 또는 "인간이 아닌 것" 등으로 치부하며 타자 담론의 희생양으로 삼았기 때문이다.[23] 따라

---

21 E. Levinas, *Humanisme de l'autre homme*, Fata Morgana, 1972 참조. 레비나스의 절대 타자론에 대한 비판은 박치완, 「레비나스의 철학 해체와 타자 개념에 대한 일고(一考)」, 『해석학연구』 제30집, 2013 참조.
22 가야트리 차크라보르티 스피박, *op. cit.*, p.66.
23 월터 D. 미뇰로, *op. cit.*, p. 157: "식민적 권력 매트릭스는 인종차별주의 그리고 식민지 사람들을 열등한 인간으로, 때로는 인간이 아닌 것으로 묘사함으로서 악마 취급한 인식적 담론과 떼려야 뗄 수 없다."

서 서구인이 다른 서구인과 대면하는 일반적 타자관과 달리 식민주의적 타자관에서는 피식민 주체인 타자와 전혀 '대면적 대화'를 시도하지 않으며, 오직 '비대면적 명령'을 통해 일방적으로 타자를 지배하는 논리를 취하게 된다. 그 결과 피식민 주체는 식민주체들 간의 일반적 관계로서 타자의 범주 밖으로 밀려나 있기 때문에 사유의 범주에도 속하지 못하게 된다. 한마디로 식민 지배 주체와 피식민 주체인 타자와의 관계는, 형용모순같기도 하지만, '비대칭적 관계' 속에 있다. 타자와의 관계가 비대칭적이라는 것은 기본적으로 타자 자체를 사유의 범주 안에 전제하지 않고 있다는 말과 같다.

'타자'는 일반적으로 '나'와 불가분적 관계를 이루는 것으로 이해하는 것이 현대철학의 상식이다. 타자에 대한 논의에서 현상학의 상호주관성 개념과 지향성 개념이 빠지지 않고 등장하는 것도 이 때문인지 모른다. 하지만 식민주의/탈식민주의, 식민지화/탈식민지화의 논리나 문법에서는 이와 같은 타자에 대한 상식이 자리할 공간이 없다. 식민주의적 타자관에서 타자는 결코 자아(주체, 의식)와 대면하는 인간, 즉 주체의 지향 대상이 아니며, 더더욱 셸러가 말한 공감의 대상과도 거리가 멀다.[24] 그뿐인가. 칸트가 역설한 존경의 대상과는 너무도 차이가 난다. 식민주의적 타자관에서 타자는 M. 부버가 말한 '그것' 정도에 그치고 있다고 보는 것이 옳을 것이며[25], 서구인들의 이러한 인종차별주의는 결국 피식민 주체를 마치 동물원의 원숭이 정도로 치부해 '전시'하기까지 하는 사태로까지 악화(惡化)된다.[26] 그들에게 비백인종(l'

24 M. Scheler, Nature et forme de la sympathie. Contribution à l'étude des lois de la vie affective, trad. M. Lefebvre, Payot, 1971 참조.
25 M. Buber, Le Je et le Tu, trad. G. Bianquis, Aubier, 1992 참조.
26 K. Jonassohn, "On a Neglected Aspect of Western Racism", Montreal Institute for Genocide and Human Rights Studies, December 2000 참조.

homme non-blanc), 특히 아프리카인은 전연 '인간'의 범주에 속할 수 없었던 것이며, 오직 그들에게 "호기심을 끄는 야만적이고 맹수와 다를 바 없는 짐승들(des bêtes curieuses, sauvages, féroces)"에 불과했던 것이다.[27]

	일반적 타자관	식민주의적 타자관
타자의 전제 여부	타자가 전제되어 있음	타자가 전제되어 있지 않음
타자와의 세력 관계	대칭적 (균형적) 관계	비대칭적 (일방적 지배) 관계
타자와의 대화 방식	대면적 대화	비대면적 명령
인간관	상호 대등한 인간관	비인도적/반인륜적 인간관

⟨표1⟩ 일반적 타자관과 식민주의적 타자관 비교

이렇듯 식민주의적 타자관은, 스피박이 정확히 지목하고 있듯, "다 같은 사람으로 추정되는 [타자의] 친숙함을 [우리로 하여금 무척] 낯설게" 만들어 버린다. 인간이란 모름지기 얼굴색, 신체조건, 사용언어, 국적이 다르다 해도 기본적으로 "'다 같은' 인간"일 것인데, 어찌 이러한 '공통분모로서 인간' 자체를 서구인들은 인식하지 못했던 것일까? 게다가 식민주의적 타자관이 보여준 반인륜성은 한때의 일시적 현상으로 그치지 않는다는 데 문제의 심각성이 있다. 거듭 강조하건대 식민주의의 행동대장들에게 타자, 즉 피식민 주체는 본질적으로 그들과 '같은 사람'이 아니었던 것이고, 이런 점에서 호르헤 라라인이 『이데올로기와 문화적 정체성』에서 언급한 바 있는 '비유럽적 타자'를 우리는 현대철학계에서 레비나스의 『전체성과 무한』이 출간된 이후 널리 회자되고 있는 타자 개념과 동일 지평에서 논의할 수 없다.[28] 그 이유

27 É. Baratay, "Le frisson sauvage: les zoos comme mise en scène de la curiosité", *Zoos Humains*, La Découverte, 2004, p. 31.
28 호르헤 라라인, 『이데올로기와 문화정체성: 모더니티와 제3세계의 현존』, 김범춘 외 옮

는 간단하다. '서구적 보편이론' 내에는 피식민 주체인 타자는 늘 논외자(論外者)로 여겨졌다는 점 때문에 그러하다. 바꿔 말해 논외자인 피식민 주체의 자리는 서구형 타자론 내에 전혀 논의 공간을 확보하지 못하고 있다. 따라서 라라인이나 스피박이 피식민 주체를 양산하는 작금의 경제의 세계화를 기존의 식민화와 다르지 않는 것으로 파악한 것은 결코 무리한 주장이 아니다.[29]

역설적으로 말해, 서구열강의 유일보편문화적 세계관, 즉 끝없이 타자와 주변부를 생산해 내 그들이 지배한 곳과 그곳의 원정주민들을 비인도적·반인륜적으로 침탈해 왔던 책임을 이제는 겸허하게 수용할 때가 된 것이며, 하버마스의 제안대로 i) 유럽적 보편주의를 상대화할 것, ii) 이방인과 타자의 권리를 동일하게 인정할 것, iii) 자신의 정체성을 보편적인 것이라 주장하지 않고 자신과 다른 정체성을 배제시키지 않을 것[30]이 무엇보다 중요한 시대가 된 것이다. 그리고 같은 맥락에서 '지구촌은 하나다', '국경을 개방하라'와 같은 세계화의 구호 아래 새로운 세계의 질서를 불순한 동기로 포장해 지구촌을 더욱 더 강력한 형태로 지배하려는 경제적 재식민화 과정 또한 예의 주시할 필요가 있다. 왜냐하면 현대판 식민주의의 전형이라고 해도 과언이 아닐 경제의 세계화 물결은 특히 문화(의 상품화)를 앞세워 그 세력을 지구촌 전체로 교묘히 확장해 가고 있기 때문이다. 감히 말하지만, 문화에 개입하는 경제와 시장은 결국 문화(문화적인 것)를 조작하고 제술(製述)하려는 의도와 하

김, 모티브북, 2009, 5쪽, 300쪽 참조.
29 *Ibid.*, p. 330 참조.
30 이를 종합적으로 하버마스는 '도덕적 보편주의'라 칭했다 - J. Habermas, *Autonomy and Solidarity*, interview with J. M. Ferry, London: Verso, 1992, p. 240 참조.

등 다를 것이 없다.

그런데 이러한 경제적 재식민화의 과정을 도외시한 채 보드리야르와 같은 학자는 소비자본주의가 원활히 작동되기 위해서는 소비자가 '더 많은 (기호)소비'라는 일종의 '의무'를 수행해야 한다며 궤변까지 늘어놓고 있다.[31] 그렇지 않으면 소비자본주의의 작동이 원활치 않기 때문이란다. 하지만 세계화의 거센 파도에 의해 이미 많은 국가와 문화권의 전통과 역사, 언어와 풍속의 특수성들이 훼손되고 해체의 기로에 처해 있다는 것을 모르는 사람은 없을 것이다. 문제는 이로 인해 생래적으로, 아니 본질적으로 다양하고 복잡하게 구성된 문화들이 고유한 색깔을 잃고 점점 더 강대국 중심의 지배문화로 획일화되어 간다는 데 있다.

거듭 강조하지만 경제의 세계화는 획일화와 쌍생아이며, 각 문화의 고유한 정체성을 위협하는 바이러스에 해당한다고 해도 과언이 아니다. 부언컨대 경제의 세계화는 문화의 상품화를 앞세워 자본주의 시스템만을 더 공고하게 해 줄 뿐 '문화'와는 아무런 공통분모를 이루고 있지 않다. 문화는 기본적으로 '로컬 문화'를 가리켜 부르는 개념이다. 그리고 이 로컬 문화를 지키는 길은 로컬 문화 자체를 붕괴시키는 경제의 세계화에 맞서는 것 말고는 없다. 그렇게 견수(堅守)된 문화들이 서로 간에 가로놓인 차이와 거리를 쌍방에서 인정하는 것, 문화교류의 본래적 의미가 바로 여기에 있다.

차이와 거리가 인정되어야 각 문화의 고유성과 특수성이 본래 모습 그대로 유지될 수 있다. 문화들 간에 주어진 거리와 차이를 인정하지 않을 때 주변부-로컬-문화는 중심-글로벌-문화에 흡수·통합되고 만다. '21세기'라는

---

31 쟝 보드리야르, 『소비의 사회』, 이상률 옮김, 문예출판사, 1992 참조.

새로운 시대의 이름으로 유일보편문화론은 철폐되어 마땅하며, 유일보편문화론과 함께 철폐되어야 할 대상은 다음 세 가지이다: i) 문명/문화라는 위계적 담론에 대한 환상, ii) 식민주의의 행동 대장인 지배받는 지배자들의 횡포, iii) 비서구적 타자들에 대한 인종차별.

3. 로컬 문화의 생기와 간수발적 문화교류의 필요성

유일보편문화론으로 인해 식민적 상처로 얼룩진 가장 대표적인 지역을 들라면 아마 아프리카(阿非利加)가 아닐까 싶다. 아프리카는 전 지구의 5분의 1을 차지하며 아시아 다음으로 면적이 넓은 대륙이다. 이렇게 광활한 아프리카이기에 사용하는 언어만도 무려 2000여 종이 넘는다. 그뿐만 아니라 독립국가 수도 현재를 기준으로 할 때 53개국에 이른다. 이렇게 광대한 지역과 복잡다단한 언어·종교·문화적 인자들로 구성되어 있기에 심지어는 "말하는 것도 생각하는 것도 다른"[32] 아프리카를 서구의 제국주의자들은 어떤 태도로 대했던가? 그들은 자신의 소유도 아닌 타인의 땅 아프리카에서 제국주의적 영토 쟁탈전을 벌였으며, 아프리카 대륙의 대부분을 프랑스를 필두로 해서 영국, 독일, 스페인 등이 마치 제 것인 양 서로 분할하여 사취(詐取)했다. 아프리카 대륙은 이렇게 원정주민들의 의사와는 전연 무관하게 물리적 폭력을 두 팔과 두 다리에 장착한 서구인들에 의해 식민국가로 분할된 것이며, 서구의 아프리카 지배는 제2차 세계대전이 끝날 때까지 지속되었다. 아프리카의 독립운동, 탈식민지화는 제2차 세계대전 이후 서구의 국가

---

32 T. Fouquet, "Construire la Blackness depuis l'Afrique, un renversement heuristique", *Politique africaine*, No. 136, 2014, p. 18.

들의 영향력이 약화되면서 고개를 들기 시작하는데, 1951년 이탈리아의 식민지 리비아가 독립한 것을 필두로, 1956년에는 튀니지와 모로코가 프랑스의 지배로부터 벗어났으며, 가나는 1957년 사하라 이남에서 최초의 독립 국가를 탄생시켰다. 아프리카의 나머지 국가들은 이후 10년 사이 평화적으로 또는 폭력 투쟁을 거쳐 독립하게 된다.

아프리카가 많은 비아프리카인들의 기억과 상식 속에 '계몽이나 보호의 대상국가'로 자리 잡게 된 결정적 원인도 결국은 서구인들의 식민 지배의 결과로 인해 파생된 편견이라 할 수 있다. 서구인들이 도래하기 이전의 흑아프리카에는 역사가 없다; 아프리카인들이 식민 지배를 받은 것은 유럽인들이 그들보다 우월하기 때문이다; 식민 지배는 아프리카를 개발시켰다; 아프리카는 국제원조로 먹고 산다 등과 같은 편견은 철저히 조작된 것이란 뜻이다.[33] 이러한 편견에 대해 제3자인 우리도 상식과 양식을 발휘해 곰곰이 한번 우리가 가지고 있는 아프리카관을 재고해볼 필요가 있다. 아프리카의 언어·문화적 복잡성, 인종·종교적 특수성이 과연 서구인들이 기독교의 복음화, 문명화의 사명 등으로 단순화시켜 계몽하려 했던 것처럼 그렇게 대상화해도 되는 것인가? 즉자화의 먹잇감 정도로 치부되어도 되는 것일까? 아프리카를 유린하고 약취했던 것도 모자라 아프리카에 대해 서구인들에게 이렇게 계속 시야비야(是也非也)하도록 방치해도 되는 것일까? 이 자리에서 우리는 무엇보다도 아프리카에 대해 '아웃 오브 아프리카의 관점'에서 생산된 이들 서구인들의 시비론은 아프리카인에 의한 증언서사(testimoniaux

---

33 좀 더 구체적인 언급은 엘렌 달메다 토포르, 『아프리카: 열일곱 개의 편견』, 이규현·심재중 옮김, 한울아카데미, 2010 참조.

d'Afrique)와 구분할 필요가 있다는 점을 분명히 해 두고 싶다.[34]

서구인들의 아프리카에 대한 시비론은 라틴아메리카의 식민적 상흔에 천착해 탈식민주의 문화를 다각도로 연구하고 있는 미뇰로의 표현에 따르자면, "비서구적 지식을 통제하고 제멋대로 분류하며 등급을 매기는 외부의 작업"[35]일 뿐이다. 물론 문제는 이 외부의 통제를 받는 지식이 지배받는 지배자들의 손에 무기처럼 쥐어져 자신들의 내부를 조직화하고 유지하는 데 '악용' 되기도 한다는 점이다. 이러한 지식의 식민성이 결국 한 사회나 국가의 원형질적 문화 정체성을 이산(離散), 무화(無化)시키며, 종국에는 식민 지배만을 공고하게 해 준다는 것이 미뇰로의 주장이다. 따라서 문화적 차이는 식민적 차이에 의해 철저히 은폐될 수밖에 없다. 지배받는 지배자들의 나팔소리에 식민권력을 큰 힘 들이지 않고 유지·강화할 수 있었던 것!

하지만 국가나 문화권마다 각이한 전통과 역사를 간직하고 있기 때문에 문화를 서구식의 유일보편적 방식으로 일반화하려는 구상은 그 자체가 위험천만한 것이라 할 수 있다. 더더욱 외부인이 해당 문화의 핵심 코드에 다가가기 쉽지 않다는 것은 누구나 아는 상식이다. 문화의 권위는 외부의 권력을 전유한 타자에 의해 부여되는 것이 아니다. 문화의 권위는 내부에서 구성원들이 직접 부여하는 것이어야 한다. 따라서 지구촌의 로컬 문화들을 서구식 보편 논리로 일반화하려는 편견은 이제 거두어들여야 하며, 오히려 문화적 차이, 즉 그 국가나 문화만의 특수한 코드가 무엇인지를 밝혀 해당 문화

---

34 박치완, 「하위주체의 관점에서 재구성한 《아웃 오브 아프리카》」, 『세계문학비교연구』 제52집, 2015 참조.
35 월터 D. 미뇰로, *op. cit.*, p. 5.

나 국가의 고유 가치를 찾고 그 의미를 공유하는 것이 무엇보다 중요하다.[36] 그리고 이보다 더 중요한 것은 자신의 문화적 전통과 가치를 외부적 개입이나 간섭에 흔들림 없이 독립적으로 구성하는 데 있다.

물론 이와 같은 문화 연구의 대전제는 문화들 간의 위계-만들기, 위계-세우기에서 벗어나는 것이 관건이며, 전 지구사의 차원에서 새롭게 문화들의 (차이)지형도를 그리는 작업부터 시도해야 한다. 문화적 차이의 발견은 문화 연구의 핵심이자 문화비교의 바로미터이다. 유일보편문화론자들이 주창하는 것처럼 문화는 '평평'하지 않고 '울퉁불퉁'하다. 희기만 하지 않은 정도가 아니라 거의 잡색에 가깝다 해도 과언이 아니다. 진정한 교류나 공감 없이 타문화를 이해할 수 없는 이유가 바로 여기에 있다. 교류나 공감을 통해, 메이에르의 제안대로, 사유의 역사에서 그 어떤 지위도 가져본 적이 없는 울퉁불퉁한 "차이들의 권리"를 회복시켜야 한다.[37] 서로 차이가 나기에 문화는 서로 들기도 하고 나기도 하며, 서로 주는가 하면 받기도 하는 것이다. 이것이 바로 문화교류의 일반적 현상이며 문화교류는 이렇듯 '간수발적(間受發的, 상호적으로 주고 받는 것)'일 때 비로소 지배/종속의 논리를 초월할 수 있다. 간수발적 교류는 당연 위계의 논리를 좇지 않고 서로 대등한 관계 하에서 진행된다는 것이 주도 이념이며, 바로 이것이 간수발적 교류의 첫 번째 특징이다. 그리고 서로가 타자와의 차이를 통해 자신에게는 없는 것을 배워 터득한다는 데 두 번째 특징이 있다. 모든 로컬 문화들이 제 색깔을 상대 문화 앞에서 격의 없이 드러낼 수 있는 것도 자문화/타문화의 교류 과정이 간수발적일 때에만 활성화될 수 있다. 또한 간수발적 교류가 널리 확대되기 위해서는

36 박치완 외,『문화 콘텐츠와 문화 코드』, 한국외국어대학교 출판부, 2011 참조.
37 M. Meyer, op. cit., pp. 9, 16.

기본적으로 보편문화, 선진문화, 글로벌 문화와 같은 문화위계적인 개념을 과감히 버려야 한다. 감히 말하지만 보편문화, 선진문화, 글로벌 문화는 존재하지 않는다. 우리는 단지 그런 문화가 존재할 것이라는 편견에 사로잡혀 있을 뿐이다.

모든 인간은 보편문화, 선진문화, 글로벌 문화를 원하는 자유인이기에 앞서 "[로컬] 집단에 의해 형성된 개인이다."[38] 우리가 항용 '미국인-미국문화', '프랑스인-프랑스문화', '한국인-한국문화'라고 칭할 때의 '문화'의 본래적 의미가 바로 여기에 있다. 문화 개념은 이처럼 "국가와 국민과 거의 동일하게" 사용되고 있는 게 현실이며[39], 무엇보다도 문화는 "[로컬] 공동체의 삶의 양식"과 불가분의 관계에 있다. 이런 이유 때문에 "우리는 우리 자신을 인간의 삶이 선택한 형태들 중의 하나의 지역적 예, 여러 경우 중의 한 경우, 많은 세계 중의 한 세계로 봐야 한다." 물론 이는 "지극히 어려운 과제"로 기어츠는 이를 실현하기 위해서는 "위대한 정신이 필요하다"고까지 강조한 바 있다. 일대 사유 전환 없이는 이러한 당면과제를 풀어나갈 수 없고, 이 과제를 풀어나갈 수 없는 상황에서 "객관성이란 자화자찬, 위장된 관용에 지나지 않는다"[40]는 것이다.

요인즉 문화는 '특화된 장소'에 뿌리를 두고 있기에 기본적으로 모든 문화가 로컬 문화라는 것이며, 이 로컬 문화의 중요성에 대해서는 최근 유럽연합

---

38 A. Bloom, *The Closing of the American Mind*, New York: Simon & Schuster, 1987, p. 187.
39 *Ibid*. 이러한 입장에 있기에 블룸은, 아렌트와 마찬가지로, 상업화되고 소비되는 것은 문화가 아니(no culture)라고 잘라 말한다. 그에게 있어 문화는 인간의 존엄(the dignity of man)의 상징이자 공동체의 형식(a form of community)이며, 삶과 예술의 통일체(the unity in art and life)이다(*ibid*., p. 188).
40 C. Geertz, *op. cit.*, p. 16.

에서도 새로운 단안을 제시한 바 있다. 이들이 과거의 보편문화에 대한 환상을 접고 자신들의 로컬 문화의 지역성에 천착한 이유가 뭐겠는가.[41] 유럽연합이라고 해서 시장 근본주의라는 "일방적 제국주의"[42]의 위협으로부터 자유로울 수 없다. 해서 2012년부터는 좀 더 '강한 유럽연합 건설'이라는 모토 하에 EU-2020비전을 선포하기에 이르며, '새로운 유럽 전략'의 일환으로 TGAE, 즉 〈Think Global, Act European!〉이라는 슬로건을 내세운다. 2008년 슬로건으로 내걸었던 〈United in Diversity〉만으로는 현금의 글로벌 경제위기로부터 돌파구를 찾을 수 없다고 판단한 것이다. 해서 TGAE라는 전략회의체까지 만들어 유로(럽)인 의식을 더욱 강화하려는 것이며, 유럽시민 모두가 '유럽공동체'의 성장·강화를 위해 동참할 것을 독려하게 된 것이리라.[43]

유럽연합의 TGAE 예는 아이러니에 가깝다. 유일보편문화론이 일종의 환상이었다는 것을 스스로 인정하는 것과 다르지 않기 때문이다. 문화적 차이는 이제 더 이상 동일성의 강화를 통해 제거해야 할 대상이 아니라 상대주의적 관점 하에서 포용해야 할 대상이다. 바로 그 '차이'가 개별 인간일 때를 한 번 상상해 보라. 감히 '배제'란 용어를 사용할 수 있을까? 필자가 한 논문에서 "타자는 타자다", "공감의 맞짝으로서 타자는 존재하지 않는다"고까지 역설하게 된 것도 요의 유일보편문화론, 즉 동일성의 논리를 근간으로 한 위계의 문화론이 얼마나 많은 사람들, 특히 피식민 주체, 종속 주체에게 정신적이고 현실적인 고통을 안겨주었는지를 함께 성찰해 보자는 의도로 그

---

41 P. Cagny, "Think Global, Act European", *Strategy+Business*, August 2004 참조.
42 빨리옹, 『신자본주의』, 서익진 옮김, 경남대학교 출판부, 2006, 159쪽.
43 E. Fabry and G. Ricard-Nihoul (dir.), *The contribution of 14 European Think Tanks to the Spanish, Belgian and Hungarian Trio Presidency of the European Union*, Paris: Notre Europe(Website: notre-europe.eu), p. iii.

런 주장을 펴 본 것이었다.[44] 거듭 강조하지만 차이를 동일성과 보편주의에 편입시키는 것은, 히틀러의 유대인 학살의 예에서 보듯, "광기적 살인(folies meurtrières)"까지도 스스럼없이 자행하게 되는 원인이라는 점을 잊어선 안 된다.[45]

이렇듯 식민주의적 타자를 설정한 담론은 이미 타자의 지배를 정당화하기 위한 계략을 무의식적으로 작동시킨다. 이런 이유 때문에 식민주의적 타자는 특히 타자에 관한 담론을 생산하는 자와 '같은 반열에 있는' 동류의 인간일 수 없었던 것이다. 하지만 스스로 '인간(l'humain)'으로서의 존엄성을 인정받고 싶다면 누구나 할 것 없이 먼저 타자의 존재부터 인정하지 않으면 안 될 것이다. 타자가 존재하지 않은 상황에서의 '나-홀로'의 존재를 상상한다는 것은 불가능한 일이다. 메이에르가 직시하고 있듯, 모든 인간은 '타자'와 '세계' 없이 홀로 존재할 수 없다. 존재하는 한 인간은 타자와 세계에 공속(être avec)돼 있다. 그의 문제제기론(problématologie)의 골간을 정리해 보면 〈도표1〉과 같다.[46]

〈도표1〉에서 중요한 것은 자아와 타자를 연결시키는 매개체가 '세계'라는 사실이다. 이 '세계'는 주지하듯 사람들(ἔθνος, ethos)이 살아가는 모든 로컬을 의미하며, 그 로컬은 로컬 시민의 기억의 저장소이자 공통 경험의 장소이다. 또한 그곳은 미래와 외부세계로 향하는 출발지이기도 하다. 좁게는 개인이

---

44 박치완, 「코드화된 문화적 주체들의 타자와의 공감 문제」, 『해석학연구』 제36집, 2015, 127쪽.
45 M. Meyer, op. cit., p. 14.
46 이 표는 필자가 De la problématologie. Philosophie, science, langage(P. Mardaga, 1986); Qu'est-ce que la philosophie?(Librairie Générale Française, coll. 《Le Livre de Poche》, 1997) 등을 참고하여 재구성한 것임. 메이에르의 철학 전반에 관한 소개는 박치완, 「미셸 메이에르의 철학적 수사학」, 『철학탐구』 제25집, 중앙대학교 중앙철학연구소, 2009 참조.

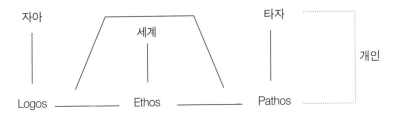

〈도표1〉메이에르의 문제제기론의 3대 요소

거주하는 특정 장소로서 가족, 사회 및 국가와 연계된 곳이지만, 넓게는 지구촌 전체와 연계돼 있다. 메이에르는 바로 이 자아-세계-타자(logos-ethos-pathos)를 철학의 3대 본성으로 보았다. 이 중 어느 하나도 다른 것과 독립적으로 존재할 수 없다. 즉 이 3대 본성은 늘 '함께' 존재하지 않으면 안 될 운명이다. 이성의 질서도 감정(열정)의 무질서도 모두 인간의 것이듯, 에토스의 윤리가 질서와 무질서를 하나로 아울러야 하는 이유가 바로 여기에 있다. 즉 서로는 서로에게 불가분적으로 매개되어 있고 또 서로를 항상 매개한다. 그리고 여기서 중요한 것은, 〈도표2〉에서 재삼 확인할 수 있듯, 좌우 상하를 가로로 세로로 연결하는 '세계-에토스-타자배려와 공공의 윤리' 부분에 있다. 바로 그곳이 요의 차이와 타자(무질서, 비합리)가 동일성과 자아(질서, 합리)에 의해 탈취당했던 자리를 되찾을 수 있는 공간이다. 이런 점에서 그 공간은 초기 단계에서는 어쩌면 자아와 타자의 '투쟁의 장소'로 비칠 수도 있다. 양자가 자신들이 고유한 자리를 되찾아가는 과정에서 비록 자아와 타자, 로고스와 파토스가 충돌할 수도 있지만 반대로 자아와 타자, 로고스와 파토스가 상대를 포용함으로써 세계-에토스를 더욱 더 공고하게 만드는 단비 역할을 할 수도 있다. 부언컨대 그곳은 사회구성원들의 다양한 의견이 교환되는 장소이자 '로고스의 파토스성'과 '파토스의 로고스성'이 절합(결합)되는 곳이기도 하다.

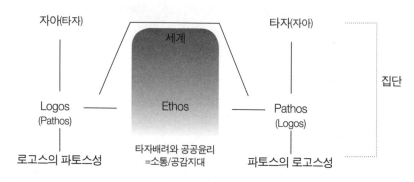

〈도표2〉 세계를 중심으로 결합된 자아(타자)와 타자(자아)의 공동세계

〈도표2〉에서 중요한 것은 세계-에토스가 자아와 타자가 소통하고 공감하면서 함께 구성해야 할 집단/공동체의 공유 지대라는 점이다. 특히 타자 배려와 공공의 윤리는 바로 이곳에서만 구현될 수 있다. 그리고 바로 이곳에서 개인과 개인, 집단과 집단, 로컬과 글로벌이 간수발적으로 교류하게 된다.[47] 바로 그 '사이-공유-교류 공간'에 존재하는 모든 것(특히 동일성의 폭력과 보편주의의 이념에 의해 희생된 것들)은 "서로 보호하고, 서로의 [설사 그것이 상반된 것이라 할지라도] 요구를 보장할 수 있다."[48] 그리고 바로 "이때 자아는 구원되

---

47 박치완, 「F. 줄리앙의 신문화론과 글로컬 공공선」, 『동서철학연구』 제73호, 한국동서철학회, 2014, pp. 333~340 참조.
48 M. Meyer, op. cit., p. 137.

고, 타자는 [마침내 자신의] 권리를 확보하며, 세계는 상호 교환된다."[49]

결국 메이에르는 자아-세계-타자가 벽 없이 교류하는데 자신의 문제제기론의 목표를 두었던 것이며, 자본주의 시스템하에서 이렇게 모든 것이 교류되면 '우리(We, Nous)'는 이제 더 이상 야만과 원시, 문명과 문화를 구분해야할 필요가 없다. 바로 그 공동세계에서만은 최소한 지역색, 계급, 인종, 종교, 성차, 나이 구분 없이, 그런 인류공동체가 과연 지구상에 존재하는가의 여부는 차치하고,[50] '누구나' '인간'의 지위를 누릴 수 있다. 타자와 타문화를 배제의 대상이 아니라 운명의 동반자로 받아들이는 곳에서만 '특수한 자들'을 위한 휴머니즘이 아니라 '누구나'를 위한 휴머니즘이 개화될 수 있는 것이다.

4. 서구인의 씻을 수 없는 원죄, '인간동물원'의 개원

'휴머니즘'이라는 개념에는 당연 인간(l'humain)이 논의의 중심이 있을 것이라고 생각하기 쉽다. 그런데 스피박은 바로 그 "'인간'이 '다 같은 인간'이었을까?'라는 의문을 제기하며, 대체 그 '인간'의 자리를 '누가' 전유하고 있는가?'라고 반문한 바 있다. 그녀는 결국 '인간(인종)'이란 개념 속에도 지독한 차별 의식이 작동되고 있다는 엄연한 사실을 폭로한 것이다. 그러한 차별로 인해 어쩌면 식민지 개척자들이 피지배계급을 발아래 둘 수 있는 근간을 마련했는지 모른다. 하지만 문제는 그렇게 차별을 감내해야 했던 인종, 다시

---

49 박치완(2009), op. cit., p. 171.
50 낭시는 이상적 공동체를 '무위의 공동체(communauté désoeuvrée)'라 명명했으며, 기존의 목적론적 · 이념적 공동체, 즉 공동체가 내세운 목적에 부합하지 않은 사람을 배제하는 유형의 공동체주의와 구분하기 위해 '목적의 비결정성' 개념에 무게를 싣고 있다 - 장-뤽 낭시, 『무위의 공동체』, 박준상 옮김, 인간사랑, 2010 참조.

말해 피지배 주체에게는, 누차 강조하지만, '말할 권리'가 보장되지 않았다는 것, 스피박은 바로 이 점에 주목한다.

굳이 스피박을 끌어들이지 않더라도 인간에게 있어 '말한다는 것'은 곧 숨을 쉬는 것과 다르지 않다. 타자 앞에서 자신의 의사를 표현한다는 것은 곧 인간의 일상사와 직결돼 있을 뿐만 아니라 인간의 본질 중 하나이기도 하다. 그런데 피식민 주체는 바로 이 '말한다'는 것에서 '제외'된다. 말할 수 있는 권리마저 탈취당했기 때문에 그들 스스로를 보호할 아무런 법적인 보호장치도 갖지 못했던 것이다. 따라서 그들은 이미 자아-주체의 대자인 타자로서의 지위를 누릴 수 없었고, 그런 만큼 거의 동물, 사물이나 다를 바 없는, 다시 말해 지배계급의 천미(賤微)한 '구경거리' 정도로 전락하고 만다. 그 단적인 증거가 〈그림4〉에 잘 표현돼 있다. 이 사진을 본 자라면 최소한 이렇게 되물을 수 있다: 서구인들은 자신들이 "'인간동물원(Human Zoo)'을 만들어 아프리카 원주민들을 전시하고서도 과연 휴머니즘, 인권, 민주주의, 타자의

〈그림4〉 인간동물원의 한 장면
(출처: House of European History-Resource 13: https://historia-europa.ep.eu/sites/)

윤리 등에 대해 말할 자격이 있는가?' 물론 이 사진은 유대인 학살 사건에 비하면 그 폭력성이 약한 인종차별 사례라 할 수 있다. 하지만 '인간동물원'은 아프리카 원주민들을 기본적으로 '인간'으로 보지 않았다는 데 그 심각성이 있다. 아프리카 원주민들을 비롯해 소위 '비문명권'의 인간을 서구인들은 이렇게 '계몽'의 목표물로 삼았을 뿐만 아니라 심지어는 '상업적 구경거리'로까지 전락시킨 것이다.[51]

대체 어떻게 이런 발상을 하고 실행하게 되었는지? 얼마나 많은 서구-문명인들이 인간동물원을 관람하며 희희낙락(喜喜樂樂)했을지? 이런 인종차별 사건을 접하고서 당시 서구의 지성인들, 헤겔과 마르크스의 후손들은 대체 어떤 응대를 한 것인지? 아니 응대를 하기는 한 것인지?

문명화나 계몽은 수사일 뿐이고 서구인들은 오직 자국의 경제성장을 위해 원자재 공급처로서 또는 그들이 과잉생산한 상품을 소비해 줄 시장으로 식민지 개척이 필요했던 것이며, 미뇰로의 표현대로 '식민적 차이(colonial difference)'를 통해 제국주의의 위상을 강화하는 데만 매두몰신했던 것이다.[52] 요는 바로 그 근저에 인종차별주의가 함께 작동되었다는 점이며, 반대

---

51 이러한 행태는 오늘날과 같은 세계자본주의의 확장 속에서 문화가 산업화되면서 반복되고 있다(특히 rap, hip-hop 영역 등)고 적지 않은 학자들이 지목하고 있다. 즉 흑인성 (blackness, négrité, noirité) 자체가 상품화되는 과정에서(심지어는 흑인 기획자들의 자발성까지 포함해) 이용당하고 있다는 것이다. 대표적으로, F. Freitas, "Blackness à la demande. Production narrative de l'authenticité raciale dans l'industrie du rap américain", *La revue des musiques populaires*, Vol. 8, No. 2, 2011; T. Fouquet, "Construire la *Blackness* depuis l'Afrique, un renversement heuristique", *op. cit.*; F. Giraud, "Identités en question", *L'Autre*, Vol. 7, No. 1, 2006 참조.
52 이런 점에서 『경제이론과 저개발지역들』, 『흐름을 거슬러』의 저자 뮈르달이 인종차별주의를 경제수준과 연관시켜 연구를 전개한 것은 나름 호소력이 있다고 판단된다 - G. Myrdal, *Economic Theory and Underdeveloped Regions*, London: Gerald Duckworth, 1957; *Against the Stream: Critical Essays on Economics*, New York: Pantheon, 1972 참조.

급부로 그들은 자신들의 서구적 정체성을 확장시킬 수 있었던 것이다. 〈도표1〉와 〈도표2〉에서 우리는 자아-세계-타자의 관계에 대해 언급하면서 '누구나' '인간'의 자리를 누리는 그런 공간에서는 더 이상 야만과 원시, 문명과 문화의 구분이 필요치 않다고 했다. 그 공간은 더 이상 지역색, 계급, 인종, 종교, 성차, 나이 구분 없이 '우리 모두'가 함께 조화롭게 살아갈 수 있는, 문자 그대로 '인류공동체'의 공간이다. 이에 비춰 보면 서구인들이 그동안 얼마나 반문화적·비인간적 행동을 했는지가 자명하게 드러난다. 그리고 서구인들이 아프리카인들을 경제 수준이 낙후되어 있고 피부색이 검다는 이유만으로 사자나 원숭이, 코끼리 등과 함께 동물원에 가둬 구경거리로 삼았다는 것은 이미 그 자체만으로도 비판을 면하기 어려울 것이다.

물리적인 것이건 정신적인 것이건 폭력은 또 다른 폭력을 불러들이기 마련이다. 최근 아프리카중심주의자들(afrocentristes)에 의해 반서구적 관점에서의 아프리카 연구 열풍이 거세게 일고 있는 배경도 '차이의 가치'라는 새로운 기준에서 보면 결코 서구인들에 대한 단순한 대적행위라고 치부할 수만은 없는 일인 것 같다. 차이의 가치를 동일성의 지배 논리틀 밖에 독립적으로 위치시키면 차이는 그 자체로 자신의 고유한 영역을 형성하게 되며, 동일성의 논리와 불가통약적인 관계가 된다. 그런즉 사이드의 『오리엔탈리즘』이 포문을 열어 불붙기 시작한[53] 비서구적 문화에 대한 재평가, 서구인들의 관점이 깊이 개입된 아프리카주의(africanisme)에 대(對)해 '해체'의 바람, 즉

뮈르달의 인종차별주의와 저개발의 딜레마에 대해서는 이매뉴얼 월러스틴, 『사회과학으로부터의 탈피』, 성백용 옮김, 창작과 비평사, 1994, 106~136쪽 참조.
53 E. Said, *L'Orientalisme: L'Orient créé par l'Occident*, trad. de C. Malamoud, Seuil, coll. 《La couleur des idées》, 2005 참조.

탈식민주의에 대한 논의가 활발히 진행되고 있는 것도 결국은 서구열강의 식민주의가 주도해온 동일성의 논리를 고발하고 '차이의 논리'를 복원해 보려는 무사심(無邪心)한 집단의 의지 표현으로 받아들일 필요가 있다. 이는 곧 우리 모두가 이제는 제1세계인들에 의해 문명/문화의 허울로 조작된 아프리카, 서구인들에 의해 '야만'으로 고착화된 아프리카라는 '개념의 동굴'로부터 벗어날 때가 되었다는 증좌요, 그런 점에서 아프리카학자들이 탈식민적 논의에 적극 동참하는 것을 우리는 일종의 '정당방위'로 이해할 필요가 있다.

서구인들이 조작하고 규정해 놓은 인위적 개념의 동굴로부터 빠져나오면, 제1세계의 소위 문화·문명적 시각에 의해 왜곡된 아프리카가 아닌 자연 그대로의 아프리카, 즉 문자 그대로 '새로운 아프리카'를 우리는 마침내 응접할 수 있게 될 것이다. 물론 '새로운 아프리카'는 말을 바꾸면 서구로부터 식민 지배를 받기 이전의 '본래 아프리카'가 될 것이다. 비서구적 문화는 아프리카의 예가 그렇듯 이제 모든 기존의 외부적 관점을 내파(內波)시켜 자신만의 고유한 문화적 고유성과 특수성을 회복시켜야 한다. 피에르 노라의 저서가 우리의 연구 목표를 나름 방향짓고 있다고 판단되는데, 이제는 보편-인류사, 보편-사상사에 대한 편견을 과감히 버리고 로컬 장소가 고유하게 간직하고 있는 '기억'을 역사화(현재화)해야 할 때가 아닌가 싶다.[54] 감히 주장해보지만 우리는 그동안 모두에게 속하면서 아무에게도 속하지 않는 그런 보편적 역사를 '역사'로 가르치고 배워 온 것이다. 하지만 이제는 이미 유일보편문화적 낙인이 찍힌 서구의 과거사를 재구성하고 재해석하는 일로 더는 우리의 지적인 에너지를 낭비할 시간이 없다. 모든 로컬 문화는 고유한 기억

---

54 P. Nora, *Les Lieux de Mémoire*, 3 tomes, Gallimard, 1984-1992 참조.

을 간직하고 있다. 그 '기억의 장소'를 우리는 '영원한 현재'로 복원할 채비를 해야 한다. 역설적으로 말해, 오직 중심-지배 세력의 강화를 위해 관찰되고 기록된 그런 서구 역사에 포함되지 못했던 피식민 주체, 하위주체, 하위계급의 '말'과 '기억'을 온 인류의 현대사로 되살려내야 한다. 모든 로컬 문화의 역사(찾기-세우기)는 이렇게 스스로가 역사의 주체라는 사실을 자각할 때만 가능하다.

문화와 역사에 대한 자각은 앞에서도 강조했듯 '보편'의 늪에서 탈피해 '차이'에 대한 인식이 개시될 때 마침내 시작될 수 있다. 그렇다. 이제 더는 고유한 기억의 장소에서조차 외부 시선에 의해 왜곡된 역사와 강요된 사유 패러다임을 마치 자신의 것인 양 착각하는 식민주의적 시선은 폐기되어야 한다. 그레고리 만이 적시하듯, 현상태의 식민주의는 심지어는 반식민주의를 언급하는 자리에서조차도 여전히 힘을 행사하고 있다는 사실을 잊어선 안된다. 그 정도가 얼마나 심각하고 또 도처에 만연되어 있는지는 아래 월러스틴의 언급에서도 확인된다.

> 오늘날 세계에서 '계급-인종적 하위계층이 존재하지 않는 어느 한 나라를 말해보라고 하면 누구든 당혹스러울 것이다. 사실이 이러하므로, 특정 국가들에 관련하여 제시된 일체의 자기중심적 설명들은 그 타당성을 잃게 된다. 우리는 왜 모든 곳에 하위계층이 존재해야 하는가의 문제뿐만 아니라 왜 하위계층이 대개의 경우 인종 차원을 띠게 마련인가 하는 점을 묻지 않을 수 없다.[55]

---

55 이매뉴얼 월러스틴(1994), *op. cit.*, pp. 113~114.

문화를 구성하는 자도 '인간'이지만, 문화의 중심에도 신자유주의적 자본이나 소비사회적 상품이 아닌 '인간'이 자리해야 한다. '인간'이 문화와 예술의 중심이 될 때 오늘날과 같이 디지털 미디어를 통해 온 지구촌을 휘감고 있는 가상-시뮬라크르가 현실-실재의 세계를 조롱하는 일이 없을 것이다.[56] 그리고 그렇게 '인간'이 중심이 되어야 타자 담론의 생산자(서구인)와 피식민 타자(아프리카인)의 거리가 좁혀질 수 있을 것이며, 그렇게 머지않은 장래에 그들에게도 '말할 기회'가 주어져야 타자는, 스피박이 염려했던 것과 달리, 낯섦에서 친숙함의 단계로 진입할 수 있을 것이다. 물론 이 단계에 이르려면, 기어츠도 정확히 짚고 있듯, 아직 "갈 길은 멀다."[57] 타자와 타문화 앞에서 겸양의 태도를 취하는 것에 아직도 많은 사람들이 낯설어 하기 때문이다. 월러스틴은 하위주체가 존재하지 않는 나라는 지구상에 존재하지 않는다고 했다. 인류가 멸망하지 않는 한 식민주의적 타자관은 사라지지 않을지 모른다. 글로벌 공공선이 전제된 복수공통문화론에 대한 인식 전환이 필급한 이유이다. 이코노사이드(Econocide)의 주범이기도 한 작금의 경제의 세계화의 환상에서 벗어나 문화적 다양성과 타자의 이타성을 '위대한 정신', 아니 일종의 "정신혁명"[58]을 통해 내화(內化)하지 않으면 안 되는 이유가 여기에 있다.

56 박치완, 『이데아로부터 시뮬라크르까지』, 한국외국어대학교 출판부, 2016 참조.
57 C. Geertz, op. cit., p. 16.
58 K. Mofid, "Globalization for the Common Good", Globalization & Identity, New Brunswick & London: Toda Institute for Global Peace and Policy Research, 2006, p. 27.

제7장 ———

우리/그들,
동양/서양의 야만적
이분법 재고

"아, 동양은 동양이고, 서양은 서양이네. 그래서 둘은 결코 만날 수 없지,

지구와 하늘이 지금 당장 신의 위대한 심판대 앞에 선다면 모를까.

하지만 동양도 없고 서양도 없다네.

국경도 혈통도 출생도 중요하지 않기는 마찬가지,

(⋯) 서로 얼굴을 마주하고 섰을 때에는,

비록 그들[동양과 서양을 대변하는 두 사람]이 지구의 끝에서 온다고 해도!"

———— R. 키플링, 「동양과 서양의 발라드」

"우리는 낯선 모든 것을 '스스로가 제3자가 됨'으로써만 자연스럽게

이해할 수 있다. 낯선 것은 곧 자기의 변형태이다."

———— H. 노발리스, 『단편선』

1. 상호/횡단 문화의 시대, 문화교류의 과거사와 현재의 화두

『인종과 역사』에서 일찍이 레비스트로스는 인종·민족중심주의가 문화

적 다양성을 위협하는 일차적 요인이라고 지목한 바 있다.[1] 인종ㆍ민족중심주의는 주지하듯 인간을 문화적 요소로 정의하는 기본 전제를 부정하는 유럽중심주의의 모태이기도 하다. 돌려 말해 인종ㆍ민족중심주의는 '모든 인간'이 '문화적 존재(homo culturans)'라는 '엄연한 사실'을 부인하고 '특수한 인종ㆍ민족'만이 문화적이고 그 밖의 인종ㆍ민족은 야만적이라는 이분법을 고안해 '인간'에 대한 차별을 정당화했으며, 이것이 서구가 그들의 소위 '식민지'를 개척한 이념이자 통제 방식이기도 했다.

이러한 지배/피지배의 이분법이 인종ㆍ민족중심주의의 기본 전제요 논리이기 때문에, 이 전제와 논리 하에서는 서구/서구인을 제외한 비서구 로컬 세계의 '인간'도 '문화'도 '(타고난) 자연성(로컬성)'을 위협받거나 압취당하기 마련이다. 인종ㆍ민족중심주의의 기승ㆍ강화로 인해 문화적 다양성이 위협받고 있는 20세기 중반 상황을 숙시(熟視)한 레비스트로스가 '괴물성(une monstruosité)', '파렴치(un scandale)'라는 형용어를 동원해 '서구/서구인의 야만'을 비판한 것도 필경 이 때문이었을 것이다.

서구에 의해 고안된 이러한 "인간에 대한 '차별'"과 "문화적 '위계'"의 설정, 인간과 문화에 대한 몰이성적, 반자연적, 반보편적 곡해는 '나(우리 = 서구인)'에게 낯선 것, 비동질적인 것에 대한 거부ㆍ부정을 정치적ㆍ이데올로기적으로 정당화하는 것으로 이어졌으며, '서구인의 타자', 즉 비서구인은 존재론적으로 즉자화ㆍ도구화되어 급기야 배제의 대상이 되는 불운을 맞이하게 된다. 서구인에게 낯설고 이질적인 타자는 결국 '그(그들)'로 고착화되는 게 당연한 수순이었으며, '너'가 아닌 '그(그들)'와의 거리는 점점 괴리되어 이제

---

1   C. Lévi-Strauss, *Race et Histoire*(1952), Gaillmard, 1987 참조.

나(우리)와 그(그들)의 관계가 더는 서로 '건널 수 없는 강'으로 표징(表徵)된다고 해도 과언이 아니다.

그렇게 서구인의 시야와 관심에서 멀어진 그(그들)는 급기야 원심력의 작용에 의해 '괴물(not-A)'로 변한다. 세계를 이렇게 A와 not-A로 양분한 서구인의 세계 인식은 not-A에 무질서, 비합리성, 우연, 오류, 불순물, 잡동사니와 같은 부정적 평가를 들씌워 자신들의 입지를 강화하고 정당화하는 데만 몰닉(沒溺)했던 것이다. 여기서 우리는 서구인이 임의적으로 창안한 이와 같은 '극단적 이분법'에 따라 '그(그들)'를 단순히 '낯선 것', 즉 '차이'로 인식하는 수준에 그치지 않고 차별의 대상으로 폭력을 행사했으며, 급기야는 '인종청소', '인종학살'의 대상으로 여겼다는 사실을 기억할 필요가 있다.[2]

'나(우리)'와 '그(그들)'의 관계가 이와 같이 극단적 수준으로 악화될 경우, 이게 단지 꾸며낸 이야기가 아니라 실제 '역사적 현실'이기도 하지만, 그동안 서구가 소위 이성과 과학, 문화와 문명이라는 명의(名義)로 포장해 논의해 왔던 '도덕'이며, '종교', '사회공동체', '국가', '인류', '휴머니즘' 등에 관한 합리적이고 고아(高雅)하기 그지없는 담론 모두는 무용지물이 되고 만다. '문화', '문명'이 대체 어떻게 '인종청소', '인종학살'이며 '노예'란 개념과 자연스럽게 짝을 이룰 수 있겠는가? 아니, 자연스럽게 형용 관계를 형성하고 있다는 것 자체가 이미 근현대 인류사의 씻을 수 없는 오점이요 치욕이라 할 수 있지 않은가.

그런데 이와 같은 반인륜적 만행을 서구는 식민지 개척기 이후 수 세기 동안 아무런 반성 없이 자행해 왔고, "그것은 우리가 한 일이 아니"라고 부인

---

2   A. Bell-Fialkoff, *Ethnic Cleansing*, St Martin's Press, 1996; N. M. Naimark, *Fires of Hatred: Ethnic Cleansing in Twentieth-Century Europe*, Harvard University Press, 2002 참조.

할 수 없는, 불가역적인, 결국 불명예스런 역사를 현대의 인류에게 안긴 것이다. 따라서 이러한 치욕의 역사를 모르쇠로 일관할 수 없는 상황에서 누가 감히 오늘날 〈서구 = 문화, 문명〉이라는 해묵은 일반화에 동의할 수 있겠는가? 주지하듯, 이미 지나간 역사는 되돌릴 수 없다. 이것이 역사의 법칙이다. 하지만 통렬한 자기비판을 통해 동일한 실착(失錯)을 반복하지는 않아야 하는 것이 양식을 갖춘 사람이라면 취해야 할 태도 아니겠는가. 인종·민족중심주의와 같은 실착이 더 이상 반복되지 않기 위해서는 무엇보다도 서구가 자기 탈을 벗는 데 앞장서야 할 것이다.

인종·민족중심주의의 폐단 극복은 '그(그들)'를 서구인의 '나(우리)'와 같은 문화적 존재로 인식하고 수용하는 데서부터 시작될 수 있다. 서구인은, 그들의 믿음 그대로, '나(우리)'의 고유한 문화를 보유하고 있다는 데 누구도 이의를 제기할 수 없지만, 중요한 것은 '그(그들)', 즉 비서구인도 '그(그들)'의 고유한 문화를 소지하고 있다는 것이 엄연한 '사실'이라는 데에 있다. 이러한 인식 전환 없이 문화적 상호성, 문화적 횡단성은 기본적으로 닻을 올릴 수도 의미를 획득할 수도 없다. 역설적으로 말해 '상호문화', '횡단문화' 개념이 20세기 중후반에 등장했다는 것은 서구의 인종·민족중심주의나 문화본질주의의 극복이 얼마나 시급한 현안인지를 우리 모두에게 경고하고 있는 것이나 다름없다.[3]

---

3 주지하듯 최근의 국제질서에서도 미국 주도의 '신야만주의'는 계속되고 있다. 이에 대한 비판은 T. Todorov, *La Peur des barbares. Au-delà du choc des civilisations*, Robert Laffont, 2008 참조. 토도로프는 이 책에서 "야만에 대한 공포가 새로운 야만을 생산"하기 때문에, 타자(타문화)와의 갈등을 가장 야만적인 '전쟁'으로 해결하려는 태도를 지양하고 국민, 시민의 관점에서 이를 헤아려 인류가 공존(vivre ensemble)할 수 있는 길을 모색하는 것이 필급하다고 역설하고 있다. 일찍이 토도로프는 우리/그들의 서구적 이분법에 대한 비판서 *Nous et les autres*(Seuil, 1989)를 출간하기도 했다.

M. 메를로 퐁티에 따르면 '세계'는 '나(우리)'의 것만도 '그(그들)'의 것만도 아니다. 그에게 '세계'는 '나(우리)'와 '그(그들)' 모두의 것이다. 부언컨대 '나(우리)'와 '그(그들)'는 공히 "'같은' 세계"에 뿌리를 내리고 있는 존재이다. 아니 '나(우리)'와 '그(그들)'가 '같은 세계'에 속해 있다고 말하는 것이 더 정확한 표현일 것이다. '세계'는 '나(우리)'와 '그(그들)'를 '나(우리)'와 '그(그들)'이게 하는 존재의 토대이자 삶의 터전이며, 문화교류와 소통의 장(場)이다. 메를로 퐁티가 자신의 철학을 '자기-세계-타자'의 관계로 설계한 것도 이 때문인지 모른다. 그에 따르면 바로 이 "3차원이 '동시에' 철학을 구축한다."[4] '자기-세계-타자'가 '동시에' 철학을 구축한다는 것은 이 중 그 어떤 하나라도 간과해서는 철학이 '불구의 상태'가 되고 만다는 뜻이다. 메를로 퐁티의 이러한 전후기를 관통하는 철학적 설계(구상)에 따르자면, 서구의 인종·민족중심주의(문화본질주의)는 위불위(爲不爲)를 물을 필요도 없이 '불구의 사상'이라 감히 평정(評定)할 수 있을 것이며, 그 불구성으로 인해 저지른 인류사적 폐해는 고스란히 비서구인이 감당해야 했다는 사실을 기억할 필요가 있다. 데카르트의 코기토론도 레비나스의 절대타자론도 불구의 철학이기는 마찬가지다. 데카르트는 메를로 퐁티가 말한 3차원 중 타자와 세계가 없고, 레비나스에게 있어서는 타자만 홀로 절대화되어 있는 관계로 자기와 세계가 없다.[5] 하지만 이 자리에서 다시 한 번 곰곰이 생각해 보자. 세계가 없이는 나도 존재할 수 없지만 타자도 존재할 수 없다. 마찬가지로 타자 없이는 세계도 나

---

4 M. Merleau-Ponty, *Le visible et l'invisible*, Gallimard, 1964, p. 188.
5 이에 대해서는 필자의 다음 논문 참조: 「신수사학의 관점에서 본 데카르트의 설득과 논증의 문제」, 『수사학』 제10호, 2009, 87~129쪽; 「비평적 해석의 관점에서 본 레비나스의 윤리학」, 『철학과 현상학 연구』 제58집, 2013, 73~103쪽.

도 존재할 수 없다. 즉 나, 타자, 세계는 메를로 퐁티의 전문 용어로 표현하면 '한 몸'이나 같다.

이런 까닭에 메를로 퐁티는 3차원을 '동시에(à la fois)'로 결련(結連)시켜 자신의 철학적 구상을 절대/상대, 영혼(정신)/신체, 자기(자아)/타자(타인), 주체/대상, 존재/실존, 역사/자유, 사실/가치, 가시적인 것/비가시적인 것, 과학/철학, 철학/반철학 등과 같은 전통적인 이분법적인 사유틀과 구분해 자기만의 고유한 '사유영토'를 개척했던 것이다.[6] 그리고 이 자리에서 우리는 특히 그가 왜 "나와 세계와의 관계"는 반드시 "타자(들)를 통해 수용하도록 명령한다"[7]고까지 역설(力說)하고 있는지 그 의미를 깊이 되새겨볼 필요가 있다. 이는 타자가 나와 세계의 관계만큼, 아니 그 이상으로 중요하다는 '의도된 강조'라 할 수 있다. 왜 타자가 나와 세계의 관계만큼, 아니 그 이상으로 중요한가? 그것은 일차적으로 '세계'가 나와 타자의 모근(母根)이기 때문이다.[8] 따라서 '세계'를 오로지 '나(우리 = 서구인)'만을 위해 존재하는 배타적 장소(공간)로 착오(錯誤)해서는 곤란하다. 메를로 퐁티의 3차원 중 '세계'를 중심에 놓고 보면 나와 타자, 서구인이나 서구인의 타자인 비서구인이나 '세계'의 아들딸이기는 마찬가지이다. 이는 결국 '세계'는 '나'와 '타자'를 구분하지 않는다는 새로운 세계-관이자 철학의 새로운 이정표다.

---

6 P. Dupond, *Le vocabulaire de Merleau-Ponty*, Ellipses, 2001, pp. 51~53 참조.
7 M. Merleau-Ponty(1964), *op. cit.*, p. 85.
8 메를로 퐁티에게 '세계'는 '나'와 '타자'의 모근(母根)일 뿐만 아니라 사유(철학)의 모근이기도 하다. 그는 『지각의 현상학』 서문에서 다음과 같이 표명하고 있다: "세계가 존재한다." 이는 그에 따르면 "세계가 존재한다는 '사실'(le fait du monde)을 극복하려는 사유가 존재하지 않는다는 것을 재인하는 법을 배워야 한다"는 언급으로 연결된다. 단적으로 말해 메를로 퐁티에게 있어서 '철학'은, '나'가 '타자'에 결코 우선할 수 없는 것과 마찬가지로, '나'는 존재하는 모든 것을 거두어들이는 '세계'에도 우선 할 수 없다. 세계가 있고 철학이 있는 것이지 그 역은 아니란 뜻이다.

거듭 강조하지만, '나'와 '타자' 모두는 바로 이 '세계'가 있어 비로소 존재한다. 그리고 이런 의미에서 '나'와 '타자'는 각기, 메를로 퐁티의 전문 용어로, '세계-존재(l'être au monde)'가 된다. 세계-존재로서 '나'와 '타자'는 따라서 '세계'와 미분적인 관계인 것은 너무도 자명하다. 메를로 퐁티에게 있어 '세계'를 지각(이해)한다는 것은 곧 타자를, 자기에 앞서, 경험한다는 의미이며,[9] 이런 점에서 데카르트의 코기토는 메를로 퐁티의 "세계의 기획(projet du monde)"에 따르자면 '재사유'되지 않으면 안 될 운명이다.[10] 결국 메를로 퐁티가 "타자를 통해서" "나와 세계의 관계"를 경험하고 이해해야 한다고 말한 것의 진정한 의미가 바로 여기에 있다. 이러한 메를로 퐁티의 새로운 인식론은 결국 나로 인해 배제된 타자를 나와 같은 존재로 세계에 초대한다는 의미로 이해된다.

물론 메를로 퐁티의 철학은 이 장에서 필자가 견지하는 입장과 같이 "'문화적 존재'로서 인간"에 초점이 있는 것이 아니라 '세계'와 '몸(살)'에 초점이 있다는 것은 널리 알려진 사실이다.[11] 그리고 이에 부가해 그의 '타자' 개념

---

9 타자 경험의 중요성에 대해서는 메를로 퐁티의 다음 언급 참조: "[현상학자들이 고민하는 것처럼] 우리는 우선 우리 자신의 의식 속에서 살지 않으며 더더욱 사물들에 관한 의식 속에서 사는 것도 아니다. 하지만 우리는 타인의 경험(l'expérience d'autrui) 속에서 산다. 우리는 이미 다른 사람들과 접촉(contact avec les autres)을 가지기 전에는 결코 우리가 존재한다고 느끼지 못하며, 우리의 반성은 [이렇듯] 항상 타인과의 교제가 빈번할 수밖에 없는 우리 자신에게로의 귀환이다." - M. Merleau-Ponty, *Causeries*(1948), Seuil, 2002, chap. V, §5.
10 https://www.universalis.fr/encyclopedie/phenomenologie-de-la-perception/, p. 1 참조 (검색: 2018.04.05). 메를로 퐁티의 세계-존재와 데카르트의 코기토 비판은 M. Merleau-Ponty, *Phénoménologie de la perception*(1945), Gallimard, coll. «Tel», 2005, 제3부 1장 참조.
11 주성호, 「왜 메를로 퐁티는 신체의 현상학에서 살의 존재론으로 이행하는가?」, 『철학과 현상학 연구』 제20집, 2003, 115~136쪽 참조.

은 기본적으로 '세계'와 비분리적이라는 점 또한 앞서 언급한 바 있다. 이 장과 관련해서는 바로 이 점이 우리가 메를로 퐁티에게서 학습해야 할 메시지이자 교훈이다. 그리고 무엇보다도 메를로 퐁티는 "철학의 '구조'" 자체를 '자기-세계-타자'라는 세 개의 개념을 통해 구축하고자 했고, 그의 이러한 3항적 일원론이 '상호문화', '횡단문화' 개념을 성찰하는 데 중요한 이정표 역할을 한다.

'상호문화', '횡단문화'의 시각에서 메를로 퐁티의 '자기-세계-타자' 도식이 유의미하고 새롭다고 판단한 이유는 일차적으로 그가 각 차원을 개별적으로 분리하지 않고 상호 순환적으로 보았다는 데 있다. 각 차원이 상호 순환적으로 작용/반작용하기 때문에 요의 '자기-세계-타자' 간의 연결고리는 각 항들의 단순한 병렬에 그치지 않는다. 세 항 간의 상호 순환성은 '자기↔세계↔타자'와 같이 '상호적 운동'을 통해 "관계의 '밀도'"가 점점 높아진다는 것이 특징이다. 관계의 밀도가 높아질수록 각 항은 다른 항과 분리 불가능한 상태로 진일보하게 된다. 요의 '문화', '문화적 인간'도 이와 마찬가지로 상호 순환(상호운동)하면서 상대와 관계의 밀도를 높여 간다면 요의 문화본질주의적 이분법을 극복할 수 있다는 것이 필자의 생각이다.

문화적 차이를 강조하며 분리심(分離心)만을 조장하기보다 어떻게 그 차이를 좁혀갈 수 있을지를 고민하는 것이 중요한 이유이다. 상호문화, 횡단문화와 관련해 메를로 퐁티의 첫 번째 교훈이 바로 여기에 있다. 상호문화, 횡단문화는 자기/타자, 자문화/타문화가 '세계'와 분리될 수 없다는 전제 하에서 진행될 때 요의 '공존·공생의 철학'이 비로소 터 잡을 수 있다. 따라서 '세계'는 물론이고 '타자'와도 극명하게 분리된 서구의 인종·민족중심주의는 메를로 퐁티의 의견에 빗대면 그 불구성으로 인해 당연 폐기되어야 마땅하다. 이것이 바로 메를로 퐁티의 '동시에의 철학'이 전하는 두 번째 메시지이다. 그리고 이 둘을 종합하면, 문화는, 즉 모든 로컬 문화는 세계(각 로컬리티)와의 자연성을 모태로 생성된 것이기 때문에, 각기 고유하며, 바로 그 고유성(자연성, 로컬성)을 상호 존중하면서 교류해야 한다는 새로운 주문을 낳는다.

거듭 강조하지만 로컬에 기반하지 않은 문화, 로컬을 뿌리를 두지 않은 문화란 기본적으로 존재할 수 없다. 역설적으로 말해, 모든 문화는 로컬 기반 문화이며, 타문화와의 교류·소통도 역시 로컬이 기초가 된다. 문화는 이렇게 로컬을 기반으로 내재화·외재화된다. 중요한 것은 내재화와 외재화를 동시에 꾀하면서 타문화와의 교류·소통의 길이 예비된다는 점이다. 우리의 이와 같은 주장에 대해 "그렇다면 로컬 기반 문화도 서구의 인종·민족중심주의에서처럼 동일성의 논리를 답습하는 것 아니냐?"고, 반문할 수 있다. 물론 로컬 기반 문화가 일정 부분은 동일성의 논리에 기대고 있는 측면이 없지 않다. 하지만 서구의 인종·민족중심주의에서의 동일성의 논리와 로컬 기반 문화에서의 동일성의 논리 간의 차이가 무엇인지를 밝히면 위의 반문은 곧바로 해소될 것이다. 서구의 인종·민족중심주의에서의 동일성의 논리와 로컬 기반 문화에서의 동일성의 논리 간의 결정적 차이는 후자의 경우, 이미 앞서도 설명했듯, 타자, 타문화를 배제하지 않고 타고난 자연성을 있는 그대로 인정한다는 데 있다. 타자, 타문화의 자연성을 있는 그대로 인정한다는 것을 더 적극적으로 설명하면 '나(우리)'의 문화가 중심을 전유해 '그(그들)'의 문화를 분리·구분해 '괴물' 취급하며 배제하지 않고 '그(그들)'의 문화에도 '나(우리)'의 문화와 동등한 지위를 부여한다는 뜻이다. 즉 필자가 염두하고 있는 로컬 기반 문화론에서는 모든 문화가 동등한 지위를 갖는다는 것이 기본 전제이다.

서로 다른 '곳'에 뿌리를 두고 있는 문화 '들'이 본래적 자연성을 회복하는 것이 중요한 이유가 여기에 있다. 그리고 바로 이 문화의 자연성을 기준으로 삼을 때 문화는 '서구'에만 존재하는 것이 아니라 '도처에' 존재한다는 말이 성립된다. 문자 그대로 '도처에' 존재하는 문화가 도처의 문화와 교류ㆍ소통하는 것이 곧 로컬 기반 문화론의 밑그림인 것이다. 로컬 문화는 "로컬에 고립된 문화"가 아니라 "다른 로컬 문화들과 관계하는 문화"란 뜻이다.[12] 이런 이유 때문에 관계가 서로 소원한 문화들일수록 정례적인 관계를 유지하며 서로 교류ㆍ소통하는 것이 중요하다.[13] '문화'는 다양한 문화들이 한데 어우러지는 교호(交互)의 장에 그 본질이 있지 순일(純一)한 문화의 박제보관소에 그 본질이 있는 것이 아니다.

'문화'는 사적ㆍ배타적 소유물이 아니라 메를로 퐁티를 통해 앞서 살펴본 '세계'가 그 발현체의 주인이다. '세계'의 발현체로서 문화는 '하나'가 아니라 당연 '여럿'이다. 각 문화는 타문화와의 관계도 중요하지만, 자문화의 거듭남도 역시 중요하다. 거듭나지 않는 문화는 '죽은 문화'나 다름없다. 서구가

---

12 R. Korff, "Local Enclosures og Globalization. The Power of Locality", *Dialectical Anthropology*, No. 27, 2003, p. 14.
13 여기서 많은 사람들은, 코르프가 정확히 직시하고 있듯, 오늘날과 같은 글로벌 시대에 "로컬 공간을 어떻게 경계 지을 수 있는지? 그 경계가 대체 어디까지라 할 수 있으며, 로컬 문화와 로컬 지식의 도달 범위가 얼마나 되는지?"(*ibid.*) 등과 같은 질문을 제기할 수 있다. 하지만 중요한 것은 지역-로컬 문화들 간의 관계에서도 그렇고, 글로벌 문화를 논하는 경우에서도 항상 지역-로컬이 배경이 된다는 사실이다. "세계화 관련 담론도 지역-로컬 배경을 가진다. 세계화는 따라서 특정한 지역-로컬 문맥으로부터의 세계적인 지배라고 해석될 수 있다. 세계화가 지역-로컬에 어떤 영향을 주는지를 이해하는 것이 중요한 것만큼이나 지역-로컬이 실제 얼마나 세계적인지, 다른 한 편 어떤 것을 일러 세계 속의 지역-로컬이라고 하는지를 파악하는 것이 관건이다."(*ibid.*, p. 15)

그래 왔던 것처럼, 타문화 지배가 목표인 문화는 이미 '문화'의 본질을 탈리(脫離)한 것과 같다. 문화는 타문화와 교류·소통함으로써 거듭나고, 타문화가 자문화로 인해 거듭난다면 '세계'는 다양한 문화, 문자 그대로 '다문화 공존', 즉 모든 로컬 문화의 자연성이 회복된 새로운 세계, 서구의 식민제국주의가 문화적 위계를 통해 로컬 세계를 재단하기 시작된 이래 인류가 경험해본 적이 없는 그런 세계가 내도(來到)할 것이라 믿어 의심치 않는다.

2. 동서양 문화의 가교: 메를로 퐁티의 '세계'와 줄리앙의 '공통세계'

1) 메를로 퐁티의 '자기-세계-타자'와 동서양 교류의 새로운 출입문

내도할 세계에서는 인간을 더는 얼굴색으로 구분하는 어리석음을 범하지는 않을 것이다. 내도할 세계는 인간을 다시는 문명인/야만인으로 차별하지 않을 것이며, 소유한 것(재산이건, 지식이건)으로 인간을 판단하지도 않을 것이다. 내도할 세계는 타고난 문화적 차이 및 다양성에 대한 새로운 인식(re-connaissance)을 통해 문화적 존재인 인간의 존엄성을 회복하는 일을 최우선 과제로 삼아야 할 것이다. 인간의 존엄성이야말로 모든 사상이 추구해야 할 최고 가치이며, 모든 가치의 공통적·보편적 토대라 할 수 있다. 그 어떤 직분이나 계급, 인종과 무관하게 보편적으로 존중되어야 하는 것이 바로 인간의 존엄성이다. '나(우리)'를 위해서도 '그(그들)'를 위해서도 기본적으로 인간의 존엄성이 파괴되고 나면 앞서 언급한 메를로 퐁티의 '세계'도 당연 파괴될 것이다. '세계'가 붕괴되면 결국 '자기-세계-타자'가 통으로 붕괴된다는 것은 불 보듯 뻔한 일이다.

'자기-세계-타자'가 붕괴되었다는 것은 학문, 철학이 제 역할을 하고 있지 못한다는 증거이리라. 서구의 인종 · 민족중심주의가 낳은 문화 교류의 과거사 그리고 현재가 바로 이렇듯 누란지위(累卵之危) 상황에 처해 있는 것 아니냐고 물으면, 왜 바늘만 한 것을 몽둥이만 한 것처럼 과장하느냐고 반문할 것인가? 하지만 전혀 그렇지가 않다. 그 정도로 지구촌의 현실은 문화적 갈등과 충돌로 현재에도 대립해 있다. 문화가 자연성을 살려 교류 · 소통하지 못하고 있는 것이 문화적 갈등과 충돌의 직접적 원인이라는 것은 삼척동자도 다 아는 일이다. 앞서 우리는 "인종 · 민족중심주의의 극복은 '그(그들)'를 서구인과 같은 문화적 존재로 인식하고 수용하는 것이 우선 과제"라 했다. 메를로 퐁티의 '세계' 개념을 중심에 놓고 볼 때 '타자', 즉 서구인의 '그(그들)', 즉 비서구인은 제거해야 할 '적'이 아니라 분명 맞이해야 할 '동류 인간'이다. 따라서 서구인, 비서구인 할 것 없이 각기 타자를 '교류의 새로운 출입문'을 통해 '환대'할 수 있는 방안에 대해 고민하고 또 고민해야 한다. 여기서 우리가 문화의 교류 · 소통을 설명하기 위해 굳이 '문'을 비유로 끌어들인 것은 바로 이 '문'에 본의(本義) 상으로 안과 밖의 소통이 전제되어 있기 때문이다.

문화의 교류 · 소통의 문은 더 이상 자문화만을 위해 자물쇠를 걸어 잠근 채 "불가통약적 차이(incommensurables différences)"[14]를 만들어내지 않을 것이다. 어의 그대로 '문'은 사람들 간에도 교류 · 소통을 통해 통약 가능한 부분을 확대할 수 있는 매개체이다. 그런 점에서 문은 '자물쇠가 없는 회전문'

14 C. Ess and M. Thorseth, "Neither relativism nor imperialism: Theories and practices for a global information ethics", *Ethics and Information Technology*, No. 8, 2006, p. 92. 저자들은 '불가통약적 차이'의 원인 제공자로 '식민지화'와 '제국주의'를 꼽고 있다. 식민지화와 제국주의는 이들에 따르면, "타자들과 그들이 가진 실제적 차이를 제거하는 방식으로 대화(?)한다."(*ibid.*, p. 93) 문제는 ICT도 예외가 아니라는 것이다. 해서 이들은 글로벌 정보윤리가 "다양한 사회의 복수적 지식"이라는 "숙의민주주의의 핵심 가치가 구현"(*ibid.*, p. 95)될 수 있는 윤리를 제안한다.

이어야 하지 않을까 싶다. 회전문은 어느 쪽에서건 원하기만 하면 상대를 향해 다가서 손을 내밀 수 있다. 그렇게 자신이 먼저 다가서서 상대와 오랜 기간 항존(恒存)했던 거리를 좁혀 가는 것이 기본적으로 '상호문화', '횡단문화'가 목표로 하는 바다. 이를 위해서는 먼저 타문화에 대한 편견의 벽을 해체하고 서로가 교가(交加)할 수 있는 길을 찾는 것이 관건일 것이다. 이 과정에서 중요한 것은 '나(우리)'의 '그(그들)', '그(그들)'의 '나(우리)'를 위한 문화적 통약성의 상수(常數)가 더는 '인종 · 민족적인 것', '정치 · 경제적인 것'이 되어서는 곤란하다는 점이다.

요인즉 문화적 통약성의 상수는 '문화적인 것'이어야 한다. '문화적인 것'은 우리가 앞서 살펴본 "'세계'의 발현체로서 문화"를 의체(義諦)로 한다. '문화적인 것'이 인종 · 민족적인 분리 · 분별의 인식틀도, 정치 · 경제적인 계층 · 계급의 틀도 뛰어넘을 수 있다고 보는 것도 이 때문이다. 그뿐만 아니라 '문화적인 것'은 지리적 거리도 자유롭게 가로지른다. '문화적인 것'은 호모 쿨투란스(homo culturans)가 본질인 인류를 하나 되게 하는 연대의 끈이자 내도할 세계의 핵심 인자(因子)이다. 메를로 퐁티가 강조한 것처럼 만일 "타자를 통해" "나와 세계의 관계"가 이렇게 일신되기만 한다면, 나(우리)와 그(그들)를 금차(今次)에는 '세계'가 나서서 응접(應接)할 것이다. 그리고 이렇게 일신된 세계에서라면, 모든 인간은 각기 자율적으로 자신의 존엄성을 호지(護持)할 수 있는 것은 물론이고 각 로컬 세계 또한 현재처럼 '세계화'라는 강력한 외풍에 의해 탈영토화되는 일 없이 고유한 '문화권'을 견수(堅守)할 수 있게 될 것이다.[15]

15 문화권(문화자원)의 견수가 얼마나 중요한지에 대해서는 F. 줄리앙의 다음 책 참조:
F. Jullien, *Il n'y a pas d'identité culturelle, mais nous défendons les ressources d'une*

문화가 없는 개인이란 상상할 수 없는 일이다. 이는 영토가 없는 국가란 존재하지 않는다는 말과 같다. 같은 맥락에서 로컬 세계의 문화가 결략(缺略)된 '문화적 다양성' 주장은 종이호랑이와 다를 바 없다.[16] "문화권을 침해하거나 위반하는 행위는 [이런 점에서] 그 어떤 제도나 원리, 법칙에 의해서도 정당화될 수 없다."[17] 바로 이것이 상호문화, 횡단문화의 기본 전제요 내도할 문화를 예비하기 위한 조건이다. 그리고 문화들 간의 관계의 밀도가 높아져 상호성, 횡단성이 확대된다면 무엇보다도 문화의 담지자요 생산자이며 향유자인 인간이 마침내 "실효적 자유"를 누릴 수 있게 될 것이다.[18] 거듭 강조하지만 '세계'와의 자연성 회복은 곧 인간의 존엄성과 실효적 자유의 회복에 그 목표가 있다.

문화적 존재(un être de culture)인 인간은 기본적으로 로컬 세계를 달리하고 있기 때문에 삶의 패턴과 사고방식이 다를 수 있다. 또한 삶의 패턴과 사고방식이 다르기에 가치관과 세계관을 달리하는 것은 너무도 '자연스러운' 일이다. 이를 우리는 '문화의 생래성(生來性)'이라 정의할 수 있지 않을까 싶다. 문화의 생래성은 문화의 자연성 및 로컬성과 연결시켜 이해하면 그 의미가 보다 분명해질 것이다. 이는 결과적으로 '문화'의 생명은 보편성보다 상대성에 있다는 뜻이기도 하다. 문화에서는 상대성이 곧 절대성의 다른 이름

culture, Éditions de l'Herne, 2016.

16 A. Phillips, Multiculturalism Without Culture, Princeton University Press, 2007 참조.
17 박치완, 「문화적 전환의 시대, '문화'는 '보편적으로' 매개되고 있는가?」, 『현대유럽철학연구』 제49호, 2018, 172쪽.
18 메를로 퐁티는 앞서 인용한 『강연집(Causeries)』(2002)에서 인간은 언어라는 도구를 통해 타자와 대화하고, 세계의 삶(la vie du monde)에 참여함으로써 자기(le soi)가 실효적인 자유(liberté effective)를 성취할 수 있다고 강조하고 있다. 이 저서에서도 우리는 『가시적인 것과 비가시적인 것』을 인용해 1절 말미에서 언급한 〈자기-세계-타자〉의 도식이 그대로 등장하고 있다는 점을 발견할 수 있다.

이다. '상대적 절대성', '절대적 상대성'이란 언어의 조합이 더 적절한 표현일지도 모르겠다. 그런데 서구의 인종·민족중심주의에서는 자신들의 '백인-기독교 문화'만이 절대적이고 유일한 것이란 '이데올로기'를 조작해 내 비서구권에 대한 문화 지배와 폭력을 정당화했다. 그 결과 '그(그들)'가 갖는 문화적 차이와 이타성은 철저히 부정되고 상호/횡단문화적 대화는 원천적으로 봉쇄되었으며, 모든 로컬을 초월해 공통적이고 보편적이라 할 수 있는 인간의 존엄성이 실추되었다. 이렇게 실추된 인간의 존엄성과 문화의 상대적 절대성은 '자기↔세계↔타자'라는 새로운 인식틀로 회복시켜야 한다. '자기↔세계↔타자'의 인식틀은 자기와 타자가 공존·공생하는 새로운 문화인식론이자 '세계'에 대한 연대와 책임의 윤리학이다.

이 새로운 문화인식론과 윤리학은 인종·민족의 다양성과 문화적 각자성과 독립성, 자연성과 생래성을 존중하며 개인과 사회 및 모든 로컬 공동체를 미래 세계의 관점에서 평화적으로 아우르는데 목표가 있다. 백인이든 흑인이든, 가진 자든 못 가진 자든, 불교도이든 회교도이든, 귀머거리이든 절름발이이든, 섬사람이든 대륙 사람이든, 사막 사람이든 북극 사람이든, 그 어떤 인간도 메를로 퐁티의 이 "'동시에'의 철학"은 '괴물'처럼 내팽개치거나 배제하지 않고 껴안고 품을 것이다. 메를로 퐁티의 철학은 이렇듯 '하나'를 돌을 세우기 위해 다수를 등지지 않는다. 아니 역설적으로 하나를 잊어야만 비로소 다수가 발견된다고 그의 "'동시에'의 철학"은 우리에게 포고(布告)하고 있다. '동시에'는 자기와 타자가 위계적 관계가 아니라 수평적 관계를 유지한다는 전제에 기초한다.

존재하는 모든 것이 메를로 퐁티의 철학에서는 각기 존재 이유를 갖는다. 존재 이유를 가진 모든 존재는 각자성으로 자신을 대변한다. 그런데 그는 이 존재자의 각자성이 오직 "참된 관념, 존재의 절대성, 실증성, 목적성"에만 투자한 서구의 고전적 합리주의 전통에서는 철저히 간과되었다고 비판한다. 그가 "고전적 합리주의와 파괴적 상대주의"를 아우를 수 있는 방법으로 "상대(관계) 속에서 절대(un absolu dans le relatif)"라는 관점을 새롭게 제시한 이유가 여기에 있다.[19] P. 뒤퐁이 메를로 퐁티의 철학을 다음과 같이 요약할 수 있는 배경도 제3의 길을 개척하려는 메를로 퐁티의 입장을 잘 대변해주고 있다: "[메를로 퐁티에게 있어] 철학은 반철학과의 관계를 사유하는 데 있다.";
"철학은 철학이기 이전에 반철학과의 통도(通道)이다. 철학은 철학 이전의 반철학에서 철학 이후의 반철학으로의 통행이다."[20]

메를로 퐁티가 이토록 상대성, 전(비)반성성, 불투명성, 애매모호성, 비가시성, 반철학 등을 주제화한 까닭이 뭐겠는가? 보편적인 것을 추구한다는 미명 하에 철학이 모든 상대적인 것들을 무도(無道)하게 부정하거나 거부한 것들을 제자리로 되돌려놓으려는 것, 바로 거기에 있다. 메를로 퐁티의 "'동시에'의 철학"은 이런 취의(趣意) 하에 '상대적 보편성', 아니 '보편적 상대성'을 철학의 새로운 연구 시각으로 삼게 된 것이리라. 생각해 보라. 서구인이 문명화 과정에서 그토록 비하하고 조롱했던 것처럼 에티오피아인은 '언청이'인가? 아니다. 유대인은 '앉은뱅이'나 '3염색체를 가진 맹인'인가? 이도 역

---

19 P. Dupond, op. cit., pp. 51~52 참조.
20 Ibid., p. 53 - 일부 내용은 의미를 살려 보완 번역. 실제 메를로 퐁티는 삶의 후반부에 '반철학'에 대해 자주 언급했으며, 1961년 초에는 "Philosophie et non-philosophie depuis Hegel"이란 강의를 한 바도 있다(Notes de cours 1959-1961, Gallimard, 1996 참조). 그가 이렇게 '반철학'에 관심을 보인 것은 i) 서구의 존재론의 공허함(le vide ontologique)에 대한 도전이자 ii) 철학의 탐구 영역을 예술, 문학, 심리학, 사회학, 역사, 민족지학, 물리학 등으로 넓혀야 한다는 것과 관련이 깊다. 이에 대한 좀 더 상세한 언급은 É. Bimbenet, E. de Saint Aubert, "Merleau-Ponty, Philosophie et non-philosophie", Archives de Philosophie, T. 69, No. 1, 2006, pp. 5~9 참조.

시 아니다.[21] '그(그들)'는 서구인들이 폄훼한 것처럼 그렇게 더이상 '야만-인' 도 '괴물'도 아니다. '그(그들)'는 "서구인의 자기(Western Man's Self)"를 규정하 기 위해 청구된 그런 '타자'가 아니다.[22] '그(그들)'는 '나(우리)'와 '똑같은 인간' 이다. '우리'는 모두 '인간'이다!

'우리' 모두가 '인간'이라면, 이제 인간동물원(Human Zoo)에 '전시되어야' 할 인종·민족은 아프리카 흑인(Black Africans)이 아니라 서구인의 차례가 된 것 아닌가? 그 정도로 서구인들은 "인간에 대한 자기반성"[23]에 대해 야박(野 薄)했던 것이다. 자기반성에 대해 야박했던 결과 "타자들의 인간성마저 부인 하는" '인류적 범죄'를 백주대낮에 '문명'을 무기로 저질렀던 것이며, 문제는 이러한 비합법적·비인도적 범죄가 오늘날에도 신야만주의적인 형태로 계 속 진행되고 있다는 사실에 우리는 경악하지 않을 수 없다.[24]

레비스트로스는 자신도 예외일 수 없는 인종·민족중심주의를 '괴물성' 에 비유했는데, 들뢰즈 역시 자신도 예외일 수 없는 서구철학의 무수한 철 학적 개념들을 '괴물'에 비유한 바 있다.[25] 우연한 일치라지만, 토도로프, 윌

---

21 A. Jullien, *Le Métier d'homme*, Seuil, 2002 참조. 장애가 있는 저자는 이 책에서 '인간의 조건'에 관한 철학적 탐문을 자신의 경험을 중심으로 담아내고 있다.

22 K. M. Gagne, "On the Obsolescence of the Disciplines. Franz Fanon and Sylvia Wynter Propose a New Mode of Being Human", *Human Architecture,* Summer 2007, p. 252.

23 F. Jullien, *L'écart et l'entre. Leçon inaugurale de la Chaire sur l'altérité*, Galilée, 2012, p. 7.

24 T. Todorov, "Barbarie et messianisme occidental". Entretien avec Armand Colin, *Revue internationale et stratégique*, No. 75, 2009. p. 128. 전문은 다음과 같다: "야만적인 것은 분명 타자들의 인간성에 대한 부정이다. 야만은 실재한다(exister). 야만은 심지어 특수하 게 인간의 특징이기도 하다. 사람들은 야만적인 태도로 비인간이 되지는 않는다. 문제는 유일하게 인간만이 잔인한 행위를 하고 고의적으로 타자들에게 고문을 가하기도 한다는 사실이다. 이는 다른 동물 종에서는 실행되지 않는 바다."

25 G. Deleuze, *Dialogues*, Flammarion, 1997, p. 173. 들뢰즈에게는 주지의 플라톤의 '이데 아'가 대표적인 괴물이라 할 수 있다. 이데아는 반플라톤주의자 들뢰즈에게 반짝이는 별 일 수 없다. 울림이 있는 노래나 시가 될 수 없다. 이데아는 '죽은 개념'이다. 해서 이데아

276 | 글로컬 시대의 철학과 문화의 해방선언

러스틴, 줄리앙을 포함해, 눈 밝은 서구인들은 이렇게 자신들의 인종·민족 중심주의의 폐단이 무엇인지 그 핵심을 지적하는 데 주저하지 않고 있다. 이는 결국 계몽되어야 할 인종·민족은 비서구인이 아니라 서구인이라는 반증이 아닐까? 서구인이 비서구 타자를 지배·통제하는 데는 성공했는지 몰라도, 스스로는 이렇게 자신도 모르는 사이에 '괴물'이 되고 만 것이다. 문명화 과정이란 야만적 근대화, 그와 같은 이념의 괴물로 인해, 제사에서 인용한 키플링의 시 제1행의 표현처럼, "동양은 동양", "서양은 서양"이 되었고, 두 문화 사이에는 영영 건널 수 없는 편견과 불통(不通)의 강이 흐르고 있는 것이다.[26]

이렇게 서구인이 오직 자신들만을 문명인이라 착각하며 여전히 외눈거인(cyclopéen) 행세를 하는 한 "동양과 서양은 결코 만날 수 없다." 그렇게 동양과 서양은 서로 눈에서 멀어졌을 뿐만 아니라 마음까지 멀어져 '세계'를 함께 구축하는 기회를 갖지 못한 채 결별해 있는 상태다. 그러나 이제 우리는 서구인 앞에서 이렇게 물음을 던질 수 있어야 한다: "당신들이 그토록 집착한, '괴물'에 가까운 것이라 해야 마땅한 '보편주의', '보편성'이 과연 '보편적인 것'이라 할 수 있는가?"라고. "'세계'에는 오직 '서구적 보편성' 밖에 없는 것인가?"라고 말이다. 하지만 I. 월러스틴이 직시하고 있듯, 서구적 보편성이 단지 서구인만을 위한 보편성이라면,[27] 인도나 중국과 같은 문화대국의 보편

는 '괴물'에 다름 아니라는 것이다.

26 인도계 영국인인 R. 키플링(1865-1936)은 영국인 최초의 노벨문학상 수상자(1907년)이며 『정글북』으로 전 세계에 널리 알려진 작가이다. 제사에서 인용한 이 시 〈동양과 서양의 발라드〉는 Pioneer 誌에 실린 것(1889년 12월 2일)으로 문화적 갈등, 다문화 문제 등에 관해 언급할 때 종종 인용되곤 하는 시다(특히 1행). 두 문화(인도와 영국)를 동시에 경험했던 작가이기에 이 시 속에도 그의 자전적 측면이 함축돼 있다고 볼 수 있다.

27 이러한 서구적 태도의 문제점에 대해서는 I. Wallerstein, *European Universalism: The Rhetoric of Power*, New York: New Press, 2006.

성은 무시해도 되는 것인가? 이들 문화대국의 보편성도 함께 고려해야 하는 것 아닌가? 그리고 이들 비서구적 보편성이 만일 서구의 그것보다 못한 것이 아니라 훨씬 유연성이 높고 타자포용적인 것이라면, 그렇다면 계몽의 윤서(倫序)는 이제 서구, 서구인이 되어야 하는 것 아닌가?

월러스틴의 『유럽적 보편주의』나 J. J. 클라크의 『동양은 어떻게 서양을 계몽했는가』[28] 그리고 F. 줄리앙의 『문화들 간의 보편적인 것, 획일적인 것, 공통적인 것, 대화적인 것에 관하여』[29]라는 저작들이 국내외적으로 독자들의 관심을 사는 이유가 바로 여기에 있다. 서구의 인종·민족주의의 논리대로라면, 동양은 동양이었고, 서양은 서양이었다. 하지만 상호/횡단문화의 시대인 오늘날 서구의 식민제국의 논리는 더 이상 실효성도 없고, 설득력도 없는 괴귀(怪鬼)에 불과하다. 그런데도 불구하고 작금의 세계화의 논리는 인류의 공존/공생의 화두는 기피하고 식민제국의 논리를 모방·연장하는 데 여념이 없다. 소위 "문명화된 국가들일수록 군사적 개입, 다시 말해 야만적 개입 이외의 해법을 제시하지 않는 게" 문제라 할 수 있다.[30] 그러나 비서구 시민들이 이러한 괴물의 괴물성에 의해 재식민화되는 것을 아무런 저항 없이 허용할 수 있을 것이라고 생각하는가? 현금의 자본 중심의 세계화, 즉 북반구의 경제-기술 강대국 중심의 "글로벌 헤게모니의 재병합"일 뿐인 세계

28 J. J. Clarke, *Oriental enlightenment: The Encounter Between Asian and Western Thought*, Routledge, 1997(『동양은 어떻게 서양을 계몽했는가』, 장세룡 옮김, 우물이있는집, 2004) 참조.

29 F. Jullien, *De l'universel, de l'uniforme, du commun et du dialogue entre les cultures*, Fayard, 2008 참조. F. 줄리앙의 신문화론에 대해서는 박치완·김기홍, 「F. 줄리앙의 신문화론과 글로컬 공공선」, 『동서철학연구』 제73호, 2014, 319~438쪽 참조.

30 N. V. Motroshilova, "La barbarie, face cachée de la civilisation", *Diogène*, No. 222, 2008, p. 106.

화, 다시 말해 전 세계의 "토착 문화들을 [경제와 기술 중심으로 재편하고] 동질화·획일화하려는" 세계화야말로 비서구 약소국들의 입장에서는 추종의 대상이 아니라 당연 극복·저항의 대상이 되어야 한다.[31]

서구의 재식민화 풍기(風氣)에 대해서 우리는 그저 남의 일처럼 지켜보고 있을 수만은 없다. 필자가 앞서 인용한 키플링의 시에서 제3~4행에 주목하는 이유가 여기에 있다. "[서구/비서구, 동양/서양이] 서로 얼굴을 마주하고 서면", 더 이상 "동양도 없고 서양도 없다." 동양과 서양이 마주하고 섰다는 것은 기본적으로 서로가 상대(타자)를 청원(請願)한다는 뜻이리라. 서로가 타자를 기꺼이 청한다는 것은 또한 그동안 둘 사이에 너무 멀어진 심리·물리적 거리, 간극을 이제는 좁혔으면 하고 바란다는 뜻이리라. 물론 그 거리, 간극이 한순간에 좁혀질 리는 없다. 하지만 관계를 유지하며 계속 만나다 보면 거리, 간극은 충분히 좁혀질 수 있다. 중요한 것은 이렇게 "서로 얼굴을 마주하고 서면", 둘 사이에 임의로 놓인 심리·물리적 벽은 허물어지고, 그 벽이 교류·소통의 회전문으로 변해 서로에게 문화적 통약이 가능한 것들이 하나둘 교환·교류될 것이라는 점이다. 누가 먼저랄 것도 없이 문을 밀고 타자에게 다가서기만 하면 타자의 얼굴 앞에 선 자신을 발견하게 될 것이다. 타자의 얼굴은 곧 '나의 거울'과 같다. 거울을 보면서 얼굴을 찌푸리는 사람은 없다. 웃는 얼굴 앞에서 얼굴을 찌푸리는 사람도 없다. 그렇게 서로 "타자를 통해" 나를 발견하는 계기를 마련함으로써 둘 간의 거리, 간극이 좁혀지게 되는 것이다. 문화적 상호성과 횡단성도 이와 같이 두 문화 사이에서 상대를 반추하는 가교의 역할을 잘 수행해 낸다면, 키플링이 표현한 대로 더 이상

31 S. Hetata, "Dollarization, Fragmentation, and God", *The Cultures of Globalization*, F. Jamenson and M. Miyoshi (ed.), Duke University Press, 1998, p. 285.

"동양도 없고 서양도 없는" 날이 오지 않겠는가. "문명의 '야만'" 시대에 직면해[32] '우리'가 꿈꾸는 '미래-세계'가 바로 이것 아니겠는가! "'우리'의 꿈"은 "국경도 혈통도 출생도" 더 이상 차별의 기제로 작동되지 않는,[33] 바로 그런 '공통세계'를 개척하는 데 있다.

2) 줄리앙의 동양/서양, 중국/유럽의 공통세계 건설의 꿈

1절 말미에서 우리는 "'세계'와의 자연성 복구"가 "문화 논의의 일차적 과제"라 했다. 그리고 아울러 각기 고유한 문화적 독립성을 유지한 채 관계의 밀도를 높여 상호 교류하는 것이 로컬 기반 문화론의 핵심이라 했다. 여기서 우리는 동양과 서양이 각기 위치하고 있는 '곳(장소)'에 대해 재삼 숙고할 필요가 있다.

---

32 현대문명의 중심부에도 타자의 근접을 가로막는 '야만의 엉겅퀴'가 자라고 있다는 것은 놀라운 일이 아니다. 문제는 21세기에 접어들어 그 기세가 글로벌 차원으로 확대되고 있다는 것이며, 이를 N. 모트로실로바는 다음과 같이 다섯 가지로 세분해서 지적하고 있다: i) 자연 파괴로 인해 자초한 생태학적 야만, ii) 사회정치적 규범과 자유, 권리를 지키고 보호하는 일을 방치(放置)하거나 직무를 유기하는 정치적 야만, iii) 도덕적 규범을 위반하거나 인간의 가치를 경시하는 비도덕성의 야만, iv) 갈등의 소지를 군총(軍摠)을 동원해 해결하려는 군사적 야만, v) 인간의 원초적 일상을 황폐화시키는 일상성의 야만 - N. V. Motroshilova, *op. cit.*, p. 101.

33 물론 필자는 이 장에서 키플링의 시를 '주제적으로' 접근한다. 하지만 역사적으로 놓고 볼 때 이 시는 영국의 식민제국주의를 두둔하고 있다는 비판을 받는 것도 사실이다 - P. J. Stern, "Review essay: Neither East nor West, Border, nor Breed, nor Birth: Early Modern Empire and Global History", *Huntington Library Quarterly*, Vol. 72, No. 1, 2009, pp. 125~126: "결국 키플링이 시도한 '동양'과 '서양' 간의 통약성은 상호이해에 기반한 것이 아니라 '남성적 허세'에 기반한 것이며, (…) [영국과 같은 근대 제국의 횡단은] 상업적, 외교적 교환에 의한 것이 아니라 습격과 도둑질에 의한 것이었으며, 최종적인 화해는 (…) 영국령 인도 군대에 합병되는 것이었다." 요는 스턴의 지적대로 이러한 '글로벌 제국의 역사'가 '세계화'라는 미명하에 오늘날에도 반복되고 있다는 점이며, 설상가상으로 '(상호적으로) 결련(結連)된 역사(connected histories)'를 강조하며 자신들의 지배의 정당성을 '역사화하려는(historicizer)' 움직임까지 보이고 있다는 점이다(*ibid.*, p. 114 참조).

그 '곳'은 앞서 메를로 퐁티를 언급하면서 적시(摘示)한 대로 '세계'이다('자기↔세계↔타자'). 이 '세계'를 F. 줄리앙(1951~)의 용어로 바꾸면, 동양과 서양의 "공통세계(le commun)"가 된다. 다시 말해 동양과 서양이 교류·소통한다는 것은 바로 이 공통세계, 즉 동양과 서양 '사이에' 가로 놓인 세계를 새롭게 (더 정확히는 처음으로) 일구는 것으로, 이는 동양과 서양이 각기 상대에 대한 편견, 몰이해를 초극하고서야 재구성될 수 있는 '제3의 세계'이다.

이런 점에서 줄리앙이 구상하고 있는 '공통세계'는 어떤 '주의'나 어떤 사상을 통해 이미 구축된 것이 아니라 우리가 직접 나서서 함께 구축해 가야 할 현재-미래의 과제이다.

그렇다면 이렇게 함께 구축해 가야 할 공통세계를 위해 동양과 서양은 어떤 인식 전환을 해야 할까? 우선 상대에 대해 가진 편견을 버리는 일, 곡해를 불식시키는 일, 관건은 바로 여기에 있다. 상대에게 환상을 갖는 것은 금물이다. 상대를 제압·지배할 의도로 '조사·탐색'하는 것도 금해야 한다. V. 위고의 '원경 풍경화'처럼 "대륙 전체가 동쪽으로 기운 느낌이다"라고 개인적인 소회를 말할 수는 있다(물론 그 반대도 마찬가지이지만).[34] 하지만 오늘날 동양과 서양의 '사실화'는 감상이 불가능할 정도로 일그러져 있다는 게 필자의 판단이다. 더 정확히 말하면 동양과 서양의 사실화에는 동양이 등장하지 않는다고 해야 할까. 서양인도 동양인도 '하얀 가면'을 쓰고 있기에 동양인과 서양인, 동양과 서양이 구분되지 않는다고 해야 할까. 신자유주의 시대가

---

34 "루이 14세의 통치 시기[17세기 중엽]에 사람들은 그리스문화를 선호했지만, 지금 사람들은 동양에 대한 환상을 가지고 있다. (…) 이렇게 많은 지성인들이 동시에 아시아의 위대한 심연을 조사·탐색한 적은 결코 없었다. (…) 대륙 전체가 동쪽(à l'Orient)으로 기운 느낌이다." - V. Hugo, "Préface", Les Orientales, 1829.

되면서 '하얀 자본의 가면'이 등장하면서부터 나타난 기이한 현상이다. 앞서 메를로 퐁티를 통해 언급한 바 있듯, "타자를 통해" 자신을 되돌아보는 일이 중요한 까닭이 바로 여기에 있다. 허나 타문화에 대한 편견과 곡해를 반추하고 과거-현재의 과오를 반성하면 공통세계가 어떤 이유로 가로막혀 있는지가 밝혀질 것이다.

내도(來到)할 공통세계는 이렇게 동양, 서양 할 것 없이 각자가 몸에 밴 '아비투스(habitus)'를 버리지 않고서는 그 진체(眞體)를 경험하지 못할 것이다.[35] 하지만 자신의 아비투스까지 버리고 타자에게 다가서면, 타자와의 거리, 간극은 분명 좁혀질 것이고, 그 상태에서 동양과 서양이 마주서면, 또 마주서는 기회가 잦아진다면, 둘 사이의 관계는 자연성과 로컬성을 회복하는 것은 물론이고, 상호성과 횡단성까지 겸비하게 된다면 분명 공통세계는 기본 골격을 드러내기 시작할 것이다.[36]

타자는 나와 멀리 떨어져 있을수록, 문자 그대로 '타자'로 남는다. 하지만 나도 타자도 상대에게 조금 더 가까이 다가서면, 설사 전혀 안면이 없는 경우나 심지어 적이라 할지라도, 최소한 얼굴을 마주하고 설 수만 있다면, 그는 더 이상 '타자'로 머물지 않고 나와 대면한 '상대'가 된다. 따라서 타자는

---

35 '아비투스' 개념은 철학과 사회학에서 널리 사용되는 개념이다. 이 장에서 우리는 P. 부르디외 개념에 착안해 이와 같은 언급을 한 것이며, 필자 나름의 해석이 추가된 것임을 밝힌다. 주지하듯, 아비투스는 개인의 생각, 감정, 행동에 작용하며 동일한 집단의 사람들은 유사한 사회화를 경험하기 때문에 동일한 사회적 계급을 형성하기도 한다는 것이 골자다. 그에게 있어 아비투스는 이처럼 사회화 과정에서 생성되기 때문에 구조화된 구조(structure structurée)이다. 그러나 새로운 실천을 무한히 가능케 하는 생성원(générateur)이기도 하기 때문에 구조화하는 구조(structure structurante)이기도 하다 - 부르디외의 아비투스 개념에 대해서는 특히 다음 두 권의 책 참조: P. Bourdieu, *Le Sens pratique*, Minuit, 1980; Questions de sociologie, Minuit, 1980.
36 F. Jullien, *Si près tout autre, De l'écart et de la rencontre*, Grasset, 2018 참조.

나와의 거리, 간극이 문제가 될 뿐, 기본
적으로 마주할 수만 있다면, 얼마든지
가까운 사이(친구나 연인 또는 이웃)로 관
계가 변화 · 진척될 수 있다. 하지만 이
렇게 공통세계가 예비된 동양과 서양의
만남의 과정에서 다시금 어떤 개별 문
화(정체성)가 상수(culture dominante)가
되려 한다면, 그 만남은 곧바로 만남 이
전 상태로 후퇴하거나 만남 자체가 틀
어질 수밖에 없다는 점을 잊어선 안 된

〈그림2〉 줄리앙(1951~)
(출처: https://www.collegesuperieur.com/atelier-
de-lecture-françois-jullien.html)

다. 줄리앙이 '문화적 정체성'을 고수하는 것보다 '문화적 자원을 지키는 것'
이 중요하다고 역설한 이유가 여기에 있다."[37]

줄리앙이 문화적 자원을 지키는 것이 중요하다고 역설한 이유가 뭐겠는
가? 그것은 거듭 강조하지만 동양은 동양이었고, 서양은 서양이었던 분별 ·
차별의 시대를 극복하고 상호/횡단 문화적 교류 · 소통의 시대를 맞이하기
위해서는 동양과 서양이 함께 탐색하고 개척해가야 할 '공통세계'에 대한 관
심을 높여야 한다는 역설을 포함하고 있다.

여기서 요의 '공통세계'는 동양과 서양 모두가 '지켜야' 할 '문화적 자원'이
가능태에서 '현실태'로 바뀐 미래의 세계상이다.[38] 돌려 말해, 동양과 서양이

---

37 F. Jullien(2016), op. cit. 물론 줄리앙이 강조하는 '문화적 자원의 보호'는 '프랑스'라는 개
별 국가나 프랑스 내의 분파주의적 공동체주의자들이 말하는 문화자원이 아니라 유럽 전
체의 문화를 말한다. 필자는 이 장에서 이를 더 확대해 '지구촌 차원'에서 논의를 전개하
고 있음을 밝힌다. 즉 '세계'는 곧 '지구공동체'를 의미한다.
38 필자가 문화자원을 가능태로, 공통세계를 현실태로 본 것은 아리스토텔레스의 형이상학

함께 탐색하고 개척하지 않으면 공통세계는 현실태로 변화될 수 없다. 그런데 인류의 공유·향유 대상이자 공공재로서 문화가 교류·소통하는 공통세계를 여는 것도 중요하지만 이에 못지않게 문화의 원형을 보존하는 것도 중요하다.[39] 각 문화의 원형은 한 국가의 소유가 아니라 인류의 공공자산이다. 그때문에 우리는 문화를 문화상품처럼 사용가치나 교환가치로 평가해서는 곤란하다. 여기서 우리는 문화가 "비경제적 진리(uneconomic truths)"[40]라는 점을 환기할 필요가 있다. 앞서 우리는 '문화적인 것'이 인류(homo culturans)를 하나 되게 하는 연대의 끈이자 내도할 세계의 핵심 인자라고 언급한 바 있는데, 현대와 같은 신자유주의적 프리바토피아(privatopia, 사적 이익을 절대화하는 경제 시스템) 시대에 제동을 걸 수 있는 것도 바로 이 비경제적 진리로서 문화 밖에 없다는 것이 필자의 생각이다.

줄리앙의 이상과 같은 '신문화론'에 준해서 볼 때 우리는 '최고·제일 문화(la culture première)'의 존재와 같은 '괴물'은 아예 뇌리에서 지우는 것이 좋을 듯하다. '세계'에는 최고·제일 문화와 최하·버금 문화가 존재하는 것이 아니라 문화들(cultures)이 귀천우열 없이 공존하고 있을 뿐이다. '세계'에 '공존'하는 문화들은 거듭 강조하지만 자연성과 로컬성, 각자성과 독립성이 그 생명이다. 규모나 영향력이 크고 작은 것은 전혀 중요하지 않는 것이 '문화'다.

에 따른 것이다. 주지하듯, 아리스토텔레스는 존재를 형상/질료, 현실태/가능태로 설명했다. 그에 따르면 질료가 어떤 사물이 되는 것은 형상 때문이며, 이 형상이 곧 사물의 실체라 할 수 있다. 돌려 말해 사물은 형상을 얻음으로써 현실태가 되는 것이다. 같은 논리로 형상을 갖지 않는 질료는 단지 순수한 가능태에 머물 뿐이다.

39 이에 대해서는 박치완, 「공공재로서 문화와 문화공공성의 가치 재고」, 『인문콘텐츠』 제48호, 2018, 22~25쪽 참조.

40 B. Ramm, "The Meaning of the Public in an Age of Privatisation", *Cultural Heritage Ethicss: Between Theory and Practice*, chap. 3, Cambridge: Open Book Publishers, 2014, p. 8.

거듭 강조하지만 모든 문화는 생래적으로 다르고, 그렇게 다른 만큼 고유하고 값진 것이다. 그렇다면 이렇게 고유하고 값진 문화들, 즉 다양한 문화가 어우러지는 '장소'가 어디겠는가? 그 '곳'은 바로, 앞서도 누차 언급했지만, '세계'이다. '세계'는 문화적 자원의 보관소요 문화가 로컬을 기점으로 자기 전개되는 무대이다. 인간의 본성도, 이성도, 보편적인 것도 어떤 인종·민족이 판관이 되어 결정하는 것이 아니고 바로 '세계'에서 그 고유성을 부여받는다. 메를로 퐁티의 이 '세계'는 앞서도 언급했듯 줄리앙의 '공통세계'와 유사한 의미를 가지고 있으며, 줄리앙이 내도할 세계를 위해 "공존의 조건"에 대해 아래와 같이 소시(昭示)한 까닭이 다른 데 있는 것이 아니다.

공존의 조건을 어떻게 만들어가야 할까? 사람들이 늘 훈계하듯 이야기하곤 하는 '관용'과 '타협'으로? 그렇게 되면 관용과 타협의 가치와 신념이 너무 폄훼되는 것은 아닌가? (⋯) [기존] 사회에서는 이를 기대할 수 없으므로 오히려 시선을 고정시키는 것에만 정통한 사회(제도)로부터 거리를 취해 적극적으로 타자에게로 시선을 향하는 것, 그렇게 모두가 공통세계와 협력하는 것, 그것이 공존의 조건을 구비해 가는 길 아니겠는가. 만일 '대화'가 여전히 유의미한 기준이라고 생각한다면, 그것은 충돌을 피하기 위한 임시방편으로서가 아니라 이러한 긴장 속에서 간극(l'écart)의 일부로서 공통세계, 대면(le vis-à-vis)의 공통세계를 창출하는 데서 찾아야 하지 않을까. 간극은 동일성을 고수하는 차이들로 스스로를 유폐시키는 데 본의가 있지 않고 '새로운 공통세계'를 여는 데 그 본의가 있다.[41]

41 F. Jullien(2016), *op. cit.*, pp. 76~77 - 일부 내용 개정(改正) 번역.

내도할 세계, 줄리앙이 꿈꾸는 "(새로운) 공통세계"는 당연 하늘에서 주어지는 것이 아니라 '우리' 모두가 함께 가꾸어내야 하는 세계다. '공통세계'는 '우리'가 서로 긴장 속에서 개척해야만 비로소 모습을 드러내는 미래-세계라는 것이다. 따라서 '우리'가 면려(勉勵)하지 않으면 이 '공통세계'는 응연(應然) 열릴 수 없다. 줄리앙이 자신의 '문화적 간극' 개념을 기존의 '문화적 차이'와 애써 구분하는 이유가 여기에 있다.

아래 표에서 보듯, 문화적 차이는 동일성의 논리에 준해 타자를 자기로부터 분리해낸다. 그 결과 서로는 상대를 배격하게 된다. 반면 간극은 부득이하게 타자와의 거리에 의해 주어진 것이지만 서로 상대를 진지하게 탐색 · 고려하면서 긴장을 유지한다는 점에서 변별된다. 그리고 그 긴장을 매개로 서로는 자신을 상대 앞에 내어놓고 상대를 받아들이게 된다. 줄리앙이 둘 '사이'에 '윤리적 소명'이 개입된다고 말한 것도 이 때문이다.

'윤리적 소명'을 가지고 타자를 맞이한다는 것은 기본적으로 동일성의 논리에서처럼 타자를 배척하지 않는다는 의미이며, 동일성의 논리에서처럼 공동체의 질서를 강화하는 것이 중요한 목적이 아니라 오히려 질서가 흩뜨려지더라도 서로가 상대와 '몸을 섞는' 것이 더 긴요한 화두가 된다. 바로 이런 이유 때문에 줄리앙은 간극을 "동일성의 사유와 존재론의 사유로부터 탈출 시도"라고까지 강조하고 있다.

	문화적 차이	문화적 간극
개념 정의	- 분별(distinction)에 의한 분리 - 차이를 통해 동일성을 견지하는 입장 - 정의(définition)를 통해 본질을 고정시키는 동일성의 관점	- 거리(distance)에 의한 분리 - 가능한 타자(un autre possible)를 검토하는 입장 - 동일성의 사유와 존재론의 사유로부터 탈출 시도
타자에 대한 논리와 태도	- 분류 기능: 정렬, 복종(rangement) - 기술(description), 결정	- 경계 초월 기능: 뒤섞임, 흩뜨림(dérangement) - 탐색, 고찰, 조사
상호 관계	- 구분된 두 개념은 서로를 배제 - 차이에 의해 결정되는 각 동일성의 자기 은폐(repli sur soi)	- 분리된 두 개념은 마주하고 있으며, 분리된 두 용어의 긴장을 유지하는 거리 - 활동적이고 개방적인 둘 사이(l'entre deux)에 타자를 향한 윤리적 소명과 간극의 정치학(politique de l'écart)이 병존함

<표1> 일반적 타자관과 식민주의적 타자관 비교

메를로 퐁티가 '자기-세계-타자'를 아우르는 "'동시에'의 철학"을 구상하며 그랬던 것과 마찬가지로, 줄리앙이 서구의 전통철학을 공격하면서까지[42] '본디 상태'로 되돌려 놓고 싶은 것이 뭐겠는가? 그것은 일종의 '괴물'에 해당하는 '동일성(정체성)'의 횡포를 극복하고 '다산성(fécondité)'으로 상징되는 '문화적인 것'을 복원하려는 데 있다. 다산성은 주지하듯 문화적 다양성과 '가족유사성'이 있는 개념이다. 줄리앙이 다산성을 "문화의 다른 가능성"[43]이라고 부연한 이유가 여기에 있다. 그런데 줄리앙은 이 "문화의 '다른' 가능성"이 개현(開顯)되려면 오히려 "간극을 벌리는 것(faire un écart)"이 필요하다고 주문한다.[44]

그렇다면 대체 왜 간극을 벌려야 한다는 것인가? 간극을 벌려야만 비로소

---

42 줄리앙은 스스로 자신의 철학적 태도를 다음과 같이 정의하고 있다: "한마디로 말해서 나의 철학적 전략은 철학을 공격하는 나의 방식, [더 정확히는 서구의 전통] 철학을 내가 공격하는 이유를 정당화하는 데 있다." - F. Jullien(2012), *op. cit.*, p. 4.

43 *Ibid.*, p. 8.

44 *Ibid.*, p. 7.

"문화들 사이에 반성의 공간(un espace de réfléxivité)"이 생길 수 있다는 판단에 따른 것이다. 그에 따르면 바로 이 반성의 공간, 즉 간극이 있어야만 "다산성이 그렇듯 문화들과 사유들이 제 모습을 드러낼 수 있다."[45] 이런 까닭에 그는 동일성의 논리, 세계화의 논리, 자본의 논리에 의해 분간이 어려울 정도로 다닥다닥 붙어 있는 정체를 알아볼 수 없는 혼종 문화들 사이에 간극을 벌리는 일은 "[전통적 사유] 규범을 벗어나 부조리한 방식으로, [합리적] 예상과 합의에 대해 약간의 변위를 시도하는 것"[46]과 다르지 않다고 부연한다. 아래 인용문에서 재삼 확인할 수 있듯, 줄리앙이 우리에게 간극을 벌리는 것이 중요하다고 주문한 것은 문화의 세계화와 시장의 획일화 위협에 맞대응하는 유일한 방법이라고 생각해서다.

간단히 말해, 일종의 권리로 부여된 사유틀을 파괴하고 설사 곤궁에 처하더라도 위험을 무릅써보는 것이다. 물론 차이는 분류적 개념이고, 명명법과 유형학의 뛰어난 도구이지만, 간극은 탐색적 개념으로 발견적 기능을 한다. 차이와 달리 간극은 모험적 개념이다. 그런데 바로 여기에 오늘날 우리가 직면한 물음이 있다. 그것은 바로 세계는 세계화되면서 끝장나고, 획일화의 위협 앞에 우리가 노출되어 있다는 점이다. 문화들(사유들) 사이의 간극을 어느 선까지 펼칠 수 있는가? 우리에게 아직도 이러한 [사유] 여행이 제공되고 있는가?[47]

줄리앙이 '차이' 대신 '간극' 개념을 전면에 내세운 것은 서구의 차이의

---

45 *Ibid.*
46 *Ibid.*, p. 8.
47 *Ibid.*

논리가 타자를 분리·분별해 배제시킬 뿐 공통세계를 위해서는 "아무 역할도 하지 않는다"[48]고 보았기 때문이다. 그에 따르면 문화적 차이는, 위의 〈표1〉에서도 확인할 수 있듯, "동일성의 관점"에서 "차이에 대한 정렬"을 하는 것에 다름 아니다. 다시 말해 "차이의 최종 목표는 동일화에 있다"[49]는 것이 줄리앙의 입장이다. '차이의 논리' 역시 줄리앙의 판단엔 동일성의 논리와 같은 인식의 폭력을 행사한 것으로 비친 것이다. 반면 간극은 문화들 사이(entre les cultures)에서 각 문화가 가지고 있는 다산성을 발견하고, 아울러 각 문화의 문화적 자원을 탐색하고 개척한다는 게 줄리앙의 설명이다.[50] 바로 이러한 상찰(想察)을 한 결과 줄리앙은 주저하지 않고 간극을 다음과 같이 정의한다.

> 간극은 [하물며] 스스로를 탐색하고 스스로를 개발한다(L'écart s'explore et s'exploite).[51]

여기서 우리는 줄리앙이 왜 각 문화의 동일성의 유지(고수)보다 문화적 자원에 비중을 두고 있는지를 재삼 환기해 볼 필요가 있다. 앞서 우리는 문화적 자원이 공통세계의 모태라고 언급한 바 있다. 그런데 바로 이 공통세계가 작금의 무지막지한 세계화에 의해 붕괴되고 있다는 게 줄리앙의 철학적 촉감(觸感)이다. 해서 그는 우리가 자연자원의 고갈에 대해서만 조마조마해

---

48 Ibid.
49 Ibid., p. 6.
50 F. Jullien(2012), op. cit., p. 8 참조.
51 Ibid., p. 9.

하지 말고 세계화와 세계시장의 극심한 압박 하에 로컬 세계의 문화적 자원들이 어떻게 사라지고 파괴되는지에 대해 경각심을 가져야 한다고 경고한다.[52] 줄리앙은 결국 문화적 자원이 사라지고 파괴되는 것에 대해서는 아랑곳하지 않고 오직 생산성과 이윤만을 계산하는 데 그치는 "'문화'의 세계화"를 정조준하고 있는 것이다.

앞서 우리는 각 문화의 원형은 한 국가의 소유가 아니라 인류의 공공자산이라고 언급한 바 있다. 줄리앙이 문화적 자원을 지켜야 한다고 강조한 두 번째 취의가 바로 여기에 있다. 문화적 원형, 문화적 자원은 배타적으로 고수될 때 키플링의 표현대로 "동양은 동양", "서양은 서양"이 되고 만다. 하지만 타자를 배격하는 동일성의 논리, 차이의 논리에서와 달리 문화들 사이에 긴장을 유지한 채 타자와의 간극을 좁혀 간다면, 동양은 서양을 그리고 서양은 동양을 마주하면서 스스로의 가면을 벗게 되고, 이렇게 타자를 맞이해 동양과 서양은 함께 공통세계를 구축해 갈 수 있다는 것이 줄리앙의 상호/횡단 문화론의 핵심이다.

> 문화들은 사유가 우물을 파는 것을 구상하고 있는가 아니면 싹이 돋는 것을 상상하는가에 따라 광맥이 될 수도 있고 이랑이 될 수도 있다. 그리스의 사유는 중국의 그것보다 더 '진실'하다고 할 수 없으며 그 반대도 마찬가지다. 하지만 문화들(cultures) 사이의 간극을 채굴하면 그리스사상과 중국사상은 우리에게 경험의 공통성을 사유하도록 종용하는 것만큼이나 문화들의 상호성을, 스스로 자기 구속 상태에서 벗어나, 서로를 두드러지게 하는 기회가 될 것이다.[53]

52 *Ibid.*
53 *Ibid.*, p. 8.

여기서 중요한 것은 "경험의 공통성"이 늘어날수록 동양과 서양 간의 문화적 상호성이 비례하여 증가할 것이라는 점이다. 그렇게 되면 결국 동양은 동양의 로컬 세계에서 서양적인 것을 받아들이게 될 것이고, 서양은 서양의 로컬 세계에서 동양적인 것을 받아들이게 될 것이다. 이렇게 타자를 수용하는 것이 가능하려면 동양, 서양이 각기 상대 문화의 자연성과 고유성에 대해 존중하는 것이 필수조건이다. 상호문화적 존중은 상호문화적 변화를 이끌어내는 동력이 될 것이고, 상호문화적 변화는 각 문화가 가지고 있는 타자에 대한 배타적 벽을 스스로 허무는 계기가 될 것이다.

이러한 문화 간의 상호성, 횡단성을 염두하고서 우리는 키플링의 다음 시구를 재삼 되뇌어 본다: "동양도 없고 서양도 없다네. 국경도 혈통도 출생도 중요하지 않기는 마찬가지."[54]

---

54 하지만 줄리앙의 이상과 같은 상호문화론(문화적 대화론)에 대해 유럽 내에서 반발이 없는 것은 아니다. 반발의 핵심은 줄리앙이 "중국적 사유의 유럽화(l'européanisation de la pensée chinoise)가 유럽적 철학의 중국화(une sinisation (hanhua 漢化) de la philosophie européenne)를 동반할 수 있는 가능성을 차단하고 있다"는 데 있다. 돌려 말해 줄리앙은 중국과 유럽 간의 단순 비교주의를 넘어 문화적 자원들 간의 대-화(dia-logue)를 강설하고 있음에도 불구하고 "중국편애적 시각에 빠져 있다는 것이다 - F. Heubel, "Qu'est-ce que la philosophie interculturelle? Entre comparatisme et critique transculturelle (Un dia-logue avec François Jullien)", *Transtext(e)s/ Transcultures*, 2014, p. 3. 유럽철학자들에게 줄리앙의 이와 같은 중국편애적 태도가 반가웠을 리 없다. 그런즉 다음 인용문에서도 확인할 수 있듯, F. 외벨 같은 비교철학자가 볼멘소리를 내는 것이 당연한 반응이라 생각되기도 한다: "중국어로 현대 철학과 빈번하고 깊은 의사소통을 시작하면서, 나는 줄리앙의 접근 방식의 한계를 알게 되었다. 현대 철학의 언어로서의 중국어에 대한 심층적 연구는 심각한 난제들에 대한 나의 의식을 날카롭게 했으며 또한 이러한 종류의 혼종철학(philosophie hybride)은 우리 모두를 비길 데 없는 난제의 가능성에 봉착시킨다. 중국의 근현대어를 동원한 줄리앙의 철학은 유럽의 현대 철학 속에서는 아직 등가의 내용이 존재하지 않는 그런 '역사적 잠재성'을 축적해 놓은 것이라서 유럽의 많은 철학자들에게도 여전히 이해하는 데 어려움이 따를 것이라는 나의 확신이 점점 강해졌다."(*ibid.*, p. 6) 문제는 앙드레 말로가 그랬듯(자세한 언급은 박치완, 「아직도 보편을 말하는가: 서양인들에 비친 동양 그리고 불교」, 『오늘의 동양사상』 제7호, 2002, 58~61쪽), F. 외벨의 경우도 예외 없이 줄

리앙이 공들여 쌓아 놓은 동양과 서양(정확하게는 중국과 그리스-유럽) 간의 사상적 가교(架橋)를 인정하지 않으려는 무의식이 작동되고 있다는 점이며, 우리/그들의 이분법에 의해 직면한 현대의 철학적 물음은 회피한 채 오히려 그들의 철학적인 과거의 토양만을 만지작거리며 상호/횡단 문화적 흐름에 반하는 태도를 취한다는 데 문제가 있지 않나 싶다: "줄리앙이 사유되지 않은 것을 사유하는 것(penser l'impensé)은 오늘날 유럽에서 사유에 대해 사유되지 않은 것을 사유하는데(penser l'impensé de la pensée) 도움이 될 것이다. 줄리앙에게 있어 이 사유되지 않은 것은 다음 두 가지 목표 사이의 긴장을 사유하거나 단지 지각하는 데 그의 무능력을 통해 드러난다. 두 가지 목표란 그의 표현대로 서로의 문화들을 고립시킨다거나 [서로 다른] 세계로 봉하고 싶지 않다는 것이다. 그러나 그가 중국 사상과 그리스사상을 논하는 투는 이러한 고립을 오히려 강화하며 대화의 가능성을 차단하고 있다. 줄리앙은 중국과 유럽의 사상 사이에서 이 두 문화와 사상을 본질화하지 않고 자유롭게 순환하는 꿈을 꾸고 있지만, 이 두 사상이 동시에 서로 비옥해지고(se féconder) 둘 '사이에서' 거리를 유지하기를 원한다는 것은 사실 모순된 주장이다. 나는 줄리앙의 연구에서 이 문제를 설득력 있게 생각할 수 있는 가능성을 발견하지 못했다. 줄리앙의 저작들의 중요성은 개인적으로도 높이 평가한다. 그러나 나는 동시에 그의 작업의 주요 측면(즉 중국을 통해 우회적으로 유럽의 사유되지 않은 것을 사유하는 것)은 실패한 것으로 간주해야만 한다고 생각한다."(ibid., p. 8) 국내의 한 중견학자의 표현대로, 비서구에서 철학한다는 것의 슬픔이, '철학이 불가능한 나라(Kant)'에서 철학을 하고 있으니 받는 불가피한 수모이긴 하지만, 바로 여기에 있지 않나 싶다 - 정재서, 『동양적인 것의 슬픔』, 민음사, 2010 참조. 참고로 외벨의 줄리앙 비판이 줄리앙의 L'écart et l'entre(2012)에 국한된 것이라면 줄리앙에 대한 전면적 비판서로는 J.-F. 비으테르의 『줄리앙에 반하여』라는 책이 있고, 이 책에서도 그는 외벨과 거의 같은 입장에서 줄리앙을 비판하고 있다: "'철학적' 중국의 신화를 소생시킨 프랑수와 줄리앙의 저작들은 (⋯) 공화주의적이고 세속적인 대학에서 훈련된 지식인들을 사로잡았다. 그의 저작들은 또한 이들 지식인들에게 중국 여행을 빠른 시일 내에 할 수 있을 것이란 환상을 제공하며 유혹했다. (⋯) 많은 독자들은 중국시민들과 우발적 대화를 불가능하게 하는 과장된 무지 속에 스스로 갇혀 있다. 줄리앙은 그 스스로 이러한 대화를 실천하지 않는다. 그는 오늘날 중국에서 일고 있는 논쟁들에 대해 일언반구도 하지 않고 있다. 그는 어쩌면 그의 의지에 반해 이 순간에도 정신적 유폐 상태에서 중국[정부]의 이데올로기 재건 노력을 위해 복무하고 있는지도 모른다." - J.-F. Billeter, Contre François Jullien, Editions Allia, 2006, pp. 42~44[줄리앙을 비판한 그의 또 다른 글로는 "François Jullien, sur le fond"(Monde chinois, No. 11, 2007, pp. 67~74)가 있으며, 비으테르를 반박한 저작으로는 P. Chartier, Oser construire. Pour François Jullien(Empêcheurs de penser rond, 2007)이 있다]. 유럽을 대표하는 두 중국학의 대가들이라 해도 과언이 아닌 이들이 이렇게 갑론을박을 벌이는 것이 과연 중국이 국제사회에서 차지하는 위상이 현재와 같지 않다면 가능한 일이었을까 반문하지 않을 수 없다. 중국학에서 유럽철학의 새로운 가능성을 발견한 줄리앙, 줄리앙의 대중적(국제적)인 인기를 약간은 정치적 해석의 관점에서 폄훼하는 비으테르, 필자의 시선이 줄리앙에게 우호적인 것은 필자가 단지 동양인이기 때문만은 아니다. 철학의 '새판'을 고민하고 있는 필자의 판단에 따르면 결국 비으테르를 비롯한 서구의 많은 인종·민족중심주에 침혹(沈惑)한 학

3. 공통세계 건설을 위한 문화적 참여

지리적 경계가 만일 문화적 경계로까지 고착된다면, 동양과 서양 간에는 영영 상호 교류 · 소통할 기회가 주어지지 않을 것이다. 동양과 서양이 상호 교류 · 소통할 수 없다면, 우리가 본론에서 이제까지 재해석한 메를로 퐁티의 '세계', 줄리앙의 '공통세계'는 공상(空想) 이상의 의미를 갖지 못할 것이다. "세계를 재해석하는 것은 세계를 변화시키는 것에 미치지 못한다(K. Marx)"고 했던가! 그러나 세계를 변화시키기 위해서는 반드시 새로운 해석이 선행되어야 한다는 것 또한 주지의 사실이다. 어떤 현실적 갈등이나 문제라도 이를 해결하기 위한 궁행(躬行)은 새로운 세계를 전제할 때만 유의미한 결과를 예측할 수 있다. 새로운 세계가 전제된 실행이어야만 진정한 변화를 추동할 수 있다는 뜻이다.

이런 의미에서 자기와 타자를 연대시키는 존재발생론적 '세계'와 상호/횡단 문화적 '공통세계'는 현금의 이기적 장벽들로 둘러싸인 세계를 변화시키기 위한 새로운 해석이라는 데 이의가 없을 줄 안다. 메를로 퐁티와 줄리앙의 새로운 세계 해석, 새로운 문화론의 초점은 당연 동양/서양, 우리/그들의 이분법적인 고질병을 치유하는 데 있다는 게 필자의 생각이다. 이러한 그들의 제안은 E. 사이드의 『동양주의』[55]가 일으킨 파장만큼 영향력이 크지는 않

자들 때문에 현대철학이 동양/서양, 서구/비서구를 아우르는 새로운 공론장을 마련하지 못하는 원인일 것이다. 이 장의 논지와 연관해 볼 때, 바로 이들 회고주의자들이야말로 '우리'의 '공통세계'를 여는 것을 방해하는 장본인이 아닐까?

55 E. Said, *Orientalism*, New York: Random House, 1978 참조. 사이드의 '동양주의'에서 '동양(l'Orient)'은 주지하듯 근동지역(le Proche Orient: 팔레스타인, 이스라엘, 터키, 이집트) 내지 중동(le Moyen Orient: 이란, 이라크)에 국한되어 있다는 점을 직시할 필요가 있다. 역설적으로 말하면 그의 '동양주의'에는 기본적으로 중국을 비롯한 한국, 일본, 즉 극동

을 수도 있지만 그럼에도 불구하고 후손들에게 "새로운 세계를 선사해야 한다"는 점에서는 서로 공통분모가 있다. 이 자리에서 우리가 굳이 사이드를 거론하는 것은 그의 『동양주의』가 출판된 지 어언 40년이 지났다는 점을 환기하기 위해서다. 과연 변화된 것이 무엇이냐는 것이다. F. 외벨이나 J.-F. 비으테르의 줄리앙의 비판에서도 재삼 확인한 바 있듯, 데카르트의 후예들은 오늘날에도 여전히 동양을 동반자로 받아들일 마음을 내지 않고 있다. 그럴 의향 자체가 없는 것 아닌가 의심이 들 정도다.

어쩌면 이들 데카르트의 후예들은 아직도 '생각하다'와 '정복하다'를 혼동하고 있는지 모른다. 그러니 "타자와 공존·공생하다"를 "폭력을 동원해서라도 타자를 지배하다"와 구별하지 못하는 것 아니겠는가.[56] M. 세르의 표현대로, "늑대의 눈"을 한 데카르트의 후예들에게는 그들의 배를 불릴 먹이 이외에는 눈에 들어오지 않은 모양이다.[57] 이런 불퇴전의 논리가 바뀌지 않는 한 서구/비서구, 동양/서양, 두 문화들 간의 교류·소통은 현재 진행형이 아니라 미래의 과제 정도라고 평가하는 것이 정확한 진단이 아닐까 싶다. 정확히 이런 까닭에 1절에서 우리는 인종·민족중심주의와 같은 실착을 반복하지는 않기 위해서는 무엇보다도 서구가 자기 탈을 벗는 것이 우선 되어야 한다고 강조했던 것이다. 서구가 우리/그들의 논리를 계속 묵수(墨守)하

(極東) 지역이 포함되어 있지 않다는 점에 유념할 필요가 있다.

56 구체적 내용은 다음 인용문 참조. "[인종·민족의] 분류의 중심에 열등/우월, 비합리/합리, 야만인/문명인, 전통/근대와 같은 이분법, 이원론이 자리하고 있고, 바로 이 이분법을 통해 진행된 정체성 형성 과정에서 서구중심주의가 탄생했다. 이러한 이원론은 "나는 생각한다, 고로 존재한다(Cogito ego sum)"는 데카르트의 이념이 모든 종류의 식민지 정복과 비서구적 시민들에 대한 폭력을 정당화한 자아, 즉 "나는 정복한다, 그러므로 나는 존재한다"와 같이 제국주의적인 모토로 변질된 것이다." - N. Maldonado-Torres, "On the Coloniality of Being", *Cultural Studies*, No. 21, 2007, p. 245.

57 M. Serres, *Hermès IV: La distribution*, Minuit, 1977, pp. 95~104 참조.

는 한 서구/비서구, 동양/서양 간의 상호문화, 횡단문화는 우리가 상식적으로 기대하는 것처럼 그렇게 쉽게 성사되지는 않을 것이란 뜻이다. 서구가 그동안 취해 온 "전제주의적 관찰자(tyrannical observer)"의 입장을 버리지 않고서는 서구/비서구, 동양/서양 간의 상호문화, 횡단문화는 시발 자체가 될 수 없다. 같은 논리로 비서구인, 동양인 스스로도 피지배적인 "지하의 자아(underground self)"[58] 상태에서 탈피해 떳떳이 서구인 앞에서 자신의 문화적 정체성을 표현할 수 있는 방법을 찾고 또 이를 확대해야 한다. 그렇지 않고서 서구/비서구, 동양/서양 간의 관계는 지배/피지배의 식민적 관계로부터 한 치도 벗어날 수 없다.

저개발 의식은 비주체적 · 피동적 사고를 낳는다.[59] 사상 · 철학의 무대 위에서 주연(主演)을 맡아 본 경험 없이 여전히 지하에서 침묵하고 있는 비서구적 자아, 하위주체가 어엿한 자기로 거듭나는 것이 어려운 것만큼이나 서구인이 식민적 세계의 관리자에서 하위주체와 평등한 세계의 공유자로 거듭나기는 쉽지 않을 것이다. 하지만 각자가 상대를 위해 자기 변화를 꾀한다면, 우리가 기대하는 변화는 충분히 일어날 수 있다. 서구의 우리/그들의 논리가 구시대의 유물이라고 판단한다면, "참된 인간 존재(a true human being)"는 "서구 관찰자(European observer)"[60]만을 위한 개념이 아니라 정확히 '우리'를 지칭하는 것이라 동의한다면, 앞서 '인간동물원'에 대해 비판적으로 언급하면서 "우리는 모두 인간이다!"라고 강조한 바와 같이, 내도할 세계는 바로

---

58 E. Said, *op. cit.*, pp. 310, 8.
59 박치완,「저개발 의식과 이 중의 자기소외: 소설『저개발의 기억』 다시 읽기」,『인문학연구』제105호, 충남대학교 인문과학연구소, 2016, 87~121쪽 참조.
60 E. Said, *op. cit.*, p. 97.

이 '우리'가 함께 건설해 가야 한다는 것은 아무리 강조해도 지나치지 않을 것이다.

내도할 세계, 인류의 공통세계 건설에 참여할 '우리'는 서구인들의 우리/그들의 논리에서의 '우리'와 당연 같은 주체일 수 없다. N. 하트삭의 지적처럼, "서구인들이 말하는 '우리'"는, "그들이 누구인지가 분명한 것"처럼 그렇게 분명하지 않다. '그들'만을 전제주의적 관찰자의 입장에서 줄곧 정의하고 또 재정의해 왔을 뿐 정작 자신들의 '우리'를 정의한 적이 없다는 뜻이다.

> '우리'가 지시하는 '우리'는 계몽주의 시대의 유럽중심적이고 남성중심적인 담론을 통칭함으로써 구조화된 인공적 '우리'인 그런 단일한 '우리'가 아니며 결코 그렇게 단일한 의미가 될 수 없다.[61]

물론 하트삭은 일차적으로 서구 내에서의 소수자(특히 여성)를 염두하고 이와 같은 비판을 제기하고 있으며, 나아가서는 포스트모더니스트들의 주변부론이 주창하는 극단적 상대주의, 낭만적 해체주의에 대한 비판에 그의 과녁이 조준돼 있다. 하지만 그의 이러한 비판이 이 장을 위해서도 주효한 것은 우리/그들의 논리에서의 '우리'와 인류의 공통세계 건설에 참여할 '우리'을 구분해 내는 데 그의 위 언급이 큰 도움을 주기 때문이며, 이 '우리' 속에는 하트삭이 새롭게 가치를 회복하려는 소수자, 저개발 의식에 갇힌 자, 흑인, 장애인, 실직자, 망명자, 이주민 등을 모두 포함하고 있다는 점에서 그 의미가 중첩된다. 요인즉, 필자가 이 장에서 염두하고 있는 '우리'는 철학적

---

61 N. Hartsock, "Rethinking Modernism: Minority vs. Majority Theories", *Cultural Critique*, No. 7, 1987, p. 191.

으로 또는 역사적으로 가치 절하된 타자 일반을 포괄하며, 그런 점에서 우리/그들의 논리에서의 '우리'와는 시니피에가 판연히 다르다. "문화적 '인간'"을 감시하고 통제했던 그런 '괴물(Western Self Cartesian)'을 제외한 모든 인간이 '우리'에 속한다. 요의 '공통세계'의 건설을 위해 '탈서구적·탈식민적 인식 전환'이 필급한 까닭이 바로 여기에 있다.[62]

이러한 인식의 전환 없이는 이 장에서 우리가 이제까지 논파한 '문화'도 '인간'도 자연성을 회복할 방법이 없다. '자연성을 상실한 인간'은 서구인들이 식민 지배기부터 정의해 온 바대로 "사회의 소중한 가치가 결여된 타자, 즉 '~이 아님(as a Not)'으로" 인식되는 데 그칠 것이다. 그때문에 개인으로서는 "결여, 무익함"의 누명을 써야만 했던 것이고, 공동체 차원에서는 "혼돈-무질서-익명의 집단"이라는 오명에 시달려야 했다. 이런 누명과 오명으로부터 벗어나기 위해서는 인식의 전환이 필수적이다.[63] '인간'과 '문화'가 직면한 현 상황이 세계화와 같은 재서구화의 괴물로 인해 호전될 기미가 보이지 않는다고 해서 "'우리'의 꿈"을 포기할 수는 없다.[64] 서구의 식민적 지배/피지배의 논리를 떨쳐내고 '자기↔세계↔타자'의 상호운동을 통해 언젠가는 개현될 '공통세계'를 향해 문화의 광맥을 뚫고 문화의 이랑을 개간하는 일을 게을리해서는 안 된다는 뜻이다. 바로 이것이 현대의 호모 쿨투란스에게 부여된

---

62 R. Grosforguel, "The Epistemic Decolonial Turn: Beyond Political-economy Paradigms", *Cultural Studies*, No. 21, 2007 참조.

63 A. Memmi, *The Colonizer and the Colonized*, Boston: Beacon Press, 1967, pp. 83~85 참조.

64 실제 세계체제론의 선구자인 월러스틴은 21세기를 위한 유토피아를 "과학과 도덕, 정치가 힘을 모아 인류가 가장 바라는 것들에 대해 이야기하고 또 이를 조정하는 노력을 한다"면 이 장에서의 "'우리'의 꿈"이 불가능한 것만은 아니라고 제안하고 있다 - I. Wallerstein, *Utopistics: Or, Historical Choices of the Twenty-first Century*, New York: New Press, 1998 참조.

마지막 소임이 아닐까. 자신이 '문화적 인간'이라고 생각하는 사람이라면 필시 문화적 분별·차별의 벽을 위월(違越)해 문화의 광맥과 이랑을 뚫고 개간하는 일에 앞장서야 하지 않을까. 이것이 바로 현대의 '우리'에게 부과된 "문화적 참여"의 진정한 의미가 아닐까.[65] "'우리'의 문화적 참여" 없이 서구의 구질(久疾)한 인종·민족중심주의는 결코 스스로를 염염(冉冉)하지 않을 것이다. 이런 관점에서 볼 때, 서구의 우리/그들의 논리는 분명 '우리'에게는 화신(禍神)이나 진배없다. 허니 더더욱 이성, 과학, 진보, 평등, 인권, 정의로 포장된 악령의 꾐에서 벗어나 '세계'를 함께 건설하는 일에 '동참'해야 한다.

'세계'를 함께 건설할 의지가 '우리'에게서 발동될 때 동양/서양, 우리/그들의 독단적 이분법은 언제 그랬느냐는 듯 행적을 감추게 될 것이라 필자는 믿고 싶다. 이 장을 시작하면서 노발리스를 인용해 암시한 대로, 자신이 스스로 제3자가 되어 보는 것, 그렇게 타자가 자기의 변용(變容)일 뿐이라는 것을 깨닫는 것, 이렇게 단순하고도 평범한 진리도 실천하지 못하는 게 '인간'이고 '인간의 역사'라면 대체 '인간 정신'은, '인간 이성'은, E. 모랭의 말대로, 그렇다면 아직 역사의 무대 위에 출현한 적이 없다는 말과 같지 않은가?[66]

---

65 François Jullien(2012), *op. cit.*, p. 7. '문화적 참여'는, 줄리앙이 그의 '간극' 개념을 설명하는 자리에서 언급한 것으로, "반성 공간에서 새로운 사유가 돛을 올릴 수 있게 해서", "인간에 대한 자기반성(un auto-réflécissement de l'humain)"에로 우리를 초대하는 것이 목표이다(*ibid.*). 이런 점에서 줄리앙의 상호문화론은, J. 드모르건의 설명대로, "인간에 관한 새로운 인식"에 기초하고 있다는 점을 기억할 필요가 있다 - J. Demorgon, "Dialogues interculturels plus facile ou plus difficiles. En compagnie de François Jullien", *Synergies*, No. 1, 2010, p. 210.

66 Y. Stalloni, "Edgar Morin: 《Penser global. L'humain et son univers》", *L'Écoles des lettres*, le 28 octobre 2015: "[인간을 설명하는 데 있어] 합리화(rationalisation)만으로는 충분치 않다. 더더욱 편견에 기초한 독단화나 오만으로 인간을 설명한다는 것은 가당치도 않다. 해서 사유의 관용과 유연성이 요구되는 것인지 모른다. 바로 이 관용과 유연성의 자질이 우리를 '인간 정신의 선사(préhistoire, 先史)'로부터 탈출하게 도울 것이며, '인간'이란 우리

제3자가 되어 보는 것 자체가 두렵기만 한 서구인에게 상호문화, 횡단문화의 중요성이나 필요성에 대해 아무리 강조한다고 해도 이는 결국 '소 귀에 경 읽기'와 다르지 않을 수 있다. 그런 그들에게는 타자, 타문화가 교류·소통하자고 다가서는 것 자체가 어쩌면 '불편한 일'일 수도 있다. 서구인뿐만 아니라 실제 일반적으로 많은 사람들이 자신에게 익숙하지 않는 것에 대해 삼가고 경계한다. 상호간의 교류·소통의 시도마저도 형평성을 벗어난 경우는 위협이나 폭력으로 느낄 수 있다. 21세기에도 국제사회의 면면을 들여다보면, 소위 "강한 '타자'"로부터의 위협과 폭력은 끊이지 않고 있다.

요는 선한 이론과 악한 이론을 구분하는 데 있을 것이다. 이 장을 이끌어오는데 기여했던 메를로 퐁티와 줄리앙의 이론은 분명 선한 이론이다. 문제는 '우리'의 참여 여부에 달려 있다. 동양과 서양이 인류의 공통세계 건설을 위하여 상호문화적 대화를 시도하자는 데 반대할 사람이 있을까? 회고주의자들, 로컬 고수주의자들, 국가주의자들, 이들에게는 여전히 동양은 동양이고 서양은 서양이겠지만, '우리'에게는 이제 동양은 서양이어야 하고 서양은 동양이어야 한다. 이는, 이 장 전체를 통해 강조해 왔듯, 우리 시대의 요청이고 미래-세계를 위한 일종의 사명이기도 하다. 미계몽의 선사(先史)의 상태에서 벗어나 역사(歷史) 위에서 '문명의 공통세계'라는 대사건을 기꺼이 맞이하려면 서구의 야만적이고 순일적인 이분법을 필연코 극복해야 한다.

선한 이론은 늘 약한 이론이기 쉽다. 그래서 더더욱 '우리'가 서로 힘을 모아야 한다. '공통세계'가 곧 "'우리'의 세계"이기 때문이다. "'우리'의 세계"가 곧 '우리'의 미래이기 때문이다.

의 관심사의 중심에 있어야만 한다는 것이 어떤 것인지를 사고하게 도울 것이다."

제3부

서구유럽의 보편주의에 대한 제3세계의 해석과 대응

제8장

제3세계의 탈유럽화,
탈식민화 운동과
계몽의 역설

"세계는 '하나'의 지배적인 전통에 의해 정립된 기준의 관점에서
삶과 사고의 모든 다른 전통들의 정당성을 측정하고자 하는 [서구의]
인종중심적 이성주의의 위험에 계속 직면해 있다."

———— P. 뭉위니, 「헤게모니의 부정으로서 대화」

"우리는 이 글에서 다양한 방식으로(in many ways) 다소 혼돈스럽게
비칠 수도 있는 지식의 구조의 이원화에 대해 이야기했다. (…)
지식의 규준이 이미 결정돼 있는 것은 아니지만, 결정은 가능하다.
우리가 만일 그 원리를 파악할 수만 있다면, 그것은 분명 행운일 것이다."

———— I. 월러스틴, 「지식의 구조들 또는 우리는 얼마나 많은 방법을 알고 있는가?」

1. 문화적 정체성 찾기로서 '로컬-인문학'의 발흥

'진리'를 추구하는 철학에 '역사'가 있다는 것은 자기모순이다. 이는 실제
철학사가 '의견의 역사'라는 반증이기도 하다. 이런 까닭에 철학사가 객관적
인 시각으로, 다시 말해 범인류 차원에서, 모든 로컬의 문화와 역사를 반영
해 기술되었을 것이라고 착각해서는 안 된다. 이 기준에 따라 우리는 다음과

같이 물을 수 있다: 철학사는 과연 인종적 · 문화적으로 무편(無偏)하게 기술되었을까? 더 직접적으로 표현해, 다양한 로컬의 전통, 역사를 십분 반영했을까 아니면 서구 일변도의 왜곡된 세계관을 전파하는 데 그쳤을까?

길게 설명할 것도 없이, 철학사는 '서구 중심적인 디자인'에 따라 왜곡되게 기술되었다는 데 크게 이견이 없을 것이다. 문제는 이들 서구인들의 왜곡된 세계관, 타자 배제의 사고 논리 및 사고 패턴 속에 비서구의 로컬 시민들에 대한 인도적 배려와 인류 전체를 위한 미래 비전이, 그들 스스로 다양한 언로와 지면을 통해 수도 없이 광고해왔건만, 포함되어 있지 않다는 데 있다. 다시 말해 서구인 스스로가 서구-로컬 문화의 경계를 넘어서서 타-지역-문화와 상호철학적 대화를 꾀하지 못했다는 것이다.

철학은 주지하듯 그 출발부터 이미 '아고라'에서 진행된 토론, 대화의 '공적 생산물'이었다는 것을 모르는 사람은 없을 것이다. 이는 서구라는 단위 로컬에만 국한된 담론 생산의 기준이나 주문은 아닐 것이다. 지구촌 차원에서 볼 때도 철학은 그 본의가 어떤 한 인종(민족)이나 어느 한 지역만의 전유물로 고착되어 마치 독백처럼 사유화(私有化)되는 것과는 거리가 있다.

인간은, 그가 어느 로컬에 존재하건, 이성적 · 합리적 능력의 소유자라는 데 이견이 있을 수 없으며, 타자, 타문화와 함께 대자적으로, 대타적으로 끝없이 교류하며 자신의 삶을 영위해 가는 존재라는 것 또한 주지의 사실이다. 특히 상호철학적 대화는 좁게는 '타인', '타문화'를 이해하는 데 필수적인 요소이지만, 넓게는 '세계'를 새롭게 인식하는 과정에서도 핵심적인 요소라 할 수 있다. "세계를 인식한다"는 것은 이렇듯 "타자, 타문화와 교류 · 대화한다"는 대전제를 기본적으로 깔고 있다.

그런데 이러한 상호철학적 대화의 출발점이 과연 '어디'인지가 문제가 된다. 그것은 두말할 것도 없이 모든 '로컬(지역)'이다. 로컬은 곧 철학적 담론이 생산되고 소비되는 내부이자 외부이다. 로컬에 근간하지 않은 철학적 활동은 상상할 수 없다. 모든 인간에게 있어 세계 인식은 기본적으로 실존의 처소인 로컬 단위에서 진행된다. 현실을 떠난 학문이 공허하듯, 로컬을 간과하거나 떠난 학문(특히 인문학, 철학)이 애독자를 가질 수 없는 이유도 바로 여기에 있다. 비록 현대를 '지구촌 시대'라고는 하지만 자신의 로컬을 내팽개치고 '탈로컬', '탈국가'을 외치는 것은 허공중에 물구나무를 선 채 자신의 존재를 증명하려는 자와 다를 바 없다. 역설적으로 말해 로컬이라는 일차적 세계와의 '대화'를 통해 철학, 인문학은 시발(始發)되고, 또 그렇게 로컬에서 열매를 맺어 로컬의 사회문화 구성원들에게 전달되는 것이 인문학, 철학의 일반적 향유 과정이다. 따라서 모름지기 인문학자라면 일차적으로 자신이 소속된 로컬과의 대화를 끝없는 시도해야 하며, 자신에게 주어진 자연세계, 생활세계, 문화세계에 천착하는 것을 게을리 한다면, 이는 곧 직무유기나 다름없다는 것을 잊어선 안 된다.

이미 상이하게 주어진 자연세계는 특히 한 인간을 해당 로컬 문화, 로컬 전통 및 로컬 역사 안에 위치(정위)시킨다. 로컬 문화, 로컬 전통 및 로컬 역사는 모든 인간의 세계에 대한 인식, 사고 및 행동을 좌우하는 바로미터이다. 로컬 지식의 생산과 소비를 결정하는 척도가 곧 '로컬-장소'란 뜻이다.

로컬 지식은 이렇듯 로컬 문화, 로컬 전통 및 로컬 역사와 상호작용하면서 그 생명력을 유지한다. 그렇게 로컬 지식은 로컬 문화, 로컬 전통 및 로컬 역사를 참조하면서 코드화의 과정을 거쳐 보존되고 전승되며, 향유되고 창의된다. 문화 코드(culture code)는 이런 이유 때문에 기본적으로 '장소 종속적'

이라는 제한·비판이 따를 수 있다.[1] 로컬 지식은 부언컨대 장소 종속성 때문에 고유성을 담보하기도 하지만 동시에 한계를 갖기도 한다는 것이다. 하지만 그렇다고 해서 로컬 지식에 발생론적으로 내속(內屬)된 이러한 한계를 "'하나'의 지배적인 사유 전통", 즉 서구(타 로컬)의 객관적이고 과학적인 기준에 의뢰해서 극복해야 한다는 논리가 허용되는 것은 아니다. 그렇게 타 로컬에서, 타인의 시선으로 정립된 세계관을 아무런 정화(토착화) 과정도 거치지 않고 수입해 자신과 자신의 로컬을 인식하고 이해한다면, 이것이야말로 '지식의 식민성'의 단적인 예라 할 수 있다.

오늘날 지식의 식민화 양상은 식민 개척기에 토지와 자원을 착취하기 위해 물리적 폭력을 행사했던 것과는 판이하게 다르며, 영향력 또한 훨씬 증대되었다. 예전처럼 인간의 '신체'를 지배하는 데 그치지 않고 인간의 '욕망'과 '정신'을 지배하기 때문에 그렇다. 오늘날 지식의 식민화는 곧 '정신의 식민화'에 다름 아니란 뜻이다. 서구의 지배-폭력의 정당성은 이렇게 물리적 식민화에서 정신의 식민화로 겉모습만 변장한 채 연속되고 있는 것이 오늘날의 현실이다.

"탈서구화 없이는 탈식민화가 불가능하다"고 했던가?[2] 그렇다. 탈서구화의 필요성은 비주체적·식민적 학문하기로 일관해 온 제3세계 국가의 지식

---

1 박치완·김평수 외, 『문화 콘텐츠와 문화 코드』, 한국외국어대학교 출판부, 2011 참조.
2 월터 D. 미뇰로, 『라틴아메리카, 만들어진 대륙: 식민적 상처와 탈식민적 전환』, 김은중 옮김, 그린비, 2010, 11쪽. 물론 시대를 고려해 더 정확히 표현하면 '탈미국화'라는 용어가 더 적절할지 모르겠다. 미국은 냉전 이후 전 세계를 지배하는 거대 공룡으로 성장해 서구적 헤게모니(정확히는 영국)를 그대로 이어받아 일종의 '미제국주의'를 실현하고 있기 때문이다. 이름하여 '신제국의 역사(new imperial history)'가 전개되고 있다고나 할까 - P. Grosser, "Global/world history: le monde vu des États-Unis", *Sciences Humaines*, No. 17, 2012(Numéro spécial: De la pensée en Amérique) 참조.

인들에게 있어 문화적 정체성의 회복, 로컬 사유 주체의 정립과 맞물려 있는 현안 중 현안이라 할 수 있다.

21세기에 접어들어 마치 시대의 이념이자 노표(路標)처럼 너풀거리고 있는 '글로벌라이제이션', '글로벌 거버넌스', '글로벌 표준화', '글로벌 체제' 등을 통해 미국을 중심으로 북반구의 선진국들이 주도해 가는 제1세계의 제3세계에 대한 지배력은 정치, 경제, 군사, 문화, 외교, 기술 분야 할 것 없이 전방위적으로 강화되고 있기 때문에 더더욱 그렇다. 탈서구화의 움직임이 로컬의 관점에서 제기되고 있다는 것은 어쩌면 당연한 것인지 모른다. 갈수록 강화되고 있는 서구의 지배력이 비서구 로컬들에게 피해와 고통을 심화시키고 있다면, 제3세계의 지식인들이 스스로에게 던져야 하는 질문은 자명하다: i) 지식의 법칙이나 원리는 서구에서 제시한 글로벌 디자인을 좇아 보편적으로 세워야 하기에 자신의 로컬 문화, 로컬 전통 및 로컬 역사는 도외시해도 되는가?[3] ii) 인문학, 철학에도 자연과학에서처럼 객관적이고 과학적인 법칙이나 원리가 존재하는가?

I. 월러스틴의 논문 제목이 시사하는 바대로, 지식 탐구는 '무수한 방법 (many way)'으로 시도될 수 있다. 또 그래야만 지식의 생태계가 건강할 수 있다.[4] 여기서 '무수한 방법'이 의미하는 것은 인문학의 탐구, 철학적 사유가 그 어떤 기존의 법칙이나, 원리, 이념으로부터도 자유로워야 한다는 뜻이다.[5]

---

3 이에 대해서는 W. Mignolo, *Local Histories/Global Designs: Coloniality, Subaltern Knowledges and Border Thinking*, Princeton University Press, 2000 참조.

4 I. Wallerstein, "The Structures of Knowledge, or How Many Ways May We Know?", *World Views and the Problem of Synthesis*, Kluwer Academic Publishers, 1999, pp. 71~77 참조.

5 N. Bossut et J.-M. Schiappa (dir.), *Histoire de la pensée libre, histoire de la libre-pensée*, Institut de recherches et d'études de la libre-pensée, 2002 참조. '사유 자유' 또는 '자유 사

역설적으로 말해, 각 로컬에 기초해 서로 다른 방식으로 세계를 인식·이해하는 것이 인문학, 철학의 본령이란 뜻이다.

이 장에서 우리는 이러한 문제의식하에 최근 들어 아프리카나 중남미 지역에서 일고 있는 인문학의 탈서구화, 탈식민화 움직임에 대해 살펴보고, V. S. 벨렘의 「서구 자체를 염두하지 않고 사유하기」[6]라는 논문을 요밀(要密)하게 분석하면서 아프리카에서처럼 '로컬 지식의 독립선언'이 왜 필요하고 또 어떻게 각 로컬(대한민국을 포함해 제3세계권에서)에서 이를 모색해야 할 것인지를 반면교사로 삼고자 한다.

유' 개념은 빅토르 위고가 1850년 "당신이 우리에게 합리주의와 예수회 교리 중 하나를 선택하라고 하면, 우리는 합리주의를 선택할 것이다"라고 말한 데서 출발한 것으로, 자유 사유(libre-pensée)는 무신론, 이교도, 회의론자, 세속적 인본주의자 등과 밀접한 관련이 있지만, 중요한 것은 위고가 이 발언을 한 당시의 시대 상황에 비추어 볼 때 '종교적 독단'을 겨냥한 비판이라 이해하는 것이 타당할 성싶다. 그리고 1880년에는 급기야 브뤼셀에서 자유 사유 국제연맹(Fondation de l'Internationale de la Libre Pensée)이 결성되며, 1889년 파리회합에서는 "자유 사유는 인류의 진정한 해방(la véritable émancipation de l'humanité)이었으며, 인류의 진정한 해방이고, 인류의 진정한 해방일 것이다"라고 선언하기에 이른다. 자유 사유 운동이 평등, 형제애, 국제평화 등을 모토로 해서 19세기 미국, 독일, 영국, 벨기에, 프랑스 등에서 발흥했으며, 21세기까지도 그 지류[2002년 〈Godless Americans March on Washington〉 운동 그리고 2004년 존 케리 미 대통령 후보가 공식적으로 〈Godless Americans Political Action Committee〉를 발족하는 등)가 지속되고 있다 - 이에 대해서는 Wikipédia: "Libre-pensée" 참조.

6 V. S. Vellem, "Un-thinking the West: The spirit of doing Black Theology of Liberation in decolonial times", *HTS Teologiese Studies/Theological Studies*, No. 73, 2017(https://doi.org/10.4102/hts.v73i3.4737) 참조.

2. 인문학의 탈서구화와 탈식민화
- 아프리카인은 여전히 계몽이 필요한 야만인인가?

지금으로부터 정확히 반세기 전 데리다는 『글쓰기와 차이』, 『문자학에 관하여』, 『목소리와 현상』을 출간한다.[7] 이후 소위 "'해체' 바람"은 전 세계의 인문사회과학계 전반에 불어 닥쳐 공고하게 구축된 것으로 믿었던 서구의 학문적 전통을 해체하는 연쇄반응을 일으킨다. 그런데 소련의 붕괴와 베를린장벽이 무너지는 1990년대를 기점으로 신자유주의가 등장하게 되자 데리다의 해체 바람은 다소 누그러진다. 경제-기술의 세계화라는 더 강력한 바람에 그의 해체라는 1급 화두가 뒷전으로 밀려나기 시작한 것이다. 경제기반지식, 지식기반사회, 지식의 표준화와 글로벌화라는 새로운 담론이 새로운 화두로 부상한 것이다.

하지만 다른 한편 데리다의 해체 바람은 서구의 식민 지배를 받아온 제3세계권에서 로컬 문화, 로컬 전통, 로컬 역사에 대한 관심을 대대적으로 환기시키며 M. 푸코, H. 바바, G. 스피박의 가세에 힘입어 로컬 지식의 뿌리를 되찾는 운동으로 새 터를 잡는다. 그리고 그 새 뿌리가 싹이 터 '탈서구화', '탈식민화'라는 사유 운동으로 전개되면서 경제-기술의 세계화라는 일종의 신식민주의에 대한 비판으로 표적이 바뀌게 된다.

이렇듯 데리다의 해체주의(?)는 철학 영역에서는 말할 것도 없고 국제정치, 국가적 정체성(national identity)의 문제 그리고 역사, 인종, 주체, 언어 등의 문제와 관련한 새로운 연구로 확장 · 심화되어 제3세계권에서는 전통의

---

7 이 세 권의 책은 모두 1967년에 출간되었다: *De la grammatologie*, Minuit; *La Voix et le Phénomène*, PUF; *L'Écriture et la différence*, Seuil.

해체가 아닌 로컬의 재구성에 기여하는 변신을 하게 된다.[8] 로컬의 재구성이 모색되고 있다는 것은 서구처럼 해체해야 할 것보다 재구성해야 할 것이 더 많다는 뜻이기도 하다. 그리고 무엇보다도 제3세계권의 학자들이 주목하고 있는 '탈서구화', '탈식민화'는, S. 크리슈나도 지적하듯, '반세계화'와 궤를 같이한다는 점에 주목할 필요가 있다.[9] 역설적으로 말해 경제-기술의 세계화, 즉 글로벌 체제의 논리와 문법 속에 "서구인의 기준점(Western man point zero God-eye view)"이 여전히 작용하고 있기에 이로부터 벗어나는 것이 근본 과제로 부상한다.[10]

제3세계권 학자들에게 '탈서구화'기치는 결과적으로 서구의 식민화와 세계화로부터 벗어나 자신들의 로컬에 대한 인식을 새롭게 하지 않으면 안 된다는 자각에서 출발한 것이며, 미국 등 글로벌 행위자들의 신식민주의적 세계인식이 더는 제3세계의 로컬 국가들 앞에서 무소불위의 영향력을 행사하

---

8   M. Syrotinski, *Deconstruction and the Postcolonial*, Liverpool Univ. Press, 2007 참조. 제3세계권에서 데리다의 '해체'를 극복하는 방법이 모색되었다는 것은 서구에 의해 탈영토화된 것들을 재건(reconstrction)해야 하는 문제 때문에 그렇다. 좀 더 직접적인 연구는 S. Marzagora, "The humanism of reconstruction: African intellectuals, decolonial critical theory and the opposition to the 'posts'(postmodernism, poststructuralism, postcolonialism)", *Journal of African Cultural Studies*, Vol. 28, 2016(Iss. 2: African Philosophy), pp. 161~178 참조.

9   문제는 크리슈나의 지적처럼 여전히 '경제성장', '자유시장'과 같은 미국의 세계인식(U.S. self-perceptions)이 제3세계 국가들을 좌우한다는 데 있다 - S. Krishna, *Globalization and postcolonialism: hegemony and resistance in the twenty-first century*, Rowman & Littlefield, 2009, p. 36.

10 R. Grosfoguel, "Decolonizing Post-Colonial Studies and Paradigms of Political Economy: Transmodernity, Decolonial Thinking, and Global Coloniality", the Human Management and Development Website(http://www.humandee.org/spip.php?article111), University of California 참조. 그로스포겔은 '서구인의 기준점'을 〈capitalist/military/Christian/patriarchal/White/heterosexual/male〉과 다르지 않은 것이라고 부연하고 있다.

는 것을 차단시키는 데 목표가 있다. V. S. 벨렘 같은 학자는 심지어 "서구 자체를 염두 하지 않고 사유하기(Un-thinking the West)"라는 특단의 제안을 하기도 한다.

거듭 강조하지만 아프리카를 비롯한 중남미의 대부분의 국가들은 그간 제1세계의 세계인식 틀에 종속되어 왔고, 경제-기술의 세계화 시대에도 역시 서구의 세계인식 틀에 종속될 수밖에 없었다. 이처럼 서구의 식민 지배를 받아 온 국가에게 로컬에 대한 자기인식은 필급하다는 것은 아무리 강조해도 지나치지 않다. 필자가 로컬-글로벌을 동시에 사고하고 탐문하는 '글로컬라이제이션'이란 주제를 가지고 수년 동안 연구해온 것도 결국 글로벌에 대한 막연한 기대보다 로컬에 대한 인식이 선행되어야 한다는 점을 강조하기 위해서였다.[11] 글로컬의 관점에서 보면, 서구철학에서 그간 서구인들이 줄곧 제시하고 전파한 '세계(관)'는 다분히 '보편(주의)'을 가장한 서구중심주의에 불과하다. 역설적으로 말해, 서구는 '비서구권 문화들'과의 대화 자체를 원천적으로 봉쇄한 채 자신들의 관점에서 세계를 획일화한 것이다.[12] 따라서 다양한 로컬 문화, 로컬 전통 및 로컬 역사에서 축적된 지식들에 대한 재평가가 이루어져야 한다는 요구는 정당한 것일 뿐만 아니라 충분히 설득력이 있는 주장이라는 게 필자의 생각이다. 서구철학의 헤게모니에 대한 "'로컬' 철학"의 반격이 2000년대를 기점으로 본격화된 것은 따라서 결코 우연한

---

11 박치완, 「글로컬 시대가 요구하는 지식의 새로운 지형도」, 『철학논집』 제38호, 서강대학교 철학연구소, 2014; 「글로컬 공공철학을 위한 문화인식론」, 『동서철학연구』 제75호, 2015; 「글로컬 시대, 문화 해석의 새로운 지평」, 『철학탐구』 제38호, 중앙대학교 중앙철학연구소, 2015 참조.
12 F. Jullien, *De l'universel, de l'uniforme, du commun et du dialogue entre les cultures*, Fayard, 2008 참조.

일이라 할 수 없다. 필자는 이러한 반격의 중심에, 앞장에서도 언급한 바와 같이, '아프리카', 나아가 중남미가 자리하고 있다고 생각한다.[13]

최근 아프리카의 지식인들은 탈서구, 탈식민의 기치를 내세우며 아프리카의 로컬 지식의 고유성(특히 'spirituality')을 전 세계의 지식인들을 상대로 상기·환기시키고 있다는 점은 필자에게는 매우 고무적인 일로 다가온다. 이러한 '학문적 저항'의 배면에는 주지하듯 식민 제국 지배의 아픈 과거사가 자리 잡고 있다. 서구 제국주의는 아프리카의 식민 지배로 이들의 문화·전통·역사·지식을 탈영토화했다. 이렇게 아프리카 전역에서 성문화(成文化)된 서구는 아프리카인의 입과 귀를 막았다. 그런즉 아프리카 지식인들이 주축이 되어 자신들의 로컬 문화역사적 지식의 재중심화(re-centering)를 부르짖는 것은 당연하다. 이는 아프리카의 철학자들에게는 일종의 '본능적인 응대'인지 모른다. 그리고 이들의 응대는 이미 세계철학계에서 '아프리카철학'을 다각도로 논의하는 기회를 만들었다는 데 의의가 있다. T. A. 리차드슨이 "존재의 식민성" 극복은 J.-J. 루소의 '자연' 개념과 하이데거의 '존재' 개념을 통해 "사회적 위계화에 대한 부정", "반식민적 관계(anti-colonial relations)의 장려"[14]와 같은 교육을 통해 가능할 것이라고 제안한 것도 결국은 아프리카의 로컬 시민들 스스로가 자신들의 로컬에 대한 자기인식이 선행되었을 때 가능한 일

13 대표적으로 다음 글 참조: S. J. Ndlovu-Gatsheni, *Empire, Global Coloniality and African Subjectivity*, Oxford & New York: Berghahn Books, 2013; S. Biko, *Decolonial Meditations of Black Consciousness*, New York: Lexington Books, 2016; P. Mungwini, "Dialogue as the Negation of Hegemony: An African Perspective", *South African Journal of Philosophy*, Vol. 34, 2015; P. Mungwini, "The question of recentring Africa: Thoughts and issues from the global South", *South African Journal of Philosophy*, Vol. 35, 2016 참조.

14 T. A. Richardson, "Disrupting the Coloniality of Being: Toward De-colonial Ontologies in Philosophy of Education", *Studies in Philosophy and Education*, No. 31, 2012 참조.

일 것이다. 그러다보니, 앞서도 언급했듯, 벨렘은 아예 '서구를 염두하지 않고 사유하기'라는 다소 극단적인 주장까지 펴게 되는 것 아닌가 싶다.

로컬에 대한 자기인식의 중요성은 이런 점에서 아무리 강조해도 지나치지 않은 것 같다. 더 직접적으로 표현해 서구에 의해 '식민화된 정신'으로부터 탈출하려는 노력이 배가되지 않고서는 서구인들이 조작적으로 만들어낸 글로벌-보편의 디자인에 영영 종속될 수밖에 없다는 뜻이다. 세계철학계를 상대로 한 아프리카철학계의 문제제기는 단순히 아프리카라는 지리에만 국한된 문제는 아닐 것이다. 대한민국을 비롯해 지식의 서구적 헤게모니화 과정을 거쳐야 했던 모든 로컬 지역에도 이들의 학문적 저항운동은 문화적 정체성과 학문적 주체성 찾기의 차원에서 볼 때 매우 유의미한 이정표를 제공하고 있다. 이들의 저항운동은 모든 로컬 지식이, 그것이 과학적인 것이건 선(비)과학적인 것이건 "자체 표준과 지식 전달 체계(their own standards and systems of knowledge transmission)"[15]를 가져야 한다는 요구로 이어진다. 자신의 로컬 지식에 대한 이와 같은 새로운 인식 재고는 모름지기 '지식'이란 각 로컬의 생활세계 속에서 생산되고 사회구성원들이 이를 이정표 삼아 삶의 지도리로 기능하면서 독립적인 공동체의 사회 · 정치 · 경제적 시스템을 운영하는 밑거름이 된다는 말이기도 하다. 로컬 지식체계는 이렇듯 "생동하는 [로컬] 공동체 문맥 전반"에 걸쳐 작용한다.[16] 따라서 로컬 지식들 간의 우열 가리기, 비교우위 선정하기란 불가능할뿐더러 어불성설에 가깝다. 〈표1〉에서 보듯, 서구 지식/로컬 지식, 과학적 지식/비과학적 지식, 글로벌 지식/토착 지식과 같은 이분법은 로컬의 사정을 전혀 반영하지 않고 어디까지나 서

---

15 S. M. Rasmus, *op. cit.*, p .287.
16 *Ibid.*

구인들이 자의적으로 제시한 기준일 뿐이다.[17]

서구 글로벌 지식의 수식어	비서구적 로컬 지식의 수식어
과학적, 보편적, 체계적, 형식적, 초월적, 이해적, 연속적, 객관적, 합법적, 만장일치, 단일한	전과학적, 비이해적, 세속적, 상황적, 제의적, 성문화되지 않은, 토착적, 비학문적, 불연속적, 비합법적, 모호한, 특수한, 비과학적

〈표1〉 서구적 지식과 비서구적 지식에 대한 서구인들의 구분

물론 "로컬 지식이 반드시 한 로컬 또는 특정 인종에 국한되는 것만은 아니다."[18] 다시 말해 로컬의 경계를 초월한 지식도 얼마든지 존재할 수 있다. 하지만 그렇다고 해서 로컬의 경계를 초월한 지식이 곧바로 '보편적인 지식'이라는 등식은 성립하지 않는다. 왜냐하면 이렇게 로컬의 경계를 초월한 지식도 다른 로컬에서 수용의 가치를 인정받는 경우에만 받아들여질 뿐 그 자체로 모든 로컬에 적용 가능한 '탈로컬적 보편지식'이라 할 수 없기 때문이다.

감히 말해, 인문학, 철학 영역에서 '보편적 지식'이란 존재하지 않는다. 인문학적 지식은, 앞서도 언급한 바 있듯, 장소 종속성 때문에 기본적으로 고유성, 특수성을 유지한다. 그리고 해당 장소를 벗어나면 당연 새로운 장소에 맞게 문화적 번역 과정을 거치게 되는 것이 인문학과 철학의 현실이다. 중국의 공맹(孔孟)이 한국에 건너오면 이황·이이의 성리학을 탄생시키듯, 훗설의 독일 현상학이 한국에서는 한국 현상학으로 거듭나야만 하는 것이다.

---

17 박치완, 「인문학의 이중고: 글로벌 표준화와 로컬의 문맥화」, 『철학연구』 제56집, 2017, 291쪽에서 재인용.

18 C. Antweiler, "Local knowledge as a Universal Social Product: A General Model and a Case from Southeast Asia", *Ethnic and Cultural Dimensions of Knowledge*, Springer International Publishing Switzerland, 2016, p. 165.

"지식은 항상 유동적 상태에 있다(always in flux)"[19]고 했던가! 지식이 유동적 상태에 있다는 것은 "지식은 고정된 실체가 아니라 형성 과정에서 번역·해석되는 유동적 실체"란 뜻이다. "이런 이유 때문에 우리는 로컬의 경계를 초월한 어떤 지식을 놓고 그것이 곧 '보편적 지식', '영원불변한 지식'이라는 성급한 일반화에 빠져서는 곤란하다."[20] 다시 말하지만, 인문학 영역에서 탈로컬적인 보편지식이란 헛된 꿈에 불과하다. 따라서 로컬 지식의 고유성, 특수성을 담보하는 것이 무엇보다 우선되어야 하고, 이를 위해서 우리는 '서구적 지식 = 보편적 지식'이라는 허위믿음부터 떨쳐내야 한다. 〈그림1〉에서 보듯, 이러한 허위믿음이 오랫동안 인문학자, 철학자의 연구를 경향적으로 지배해 왔으며, 무의식까지 사로잡고 있다는 게 문제다. 제3세계권 학자들이 제1세계에 정신적으로 식민화될 수밖에 없는 원인이 여기에 있다.

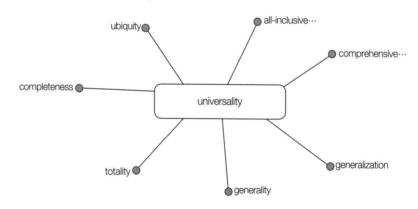

〈그림1〉 인문학, 철학을 홀리는 보편, 보편성, 보편주의의 구성 요소들

19 K. M. Jørgensen, "The meaning of local knowledges Genealogy and organizational analysis", *Scandinavian Journal of Management*, No. 18, 2002, p. 30.
20 박치완(2017), *op. cit.*, p. 292.

하지만 잘 생각해 보라. 모든 인간의 경험은 '제한적 경험'이다. 성인군자라고 예외가 아니다. 제한적 경험은 인식론적으로 볼 때 제한적 지식을 생산할 수밖에 없다는 뜻이기도 하다. 결과적으로 서구인들은 늘 보편적 지식을 생산하고 아프리카인들은 늘 상대적 지식만을 생산하는 것이 아니란 뜻이다. 비서구인은 늘 어리석고, 비이성적이기

〈그림2〉 벨렘
(출처: *Acta Theologica*, Vol. 38, No. 1, 2018: 1)

때문에 계몽이 필요하고, 서구인은 늘 현명하고 과학적이기 때문에 그들이 말하고 싶은 대로 데데거리고 원하는 대로 행동해도 된다는 것은 '인종적 편견'에 근거한 권력의 식민성의 발로이자 인식살해(epistemicide)와 하등 다를 바 없다.

모든 인간은 인종(민족)의 차이, 로컬 지리환경과 문화의 차이에도 불구하고 모두가 자기 자신의 제한적 경험을 토대로 세계에 대한 인식과 통찰력을 수득(收得)해 가면서 살아가는 존재이다. 그렇게 각자 자신의 로컬에서 실존적 삶을 영위해 가면서 합리적으로 사고하고 행동하는 동물이 바로 '인간'이다. 서구인도 아프리카인도 이 점에서는 큰 차이가 없다. 이와 같은 상식적 제안이 설득력이 있는 주장이라고 판단한다면, 그간 로컬 지식에 대한 서구의 폄훼가 얼마나 비상식적으로 진행되었는지를 재삼 확인할 수 있다. 이는 오랫동안 '지식 탐구의 표준'처럼 받아들여졌던 서구의 글로벌-보편 지식의 헤게모니에 대한 진지한 점검-반성-비판이 요청되는 시기가 도래했다는 역설을 포함하고 있다. 아프리카를 비롯해 제3세계권의 로컬 지식들이 제 얼

굴을 가지려는 노력을 정정당당하게 펼칠 때가 되었다는 뜻이다.

'탈서구화', '탈식민화'에 대한 관심의 확대는 식민주의, 제국주의, 인종차별주의, 인종학살 등으로 점철된 과거사를 학문의 담론장에 소환시켜 재고케 한다는 데 일차적 의의가 있으며,[21] 특히 포스트식민성, 탈식민성에 대한 논의가 제3세계의 지리적 경계를 벗어나 제1세계의 학자들에게서도 제기되고 있다는 것은 고무적인 일이라 하겠다. 식민성의 문제는 "제1세계의 대도시와 지방 간에도" 발견되며, 문화적 관점에서 볼 때 이는 이미 전 세계의 도처에서 그 폐해가 드러나고 있는, 가히 "일반화된 조건"[22]이라 할 수 있기 때문이다.

포스트식민성, 탈식민성의 문제가 이렇게 국가들 간에는 물론이고, 심지어는 한 국가 내의 대도시와 지방들 간에서도 노정된다는 것은 신자유주의적 세계화가 영향을 미치지 않는 장소가 없다는 말이기도 하다. 제3세계권에서 탈세계화의 문제를 탈서구화, 탈식민화와 같은 맥락에서 연구하는 것도 이런 이유 때문이다. 그리고 무엇보다도 그간의 서구철학(지식)의 보편주의를 앞세운 적폐에 대한 비판에서 시작된 로컬 지식의 권리 주장이 단지 수동적 의미의 자기방어에 그치지 않고 '로컬 지식의 독립선언'을 목표로 한다는데 우리의 관심을 집중시킬 필요가 있다.[23]

---

21 '포스트식민' 개념은 미국 대학들에서도 시민권, 반전 운동의 도화선이 되는가 하면 민주주의 국가 미국의 자기 대표성에 의문을 제기하는 기회가 되기도 했다. 이는 원주민 식민지화의 역사와 무관하지 않은 미국의 영토 내에서 일어난 학문적 관심이자 운동이라는 데 주목할 필요가 있다 - S. Krishna, op. cit., p. 107 참조. postcolonial, postcoloniality을 포스트식민, 포스트식민성으로 번역한 것은 decolonial, decoloniality를 탈식민, 탈식민성으로 번역하기 위해서라는 점을 밝힌다.

22 Ibid., p. 108.

23 D. J. Hess, "Declarations of Independents: On Local Knowledge and Localist Knowledge", Anthropological Quarterly, Vol. 83, No. 1, 2010 참조. 물론 이 논문에서 '로

3. 로컬 지식의 독립 선언
- '서구 자체를 염두하지 않고 사유하기'로서 아프리카철학

아프리카에서 진행되고 있는 '로컬 지식의 독립선언'은 서구적 시각에서 평가하자면 일견 황당하고 비상식적인 것처럼 보일 수도 있다. 그러나 이러한 딜레마를 십분 인정한 채 이와 같은 주장을 아프리카를 비롯해 중남미의 많은 지식인들이 펼치고 있다는 사실을 '식민적 경험'이 있는 우리로서도 결코 가벼이 여겨서는 안 될 문제라고 생각한다. 19세기에 기승을 부렸던 식민지배 시대에는 물론이고 21세기인 현재에도 경제-기술강국들에 의한 식민지배는 변함없이 지속되고 있고,[24] 더더욱 그 과정에서 지식도, 존재도, 상상력까지도 식민화의 늪에서 헤어나지 못하고 있기 때문이다. 이것이 21세기의 저개발국가들이 겪고 있는 엄연한 현실이다. 이에 대해서는 R. 그로스포겔이「탈식민적 인식 전환」이란 논문에서 잘 정리하고 있다.

> 20세기의 가장 강력한 신화 중 하나는 식민주의적 행정의 철폐가 세계의 탈
> 식민지화를 가능케 할 것이라는 믿음이었다. 이러한 믿음은 포스트식민지적
> 세계에 대한 신화로 이어졌다. 450년간 지위를 누렸던 이질적이고 다중적인 글

컬 독립'은 로컬의 소상공인들을 살리기 위한 일종의 이벤트성 사회운동("buy local" and "anti-big-box")에서 등장한 개념이지만, 필자는 이 장에서 이를 좀 더 폭넓은 의미로 사용하고자 한다. 이러한 해석이 가능한 것은 기본적으로 이 운동이 신자유주의와 세계화에 맞서기 위한 것이라는 데 있으며, 더더욱 미국에서 시작된 '지식 실천(knowledge practices)' 운동이라는 데 의의가 있다.
24 이런 이유 때문에 A. 부토는 최근 "경제적 식민화"가 하나의 '시스템'으로 고착되고 있는 것에 대해 심히 염려하고 있는지 모른다 - A. Boutaud, "Les inégalités mondiales: une réalité plurielle", *Mouvements*, No. 64, 2010, p. 21.

로벌 체제는 하지만 지난 50년간 주변의 법적·정치적 탈식민화가 진행되는 동안 사라지지 않았다. 우리는 계속해서 같은 '식민적 권력 매트릭스' 아래에서 살고 있는 것이다. 법적·정치적 탈식민화와 함께 우리는 되레 글로벌 식민주의의 시대에서 현행의 글로벌 식민성의 시대를 맞이하고 있는 셈이다.[25]

그로스포겔의 글로벌 식민주의를 견인하는 '식민적 권력 매트릭스'에 대한 해명에 이의를 제기할 사람은 없을 것이다. 그 정도가 얼마나 심하면, "아프리카인들의 상상력과 마음의 식민지화는 치료법으로서 탈식민지적 인식론적 관점(decolonial epistemic perspective as a therapy)이 필요하다"며 '범아프리카주의(Panafricanism)'라는 강력한 해법까지 제시하고 있겠는가.[26] 아프리카 지식의 독립 선언에 의견을 같이하는 필자로서도 탈식민화는 결국 탈서구화 없이는 불가능하다고 생각하며, 이는 그 정도로 관행화된 서구의 식민 지배력이 우리의 상상력을 벗어난 지점까지 개입해 있다는 반증이기도 하리라. 부언컨대 서구의 "권력의 식민성"은, 그로스포겔도 정확이 지적하고 있듯, 단지 법적·정치적 권력의 탈식민화만으로는 해소되지 않는다는 뜻이며, 그 이유는, 미뇰로의 분석대로, 권력의 식민성 자체가 "지식의 식민성 및 존재의 식민성과 친밀한 관계가 있는 근대성/식민성의 산물"[27]이기 때문이다. 한마디로, 식민성은 아프리카 등 제3세계권 전역에 이미 전방위적으

---

25 R. Grosforguel, "The Epistemic Decolonial Turn: Beyond Political-economy Paradigms", *Cultural Studies*, No. 21, 2007, p. 219.

26 N. P. Dastile & S. J. Ndlovu-Gatsheni, "Power, Knowledge and Being: Decolonial Combative Discourse as a Survival Kit for Pan-Africanists in the 21st Century", *Alternation*, No. 20, 2013, pp. 111~112.

27 N. Maldonado-Torres, "The topology of being and the geopolitics of knowledge Modernity, empire, coloniality", *City*, Vol. 8, No. 1, 2004, p. 39에서 재인용.

로 내재화되어 있다는 뜻이며, 무려 5세기 동안이나 지속된 글로벌 지배체제 또한 제3세계에 대한 지배력의 매듭을 느슨하게 풀어 주리란 기대를 할 수 없다는 것이다.

아프리카의 토착적 지식에 대한 독립선언은 이런 배경 하에서 출발한 것이며, 이러한 선언의 근저에는 "서구문화가 다른 모든 문화보다 우월하다는 사악한 전망에 대한 (…) 저항과 동시에 이와 같은 과정에 대한 저항"이 포함돼 있다는 점을 기억할 필요가 있다. 이와 같은 서구와의 정면 대결 없이 아프리카인들 스스로 오랜 역사를 통해 축적해 온 토착적 지식의 "자기 탐구, 자기 결정 및 자기 자신의 재정의를 위한 공간(spaces for indigenous self-search, self-determination and re-definition)"은 주어지지 않는다.[28]

이런 점에서 아프리카의 토착적 지식에 대한 아프리카 철학자들의 독립선언은 여전히 진행형인 글로벌 식민성에 맞서 범아프리카주의로 확대되고 있으며, 벨렘에 이르면 "서구를 염두하지 않고 사유하기(un-thinking the West)"라는 구체성을 띠게 된다. 벨렘의 '서구를 염두하지 않고 사유하기'란 자신이 몸담고 있는 흑인해방신학(Black Theology of Liberation, BTL)을 수립하기 위한 "최선의 선택"이며, 요의 흑인들 스스로 식민 구속의 심리적 족쇄인 "흑인 의식(Black consciousness, BC)"을 서구철학의 주요 개념들(계몽, 이성, 해방 등)과 '백인 신학(White Theology)'으로부터 해방시키기 위한 최후의 선택이라 할 수 있다.[29]

---

28 T. J. Lebakeng, "Discourse on colonial epistemicide and contemporary attempts to reaffirm indigenous system, with particular reference to south Africa", http://ojs.mona.uwi.edu/index.php/cjp/article/viewFile/3932/3242, pp. 8~9.

29 V. S. Vellem, op. cit., p. 1.

이러한 벨렘의 선택, 즉 아프리카를 서구와 독립적으로 사유하기는 아프리카 고유의 문명을 서구 문명으로부터 완전히 탈피해 건립 가능하다는 그의 믿음에 기초하고 있다. 다시 말해, "서구 자체를 염두하지 않고 사유하기는 곧 서구 문명이 극복될 수 있다"는 그의 철학적 확신에 뿌리를 두고 있다. 그의 표현대로 "서구 문명은 무너지고 있다." 그런데 서구 문명이 무너지고 있는 것은 "가난한 자와 주변부화된 자", 즉 아프리카인들에 의해 그렇게 된 것이 결코 아니다. 역설 같지만, 바로 이들 가난하고 주변부화된 아프리카인들에 의해, 문명과 지식을 양자택일하지 않고 둘 다를 하나의 '생명'으로 확증하는 흑인들에 의해, 새로운 문명의 진보를, 아프리카인들의 손으로 새롭게 구성할 수 있다는 게 벨렘의 입론(立論)이다.[30]

"'새로운 문명'은 아프리카에 의해서!'라는 모토로 벨렘은 "21세기를 폭력적으로 옹호하고 추진하려는" 서구의 "신파시즘"은 "[서구인들의] 박약한 생각의 표식"일 뿐이라고 비판하면서, 그동안 "'병리학적'으로 제거되고 구축된 지역들을 위한 해방의 비전과 계획은 서구처럼 되는 것에서 탈피해 비서구인이 되는 것(become un-West)에 있다며, 이때 비로소 흑인아프리카인(black Africans)과 글로벌 남반구는 건전함, 존엄성, 주체성을 복원할 수 있다"[31]고 강조한다. 따라서 벨렘이 다음과 같이 주장한다고 해서 이제 우리는 더 이상 놀랄 일은 아니다.

서구의 도구주의적 담론은 계몽, 이성 개념으로 신체에 관해 많은 다른 것들을 이야기한다. 그러나 우리가 논의하려는 것은 바로 '억압받은 신체'이다. (…)

30 *Ibid.*, p. 2.
31 *Ibid.*

해방의 이유에 대한 합리성은 신학의 해방 논리가 생명의 유지에 유용할 경우 서구의 파시즘과 더 이상 공존할 수 없다. (…) 본질적으로 흑인(black person)도 인류인가, 라는 의심에 기초를 둔 문명이 어떻게 고통에 탄식하는 창조물을 복원하고 세상에 대한 존엄성이 끊임없이 삶에 손상을 입히는 것을 도울 수 있겠는가?[32]

서구 문명은 더 이상 흑인 삶(black life)에 의미 있는 공헌을 한다고 볼 수 없다. 특히 [최근] 서구에서 성장하고 있는 파시즘에 대해 의문을 갖는다면, 이는 명백히 그러하다. 서구 문명은 세계의 다른 모든 인종에 반해 한 민족(one race)의 패권과 우월성을 방어하는 데나 도움이 될 것이다.[33]

벨렘의 BTL, BC 주장은 단지 아프리카의 흑인들만을 위한 것이라 할 수 없다. 그는 이보다 한 발 더 나아가 백인의식(White consciousness)의 해방에 대해서도 언급한다. 자신들이 우월적 가치를 소유하고 있다는 '데카르트적 편견'으로부터 회개하지 않고서는 자유와 해방, 인권과 민주주의와 같은 인류의 공적 가치를 실현할 수 없다고 판단한 것이다.

인종차별주의의 종교성(religiosity)은 데카르트의 종교적인 에고에 뿌리를 두고 있는데, (…) 데카르트의 에고에서 '나'는 [기본적으로] '나'가 될 수 없는 흑인의 곤경에 대해 이해할 수 없다. 데카르트의 에고의 인식론적 뿌리는 흑인의 고통

32 *Ibid.*, p. 3
33 *Ibid.*

에 대해 잠들어 있을 뿐이다.[34]

여기서 우리는 벨렘의 '서구를 염두하지 않고 사유하기'란 기본적으로 '나-서구-기독교-이성-계몽'에 대한 도전이라는 것을 재삼 확인할 수 있다. 하지만 그가 BTL, BC를 통해 지향하는 것은 "더 이상 이원론적인 관점이 아니며 백인신학(White theology)의 언약을 넘어선다"는 게 특징이다. 다시 말해, 벨렘의 철학적 기획은, 앞서도 언급한 바 있듯, "서구 문명이 극복될 수 있다"는 믿음에 기초한 것으로 "흑인성(blackness)의 영적 토대는 흑인에 대한 폭력과 파괴를 자행한 서방 세계의 '무기력한 잠' 밖에 위치한다."[35] 요컨대 벨렘의 비서구(un-West)[36]는 '나(-서구-기독교-이성-계몽)' 대신 '우리(We)'를 철학과 윤리의 새로운 주체로 정초하는 데 있다.

아프리카 윤리 및 철학에 대해 잘 알려진 단서는 다음과 같다: '나(I)'는 우리(We)이기 때문에 존재한다. 사람들이 "나는 안다"고 말하는 것은 분명 그것을 "우리가 알기" 때문인 것이다. [이것이 바로] 설득이 차이를 조화시키는 방법이다.[37]

역설적으로 말해 서구의 철학과 윤리의 핵심에도 타자, 즉 비서구, 다시

---

34 *Ibid.*, p. 6.
35 *Ibid.*
36 물론 벨렘은 자신의 "비서구(un-West)" 개념 속에 "반서구(anti-white)", "적대적 서구(against whiteness)"의 의미가 포함돼 있다는 점을 인정한다(*ibid.*, p. 6). 하지만 이는 BTL, BC의 출발일 뿐 궁극으로는 서구/비서구의 이원론을 넘어선다는 것이 그의 입장이다.
37 *Ibid.*, p. 7.

말해 아프리카가 존재한다. 하지만 이를 '제거하는' 것을 서구철학자들은 '설득하는' 것이라 착각한 것이며, 이로 인해 "흑인은 무로 환원되었고, 백인은 창조로 환원되었다"[38]는 것이다. 벨렘이 "서구인이 흑인과의 만남에서 자신들의 고유한 가치를 전달하는 데 실패할 수밖에 없다"고 단언한 것도 이 때문이다. 이는 곧 서구가 "타인을 개종하려고만 했지 스스로가 개종되는 것에 실패했다"는 말이기도 하다.[39]

> 따라서 서구는 곧 '흑무(black nothingness)'의 건축가라 할 수 있고, 흑인이 보는 것, 보라고 하는 것을 창조한 신은 신의 창조에 관해 상상할 수 없는 것을 상상하라는 것과 다르지 않다.[40]

벨렘의 BTL은 이런 점에서 인류의 역사를 왜곡하고 대량학살 및 인식학살을 자행하고 용인한 서구의 백인 위주의 신학으로부터 해방, 데카르트의 코기토로부터 해방, 서구 문명으로부터의 해방을 통해 "'우리-정의-생명'의 철학과 윤리"를 새롭게 건립해야 한다는 시대적 소명을 담고 있으며, 'Umoya'가 바로 그 핵심에 있다고 제안한다.

> 우모야! 이 단어는 코사어[isiXhosa - 남아프리카공화국에서 줄루어에 이어 두 번째로 많은 사람들이 사용하는 공용어임]로 '정신(spirit)'을 의미하며, [넓게는] '바람(wind)'을 뜻하고, 히브리어 'ruach'에 해당하는 단어이다. 우모야는 한마디로 움

---

38 Ibid., p. 8.
39 Ibid.
40 Ibid.

직이지 않는 물체에 생명을 불어넣는 신의 숨결(the breath of God)이다. (…) '정신'인 우모야, 생명의 숨결을 창조하는 출발점인 우모야는 이런 점에서 유대 기독교중심주의(Hellenocentrism), 서구중심주의(Occidentalism), 유럽중심주의(Eurocentrism)를 거부하는 정신이다. (…) 우모야는 [따라서] 서구 유럽이 자신들에게만 유리하게 역사 인식을 왜곡하면서 자족적인 시대 구분으로 세계사를 이야기하는 것에 대해 맞선다. 흑아프리카인(Black African)도 역사를 가지고 있다. 흑아프리카인은 서구의 시대 구분에 따른 병리학적 대상인 역사의 환자가 아니다. (…) 생명의 우모야가 부상하고 있다. (…) 우모야는 정의의 정신이며 생명의 선물이자 능력이다. 우모야는 존엄성을 포함한 생명의 생물권이며 플랫폼이다. (…) 우모야는 흑인들에 대한 평가절하와 억압을 잊지 않은 채 용서, 설득의 정신으로 떠오르고 있다. 우모야는 곧 생명의 건축가 신과 함께하는 생명의 건축가로서 존엄성에 의거한 흑인들의 창조적인 참여이다. (…) 흑인은 무신론적 서구인이 아니다.[41]

이 장이 문두(文頭)에서 우리는 "철학이 과연 인종적·문화적으로 무편(無偏)하게 기술되었을까?"라고 물었다. 그리고 이 자리에 이르러 우리는 철학사가 지독하고 모질게도 서구중심적으로 기술되었다는 사실을 두 눈으로 분명하게 확인할 수 있는 기회를 가졌다. 다소 극단적 예를 소개한 것이라는 비난을 감수하고서도 우리가 내릴 수 있는 결사(結辭)는 분명하다: 벨렘의 '서구를 염두하지 않고 사유하기'는 단지 아프리카철학자들에만 해당하는 정체성의 몸부림이라 치부할 수만은 없다. 감히 말하지만, 비서구권의 모든

41 Ibid., pp. 8~9.

〈그림3〉디얀느
(출처: https://www.thinkingafrica.org/V2/
portfolio/education-logique-philosophie-et-
traditions-af)

인문학자, 철학자들이 벨렘의 주장을 '자기화'할 필요가 있다. 그때 비로소 인문학과 철학은 자신의 로컬에서 진정 주인이 될 수 있다. 「아프리카에서 철학하기」에서 S. B. 디얀느도 적시하고 있듯, "[서구철학의] 주변은 존재하지 않는다. 그런즉 [모든 철학이 각기] 중심이다. 인간이 존재하는 곳이면 어디나 철학적 활동이 있고, 그 방향도, 그 입장도 다양하다."[42] 같은 논리로 중국철학이 존재하듯, 인도철학이 존재하는 것이며, 같은 논리로 기독교철학, 이슬람철학이 존재하듯, 불교철학, 힌두철학이 존재하는 것은 당연하다. '서구철학과 다른 곳의 철학(philosophie d'ailleurs)'이 존재하는 것이 아니라 서구철학을 비롯해 모두가 각기 로컬지리-철학이다. 그런데 세계철학사는, 이미 누차 언급했듯, 서구 중심으로 기술되었고, 그것이 여전히 '보편 철학'으로 식민적 권력 매트릭스를 행사하고 있다는 게 문제다.

"왜 로컬 지식, 로컬 철학의 독립선언이 중요한가?"라는 우리의 문제제기는 따라서 '어떻게'라는 방법을 통해 각 로컬에서 탐구해야 할 문제이다.[43] 제

---

42 S. B. Diagne, "Philosopher en Afrique", *Critique*, No. 771~772, 2011, p. 612 - 일부 수정.
43 이에 대한 구체적 논구는 O. D. Kolawole, "Twenty reasons why local knowledge will remain relevant to development", *Development in Practice*, Vol. 25, No. 8, 2015, pp. 1189~1195 참조.

사에서도 이미 밝힌 바 있듯, 서구의 지배적 담론이 모든 로컬에서 지식 탐구의 기준이나 원리가 될 수 없다. 소위 '글로벌-보편 디자인'은, B. 산토스가 정확히 지목하고 있듯, '지식의 생태학'에 정확히 반하는 것이다.[44] 그 이유는, 월러스틴도 지목한 바 있듯, '글로벌-보편 디자인'이 기본적으로 지식 탐구의 다양성 자체를 인정하지 않기 때문이다. 이런 기준에서 보면 서구의 '글로벌-보편 디자인'은 지식을 하나의 '보편과학'으로 탐구하기는커녕 기실은 보편적인 것, 보편성을 앞세워 "서구적 특수주의(Western particularism)"를 모든 로컬이 따르고 숭배하도록 강요한 것이다. 그들의 지식이 그들 특유의 로컬과 문맥 그리고 그들의 문화를 반영한 형식을 취한 것을 놓고 우리가 왈가왈부할 일은 아니다. 그런데 비서구도 각기 로컬 특유의 문맥과 상황을 반영하고 있다는 사실을 이제는 서구가 인정할 차례가 왔다.[45] 이러한 사유 전환이 이루어진다면, 우리 앞에 주어진 과제는 "철학을 무편하게 다시 세우는 일"이 될 것이다.

철학을 무편하게 다시 세우는 과정에서 서구/비서구, 합리적/비합리적, 원시/문명, 로컬/글로벌, 보편/특수와 같은 다분히 서구적인 이분법은 응당 극복되어야 할 것이고, 벨렘이 예시한 "'우리'에 기초한 철학과 윤리"가 가능하기 위해서는 각 로컬 지식의 독립이 선행되어야 할 것이다. 그리고 각 로컬 지식의 독립은 무엇보다도 로컬 지식인 스스로 '서구지식 = 보편과학'이라는 환상에서 깨어나는 순간 시작될 수 있다는 것을 염두에 두자. 그렇게

44 B. de Sousa Santos, "Beyond abyssal thinking: From global lines to ecologies of knowledges", *Review*, Vol. 30, No. 1, 2007 참조.
45 B. de Sousa Santos, *Another Knowledge is Possible: Beyond Northern Epistemologies*. New York: Verso, 2007, p. xviii.

독립된 로컬 지식이 한데 어우러져야만 지식의 생태계가 건강하고 온전할 수 있다. 지식의 생태계가 왜곡된 곳에서 인간은 자유롭게 사고할 수 없다.

4. '보편적인 것의 야만'으로부터 탈피하기

로컬 지식의 권위를 로컬 지식인들이 스스로 확보하지 못하는 한 서구와 미국이 전 세계를 상대로 전파하는 지배적 지식 전통은 지금처럼, 아니 영원히, 영향력을 행사할 것이다. 이는 곧 지식의 식민화가 어제오늘의 일이 아니며, 로컬 지식의 다양성을 위협하고 무화(無化)시키는 직접적 원인이라는 뜻이기도 하다. 로컬 지식의 다양성이 이렇게 "'하나'의 지배적인 전통"에 의해 위협받고 있다(P. Mungwini)는 것은 분명 인류의 비극이다. 지식의 소유가 권력(權力)이 되고 자산(資産)이 되면서 다양한 로컬 지식들이 소위 '자본 지식'에 의해 그 고유 역량과 '소유권'을 제대로 발휘할 기회마저 잃고 있기 때문이다. 이렇듯 오늘날 경제-기술의 세계화는 로컬의 토착적 지식까지도 경제의 성장과 번영의 먹이로 치부한다.[46] 탈서구화 외침이 탈세계화와 맥을 같이 하는 것도 바로 이런 이유 때문일 것이다.[47] 미국을 필두로 한 경제-기술 강국들의 지배력은 심지어는 제3세계 국가들의 주권까지도 뒤흔들고 있다. 그런즉 G2, G7을 필두로 한 자국우선주의자들, 시장제일주의자들, 경제성장론자들에게 자유와 평등, 분배와 복지, 인권과 민주주의를 요구한다

---

46 J. Briggs, "The use of indigenous knowledge in development: problems and challenges", *Progress in Development Studies*, Vol. 5, No. 2, 2005, pp. 99~114; T. A. Smith, "Local Knowledge in Development", *Geography Compass*, Vol. 5, Iss. 8, 2011, pp. 595~609 참조.
47 A. Das Gupta, "Does Indigenous Knowledge have anything to deal with Sustainable Development?", *Antrocom Online Journal of Anthropology*, Vol. 7, No. 1, 2011, p. 58 참조.

는 것은 '소에게 경 읽는 격'이라 해야 할 것이다. 이런 상황에서 혹 어떤 로 컬의 인문학자가 "[서구의] 지적 헤게모니화의 과정"을 허용하고 추종하는 것 으로 "자신의 지적 권리 증명(self-entitlement)"을 할 수 있다고 착각한다면, 그 는 분명 문화적 자존심, 학문적 주체성이라곤 없는 서구 추수적(追隨的) 학자 일 가능성이 농후하다. 사실 그런 그에게 자신의 지리문화적 정체성에 대한 물음이 제기될 리 만무하다.[48]

이렇게 '지배받는 지배자'가, 특히 제3세계 국가에서 빈번히 있는 일이지 만, 자신의 로컬에서 엘리트 행세를 하며 대우받는다는 것이야말로 '지식의 슬픈 역사', 비극이 아닐 수 없다.[49] 아프리카철학자들의 탈서구화, 탈식민화, 탈세계화 운동의 의의가 바로 여기에 있다.[50] 로컬 지식의 독립을 위해서도, 경제-기술 세계화의 속박으로부터 자유를 쟁취하기 위해서도, 이제는 '거인 문화'의 피해자인 비서구권의 로컬 지식인들이 적극 나서서 서구의 횡포에 공동 대처를 해야 할 때가 되었다. '허구적 거인'은 두려움의 대상이 아니라 척퇴(斥退)의 대상이다. 신자유주의자로 환생한 그의 후손들은 하나를 내놓 으면 모든 것을 내놓으라고 윽박지르는 파렴치한들이다.[51]

---

48 S. M. Rasmus, "Repatriating Words: Local Knowledge in a Global Context", *American Indian Quarterly*, Vol. 26, No. 2, 2002, p. 303.

49 김종영,『지배받는 지배자: 미국 유학과 한국 엘리트의 탄생』, 돌베개, 2017 참조.

50 물론 아프리카 내에서는 "아프리카인들이 과연 이론적이고 과학적으로 사유하는지?" 의 물음을 둘러싸고 공방(攻防)이 뜨겁게 진행되고 있다. 가나 철학자인 K. 게케는 이 에 대해 비판적 입장을 취하는데, 그 이유는 이 물음 자체 속에 이미 "서양학문의 전체주 의"가 작동되고 있다고 보기 때문이다. 그의 지적대로 "근본적인 문제는 아프리카 철학 자들이 그들 철학적 전통(아프리카 고유의 구술 전통과 역사, 예술 등)과의 접촉 기회를 잃었다는 데 있다." - K. Gyekye, *An essay on African philosophical thought. The Akan conceptual scheme*, Cambridge University Press, 1987, pp. 102~103.

51 K. A. Faulk, "If They Touch One of Us, They Touch All of Us: Cooperativism as a Counterlogic to Neoliberal Capitalism", *Anthropological Quarterly*. Vol. 81, No. 3, 2008,

개들은 뼈를 놓고 싸운다. 하지만 개들이 인간처럼 인식살해(epistemicide)나 인종학살(génocide), 인종청소(purification ethnique)와 같은 비인도적 만행을 저지르지는 않는다. 개들이 뼈를 놓고 으르렁거리는 것은 본능이다. 반면 인간이 이성을 잃으면 개보다 더 잔인한 행동을 마다하지 않는다는 것은 역사가 증명하고 있다. 인식살해, 인종학살, 인종청소까지도 감행하는 동물이 인간이란 뜻이다. 인식살해, 인종학살, 인종청소는 인간의 이성, 합리성이 공공악으로 작용한 대표적 사례일 것이다. 벨렘이 전개한 '아프리카를 아프리카 고유의 정신으로 사유하기' 운동은 정확히 서구가 '보편'을 무기로 자행한 공공악을 겨냥한 새로운 정신 운동이라는 데 의의가 있다. 따라서 벨렘의 이러한 주장을 우리가 만일 국가주의나 지역주의, 인종주의의 함정에 빠져 있는 것이라고 비판한다면, 이는 곧 그 자체가 '야만적 응대'라는 게 필자의 생각이다. 벨렘은 「서구를 염두하지 않고 사유하기」 운동을 통해 단지, J. 로블렝의 표현을 빌리건대, "[서구의] 보편적인 것의 야만(une barbarie de l'universel)"[52]을 비판코자 한 것이고, 그동안 우리 모두가 "보편적인 것으로 여긴 것(l'universel censé)"[53]이 결과적으로는 서구라는 '특수한 지역의 것'일 뿐이라는 사실을 널리 공표한 것이다. 부언컨대 벨렘을 필두로 한 아프리카에서의 지식의 독립선언은 인간을 '홉스적 개인'의 관행으로부터 해방시켜야 한다는 윤리적 · 인도적 제안에 다름 아니며, 인간을 식민화, 비인간화, 경제-기술의 세계화로부터 구해야 한다는 호소이자 청원이다. 그런데 여기에 만일 또 다시 '보편'이란 잣대를 들이댄다면, 국가와 국가, 지역과 지역의

pp. 579~614 참조.
52 J. Robelin, "Préface: L'inhumanité de l'humanité", *Noesis*, No. 18, 2011, p. 7.
53 *Ibid*.

상호작용이 현실적으로 국제적 질서의 현주소가 아니냐는 반문을 한다면, 이는 제1세계권에서 조작해낸 차이, 위계, 공공악, 문화전쟁, 호전적 산업화, 신식민주의 등을 묵인하라는 말과 같다.

"'보편'의 병"은 이런 점에서 거의 모든 인문학자, 철학자들이 앓고 있는 사유의 '불치병'인지도 모른다. 더더욱 제3세계의 학자들까지도 이와 같이 제1세계의 병에 전염돼 있다면, 이는 기본적으로 인간으로서의 양식, 이성, 주체, 자율성을 포기하라는 것과 다르지 않다. "아프리카처럼 식민주의로부터 탄생한 국가들이 온전한 국가적 정체성을 세우는 데 성공하지 못한 것"도 다른 데 원인이 있는 것이 아니다.[54] 자신의 로컬 경험에 순충(純忠)하지 않고 늘 서구가 제시한 기준만을 앞세우며 로컬 학자들 스스로가 비주체적 · 식민적 태도에 익숙해져 있기 때문에 이런 불가해한 일이 생기는 것이다. 신자유주의의 삼두마차인 '자본'과 '기술'과 '노동(인력)'이 국경을 자유롭게 넘나들며 초국가적으로 활보할 수 있는 것도 바로 이들 서구-글로벌 시장의 지배를 받는 로컬의 지배자들이 "'서구'의 병"에 감염되어 있기에 가능한 일이다. "자기 자신이 있어야 할 곳에 있지 않는(sans chez soi)"[55] 이들 때문에 제3세계의 지식 또한, 문화와 역사가 탈영토화되는 것과 마찬가지로, 식민화의 늪에서 헤어나지 못하고 있는 것이다.

이 장을 시작하면서 우리는 오늘날 지식의 식민화 양상은 식민 개척기에 토지와 자원을 착취하기 위해 물리적 폭력을 행사했던 것과는 판이하게 다

---

54 J. Agnew, "Le piège terriitorial: les présupposés géographiques de la théorie des relations internationales", *Raisons politiques*, No. 54, 2014, pp. 47~48.
55 A. Gupta et J. Ferguson, "Beyond Culture: Space, Identity, and the Politics of Difference", *Cultural Anthropology*, Vol. 7, 1992, p. 13에서 재인용.

르며, 인간의 '신체'를 지배하는 데 그치지 않고 인간의 '욕망'과 '정신'까지 지배하고 있다고 언급한 바 있다. 한마디로 '정신의 식민화'가 글로벌 차원에서 대대적으로 자행되고 있는 것이다. 이 과정에서 제3세계권의 약소국들은 문화적 · 역사적으로 탈영토화된다는 점은 불 보듯 뻔한 일이다.[56] 거듭 강조하건대, 지구촌은 경제-기술적으로는 이미 ⟨Pax Americana⟩ 시대라 할 수 있다. 키야노와 월러스틴이 지적하듯, 지난날 미국이 '신세계'의 상징이었다면,

---

[56] 최근 역사학계에서는 '글로벌 히스토리'라는 화두를 가지고 지식의 새로운 지형도를 그리기 위해 애쓰고 있는데, 이 또한 이러한 시대적 요구와 맞물린 것이라 할 수 있다. 특히 미국, 영국, 프랑스를 중심으로 역사학계에서 세계사(world history, global history, transnational history)에 대한 재필(再筆) 움직임이 1990년대부터 활발하게 진행되고 있는데, 이러한 움직임이 시발된 계기는 "서로 다른 국가의 역사를 연결하고, 그들 간의 수렴성과 차이점을 강조하고, 개인과 제국의 차원에서 그들의 관계를 새로운 전망에 포함시킴으로써 '인류 공통의 과거'를 재고"하는 데 목표가 있다. 인류의 과거를 재고한다는 것은 곧 비서구적 로컬 역사에 대한 연구를 새롭게 하겠다는 취지로, 서구 정복자의 관점을 탈중심화하여, 지배를 받았던 식민지 로컬 국민의 관점에서 역사를 다시 보겠다는 의도가 기본적으로 깔려 있다(Wikipédia: "histoire globale" 참조). 이와 관련해 많은 저서들이 출간되었는데 대표적으로 몇 권만 소개하면 다음과 같다: B. Mazlish et R. Buultjens (dir.), *Conceptualizing Global History*, Boulder, Westview Press, 1993; J. R. McNeill, *Something New under the Sun: An Environmental History of the Twentieth-Century World*, New York: Norton, 2000; J. Baechler, Esquisse *d'une histoire universelle*, Fayard, 2002; W. Schäfer, "How To Approach Global Present, Local Pasts, and Canon of the Globe", *Globalization, Philanthropy, and Civil Society: Toward a New Political Culture in the Twenty-First Century* (dir. S. Hewa et D. Stapleton), Springer, 2005; I. Wallerstein, *Comprendre le monde - Introduction à l'analyse des systèmes-monde*, La Découverte, 2006; C. Douki et P. Minard (dir.), "Histoire globale, histoires connectées: un changement d'échelle historiographique?", *Revue d'histoire moderne et contemporaine*, No. 54, 2007; A. Appadurai, *Géographie de la colère: la violence à l'âge de la globalisation*, Payot, 2007; C. Maurel, "La World/Global History. Questions et débats", *Vingtième Siècle*, No. 104, 2009; P. Norel et L. Testot (dir.), *Une histoire du monde global*, Éd. Sciences Humaines, 2012 참조. 참고로 영국의 워릭대학교(The University of Warwick)에서는 2007년부터 ⟨Global History and Culture Centre⟩를 운영하면서 아프리카, 아메리카, 아시아, 유럽의 역사를 전공하는 학자들이 모여 '글로벌 역사' 연구의 전초기지 역할을 하고 있다.

오늘날 미국은 "전 세계체제의 양식이자 모델"이다. 서구의 유럽에서 미국으로 그 중심이 이동하면서 미국이 지구촌 시민들을 위한 규칙, 원리의 제공자가 된 것이다.[57] '지구촌 시대'란 곧 '트럼프 식의 미국의 시대'란 말에 다름 아니며, 이렇듯 미국은 어느새 헤게모니를 생산(조작)하는 나라로 부상했다.[58]

어떻게 해야 할 것인가? 답을 모르는 사람은 아마 없을 것이다. 제사에서 P. 뭉위니를 인용하며 암시했듯, 인종중심적 이성주의(ethnocentric rationalism)를 파기하고 새로운 시각, 즉 로컬의 다양성을 I. 월러스틴이나 S. B. 디얀느가 제안한 '방식'으로 탐구하는 것이 필자가 염두에 두는 일차적 해법이다.[59] 인류공동체, 인류평화, 공공선과 사회정의의 실현을 만일 인문학적으로 기대한다면, 그것은 바로 모든 로컬의 역사, 문화, 지식의 고유성과 특수성을 회복하는 것이 우선 과제일 것이다. 그간의 서구중심적·획일적 세계인식에 대한 비판을 통해 획득한 로컬 지식의 회복 운동은 곧 로컬을 역사·문화적으로 바로 세우고, 학문적으로 독립하기 위한 사유 운동이라는 데 이의가 있다. 이 장에서 필자가 문제제기 차원에서 이렇게 전 세계적으로 관심이 증폭되고 있는 로컬 지식의 최근 연구 동향을 벨렘의 아프리카철학 운동을 중심으로 소개한 것은 대한민국에서도 '로컬 한국철학'에 대한 운동이 전개되었으면 하는 바람 때문이다.

57 A. Quijano and I. Wallerstein, "Americanity as a concept or the Americas in the modern world-system", *International Social Science Journal*, No. 134, 1992, pp. 549~550 참조.
58 M. Rupert, "Producing Hegemony: State/Society Relations and the Politics of Productivity in the United States", *International Studies Quarterly*, Vol. 34, 1990 참조.
59 참고로 W. 미뇰로는 이러한 연구 방법을 ⟨diversality⟩라 명시적으로 언급하고 있다. ⟨diversality⟩는 ⟨universality⟩를 극복할 수 있는 미뇰로만의 새로운 인식론이다 - W. Mignolo, *The darker side of western modernity*, Durham: Duke University Press, 2011, p. 235 참조

제9장 ———

서구유럽의 세계 계몽에 대한 환상과 '유럽의 지방화' 논제

"비서구유럽어[벵골어]는 영어와 다르다."

——— D. 차크라바르티, 『유럽을 지방화하기』

"모든 사상의 뿌리는 그것이 발생한 장소다.
유럽 근대의 보편사상도 유럽이라는 장소에서 탄생한[것이]다."

——— 김기봉, 「글로벌 시대 한국 역사학의 해체와 재구성」

1. 서구유럽의 세계 계몽에 대한 환상

부유하고 근대화된 서구유럽과 가난하고 후진적인 나머지 나라들. 오늘
날에도 여전히 세계를 이렇게 구분하는 사람들이 적지 않고, 이러한 차별적
이분법, 즉 강자 중심의 세계관은 여전히 널리 상용(常用)되는 문화 논리 중
의 하나이다.[1] 물론 최근 전자에 미국과 일본을 포함시키는 논의도 종종 목
격된다. 극동(極東)에 위치한 일본이 어떻게 유럽(European Union, EU)과 같
은 지역으로 분류되는지 궁금할 수도 있으나, 분류의 기준을 지리(공간) 개

---

1   이 장에서는 필요한 경우에 한해 '서구유럽'이란 표현을 가끔 사용하게 될 텐데, 이는 영
국, 프랑스 등 '계몽'을 무기로 식민지 개척에 앞장선 나라들을 통칭(統稱)할 때이다.

넘이 아닌 경제(국부)나 자유무역의 이념으로 전환시키면, 이러한 다소 상식을 벗어난 포함관계가 이해할 수 없는 수준의 분류라고 생각되지는 않는다.

아래 유럽연합외교협회(ECFR)의 보고서에서도 확인되듯, EU는 일본을 아시아의 핵심 파트너로 여기고 있고, 일본 역시 EU를 전략적으로 그렇게 받아들이고 있다. "유럽인에게 일본은 아시아에 대한 유럽의 정책 결정의 중심이 되어야 한다. 민주주의, 가치, 시장경제, 글로벌 공공성에 대한 범지구적 약속은, 때때로 다른 해석이나 관심사를 가질 수는 있어도, 유럽과 일본은 추구하는 방향이 같다."[2]

과거에 영국, 프랑스 등 식민지 개척기에 서구유럽이 누렸던 권위와 영광은 1993년 유럽연합(EU)이 결성된 이후 기대했던 만큼 회복되었을까? 유럽연합의 결성이 단일경제공동체로서 '하나의 유럽'을 건설하는 것을 목표로 삼고 있다는 것은 주지의 사실이다. 일본을 파트너로 수용한(그 역도 마찬가지지만) 것도 순전히 경제적 이해관계에 따른 선택이라 할 수 있으며, 세계 경제를 쥐락펴락하는 미국 달러의 횡포를 견제하고 세계 경제의 균형자 역할을 EU가 해 보겠노라는 전략적 선택이라 할 수 있다. 민주주의, 인권, 평등, 자유, 정의와 같은 서구유럽적 가치보다 유럽연합이 경제적으로 안정화되고 성장하는 것이 21세기를 맞이한 EU의 제일 화두가 된 것이다. 워싱턴 컨센서스의 발효와 함께 모든 것을 경제가 좌지우지하는 새로운 게임 법칙이 등장하면서 서구유럽적 가치의 생산자(생산지)인 EU가 이를 스스로 멀리하는 웃지 못할 상황이 전개되고 있다.

이 새로운 게임 법칙은 국경을 초월한 것이며, '글로벌 시장'이 주도한다.

---

2 European Council on Foreign Relations, "Europe and Japan: Country by country" - https://www.ecfr.eu/debate/europe_and_japan_country_by_country (검색: 2020.01.10.)

글로벌 시장은 위기와 기회, 고통과 희망이라는 선택지를 제시하며, 이 중 하나를 선택할 것을 힘없는 지역-로컬 국가들에 강제한다. 위기와 고통을 선택할 국가는 없을 것이다. 그래서 기회와 희망을 선택하면, 과연 이들 지역-로컬 국가들에 기회와 희망이 주어지는 것일까? 기회와 희망은 어디까지나 글로벌 시장에 '편입하라'는 미끼에 불과하며, 실제 이를 깨닫는 순간 위기와 절망은 고스란히 지역-로컬 국가들에 전가되어 있다는 것을 뒤늦게 발견하게 된다.

이렇듯 지구촌을 '시장-경제-자본'이라는 단일(-동일) 이데올로기로 유도하는 것이 목표인 세계화의 논리 속에는 비밀스러운 연결만 있을 뿐 이익, 혜택은 시장에 연결된 모든 지역-로컬 국가들에 분배되지 않는다. 그래서 이 글로벌 시장의 연결망에 멋모르고 코가 꿰인 개인, 사회, 국가는 "지위도 없고, 직함도 없으며, 계약도 없고, 협력하지도 않으며, 조종자도 없고, 정당도 없으며, 국가도 없고, 공동체도 없이"[3] 노동력을 착취당하게 된다. 모든 경제적 이익과 혜택은 글로벌 시장의 주도자들에게만 돌아가기 때문에 대부분의 지역-로컬 국가들은 피해자로 전락한다. J. 데리다의 적절한 비판대로, 세계화 시대는 '유령'이 지배하는 시대, '유령'이 정한 게임 규칙을 따를 수밖에 없는 시대인 것이다. 하지만 그 '유령'의 정체를 모르는 사람은 없다. 데리다도 지목하고 있듯, "미국의 기술-경제-군사적 권력"이 곧 '유령'의 두령(頭領)이기 때문이다.[4]

데리다는 이런 연유로 만년에 「희망의 유럽」이란 글에서 "정치, 사고, 윤리가 무엇인지에 대한 모델을 정착시킨 유럽은 계몽주의로부터 물려받은

---

3 J. Derrida, *Specters of Marx*, trans. P. Kamuf, Routledge, 1994, p. 85.
4 J. Derrida, "A Europe of Hope", *Epoché*, Vol. 10, Iss. 2, 2006, p. 410.

〈그림1〉사랑과 평화를 가장한 유럽의
보편주의자들의 전쟁요법을 비판한 삽화
(출처: "Eurocentrism, Racism: What's In A Word?: A
Response to Bowden, Sabaratnam and Vucetic", oct.
23, 2012-https://thedisorderofthings.com/...)

유산을, 다가올 계몽주의를 지탱할 이 유산을"을 되살려 "반세계화 투쟁"
에 나설 때라고 서구유럽인들(정확하게 말하면, '프랑스인들')에게 호소하고 있
다.[5] 미국 주도의 세계화의 삼두마차인 시장-경제-자본 또는 기술-경제-군사
적 권력의 폐해, 위협을 개인적으로 얼마나 심각하게 느꼈기에 이렇게 앙분
(昂奮)했을까 싶을 정도로 데리다의 「희망의 유럽」에서의 발언은 미국 주도
의 세계화에 대(對)해 비판적이다.

물론 세계적인 명성을 얻은 데리다가 그렇다고 해서 직접적으로 반미주
의에 앞장선다거나 반이스라엘 정서를 불러일으키기 위한 선동을 하고 있
다고 오판해서는 곤란하다. 데리다가 꿈꾸는 '희망의 유럽'은 시장-경제-자
본이 지배적인 현재와는 '다른 세상'이 가능하다는 데 있기 때문이다. 그의
이 희망 속에는 유럽인도 미국인도, 이스라엘인과 팔레스타인도 함께 "예
(Yes)"라고 동의할 수 있는 그런 세상이다. 그의 직접적 표현대로, "전 세계의

5 *Ibid.*

수십억에 달하는 뭇 남성과 여성의 꿈이 이것이고, 이 꿈을 이들은 공유하고
있다. 바로 이들이 산고(産苦)를 겪듯, 꿈을 실현하는 날이, 비록 당장 오지는
않겠지만, 어느 쾌청한 날, 대낮의 광채처럼 올 것이다."[6]

'데리다의 꿈'은 (서구)유럽인의 꿈이자 나아가서는 인류의 꿈이라는 데 의
심의 여지가 없다. 하지만 필자와 같은 제3자(서구유럽인도 아니고 프랑스인도
아닌)의 입장에서 볼 때 그의 상상력은 지리적으로 '서구유럽'을 벗어나고 있
는지 의구심이 드는 것도 사실이다. 이런 의구심을 가지고 다시 보면 '데리
다의 꿈'은 기상천외한 제안이라기보다 다분히 '상식적'이라 할 수 있고, '유
럽중심적' 편견이 작동되고 있다는 징후가 감지된다. 위 인용문에서도 확인
되듯, 현대의 정치, 사고, 윤리가 바로 서기 위해서는 이성의 (재)계몽이 필요
하고, 이를 통해서만 미국 주도의 세계화의 폐해와 위협을 극복할 수 있다고
제안한 점에서 그렇다. 더 단순하게 얘기해, 미국이 주도하는 세계화의 유
령과 광기를 서구유럽의 고유 철학적 브랜드라 할 '이성'으로 잠재우면 '다른
세상'이, 당장은 아니겠지만, 언젠가는 열리게 될 것이라고 결론짓고 있는
데, 이러한 데리다의 계몽주의적 태도는 하버마스의 '미완의 근대성 프로젝
트'[7], 리프킨의 『유럽인의 꿈』과 무척 닮아있다.[8]

---

6 *Ibid.*, p. 411 - 일부 표현 수정(예: slowly → 비록 당장은 오지 않겠지만). 유럽에 대한
   데리다의 보다 구체적인 의견에 대해서는 다음 책 참조: J. Derrida, *The Other Heading.*
   Reflections on Today's Europe, trans. P.-A. Brault and M. Naas, Bloomington: Indiana
   University Press, 1992.
7 실제 데리다와 하버마스는 2003년 유럽의 미래에 대해 공동명의의 글을 발표한 적도 있
   다 - J. Habermas and J. Derrida, "What Binds Europeans Together: A Plea for a Common
   Foreign Policy, Beginning in the Core of Europe", *Constellations*, Vol. 10, No. 3, 2003,
   pp. 291~297. 참고로 결론의 마지막 문장은 다음과 같다: "유럽중심주의의 배제를 지지
   하며, 글로벌 국내 정책은 칸트적 희망(Kantian hope)에서 영감을 가져라!"
8 J. Rifkin, *The European dream: how Europe's vision of the future is quietly eclipsing the*

하지만 데리다의 미국 주도의 세계화에 대한 비판적 논의와 대안 속에는 '유럽의 희망'만이 제시되어 있을 뿐 정작 인류를 위한 메시지는 찾아보기 어렵다. 데리다의 철학적 상상력은 서구유럽이라는 '지리'를 벗어나지 못하고 있는 것이다.[9] 그의 상상력이 '서구유럽'이라는 지리 안에 갇혀 있다는 것은 그가 민주주의와 인권, 평등, 자유와 정의 등과 같은 서구유럽적 가치를 옹호하고 나설 때도 발견된다. 데리다에게 소위 '유럽몽(European Dream)'은 "다른 인간문화 중의 하나의 본보기라거나 다른 지역 문화들 중의 하나의 지역-로컬 문화가 아니라 최상의 모델이자 최고의 문화"이며[10], 그런 점에서 그는 분명한 '(서구)유럽중심주의'라는 극장의 우상에 갇혀 있다는 비판을 피해갈 수 없을 것이다.

'해체'를 이야기할 때만 해도 데리다는 "서구유럽적 유산을 철저히 거부했으며, 유럽적인 모든 것을 단죄했다."[11] 그런데 '유럽'의 미래를 이야기하는 자리에서 그의 이 '해체' 전략은 칼날이 무뎌진다. 그는 어쩌면 "유럽중심주의를 넘어서는 길"에 대한 고민 자체를 하지 않았는지 모른다. 이러한 고민이 없었기에 "반유럽중심주의(anti-Eurocentrism)를 넘어서는 길"에 대한 고

American dream, Cambridge: Polity, 2004 참조.

9   데리다의 이러한 태도는 그가 '해체'라는 브랜드를 전 세계에 전파하면서 유럽의 철학이나 형이상학을 겨냥해 비판을 쏟아내던 때와는 사뭇 차이가 난다. 정체성이 직접 개입되지 않는 그의 '해체 작업'은 그가 유럽인인가 의문이 들 정도로 유럽 철학에 대해 비판적이다. 하지만 「희망의 유럽」에서처럼 자신의 정체성과 연계된 논의에서는 역설적으로 그는 유럽의 철학 전통을 적극 지지하고 있다.

10 J. Derrida, *op. cit.*, p. 410.

11 OUPblog, "Derrida and Europe beyond Eurocentrism and Anti-Eurocentrism", 27 April 2012 - https://blog.oup.com/2012/04/derrida-european-philosophy-eurocentrism/ (검색: 2020.01.20)

민이 뒤따르지 못했던 것 같다.[12] 그의 '해체' 전략은 이런 점에서 그에게 정신적 유산을 선물하고 고양(高揚)시켜 준 서구유럽 안에 (갇혀) 있다고 평가하는 것이 결코 무리한 주장은 아닐 것이다.[13] E. 레비나스가 생존해 있었더라면 분명 데리다의 계몽주의와 같은 서구유럽적 가치의 옹호는 '전체성(totalité)'의 옹호와 다르지 않다고 비판했을 것이다.[14]

「희망의 유럽」에서 데리다가 옹호하는 서구유럽적 가치가 제국주의, 식민주의의 작사리이자 올가미이기도 했다는 것에 대해 데리다는 정녕 고민하지 않았던 것일까?[15] 그는 진정 그가 생존 시 믿고 있었던 것처럼 '유럽인'이기나 한 것인가?[16] 서구유럽이 비서구유럽에서 계몽적-세계시민적 가치를 인정받으려면 비서구유럽과의 끝없는 대화가 필요한 것 아닌가? 계몽주의나 세계시민주의와 같은 서구유럽의 사상들은 그 자체로 보편적인 것이라기보

---

12 *Ibid.*
13 실제 데리다는 이렇게 말한 적도 있다: "We are insofar as we inherit."- J. Derrida(1994), *op. cit.*, p. 68.
14 E. Levinas, *Totality and Infinity: An Essay on Exteriority*, trans. A. Lingis, Springer Science & Business Media, 1979 참조.
15 같은 맥락에서 데리다가 아프리카, 식민주의를 대하는 태도를 놓고도, 데리다가 식민주의의 폭력에 대해 지속적인 비판을 했음에도 불구하고, 유사한 비판이 제기되고 있다. N. 아자리의 다음 언급을 보라: "[데리다의] 해체는 태생적으로 반식민주의적인(anticolonial) 것과 거리가 멀다.", "해체는 실천적이지만 심지어는 시적이며, [그래서] 불안한 감(D. Giovannangeli)마저 들게 한다. (…) 해체는 텍스트의 억압적인 총체성, 즉 단어, 개념, 이름, 기호의 권력을 해방시키는 방식으로 진행된" 데 그친 것이다 - N. Ajari, "Les Afriques de Derrida: Un devenir décolonial de la déconstruction?", *Ethics, Politics, Religions*, No. 12, 2018, p. 61.
16 역설 같지만, 데리다는 유럽에서 '유럽인(European)'으로서보다는 '비유럽계 유럽인(European as non-European)'으로, 특히 그의 사후에 같은 처지에 있는 연구자들이 그렇게 분류하는 경향이 있지만, 회자되고 있다. 이와 관련해서는 E. F. Isin, "We, the Non-Europeans: Derrida with Said", B. Isyar and A. Czajka (ed.), *Europe after Derrida*, Edinburgh: Edinburgh University Press, 2013, pp. 108~119 참조.

다는 비서구유럽의 역사와의 관계, 더 정확히는 서구유럽의 역사와 비서구유럽의 역사 간의 대화적 관계에서 비롯되고 인정되어야 하는 것 아닐까?[17] 서구유럽이 누렸던 과거의 권위, 유럽인들의 계몽주의에 대한 환상은, 데리다의 예에서도 잘 드러나듯, 그들이 여전히 그들의 문화-지리적 특수성을 인류 보편성으로 착각하고 있다는 방증 아닌가? 서구유럽인들의 이와 같은 환상, 신화를 오늘날 비서구유럽, 즉 제3세계에서 과연 어떻게 받아들일까?

서설이 다소 길어졌는데, 이성, 계몽, 자유, 평등, 인권, 정의, 민주주의, 보편주의 등과 같은 서구유럽적 가치가 오늘날 '의심의 심판대' 위에 오르게 되었다는 것이 본 논의의 출발점이다. 이러한 의구심은 "계몽되어야 할 대상은 이제 서구유럽인이 아닌가?"라는 부정의문문으로 요약될 수 있을 것이다. 이 장에서 우리가 D. 차크라바르티의 '유럽의 지방화 논제'를 소개함으로써 서구유럽적 가치, 특히 계몽주의적 보편주의의 명암을 살펴보려는 이유가 여기에 있다.[18] 차크라바르티의 『유럽을 지방화하기: 포스트식민적 사고와 역사적 차이』는, 그 제목만으로도 우리에게 시사하는 바가 적지 않다. 일차적으로는 앞서 잠시 언급한 데리다, 하버마스, 리프킨 등의 '유럽인의 꿈'에 정면으로 도전하고 있다는 측면에서 그렇고, 두 번째는 비서구인에 의해 제기된 이와 같은 비판으로 인해, 「이렇게 작은 것이 유럽이다」라는 R. 가세의 논문이 정확히 직시하고 있듯[19] 유럽이 이제 비로소 자기-거울을 갖

---

17 *Ibid*, p. 116 참조.
18 D. Chakrabarty, *Provincializing Europe: Postcolonial Thought and Historical Difference*, Chicago University Press, 2000(『유럽을 지방화하기』, 김택현 옮김, 그린비, 2014) - 아래 본문주와 각주에서는 PEU로 인용하며, 서술 과정에서는 『유럽을 지방화하기』로 약칭함.
19 R. Gasché, "This Little thing That is Europe", *The New Centennial Review*, Vol. 7, No. 2, 2007, pp. 1~19 참조.

게 되었다는 점에서 그렇다. 그리고 마지막으로는 이렇게 유럽이 비로소 '유럽'이라는 명의(name)를 갖게 됨으로써 유럽과 비유럽(비서구)이 함께 고민하고 개척해야 할 '인류의 미래 꿈'이 무엇인지를 재고하게 되었다는 점에서 그렇다.

2. 차크라바르티의 '유럽의 지방화 논제'의 지향과 목표

2000년에 출간된 『유럽을 지방화하기』는 이미 그 제목만 놓고 보더라도 세간의 이목을 끌 만하다. 인도계로 호주국립대학교에서 역사학을 전공한 후 현재 시카고대학교에서 역사와 남아시아연구 담당 교수로 재직 중인 차크라바르티의 이 책이 주목받는 것은 부제에서도 잘 드러나듯, 그가 서구유럽의 상징이기도 한 '발전'과 '진보'에 기초한 서구유럽 중심의 역사 서술에 대해 강한 의문을 제기하며, 데리다가 「희망의 유럽」에서 옹호하고 나선 것과 정반대로, 이성과 계몽을 무기로 한 서구유럽의 식민지 개척이 부당하고 비인륜적이기 때문에 이를 바로 잡아야만 '세계사(World History)'를 새롭게 기술할 수 있다고 제안하고 있기 때문이다.

차크라바르티가 꿈꾸는 '세계사'는 서구유럽을 역사의 중심에 놓고 나머지 지역-로컬들의 역사가 주변부화되는 방식에서 벗어나 서구유럽의 역사를 포함해(서구유럽의 역사 역시 지역-로컬의 역사라는 인식과 함께) 모든 지역-로컬들의 "역사의 '차이'"를 담아내는 것이 목표다. 그의 유럽의 지방화 논제(project of provincializing Europe)의 핵심이 바로 여기에 있다. 요인즉 서구유럽이 임의로 주도한 역사 서술은 인류 '보편적 역사(universal history)'를 서술한 것이 아니라 서구유럽인만을 위한 '지방의 역사(provincial history)', 즉 '특

정 지역(Europe)에 특화된 역사'의 서술
일 뿐이라는 것이다.

차크라바르티는 이렇게 서구유럽을
지방화, 지역화, 주변부화함으로써 서
구유럽의 발전-진보 모델에 의해 왜곡
된 역사를 바로 세우고자 한다. 더 정확
히는 '(새로운) 보편적 역사'를 기술하는
데 있으며, 그 역사 속에는 서구유럽 중
심의 세계사 기술 속에 포함되지 않았던

〈그림2〉〈세계문화의 집〉 초청 포럼에서
발언하고 있는 차크라바르티
(April 11, 2016 | Photo: Joachim Loch)

모든 지역-로컬들의 역사를 포함시키는 데 있다. 때문에 차크라바르티의 유
럽의 지방화 논제가 '보편주의'에 대한 단순 부정이나 거부에 그친다고 성급
하게 판단하는 것은 위험천만하다. 이런 염려 때문에 실제 차크라바르티도
『유럽을 지방화하기』에 대한 피상적 독서나 오해를 막고자 자신의 '보편주
의'에 대한 생각을 다음과 같이 부연한다: i) 보편주의는 서구유럽의 전유물
이 아니다; ii) 보편주의는 고정된 실체가 아니라 지속적으로 재구성된다.

차크라바르티가 이렇게 자신의 저서에 대해 보완적 설명까지 해야 했던
배경에는 그의 이 '충격적 논제'에 대한 서구유럽학자들의 적잖은 오해가 멈
추지 않고 있다고 판단해서다.

나는 [『유럽을 지방화하기』에서] 보편적인 것의 이념에 반대한 것이 아니라 보
편적인 것이 매우 불안정한 상태라는 것을 강조했고, 근대성에 대한 탐문을 통
해 [이 책에서의] 우리의 시도가 필연적인 장소 지킴이(necessary placeholder)라는
점을 밝히고자 했다. (…) 유럽을 지방화하는 것은 그리하여 어떻게 보편적 사

고라는 것이, 서구유럽의 과거사를 충분하게 연구했는가의 여부와 무관하게, 항상 그리고 이미 특정 역사에 의해서만 변해왔는지를 이해하는 데 있었다.[20]

C. 디체의 오독에 대해 차크라바르티가 이렇게 '보편적인 것'에 대해 부연까지 하게 된 것은 서구유럽학자들이 '보편적인 것'을 '장소(Europe)'와 연관시키는 것에 대해, 디체가 그랬듯, 일종의 알레르기 반응을 보인다는 점 때문이다. 주지하듯 '보편적인 것'을 설명하면서 지식의 발신자와 발신지를 문제 삼는 경우는 없다. 그래서 어쩌면 '보편적인 것'은 비장소적인 것, 즉 장소를 초월한 것이라 여기기 쉽다. 그뿐만 아니라 '보편적인 것'은 시간도 초월한다고 생각하는 것이 학계의 통설이다. 그런데 차크라바르티를 포함한 포스트식민주의 및 탈식민 연구자들은 '보편적인 것'은 서구유럽의 전유물이 아니라고 정면으로 맞선다. 서구유럽만이 "보편적 사고"의 전당이라는 편견에서 벗어나야 한다는 것이다.

차크라바르티가 '유럽을 지방화하기'라는 선언을 감히 하게 된 이유가 여기에 있으며, 그에 따르면 '보편적 사고'는 "'특정 역사(Western History)'에 의해서만 변해" 온 것이기 때문에 '특정 역사' 밖과는 무관하다는 것이 그의 일차적 주장이다. 말을 바꾸면, 특정 지역의 특정 역사가 '보편적 사고'를 전유(專有)해 근대성이라는 새로운 서구유럽의 이데올로기까지 '발신'하게 되었다는 것이다. 그 결과 서구유럽의 지식(과 권력)은 '보편적인 것'으로 분장되고 무장되어 식민지를 개척하고 식민지를 지배·통제하는 정당성까지 확보하게 되었다는 것!

---

20 D. Chakrabarty, "In Defense of "Provincializing Europe"": A Response to Carola Dietze", *History and Theory*, Vol. 47, No. 1, 2008, p. 96.

'누가', '어떤 지식'을, '왜' 발화하는지에 주목해야 하는 이유가 여기에 있다.[21] R. 그로스포겔도 적시하고 있듯, 모든 발화 속에는 발화자의 지리의 정치학, 자아의 정치학, 지식의 정치학이 작동되고 있기 때문이다.

> 서구유럽의 철학과 과학은 말하는 주체(the subject that speaks)에게서 민족, 인종, 젠더, 성적 인식의 위치를 분리함으로써 진실한 보편적 지식(truthful universal knowledge)에 관한 신화를 만들어 낼 수 있었다. [문제는] 이 진실한 보편적 지식이 주체가 말한 식민지 권력과 지식의 구조 내에서 지리 · 정치적이고 신체 · 정치적인(body-political) 인식적 위치뿐만 아니라 발화자가 누구인가를 숨긴다는 사실이다.[22]

발화자, 즉 지식의 발신자가 자신의 발화 뒤에 숨음으로써 그 발화는 발화자를 벗어나 탈시공간적 발화로 탈바꿈한다. 탈시공간적 발화는 특히 발화의 위치, 즉 지식의 발신지를 벗어난 곳에서 보편적인 것으로 새로운 지위(권위)를 얻게 된다. 이 과정에서 발화 내용은 발화의 의도, 즉 발화의 정치성을 감출 수 있게 된다. 소위 보편적 지식은 이렇게 탄생된 것이라는 게 포스트식민주의, 탈식민 연구자들의 서구유럽이 발신(發信)한 지식에 대한 비판적 해석이다.

오늘날 지구촌에서 소비되고 있는 거의 대부분의 지식은 서구유럽이 발신지라는 데 이견이 없을 것이다. 문제는 서구유럽인만 그렇게 생각하는 것

---

21 R. Grosfoguel, "The epistemic decolonial turn", *Cultural Studies,* Vol. 21, No. 2~3, 2007, pp. 211~223 참조.
22 *Ibid.*, p. 213.

이 아니라 심지어는 비서구인들까지도 '서구유럽의 지식 = 보편적 지식'이
라는 고정관념을 가지고 있다는 데 있다. 이렇게 "식민지 근대"가 "일반적 현
상"으로 내재화되어 "여전히 담론 권력을 행사하기 때문에"[23] 서구유럽의 지
식은 발신지, 즉 발화자의 발화 위치가 가려진 채 민족과 인종, 사회와 국가
를 초월해 누구도 범접할 수 없는 상태에 이른 것이다. 「지역-로컬의 세계
성?」의 논문 저자들이 정확히 기술하고 있듯, 서구유럽에서 발신된 지식이
"신의 관점을 가진 지식(God's eye-view knowledge)", "관점 자체를 초월한(the
point-zero perspective)" 지식으로 지구촌을 횡행 활보할 수 있는 배경이 여기
에 있다. 서구유럽의 지식은 어디까지나 "특별한 관점을 갖는 지식"[24]일 뿐인
데도, "비서구인들까지 [이렇게] 서구유럽적 관점에서 생각하고 말하기 때문
에"[25] 서구유럽의 지식은 지역-로컬들의 경계에 아랑곳하지 않고 활개 치면
서 '보편적 지식'이란 탈을 쓰게 된 것이다.[26] 문제의 심각성은 "이런 방식으
로, 우수하고 열등한 지식과 사람들의 계층이 구분"[27]된다는 데 있다.

열등한 '그들'은 주지하듯 서구유럽인과 서구유럽적 지식에 의해 '비존재'
로 치부되었던 비서구권의 시민들이다. 하지만 '그들' 역시도 서구유럽인과

23 김기봉, 「글로벌 시대 한국 역사학의 해체와 재구성: 한국사 · 동양사 · 서양사 3분과 체
   제의 역사화를 위하여」, 『한국사학사학보』 제32집, 2015, 10쪽.
24 M. Ndlovu, E. N. Makoni, "The globality of the local? A decolonial perspective on local
   economic development in South Africa", *Local Economy*, Vol. 29, Ns. 4~5, 2014, p. 510.
25 *Ibid.*
26 M. 미뇰로는 이와 같은 '서구유럽적 관점'은 15세기부터 시작된 것으로 〈Euro-American-
   centric, Christian-centric〉과 다르지 않으며, 근대의 세계체제(modern world system)를
   위계화시킨 장본인이라고 비판하고 있다 - W. Mignolo, *Local Histories/Global Designs:
   Coloniality, Subaltern Knowledges, and Border Thinking*, Princeton: Princeton University
   Press, 2000.
27 M. Ndlovu, E. N. Makoni, *op. cit.*, p. 510.

마찬가지로 '인간'이다. 따라서 '그들'이 '인간'으로 환대받기 위해서는 일차적으로 그들의 '장소'를 서구유럽의 식민 지배 상태로부터 해방시켜야 하고, '말하고' '생각하는' 것까지 해방시켜, "'그들'의 '장소'"가 세계의 중심이라는 인식을 갖게 하는 것, 이것이 차크라바르티를 포함한 포스트식민주의, 탈식민연구자들이 꿈꾸는 '인류의 희망'이다.

이런 점에서 이들의 꿈은 데리다가 「희망의 유럽」에서 역설한 '유럽의 꿈'보다 훨씬 더 '인간적이고 보편적인 꿈'이라 할 수 있다.

> 이[지식에 대한 장소 기반 접근]는 서구유럽의 이념들에 대한 완전한 거부를 요구하는 [사회-공동체의] 발전에 대한 또 다른 근본주의적 접근 방식을 옹호하는 것이 아니라 지식의 생태학이 전개될 수 있는 복수복합보편성(pluriversality)을 옹호하는 것으로, 지식은 모든 인류에게 부과된 단일보편적 접근을 통해서라기보다는 공존하는 길을 모색하는 데 있다.[28]

'차크라바르티의 꿈'은 '지식'과 '인간'이 위계화되어 차별하고 차별받는 세계가 아니라 "모든 인류"가 평화롭게 "공존"하는 데 있다. 이런 이유 때문에 그는 지식 탐구의 목표를 단일-일자-보편성(uni-versality)에 두지 않고 복수-복합-보편성(pluri-versality)에서 찾는다.[29] 이렇게 지식의 생태학이 구성되어

---

28 Ibid., p. 516 - 일부 구문은 의미를 살려 의역했음.
29 이런 까닭에 차크라바르티의 유럽의 지방화 논제를 이해하는 데 있어 복수복합성 (pluriversality) 못지않게 중요한 개념이 이질성(heterogeneity), 파편성(fragmentariness), 비전체성(non-totality), 불완전성(incompleteness), 참된 현재(the true present) 등(PEU, 243~244, 249)이다. 그가 꿈꾸는 '세계사(World History)'는 기본적으로 과거를 기술하는 것이 아니라 '(진정한) 현재'를 기술하는 것이다. 참고로 차크라바르티에게 있어 '세계사', 즉 새로운 역사 서술의 토대라고 할 수 있는 '진정한 현재'에 대한 그의 언급을 보자: "진

야 비로소 모든 지역-로컬 지식들이 각기 제 목소리를 낼 수 있게 되고, '상대적'이라거나 '토착적'이라는 부당한 폄훼에서 벗어날 수 있다고 본 것이다. 차크라바르티의 유럽의 지방화 논제가 의도하는 것도 이와 같은 서구유럽의 편견을 일소시키는 데 있으며, 이렇게 지식의 복수-복합-보편성을 염두에 두고 있었기에 그는 '보편주의'를 "지속적으로 재구성되는 것"이라 정의했던 것이다.

아래에서 우리는 독자의 이해를 돕기 위해 『유럽을 지방화하기』의 핵심 의도가 무엇인지, 유럽의 지방화 논제가 역사주의나 보편주의를 단순히 부정하거나 거부하는 것이 아니라 이의 보완·극복에 있다는 데 초점을 맞추어, 〈서론〉(PEU, 3~23)을 중심으로, 그 내용을 요약해볼까 한다.

(1) 그동안 아무도 자유, 평등, 시민권, 시민사회, 국가, 공공영역, 인권, 법, 민주주의, 정의, 계몽, 과학적 합리성, 근대성 등과 같은 개념이 그저 서구유럽에 국한되어 적용되는 것이라 생각하지 않았다. 하지만 이 개념들은 "서구유럽의 사고 및 역사와 분리해서는 생각할 수 없다."(PEU, 4~5) 서구유럽의 사고 및 역사와 분리해서 이것들을 생각할 수 없다는 것은 이 개념들이 비서구권에서도 과연 서구유럽 안에서처럼 적용될 수 있는가를 의심하게 한다.

(2) 하지만 실제 이와 같은 서구유럽적 개념들에 근거해 심지어는 20세기

정한 현재(the true present)는 과거를 무효(nullity)로 환원할 수 있는 것처럼 행동할 때 생산된다. 진정한 현재는 역사에 있어 일종의 영점(zero point)과 같다. 부언컨대, 백지상태(tabula rasa), 무장소성(terra nullius), 또는 청사진과 같은, 과거 없는 시간(the pastless time)이 진정한 현재다. 진정한 현재는 사회적 정의의 목표를 추구하면서 과거에 대한 존중과 함께 어느 정도의 자유를 실천하려는 현대의 정치적 주체의 욕망을 반영한다 (PEU, 244)."

의 포스트식민주의 연구자들까지도 18세기(즉 계몽주의 시기)에 임의로 조작된 '이성'과 '인간'에 대한 추상적 형상에 근거해 '보편적인 것'을 탐구하는 데 몰두한다. 그런데 정치적 근대성의 조건에서 보면 탈식민주의 연구자들은 '보편적인 것(보편성)'의 탐구가 비서구권에는 적용되지 않았다고 판단해 이러한 탐구에 대해 투쟁한다. '보편적인 것'에 근거해 축성된 역사학을 비롯한 사회과학에서의 반기가 대표적이라 할 수 있다(PEU, 5).

(3) 서구유럽사상가들과 그들이 제시한 사고의 범주는 서구유럽 밖에서도 동일한 방식으로 적용되었다. 그러다 보니 일례로 마르크스나 베버의 사상만 해도 그들을 역사화하거나(historicizer), 그들을 그들의 서구유럽적인 지적 맥락에 배치해야 한다는 반성 없이 남아시아를 비롯한 아프리카 등 제3세계의 사회과학자들까지 이들의 '보편적 사고(?)'를 자신들의 지역-로컬의 분석에 그대로 적용하게 된다(PEU, 6). '보편적인 것'에 대한 반기는, (1)에서 언급했듯, 사고를 그 사고를 탄생시킨 역사 및 장소와의 관계에서 재구성할 때(PEU, 255) 정당성을 얻는다.

(4) 유럽의 지방화 논제는 바로 이러한 모순적 상황, 즉 사회과학적 사고에서 서구유럽적 사고(특히 '역사주의')의 불가피성과 부적합성을 동시에 해결하려는 의도에서 시작된 것이다(PEU, 6).

(5) 주지하듯, '발전'과 '진보'의 이데올로기에 근간한 역사주의는 한 장소(Europe, West)에서 다른 장소(the rest of the world)로 점점 그 세력을 확대해 가면서 소위 '글로벌 역사적 시간의 구조로 작용했다. 즉 모든 지역-로컬들의 역사적 시간까지도 서구유럽의 역사적 시간을 기준으로 재편된 것이다. (차크라바르티의 말을 직접 빌리면) "시원은 [늘 그랬듯] 유럽에 있고, 다른 곳은 이 시원을 따르게 된다." 이 논리대로라면, 서구유럽(시원)의 역사가 있고, 비

서구권의 국가주의(단지 지역적으로 구성된 중심)는 바로 이 시원의 서사에 대한 지역적 버전에 불과한 것이 된다(PEU, 7).

(6) 서구유럽의 역사적 시간을 기준으로 지역-로컬의 시간이 정복됨으로써 결국 장소(공간)가 정복되고, 장소까지 정복됨으로써 모든 것이 발전과 진보의 논리에 전적으로 포섭된다. 서구유럽은 이와 같은 역사결정론적 논리의 연장선상에서 자본주의, 근대성 또는 계몽주의의 '최초의 발생지'로서 자신의 권위를 격상시킨다. 하지만 이와 같은 일종의 역사적 사건, '자본주의', '근대성' 또는 '계몽주의'의 탄생은 단지 서구유럽의 지리적 경계 내의 사건들과 관련해서만 설명될 수 있는 것들이다. 달리 말해, 비서구권에서는 '역사의 발전이나 진보', '근대'에 대한 생각들이 서구유럽과 '동시대적 사건'이라고 할 수 없다. 따라서 서구유럽이 기준으로 삼는 또는 표준으로 제시한 '세계'는 비서구권에서는 "아직 아님"(PEU, 7~8)에 해당한다.

(7) 어떤 지역, 어떤 국민은 다른 지역, 다른 국민에 비해 덜 근대적일 수 있다. 하지만 이를 빌미로 서구유럽인들의 역사적 사고, 보편적 서사에 의해 비서구인들이 계몽되어야 하고, 그 계몽이 정당화되어야 한다는 주장은 논리적 비약일 뿐이다(PEU, 9, 14).

(8) 서구유럽의 역사주의나 정치적 근대성에 대한 비판은, 4)에서 언급한 것처럼, '불가피하다'고 말할 수밖에 없고, 유럽의 지방화 논제는 20세기적(나아가 21세기적 상황에서는) 상황에 직면해서 두 가지 목표를 갖게 되는데, 하나는 근대 권력의 상징이기도 한 '역사'를 다원화시키는 것이고, 다른 하나는 지역-로컬의 역사를 세계화, 즉 자본에 대한 보편적 서사와 분리하는 것이다(PEU, 14).

(9) '역사'가 다원화되어야 한다는 것은 역사적 시간(발전, 진보에 초점이 있

는)의 본질에 대한 의문을 제기하는 것으로서, 역사적 시간이 단수의 일원론적 동질성(singular-unitary homogenous)을 따른다고 전제한 서구유럽의 역사관(헤겔이 대표적이라 할 수 있지만)이 세계사를 설명하는 데 '부적합하다'는 것이다(PEU, 15). 지배의 관점에서 서술된 서구유럽의 통합적·불변적·전체(주의)적 역사관은 역사적 과정에서 일반적으로 나타날 수 있는 비연속성, 단절, 파편화, 불완전성 등에 대해 철저히 무관심하다는 한계가 있다. 역사주의마저도 역사가 진행되는 과정에 "복합성과 지그재그"를 승인하는 것이 중요하다는 생각을 못하고 있으니 "그 어떤 필연적 전제도 수반하지 않은 목적론"에 경도되어 "특수한 것에서 일반적인 것을 찾는 것"이다(PEU, 23).

(10) 세계화, 자본에 대한 보편적 서사와 지역-로컬이 분리되어야 하는 것은 시장-경제-자본의 지배에 의해 신식민주의, 신제국주의가 행사되고 있고, 이는 과거의 식민주의나 제국주의보다 훨씬 교활한 형태로 행사되고 있다는 점에서 "헤게모니 없는 지배"(PEU, 15)라 할 수 있다. 문제는 그렇게 "지역-로컬의 장소"가 아무런 저항도 하지 못한 채 '탈영토화'되고 있다는 점이다. 이것이 "보편적인 것을 추구한 결과"(PEU, 255)로 얻은 것이라면, 우리는 유럽의 지방화 논제를 통해 서구유럽과 합집합을 이룰 수 있는 것이 무엇이고 교집합을 이룰 수 없는 것이 무엇인지를 분명히 할 필요가 있다.

이상에서의 요약을 통해서도 확인할 수 있듯, "'유럽을 지방화하기'는 서구유럽적 가치나 사상을 거부하거나 폐기하려는 프로젝트"(PEU, 16)가 아닐 뿐더러, "서구유럽의 가치나 사상을 회피하려는 프로젝트"(PEU, 255)도 아니다. 차크라바르티에게 서구유럽적 사고는 우리 모두에게 영향을 미친다는 점에서 불가피하지만, 비서구권 국가들이 겪은 정치적 근대성의 경험을 설

명하기에는 부적절하다. 따라서 "유럽을 지방
화한다는 것은 서구유럽적 사고의 가장자리
(margins)로부터, 그리고 서구유럽적 사고의
가장자리를 위해 어떻게 사고[자체]가 갱신될
수 있는지를 탐구"(PEU, 16)하는 것이 목표다.

서구유럽과 비서구와의 관계는, 차크라바
르티의 언급대로, "불가통약성"에 비견된다
고 할 만하다. 둘 간에 아무런 공통점이 없다
는 것이다. 그 정도로 역사가 진행되는 과정에

〈그림3〉『유럽을 지방화하기』
표지

서 양자 간에는 켜켜이 누적된 "차이"(PEU, 17)
가 산적해 있다. 그런데 비서구권 지역-로컬의 장소성, 삶의 형식과 직결된
모든 것들이 서구유럽의 "보편적인 추상적 형상"으로 환원 가능하다는 것이
역사주의자들의 견해다. 이 과정에서 지역-로컬민들의 장소 귀속의식은 붕
괴되고, 역사적 차이는 해체되며(PEU, 18), 그렇게 서구유럽의 지식-권력의
식민성은 하늘을 찌르게 된다. 바로 이런 이유 때문에 차크라바르티의 유럽
의 지방화 논제에 의하면 서구유럽의 발전-진보의 역사적 논리는 재구성될
필요가 있다는 것이며, 그의 실존적 물음으로 이를 변환시키면, "영어와는
다른 비서구유럽어(a non-European language, Bengali)로 '나는 누구인가?'를 비
서구권의 문맥에서 이해하는 것"(PEU, 20)이 필급하다는 말이 된다.

차크라바르티의 말대로, 세계에는 영어(英語), 미어(美語)와 "'다른' 많은 언
어들이 존재한다."(PEU, 21) 문화도 역사도 유럽의 그것과 다른 것들이 엄연
히 존재하고, 실제가 그렇다. 이는 결국 "세계 내의 존재 방식이 다양"(PEU,
21)하다는 말과 같다. 바로 이 다양성이 살아나야만 지역-로컬들이 제 목소

리를 가질 수 있다는 것은 재론의 여지가 없다. 지역-로컬들이 살아나야 서구유럽만이 세계의 중심이라는 편견을 바로 잡을 수 있다. 이러한 차크라바르티의 탈서구유럽에 대한 고민은 인식론적으로 더는 서구유럽에서 답을 찾을 수 없다고 확언하기에 이른다. 그래서 그는 8)에서 언급했듯, 역사를 다원화하는 것만큼이나 중요한 것이 "우리[비서구인]의 실존을 설명하는 데 필요한, 우리의 삶과 그들의 [변화] 가능성을 시험할 수 있는 "복수의 규범적 사유 지평"(PEU, 20)을 만드는 것이 최대 과제라고 말한다.

> 우리의 사회[서구유럽의 지배를 받았던 제3세계]를 이해하는 데 있어 매우 유용한, '우리'에 대해 내속된 그들[서구유럽인들]의 무지에도 불구하고, '우리'가 이 이론을 발견해야 한다.(PEU, 29)[30]

앞서 우리는 차크라바르티의 유럽의 지방화 논제를 요약하면서 이 논제는 서구유럽적 사고, 보편주의에 대한 단순한 부정이나 거부에 그치는 것이 아니라 보완·극복에 초점이 있다고 했다.[31] 그렇다면 일차적으로 보완되어야 할 것이 무엇이겠는가? 단일-일자-보편성의 관점에서 벗어나 복수복합적 관점을 통해 존재-삶-지식이 식민 상태에 처해 있는 인도 등 제3세계를 어떻게 학문적으로(인식론적으로) 포용할 것인가, 바로 그것이다. 차크라바르

---

30 이에 대한 좀 더 구체적인 분석은 A. Weisman, *The World Without Us*, New York: Thomas Dunne Books, 2007 참조.
31 이와 관련한 차크라바르티의 더 구체적 언급은 다음 참조: "[유럽의 지방화 논제는] 유럽적 사고를 멀리하는 것과 거리가 있다. 유럽의 제국주의가 끝났을 때, 유럽적 사고는 우리 모두에게 하나의 선물과도(a gift to us all) 같았다. 우리는 반식민주의적 감사의 정신(an anticolonial spirit of gratitude)으로만 유럽적 사고를 지방화하는 것에 대해 이야기할 수 있다(PEU, 255)."

티의 복수복합적 관점은 일견 월러스틴의 '복수주의적 보편주의(a pluralistic universalism)'와 유사한 것처럼 보일 수도 있다.[32] 하지만 양자 간에는 분명한 차이가 있다. 월러스틴의 복수주의적 보편주의는 기본적으로 '보편주의가 여럿'이란 의미이다. 그런데 보편주의가 여럿이라는 것만으로는 차크라바르티가 꿈꾸는 '지식들'의 생태학이 작동될 수 있을지는 의문이다. '지식들'이 '하나의 생명'인 지식으로 거듭나기 위해서는 '지식들' 간의 조화 · 협력이 필수적인데, 복수주의적 보편주의에서는 서로 다른 지식들이 단지 이접적(離接的) 상태로 각기 자기를 유지하는 데 초점이 있지 서로 간에 '화학적 결합'이 일어난다고 보기는 어렵다. 한마디로, '지식들' 간의 융합이 일어나지 않는다는 뜻이다.

따라서 '지식들'이 생태학적으로 거듭나기 위해서는 '보편주의가 여럿'이어야 한다는 주장보다 어떻게 '지식들' 간의 조화 · 협력이 이루어질 수 있을까를 고민해야 할 것이다. '지식들'이 요즘처럼 권력이나 자본의 시녀가 되는 것이 아니라 '인류'를 위해, 서구유럽의 지식처럼 피부색에 좌우됨 없이, 자유, 평등, 정의 등을 전파하고 실천하는 데 복무하는 것이 중요하다 이 말이다. 차크리바르티가 꿈꾸는 지식처럼 인류를 위해 복무하는 지식이라면, 당연 "결핍, 부재, 무능"(PEU, 32)과 같은 평가어를 동원해 인간 존재의 우열을 가르지 않을 것이다. 인류를 위해 복무하는 지식이라면, 인도인, 아프리카인, 아시아인의 본성과 능력이 서구유럽인만 못하다는 편견에 사로잡혀 있지도 않을 것이다. 인류를 위해 복무하는 지식이라면, 더더욱 "비서구의

---

32 I. Wallerstein et al., *Open the Social Sciences: Report of the Gulbenkian Commission on the Restructuring of the Social Sciences*, Stanford: Stanford University Press, 1996, pp. 59~60 참조.

하위주체성과 제3세계의 역사"(PEU, 28)를 현재처럼 단일-일자-보편성에 가두어 놓고서 침묵하게 하지 않을 것이다.

인류의 미래는 결코 과거가 담보해 주지 못한다. 과거, 전통, 역사의 의미는 현재에 대한 비판과 해석, 미래의 전망에 의해 좌우된다. 과거, 전통, 역사로부터 자유롭기 위해 미래를 꿈꾸어야 한다. 이렇게 "욕망된 미래(the desired future, PEU, 247)", 꿈꾸는 미래가 있어야 인류의 미래 또한 예비될 수 있다. 물론 그렇다고 해서 인도인이 영국인이 될 수 있는 것은 아니다. 세네갈인이 프랑스인이 될 수도 없다. 따라서 각자가 자신의 본거지(local, home)에서 '보편적인 것'을 찾는 꿈을 꾸는 것이 중요하다. 세계에는 어디에서라도 본거지에서 탐색할 수 있는 보편적인 것이 존재한다(PEU, 34). '보편적인 것'을 찾는다고 본거지를 버리는 것은 어리석은 짓이다. '보편적인 것'은 외부의 심급도 아니며, 외부에 의해 주어진 사고의 표준도 아니다. 차크라바르티가 간디를 인용해 "영국인이 없이도 할 수 있는 영어 규칙", 즉 "인도 영어(India English)를 만드는 것"(PEU, 34)이 중요하다고 강조한 까닭이 여기에 있다. 영국인을 위한 영어를 왜 인도인이 델리나 바라나시에서 고민하느냐는 것이다.

차크라바르티의 유럽의 지방화 논제는 이런 점에서, 그가 역사가이기에 즐겨 쓰는 표현이라고 생각되기는 하지만, "아직 존재하지 않은 역사"(PEU, 42)에 관한 기획이다. 그를 포함해 『유럽을 지방화하기』의 독자인 우리 모두에게 부여된 과제는 바로 이 '아직 존재하지 않은 역사' 쓰기에 함께 동참하는 일이다. 서구유럽중심의 역사가 아닌 인류를 위한 역사, 과거를 기억하고 소환해 그 과거가 현재를 재지배하는 역사가 아닌, 미래를 함께 꿈꾸는 역사, 바로 이 '새로운 역사'를 (다시) 쓰는 과정에서 지배와 폭력이, 또는 발전이나 진보, 자유와 근대성, 이성과 과학만이 기준이 될 수는 없다. 마찬가지로, 서구유럽이 더는 역사의 중심이 될 수도 없다. 서구유럽의 지방화 논제는 문화적 상대주의를 주창함으로써 지역-로컬을 국가주의나 토착의 소역사로 회귀하자는 그런 시대착오적 주장을 펴는 것과 분명히 구분할 필요가 있다(PEU, 43, 45). 유럽의 지방화 논제는 어디까지나 서구유럽을 포함해 모든 지역-로컬이 "자체의 불가능성을 그 자체 내에서(within) 실현하는"(PEU, 45) 데 최종 목표가 있다. 이는 결국 서구유럽을 포함해 모든 지역-로컬이 과거의 자기중심의 탈을 벗어야만 비로소 "인종, 계급, 성, 종교의 차이를 넘어서 화해와 공존을 추구하는 사해동포적 휴머니즘을 회복하는 길"[33]이 열릴 수 있다는 말이기도 하다.

　어쩌면 이런 이유 때문에 차크라바르티도 자신이 꿈꾸는 세계를 "아직 아님"이라고 굳이 표현한 것 아니겠는가. "아직 아님"인 상태이기에 우리 모두가 '지금'부터 노력해야 한다. 모든 지역-로컬이 외부의 개입 없이 자신의 힘으로 스스로 서고, 스스로 개화되는 것, 이것이 차크라바르티가 꿈꾸는 '계몽'의 본래 모습이다. 그래서 어쩌면 그의 이와 같은 꿈은 성취 불가능한 꿈일 수도 있다. 하지만 이는 우리 모두를 위해 실현해야 할 꿈이기에 결코 포기할 수 없는 꿈이다. "미래를 위해 정향된 인간(being oriented toward the future, PEU, 250)"에게 꿈은 정명(定命)과도 같은 것이다.

---

33 김상률, 「탈식민주의를 넘어서: 세계화 시대의 탈식민 연구」, 『역사와 문화』 제12호, 2006, 35쪽.

3. 각 지역-로컬에서 '지금' '직접' 써야 하는 보편적 역사

철학사에는 이성도, 계몽도, 보편주의도, 확실성도, 인권도, 정의도, 자유도, 민주주의 등도 아주 '정교하게', '논리적으로' 잘 기술돼 있다. 어쩌면 데리다도 하버마스도 이런 이유 때문에 서구유럽의 지리적 한계를 벗어나지 못했는지 모른다. 서구유럽의 철학자들(훗설, 하이데거, 아렌트, 레비나스 등)은 대개 이성과 계몽을 놓을 수 없는 것과 마찬가지로 소크라테스와 플라톤의 그리스나 성경에서도 눈을 떼지 못한다.[34]

이와 같이 유럽중심주의는 서구유럽인뿐만 아니라 비서구인들과 공조로 축성되었고, 심지어 '보편적인 것'을 추구한다는 철학의 영역에서마저도 사상적 다양성, 문화적 다양성에 대해 무관심했으며, 그 결과 '서구유럽 = 근대성 = 보편적인 것의 맹아(萌芽) = 객관적 지식의 발신지'로 고착되었다. 디지털 기술시대로의 변화로 인해 국가들 간의 거리, 문화들 간의 간극은 점점 좁혀지고 있는데도 불구하고 철학 영역에서는 과거의 거리와 간극이 변함없이 유지되고 있다는 것이 아이러니가 아닐 수 없다. "보편적 진리의 탐구"는 오직 "서구유럽철학의 전통"일 뿐이라는 환상이 이렇게 변함없이 유지되고 있는 셈이다.[35]

---

34 이에 대해서는 참고로 레비나스의 다음 인터뷰 내용 참조. 이는 '유럽중심주의'의 대표적 사례라고 할 수 있을 정도로 탈식민주의 연구에서 빈번히 인용되는 문장이기도 하다: "공개적으로 말하는 것은 위험한 일이지만, 인류는 곧 성경과 그리스[아테네]라고, 나는 가끔 말한 바 있다. 나머지 모든 것은 번역될 수 있다. 나머지는 모든 것, 이국적인 모든 것은, 성경과 그리스로부터 파생된 지류(dance)일 뿐이다." - R. Mortley, *French Philosophers in Conversation: Levinas, Schneider, Serres, Irigaray, Le Doeuff, Derrida*, London & New York: Routledge, 1991, p. 18.

35 B. W. Davis, "Dislodging Eurocentrism and Racism from Philosophy", *Comparative and Continental Philosophy*, Vol. 9, No. 2, 2017, pp. 115~116.

물론 B. W. 데이비스의 설명대로, "지난 2세기 동안 서구유럽이 보편적 진리를 탐구해 왔다는 것에 대해 의심하는 사람은 없었다."[36] 하지만 차크라바르티의 『유럽을 지방화하기』를 통해 이미 살펴보았듯, 이러한 '믿음'은 오늘날에는 더 이상 효력이 없다는 목소리 또한 거세다. 차크라바르티와 다른 주장을 펴는 것으로 판단되지 않은 데이비스의 아래 글을 보자.

> 철학적 요구와 논쟁의 관점에서 담론을 복수화(pluralizing)해야 할 뿐만 아니라 방법, 목표, 스타일, 심지어 철학의 정의와 관련해서도 담론을 다원화(pluralizing)하는 것만이 명백히 철학이 생존하는 길이고, 철학적으로 아주 확실하게 실행 가능한 방법이다.[37]

인용문에서 재삼 우리는 우리가 오늘날 추구해야 하는 사고와 지식도, 담론도, 역사와 문화도 복수복합화의 길을 지향해야 한다는 것을 알 수 있다. 데이비스가 "이 길만이 철학적으로 아주 확실하게 실행 가능한 방법"이라고 한 이유를 우리가 더 부연해야 할까. 타문화에 대한 존경, 타문화에서 제시하는 세계에 대한 비전이 전혀 공유되지 못하고 있는 오늘날의 상황에서 서구유럽의 특수한 지역-로컬적 사고가 '인류의 미래에 대한 청사진'이 될 수 없다는 것은 너무도 당연하다. 그런데 문제는 이를 비서구인들이 아무런 의심 없이 예나 지금이나 여전히 추종하고 있다는 점이다. 이는 스스로가 담론 생산의 주체가 되는 것을 포기하는 것과 다르지 않다. 지역-로컬에서 이렇게 담론 생산의 주체가 되는 것을 포기하면 할수록 서구유럽을 발신지로 하

---

36 *Ibid.*, p. 116.
37 *Ibid.*

는 담론의 영향력은 배가(倍加)될 것이다.

최근 들어 차크라바르티의 인도를 포함해 아프리카, 중남미 등 남반구의 철학이 세계지식계의 화제(話題)로 부상하고 있다는 것은 서구유럽인의 진리 및 지식 탐구의 기준과는 판연히 다른, 이질적인 것들이 존재한다는 명백한 증거라 할 수 있다. 각 지역-로컬이 각기 타당하게 그리고 동시에 서구유럽철학이 그런 것만큼 또는 그 이상으로 보편적 가치를 추구하며 "세계철학들(world philosophies)"을 지향하고 있다[38]는 사실에 주목할 필요가 있는 것도 이 때문이다. '세계철학들'은 아마 서구유럽을 재세계화(re-worlding)하지 않고서는 불가능할지 모른다.[39] 바꿔 말하면 '세계철학들'은 탈서구(유럽)철학(post-Western Philosophy)을 목표로 할 때 발차할 수 있다. 이렇게 비서구권에서 서구유럽으로부터 받은 멸시와 홀대에 대한 "공통 경험"이 다양한 경로로 분출되기 시작하면서 "타자의 언어(European language)"를 빌리되, 그 타자의 언어로 "자신을 자유롭게 표현"하는 시대가 온 것은 행운이라 아니 할 수 없다. 이 장에서 살펴본 차크라바르티의 『유럽을 지방화하기』도 대표적 예라 할 수 있다. 분명한 사실은 서구유럽이 자신들의 철학의 중심을 비서구권에 양보하지 않아도 이미 중심은 비서구권으로 상당 부분 이동하고 있다는 점이며, 비서구권에 이제는 예전처럼 그렇게 서구유럽에 대한 환상이 많지 않다는 점이다. 이제 비서구권에서도 '세계'에 대한 철학적 디자인을 스스로

---

38 H. Nakano, "Toward a Re-Orientation of Comparative Studies(Book Review)", *Journal of World Philosophies*, No. 4, 2019, p. 186.

39 '재세계화(re-worlding)' 개념은 Chih-yu Shih and Yih-Jye Hwang, "Re-worlding the 'West' in post-Western IR: the reception of Sun Zi's the Art of War in the Anglosphere", *International Relations of the Asia-Pacific*, Vol. 18, 2018, pp. 421~448 참조. "세계화(worlding)는 유럽이 비유럽을 이해하는 것으로 시작하는 데 반해 재세계화(re-worlding)는 비유럽이 유럽의 개시에 대해 응답하는 것이다."- *Ibid.*, p. 426.

하고, 이를 구체화하는 작업들도 진행되고 있다는 사실이 중요하다.

이 장을 시작하면서 우리는 "세계는 서구유럽과 그 나머지 나라들"로 구분된다고 했는데, 이는 이제까지 우리가 살펴본 역사학 분야, 철학 분야에만 나타난 현상은 아니다. 인류학 분야를 비롯해[40], 심지어는 무용 분야에서까지도 이러한 구분의 폐해가 어느 정도인지 쟁론화하고 있다. E. E. 윌콕스의 다음 고백을 보자.

나는 유럽과 북미 댄스에 의해 널리 사용되고 있는 언어가 단지 보편적인 무용 언어라는 댄스에 대한 나의 견해와 인식이 '유럽중심적'이라고는 생각한 적은 없다. 그러나 나는 오늘 다음과 같이 말할 수 있다. "나는 이 관점을 내가 춤을 추는 동안 공유했다"고. 이는 [나와 같은 처지에 있는] 많은 다른 무용수들도 그렇게 믿을 것이라 확신한다. 나는 이 사고방식이 내가 자란 [특수한] 환경에서 비롯된 것이라 생각한다. 내 기억이 그르지 않다면, 대부분의 무용 역사와 무용 기술[무용적 표현]은 미국과 유럽에서 유래했다. 다른 문화적 무용 형식에 대해

40 인류학 분야에서도 유럽중심주의의 극복을 탈식민적 인식론에 기초해 시도하고 있으며, 핵심 논제는 현실과 지식과의 관계에 대한 재고에 있다. 주어진 현실, 문화가 다르면 세계를 다르게 해석하고 표현한다는 것이다. 이에 대한 단적인 언급은 다음 참조 - M. Savransky, *op. cit.*, p. 18: "인류학에서의 최근 '반성적 전환(reflexive turn)'은 자신의 인식론적 문제를 동시에 보편화하지 않으면서 인류학의 진리를 지방화할 수 없다는 데 있다. 다시 말해, 인류학은 더 이상 문화들을 가로질러 인간 본성에 대한 진리를 아는 것과 관계된 학문이 아니라 인류학자 자신을 포함해 어떻게 문화들, 국민뿐만 아니라 그 밖의 다른 사람들이 세계를 해석하고 표현하는지를 연구하는 학문이 되었다." 그런즉 세계를 '다르게' 해석하고 표현하는 것을 '비합리적이다', '이해가 불가능하다'와 같은 차별적 평가로 일관했던 서구의 인류학이 최근 들어 '반성적 전환'을 꾀한다는 것은 곧 "타자들의 현실(reality of others)"을 인정하지 않았다는 사실을 역으로 용인하는 것과 같기에, 다시 말해 "비근대적이고 비서구적인 현실들(non-modern, non-western realities)"에 대한 사고 실험을 거치지 않았기 때문에, 타자들의 현실에 대해 무지할 수밖에 없고, 그 책임은 스스로 떠안을 수밖에 없다(*ibid.*, p. 19).

이야기할 때 자주 그들[미국과 유럽의 무용수, 무용관계자들]은 이를 부수적인 것이라 여기며, 일반적으로 이를 결코 토론의 주요 원천으로 여기지 않는다.[41]

여기서 우리는 서구유럽, 나아가 미국의 지적 횡포가 얼마나 큰 것인지를 실감할 수 있다. 그래서 윌콕스는 차크라바르티가 그랬듯, 미국과 유럽중심적 무용의 지방화가 얼마나 시급한지를 침묵의 언어를 통해 우리에게 전달하고 있으며, 탈장소적·글로벌 보편성(neutral universality)에 의지한 과거의 무용 전통에서 탈피해 지역-로컬 문화에 기반한 무용의 이해가 절실하다고 토파(吐破)하고 있다.

거듭 강조하지만, 서구유럽에서는 늘 그들의 문화와 철학이, 데리다의 표현대로 '최고'이고 '최상'이라 믿기에, 비서구의 문화, 철학과의 교류를 원치도 않았고, 크게 관심도 없었으며, 필요성도 느끼지 못한 것 아닌가 싶다. C. 드푸르트의 정확한 지적대로, 서구인들은 "모든 철학적 연구 분야, 사유전통 및 접근 방식의 경계를 가로지르는 것이 서구(the West)를 넘어서는 것을 의미하지는 않는다"[42]고 예나 지금이나 철통같이 믿고 있는 것이다. 그 결과 〈유럽인임(being European)〉이 곧 〈철학임(being Philosophy)〉과 동치가 되는 차마 웃지 못할 일까지 벌어지고 있는 것이다.

유럽인임은 점점 세계의 나머지 지역과 달라지기에 그러하다. [같은 논리로]

---

41 E. E. Wilcox, "When place matters: Provincializing the 'global'", *Rethinking Dance History. Issues and Methodologies,* G. Morris and L. Nicholas (ed.), Routledge, 2017, pp. 160~172 참조.

42 C. Defoort, "'Chinese Philosophy' at European Universities: A Threefold Utopia", *Philosophy East and West*, Vol. 67, No. 4, 2017, p. 1060.

철학임은 점점 다른 학문과 거리를 두기에 그러하다. 유럽인임과 철학임의 부분적 중첩과 지역들(regions)과 학문 간의 점진적인 차이는 유럽인임과 철학임 사이의 구별을 [오히려] 흐리게 하는 경향이 있다.[43]

C. 드푸르트가 정확히 언급하고 있듯, 이는 "대부분의 (서구)유럽대학이 보여주는 전형이라 생각되며, 많은 세계의 국가들의 대학, 심지어는 후진국의 경우도, 두 극단을 멀리 떨어뜨려 놓는" 경향이 농후하다.[44] 하지만 이와 같이 만일 비서구권의 문화, 철학을 배우기 위해, 교류하기 위해, 영향을 주고받기 위해 서구유럽이 자신의 품을 열지 않고 계속 차단하는 한 두 문화권 간의 간극은 영영 좁혀지지 않을 것이다. 이러한 폐쇄적 상황이 호전되지 않는 한 서구유럽인들이 가진 철학에 대한 '최고-최상의 편견'은 지속될 것이다.

따라서 이러한 편견에 동의할 수 없는, 더는 인정할 수 없는 비서구권의 학자들, 즉 포스트식민주의, 탈식민주의 연구자들이 이러한 편견 깨기에 나서는 것은 너무도 자연스러운 일이라 할 수 있고, 차크라바르티의 유럽의 지방화 논제는 이런 점에서 향후 더 많은 사람들로부터 관심과 지지를 받게 될 것이라, 필자는 확신한다.

'보편적인 것'에 뿌리를 내리고 열매를 맺은 철학 영역에서까지 이와 같은 비대칭적 권력이 여전히 행사되고 있다는 것이 오늘날의 철학의 현주소이다. '사고의 자유', '보편적 사고'마저도 '문화적 편견의 벽'을 넘어서지 못하고 있는 것인가? 현실은 분명 그렇다. 그래서 이러한 편견을 퇴치시켜야 한다

---

43 Ibid. 〈철학임(being Philosophy)〉은 〈유럽인임(being European)〉과 비교해 의미를 살리기 위해서라면 '철학함'으로 이해해도 무방할 성싶다.
44 Ibid., p. 1061.

는 의식이 군집(群集)하여 21세기 벽두에 차크라바르티를 비롯한 제3세계주의자들이 새로운 학문의 깃발을 들게 된 것이고, 이 깃발은 서구유럽과 비서구가 더 이상 상호 교류·대화를 하지 않는다면, 인류의 미래가 현재보다 결코 '더 밝을 것'이라 기대할 수 없다는 것을 묵시(默示)한다.

서구유럽인들의 세계-사명(world-mission)에서 '세계'는 정확히 어디를 가리키는 것인지 다시 묻지 않을 수 없다. '계몽', '문명화'가 '정복'과 '지배통치'를 의미하는 것이라면, 이를 오늘날 누가 받아들일 수 있겠는가? 인류가 열망하는 미래는 세계의 미래가 아니라 단지 서구유럽만의 미래인 것인가? 앞서 우리는 차크라바르티의 꿈을 "성취 불가능에 가까운 꿈이지만 결코 포기할 수 없는 꿈"이라 했다. 그의 꿈은 그의 말대로 분명 "아직 존재하지 않은 역사"(PEU, 42)에 해당한다. 하지만 그의 꿈이 미래의 언젠가 '역사'가 되려면, '지금' 당장 이를 위한 우리 모두의 지지와 성원, 노력과 실천이 요구된다.

유럽의 미래를 계몽주의적 유산에서 찾았던 데리다, 근대의 기획을 의사소통적 합리성을 통해 보완하려고 애썼던 하버마스, 이들의 사고 속에는 서구유럽 밖이 없다. 즉 이들에게는 오직 유럽만이 존재할 뿐이다. 그래서 차크라바르티는 이들 '특수 지역'에 갇힌 "속류 헤겔 역사주의"에 대해 비판하지 않을 수 없었을 것이다. 이들의 사고 속에는 유럽 밖이 설정되어 있지 않기 때문에 유럽밖에 없는 것이나 다름없다. 월러스틴은 유럽의 보편주의가 지역-로컬들의 특수주의에 의해 도전받고 있다고 했지만, 안과 밖으로 구성된 경계가 없기 때문에 이들은 그저 메아리 없는 주장만을 허공에 대고 하고 있을 뿐이다. 차크라바르티는 이들의 사고에 '유럽'이라는 장소성을 부여함으로써 "유럽이 세계 전체와 동일시"되는 것을 경계(警戒)한 것이다. 유럽의 안과 밖의 경계(境界)를 설정함으로써 "특수한 것[유럽]이 보편의 장소[세계 전

체]를 찬탈했다"는 점을 분명히 하기 위해서다.[45]

김기봉의 언급대로, 차크라바르티의 유럽의 지방화 논제는 "유럽이라는 장소성을 부각시켜 유럽중심주의를 해체하는 전략이다."[46] 유럽중심주의의 해체는 "[유럽과는] 다른 과거(other pasts)"(PEU, 250)를 가진 지역-로컬들의 역사가 그 디딤돌이다. 비서구권의 많은 국가들은 유럽과 다른 과거에 뿌리를 두고 있기 때문에 유럽에서처럼 보편주의, 역사주의 안에서 회돌이하지 않았던 것이다. 비서구권은 유럽과는 다른 가치와 철학으로, 다른 세계를 살아온 것이다. 그래서 유럽과 '다른 역사'로 기술되어야 한다는 것이고, 그 '다른 역사'가 없이는 문자 그대로 '세계사'라 칭할 수 없다. '세계사'는 그때문에 그들(Western Europeans)만을 위한 역사가 아니라 "우리 모두와 함께하는 역사(History with Us)로 다시 써야 한다."[47]

'세계사'도[48], '세계철학사'도 이제는 지역-로컬을 고려하지 않고서는 그 정

---

45 김기봉, *op. cit.*, p. 11.
46 *Ibid.*, p. 12.
47 차크라바르티에게 역사는 두 종류가 있다. 하나(History I)는 우리가 이 장에서 줄곧 논해 온 유럽중심의 역사로, 보편성, 필연성, 인과성, 계몽, 이성을 특징으로 하며, 다른 하나(History II)는 차크라바르티와 더불어 우리가 써야 할 지역-로컬의 역사로 '아직 아님'을 특징으로 하며, 결코 역사의 무대에 '존재한 적이 없고', 그래서 '현실적으로 실현된 적이 없으나(unrealized actual)', 그럼에도 '현실이 되기를 기다리는(to be merely waiting to become actual)', 그런 역사인 바 오직 '비전체화적 방식(nontotalizing manner)', 즉 '가능성'으로, '파편적'으로, '불완전하게' 기술될 수밖에 없지만, '끝없는 수정을 통해(constant and open-ended modification)' '전체성의 역사나 단일의 역사가 아닌(never being a totality, a not-one)' 복수의 지금-현재 역사를 미래를 위해 쓰는 그런 역사이다. 차크라바르티에게는 바로 이 〈History II〉가 '우리와 함께 하는(with Us)' 역사이고, 이념이나 이론을 위한 역사가 아니라 '우리의 삶의 과정(life-process)'을 담보하는 역사라고 역설한다 (PEU, 249-251).
48 참고로, 헤겔에게 있어 '역사'는 곧 '철학적 역사'이자 '세계의 역사'인데, 세계의 주권(Sovereign of the World)은 이성이기 때문에, '역사'는 언제나 '합리적 과정'을 따르게 된다 - 헤겔의 유럽중심적 역사관에 대한 설명은 M. A. Peters, "Eurocentrism and

당성, 타당성을 인정받을 수 없다. 지역-로컬 고유의 역사 · 철학은 지역-로컬의 시민이 직접 써야 한다. 지역-로컬이 유럽의 나머지 나라들로 호명되던 시대는 이미 지났다. 이것이 바로 21세기 철학의 화두요, 이 시대가 유럽-미국의 중심화가 아닌 주변부화를 통해 풀어야 할 과제다. 서구(西歐)가 주변부화될 때 모든 지역-로컬이 복수복합적 관점에서 중심화될 수 있다.

역사와 철학은 과거를 반성하고 현재를 진지하게 탐구하고 기록하는 자에게만 주어지는 법이다. 지역-로컬을 위한 '진정한 현재'는 아무것도 고정된 것이 없고, 아무것도 영원한 것이 없으며, 모든 것이 변한다는 전제에 근거한다. '진정한 현재'는 복수복합적 관점을 통해서 기술될 때만 고유하게 지역-로컬의 것이 될 수 있다. '보편주의'와 같은 사고의 표준화를 지양하려면 지역-로컬에 부과된 '진정한 현재'를 답파(踏破)해 새로운 사고의 표준을 만들어야 한다. 유럽의 지방화 논제에서 차크라바르티가 제시한 '다른 세계'는 상상력이나 은유의 대상이 아니다. '다른 세계'는 곧 유럽인이 겪었던 것과는 '다른 사람들의 현실'을 의미한다. 바로 "이 다른 현실들을 다르게(these different realities, differently) 수태(受胎)할 필요가 있다"는 것,[49] 이것이 K. 야시르의 『유럽을 지방화하기』에 대한 한 줄 요약이며, '무엇'을 수태할 것인지는 애정 어린 눈빛으로 '우리-현실'을 바라볼 때 생생히 떠오를 것이다.

the Critique of 'Universal World History': the Eastern Origins of Western Civilization", *Geopolitics, History, and International Relations*, Vol. 6, No. 1, 2014 참조.
49 K. Yasir, "Conceptual independence: Engaging with Dipesh Chakrabarty's Arguments in Provincializing Europe", *Radiance View Weekly*, 2014 - https://www.academia.edu/6948341/ (검색, 2020.01.24.).

제10장 ——

지역-로컬 지식의
재건 운동과
'지역세계화'의 의미

"1914년 이래 유럽은 지방화되었으며(provincialized),
자연과학만이 빠르게 국제적 반향을 불러일으킬 것이다."

———— H.-G. 가다머, 『철학적 해석학』

"식민지의 어머니는 그녀의 아이를 그 자체로 보호한다.
즉 그녀 아이의 자아뿐 아니라 생리학, 생물학까지도.
이는 자신의 불행이 곧 아이의 불행의 요체라고 생각하기 때문이다."

———— F. 파농, 『대지의 저주받은 자들』

1. 지역세계화는 세계화, 세계지역화와 정반대 방향에서 시작된다

서구의 문명은 사회(경제)의 발전과 기술(과학, 지식)의 발전 개념에 기초
하고 있다. 기술의 성공, 경제적 효율성, 사회적 질서(제도)의 승리를 서구유
럽이 수 세기 전부터 세계경영의 척도로 삼고 있는 것도 같은 논리에 따른
것이다. 문제는 이러한 서구적 가치가 비문명권, 즉 비서구 국가들을 계몽과
지배의 대상으로 삼고, 이러한 자신들의 계몽과 지배의 행위를 정당화하는
논리로 가동시켰다는 점이다. 서구인들의 이러한 파렴치한 행위가 부당한

것임을 본격적으로 제기하기 시작한 것은 학문적 차원에서 그리 오래된 일이 아니다. 1990년대를 전후해 서구의 지배를 받아 온 지역-로컬의 개명(開明)한 학자들이 '저항의 깃발'을 들기 시작하면서부터 서구의 부당행위가 수면 위로 떠오른 것이다.[1]

이와 같은 비서구권 국가들의 문제제기와 저항은 단지 과거의 사건에만 시선을 고정하지 않고 현재에도 기술-경제의 세계화를 통해 서구인들의 소비나 사치의 무대로 자신들의 영토가 식민화되어가고 있다는 자각에 기초한 것이다. 서구인들은, 사냥꾼이 짐승을 잡기 위해 덫을 놓듯, 그들이 지배하기를 원하는 곳이면, 처소나 공간 구분 없이, '문명의 덫'을 놓는다. 세계가 서구유럽과 동질체(同質體)가 되게 하는 것이 곧 '문명-근현대 디자인'인 셈이다.

부당함에 저항하는 것은 인간에게 주어진 권리(천부적 인권)를 되찾기 위한 정당방위에 해당한다. 생명을 위협하는 폭력에 맞서는 것을 두고 '부당하다'고 비판하는 사람은 아마 없을 것이다. 서구유럽인들이 작금의 탈식민

---

1 이 장에서 우리는 〈Local〉을 특별히 '지역-로컬'로 번역하기로 한다. 그 이유는 〈Global〉의 대(對)인 〈Local〉을, 국내에서 문화 콘텐츠를 연구하는 학자들이 주로 그런 경향이 있지만, 지방(Region) 또는 지역(Local)과 혼용하고 있는데, 이를 바로 잡을 필요가 있다고 생각해서다. '지역문화', '지역문화콘텐츠'와 같은 표현이 대표적이다. '지역문화', '지역문화콘텐츠'에서 '지역'은 '지방'의 오용이다. 이러한 오용을 염려해선지 〈Local〉을 음차해서 '로컬문화', '로컬문화콘텐츠'로 표현하기도 한다. 이런 상황에서 설상가상으로 '로컬CT기반 문화콘텐츠', '실버로컬스토리텔러'라는 표현까지 등장한 상태이며, 심지어는 '로컬크리에이터(지역혁신창업)'와 같이 음차와 병기를 남발하기도 한다. 필자가 〈Local〉을 굳이 '지역-로컬'로 번역한 것은 이런 오해를 피하기 위한 방편임을 밝힌다. 〈머리말〉에서도 이미 밝혔듯, 〈Local〉의 기본 단위는 '국가(공동체)'이며, 아프리카나 EU처럼 '대륙'을 의미할 때도 있다. 아울러 '정부조달문화상품의 세계화', '종이접기의 세계화 한마당', '한국시의 세계화'와 같이 '세계화'를 남발하는 것도 문제지만 '남도민요의 세계화', '전주비빔밥의 세계화'와 같이 지방문화를 세계화하겠다는 망설허성(妄說虛聲)도 이제는 자억(自抑)할 때가 되었다는 점을 지적하고자 한다.

주의 연구에 대해 침묵으로 일관하는 것도 필경 자신들의 과거의 부당한 행위에 대해 그것이 정당하다고 변명하는 것이 옹색하기에 그런 것이 아닐까 싶다. 피식민지 시민들의 기억이 사라지지 않는 한 지역-로컬의 저항은 결코 약세화(弱勢化)되거나 망각되는 일은 없을 것이다. A. 키야노, N. 말도나도 토레스, W. 미뇰로, R. 그로스포겔 등에 의해 세계지식계에 이미 반향을 불러일으키고 있는 소위 '(탈식민적) 인식적 전환', '인식적 정의', '인식적 다양성', '인식적 포용', '인식적 자유' 등에 관한 연구는 향후 직접적 피해당사자라 할 수 없는 지역-로컬의 연구자들로부터도 폭넓은 지지를 받게 될 것이라는 게 필자의 전망이다. 필자와 같이 아프리카나 중남미로부터 수 억만리나 떨어진 곳에 있는 학자에게까지도 이와 같은 소식이 전해졌다는 것만으로도 이들의 연구가 현대철학의 새로운 이정표를 세우고 있다는 평가를 받기에 충분해 보인다. 부당한 것은 반드시 밝혀져야 하고, 폭력을 행사한 자의 진심어린 사과나 보상이 뒤따르지 않고서는, 한일위안부 문제가 그러하듯, 부정의(不正義)한 폭력을 바로잡기 위한 인식 투쟁(epistemic struggles)은 계속될 것이란 뜻이다.

이렇듯, 무고한 시민들의 생명을 위협했던 과거의 역사적 트라우마를 비롯해 작금의 아마존 유역에 대한 환경파괴나 지구촌 곳곳에서 자행되고 있는 무수한 부정의한 사건들, 특히 경제-기술의 세계화와 더불어 부의 불평등한 분배 문제와 관련한 사건들에 대해 사람들이 감시와 경계의 시선을 늦추지 않는 것도 결과적으로는 인간의 권리 회복에 관한 운동에 동참한다는 점에서 인식 투쟁의 역할은 결코 미미하다 할 수 없다. 이 과정에서 등장한 구호가 "글로벌하게 사고하고, 지역-로컬을 위해 행동하자(Globally Think, Locally Act)!"이다. 그리고 이 구호로 인해 〈Glocalization(세계지역화)〉 개념은 글로벌 마케팅 분야에서는 말할 것도 없고 문화 연구, 국제관계, 문학비평, 교육학, 철학 분야 등에서도 널리 활용되고 있다. 하지만 이 구호는 실제 '영리한(변형된) 세계화 전략'에 다름 아니다. 현지화를 통해 세계화를 강화하는 것이 곧 세계지역화의 목표라는 것이다. 이 과정에서 문화적 · 경제적 · 기술적 토대가 약한 지역-로컬들은 세계화에 더 종속될 수밖에 없다.[2]

이렇게 영리해진 세계화는 당연히 더 강력하게 현지, 즉 지역-로컬들을 파고들어 세계화를 등에 업고 활동하는 자들(Globalists)이 원하는 수익을 올리는 데 이용될 뿐이라는 것은 삼척동자라도 다 알 만한 일이다. 따라서 세계지역화에 대해 경계심을 늦추어서는 안 된다는 것이 필자의 기본적 생각이다.[3] 요인즉 지역-로컬이 중심이 된 세계인식이 필요하고, 이러한 인식에 기초할 때 비로소 세계화에 대한 평가가 제대로 이루어질 수 있다. 세계화보다 더 밀치(密緻)하고 더 간악한 형태의 세계화가 세계지역화라는 것이다.[4]

이 장에서 우리는 이런 관점에서 지역-로컬의 재건 운동의 일환으로서 인식 투쟁을 벌이고 있는 제3세계 지식인들의 탈식민주의 논의를 '지역세계화'의 관점에서 재고하는 자리를 마련해 볼까 한다.

2　지역세계화의 필요성에 관한 전반적인 설명은 박치완 · 김성수 · 조소연 외, 『글로컬 문화 콘텐츠, 어떻게 그리고 왜?』, 한국외국어대학교 지식출판원, 2009 참조.
3　박치완, 『호모 글로칼리쿠스』, 한국외국어대학교 지식출판콘텐츠원, 2019, p. 15, 각주 2) 참조.
4　E. 사이드가 정확히 경고한 대로, 서구의 문화가 전 세계로 제국화/식민 지배화의 길을 개척했던 근현대사를, 최소한 문화 연구자라면, 결코 가볍게 여겨서는 안 될 것이다 - 에드워드 사이드, 『문화와 제국주의』, 박홍규 옮김, 문예출판사, 2005 참조. 거듭 강조하지만, 문화는 매매나 지배의 수단으로 전락할 때가 가장 저급한 수준이다.

2. 토착-정신(지식)의 회복을 위한 지역-로컬의 행동(실천)

세계지역화의 일차적 목표는, 세계화와 마찬가지로, 더 많은 경제적 부와 이익의 창출에 있다. 그런데 '지역세계화'로 관점이 바뀌면, 비록 둘 다 〈Glocalization〉에 대한 번역어임에도, 구호는 "모든 지역에서의 행동은 지역-로컬을 위한 행동이다(every local action is a glocal action)"로 전격 전환된다.[5] 지역세계화는 이런 점에서, M. 아르미에로와 G. 달리사의 언급대로, 지역-로컬의 재건을 위해 부득이하게 "정치적 행동"을 수반하게 된다.[6] 지역세계화는 순수 이념 논쟁이나 경제에 국한된 저항('탈세계화'와 같은)에 그치지 않는다는 뜻이다.

지역-로컬의 재건 운동이 순수 이념 논쟁으로 끝났더라면, 작금의 도도한 세계화에 아무런 영향도 미칠 수 없었을 것이다. 마찬가지로 피해 지역-로컬 시민들을 크게 자극하지 못했을 것이다. 위기는 새로운 이념과 가치를 탄생시킨다고 했던가! 세계화, 세계지역화가 지역-로컬에 몰고 온 위기, 위협, 폭력에 저항해야 하기에 '정치적 행동'은 필수적이라 할 수 있다. 여기서 우리는 지역세계화의 "정치적 행동"에 눈망울을 사납게 굴리며 국적 없는 시장자유주의자들처럼 난데없이 '빨간색'을 떠올려서는 곤란하다는 점을 미리 말해두고자 한다.

미국 주도의 세계화의 횡포가 얼마나 심각한 수준인지는 EU에서의 저항

5 M. Armiero & G. D'Alisa, "Rights of Resistance: The Garbage Struggles for Environmental Justice in Campania, Italy", *Capitalism Nature Socialism*, Vol. 23, No. 4, 2012, p. 66.
6 *Ibid.*

만 놓고 보더라도 충분히 공감이 가리라 생각한다.[7] "글로벌하게 생각하는 것은 말리지 않겠으나 최소한 유럽에 이익이 되는 행동을 하자(Think Global, Act European, TGAE)!"는 슬로건을 EU에서 제시했다는 사실만으로도 필자가 이 장에서 제안한 '지역세계화 논제'가 번지수가 빗나간 주장은 아니라는 사실을 단적으로 입증한다고 할 수 있다. 근 5세기 가까이 문화, 문명의 발신지라고 거들먹거렸던[8] EU가 이렇게 다분히 '비지성적이고 비문명적인 태도'를 보여 가면서까지 집단행동을 취하게 된 근본적 원인이 어디에 있겠는가. 대답은 단연코 EU가 처한 '경제적 불황의 연속'에서 찾아야 할 것이다. EU의 경제 불황 상황이 지속되고 있기 때문에(정확히는, EU 집행부가 기대하는 수준의 성장세를 보이지 않고 있기 때문에), 이와 같은 '정치적 결정'을 하게 된 것이다. 2016년 한 해를 정산하면서 EU에서는 심지어 "끔찍한 한 해"였다는 표현까지 동원하고 있다.[9]

EU가 자체적으로 이러한 진단을 내린 배경은, 〈그림1〉에서도 확인할 수 있듯[10], 그들이 미국 주도의 신자유주의적 경제 패러다임으로 인해 과거에 전 세계에서 자신들이 누렸던 영향력과 지위가 약화(弱化)되고 있다는 절박한 인식에 근거한 것이라 할 수 있다. 어떻게든 EU에서는 과거 자신들의 제국주의 시대의 영광을 되찾고 싶은 속내가 있는 것이다. 그래서 심지어는

---

7 P. Cagni, "Think Global, Act European: The E.U.'s growth to 25 countries is forcing multinational managers to recast how they 'glocalize'", *World View*, August 25, 2004 참조.

8 E. Dussel, "Europe, Modernity, and Eurocentrism", *Nepantia: View from South*, Vol. 1, No. 3, 2000, p. 471.

9 M. Leonard, "What Liberal World Order?", *Project Syndicate*, February 28, 2017 참조.

10 D. Schwarzer, "Europe, the End of the West and Global Power Shifts", *Global Policy*, Vol. 8, Supplement 4, 2017, p. 19에서 재인용.

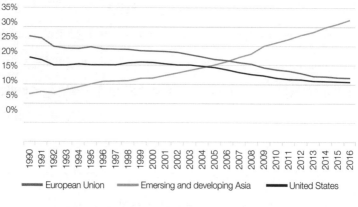

35%
30%
25%
20%
15%
10%
5%
0%

1990 1991 1992 1993 1994 1995 1996 1997 1998 1999 2000 2001 2002 2003 2004 2005 2006 2007 2008 2009 2010 2011 2012 2013 2014 2015 2016

━━ European Union　　━━ Emersing and developing Asia　　━━ United States

〈그림1〉미국, 아시아, EU의 PPP 기반 GDP 이동(출처: IMF, 2016)

"뭉치면 살고 흩어지면 죽는다(United We Stand, Divided We Fall)"[11]라는 '전투적 구호'를 동원하는가 하면, 규범과 가치의 생산자로서 EU가 역내(域內) 국가 간 정치적 협력을 통해 글로벌 권력을 강화하고 글로벌 행위자로서의 면모를 되찾기 위해서는 '제국으로서 유럽(Europe as Empire)'[12]을 잊지 말아야 한다는 주장까지 버젓이 나돌게 된 것 아닌가 싶다.

　이렇게 "뭉치면 살고 흩어지면 죽는다"는 구호에 이어 "제국으로서의 영

---

11 T. Novotna, "The EU as a Global Actor: United We Stand, Divided We Fall", *Journal of Common Market Studies*, July 2017, pp. 1~15.

12 J. Zielonka, "Europe as a Global Actor: Empire by Example?", *International Affairs*, Vol. 84, No. 3, 2019, p. 484: "그러므로 나는 EU가 특히 경제 분야에서 유럽의 규범적 의제(our normative agenda)에 대한 특정 조정이 필요한 경우에도 단적인 예로서 제국적 정치를 수행하기를 원하는 사람들에 동의한다. EU는 공통적으로 공유되는 도덕 및 글로벌 거버넌스 규칙을 수립하는 데 도움이 되는 대화에 참여해야 한다. 권력 행사는 특히 교육과 정복에 관한 것이어서는 안된다. 대신 그것은 [유럽이 아닌 지역의] 다른 행위자들의 권한을 강화시키는 정책, 절차 및 규칙의 홍보에 관한 것이지만, 그렇다고 그것이 힘이 없는 행동인 것은 아니다. 오직 이렇게 해야만 유럽의 권력 행사가 합법적인 것으로 보일 수 있다. 그래야만 비로소 단적인 예로서 제국은 단지 수사학적 의미만 갖는 데 그치지 않고 실용적일 수 있다."

광을 되찾자"는 구호까지 등장했다는
것은 우리의 '눈을 씻어야' 하지 않을까
싶을 정도로 의아한 일이다. 그 정도로
EU의 경제 상황은, 역내(域內) 국가별
로 다소 차이는 있을 수 있지만, 전체
적으로, EU 집행부에서 경각심을 가질
정도로, 악화(惡化)되어 있는 상태다.
그래서인지 유럽지역발전기금에서는
더 많은 유럽시민들이 EU 발전에 대해
호의적 관심을 갖기를 바라는 마음에
서 TGAE 전략을 2019년 홈페이지에서
까지 홍보하고 있다.[13] 거듭 강조하지

〈그림2〉 트럼프의 기후협약 파기를 희화화한
이미지
(출처: https://www.nuvo.net/news/why-trump-
s-climate-change-denial-could-sink-us-and/
article_9055e1a4)

만, 거대공룡인 미국 주도의 신자유주의적 경제 질서에서 자신들도 승자가
되고 수혜자가 되는 일, 그것이 EU가 TGAE 전략을 통해 궁극적으로 도달하
고자 하는 목표라 할 수 있다.[14]

오늘날 경제-기술의 세계화로부터 예외적인 국가는 존재하지 않는다. EU
에서까지 이렇게 지역-로컬 이기주의(Eurocentrism)를 부르대고 있는 상황이
라는 것은 이미 미국이 주축이 되어 가동시키고 있는 신자유주의, 신국가주
의가 얼마나 국제사회의 이성과 양심을 어기며 인류를 우롱하고 있는지를

---

13 C. Moloney, "Why 'Think Global, Act Local' is no longer enough", *URBACT News*, June
24, 2019 참조.
14 참고로 지역-로컬의 재건 움직임(몸부림)은 인도에서도 시작되고 있다 - A. Bhatnagar
and J. Sandhu, "India's Thinking Global. It Should Act Regional First", *Global Policy*, June
6, 2018 참조.

〈그림3〉2015년 3월 31일 교육의 탈식민화를 외치는 예일대학의 아프리카학생
연합(Yale African Students Association) 시위 모습(출처: wileyonlinelibrary.com)

되돌아보게 한다. 여기서 우리가 기억해야 할 것은 일방적 세계화 과정에
서 인류가 그동안 공들여 축적한 모든 가치(시민사회, 인권, 평등, 민주주의, 사
회적 정의, 과학적 합리성 등)가 물거품처럼 사라지고 있다는 데 있다. 이것이
인류 공멸의 전조가 아니고 무엇이겠는가? 그렇다고 EU의 이상에서와 같
은 주아(主我)주의적 결정과 정치적 행동을 곱게 보는 사람이 있을까? 아마
없을 것이다.[15] EU의 재중심화는 곧 미국 주도의 세계화의 아류나 다름없기
때문이다.

　역설적으로 이야기해, EU의 재중심화든 미국 주도의 세계화든 제3세계는
이 과정에서 전혀 배려되지 않는다는 점이다. 약육강식의 세계화-세계지역

---

15 Brexit를 통해서도 알 수 있듯, 최근 EU에서도 국가우선주의적 경향이 고개를 들고
　있다는 점을 주시할 필요가 있다 - M. Mann, "The emergence of modern European
　nationalism", J. A. Hall, I. C. Jarvie (ed.), *Transition to Modernity: Essays on Power,
　Wealth and Belief*, Cambridge: Cambridge University Press, 1992 참조.

화-재서구화가 인류가 추구해야 할 미래상이라고 생각하는 사람은 없을 것이다. 9장에서 이미 살펴보았듯, "유럽을 지방화해야 한다"는 D. 차크라바르티의 저서가 주목받는 이유가 여기에 있다.[16] 이런 유형의 뜻밖의 저서가 출간되었다는 것은 그 자체로 TGAE나 〈American First〉 정책이 '시대의 에토스'를 거스르고 있다는 반증이라 할 수 있다. 서구유럽중심주의가 미국우선주의와 결합해 강국들만을 위한 잔치로 이어진다면, 이를 반길 사람이 누구이겠는가? 과연 제3세계에서 이를 반기겠느냐는 것이다.

필자가 세계지역화를 세계화와 암수한몸으로 보는 것도 이 때문이다. 국제사회는 이들의 권력-폭력의 재생산에 제동을 걸기는커녕 침묵하고 있다. 이를 지켜보는 데 그치거나 침묵으로 일관한다는 것은 서구의 근대성/식민성이 자행한 "폭력의 비합리적 실천에 대한 정당화"[17]를 승인하는 것과 같다. D. 차크라바르티의 『유럽을 지방화하기』는 이런 점에서 필자와 같은 제3세계학자들에게도 시사하는 바가 크다고 생각된다. 그의 주장대로 "소위 유럽의 시대"는 '역사적으로' 이미 종말을 고했다. 유럽의 역사에서 우리는 더 이상 "보편적 인간의 역사"를 떠올릴 수도 기대할 수도 없다.[18] 혹여 아직 기대하고 있는 사람이 있다면, 그는 스스로 자신이 유럽의 식민적 족쇄를 차고 있다는 것을 널리 공표하는 것이나 다름없다. 차크라바르티의 『유럽을 지방화하기』는 정확히 이러한(유럽이나 비유럽권 할 것 없이 학자들의 마음속에 은연중 내재화된) 식민적 태도를 비판하는 데 그 핵심이 있다. 〈유럽 = 보편성의

---

16 D. Chakrabarty, *Provincializing Europe: Postcolonial Thought and Historical Difference*, Princeton University Press, 2000 참조.

17 E. Dussel, *op. cit.*, p. 472.

18 D. Chakrabarty, *op. cit.*, p. 3.

상징〉, 〈세계화(세계지역화) = 경제성장〉과 같은 허구적 이념은 이제 버릴 때가 되었다. 즉 비서구권 학자들이라면 최소한 시선을 자신이 선 곳(지역-로컬)으로 되돌려보라는 것이다. 자신이 선 바로 그곳이 자신이 거주하고 실존하며 사회적 관계를 맺는 장소이기 때문이다. 자신과 자신의 조상이 어떻게 서구-유럽의 지배를 받아 왔는지, 그 결과가 현재 어떤 지경인지를 둘러보고 해법을 모색하라는 것이다. 『유럽을 지방화하기』의 메시지가 바로 여기에 있으며, 이는 자신의 지역-로컬에 대해 "비유럽적 개념화"를 시도하라는 N. 무젤리스의 주장과도 다르지 않다.[19]

주지하듯, '촌놈'은 서울 사람이 기준이 되어 지방 사람을 폄훼할 때 사용한다. '사투리'도 그 사용 배경이 같다. 문제는 이렇게 모든 사람이 서울 사람이 되고, 서울말을 사용한다면 어떻게 될까? 지방이 고유하게 간직하고 있는 문화적 차이들이 모두 사라질 것이다. 이와 같은 상황을 일러 차크라바르티는 '장소 기반 역사와 문화(place-based histories and cultures)'를 획일화하는 '중성적 보편(neutral universal)'의 횡포라 했다.[20] '중성적 보편'에 이르려면 어떻게 해야 할까? 자신의 지역-로컬을 버려야 한다. 지역-로컬에서 습득한 모든 것을 서구-유럽적인 것에 맞추어 조정해야 한다는 뜻이다. 자신의 목소리도, 생각과 행동도 이렇게 서구-유럽적인 것(보편적인 것)을 척도로 자신을 변화시키면, 파농의 저서(『검은 피부, 하얀 가면』)가 암시하듯, '검은 피부가 하얀 피부로 바뀌는가? 그렇게 하얀 가면을 쓰면, 속살까지 하얘질까?[21]

19 N. Mouzelis, "Modernity: a non-European conceptualization", *British Journal of Sociology,* Vol. 50, Iss. 1, 1999, pp. 141~159 참조.
20 D. Chakrabarty, *op. cit.*, p. 11.
21 F. Fanon, *Black Skin, White Masks*, Trans. by C. L. Markmann, New York: Grove Press, 1967(1952) 참조.

이런 굴욕을 감내하며 자신의 지역-로컬을 버린 채 홀로 '하얀 피부'를 갖게 된 것을 개인의 영광으로 삼을 것인지 아니면 '촌티'를 부끄럽게 여기지 않고 지역-로컬의 시민들과 함께 탈영토화된 공동체를 재건하기 위해 노력할 것인지, 선택해야 한다. 차크라바르티와 무젤리스는 서구유럽의 '지방화'와 '재개념화'를 제안하며 보편적인 것, 보편성은 서구유럽인에게 생득적으로 주어진 것이 아니라 식민주의나 제국주의 또는 글로벌 자본주의와 같은 권력(폭력)에 의해 조작·파생된 것임을 명시하고 있다. 탈식민적 인식적 전환, 탈식민적 인식적 정의는 바로 이와 같은 폭력에 대한 지역-로컬의 자각과 절박성이 없이는 촉발될 수도 실현될 수도 없다. 제1세계권의 학자들도 널리 인정하듯, 이와 같은 "제3세계주의적 제안(thirdworldist proposal)"이 고개를 들고, "반유럽중심적 진영(anti-eurocentric camp)"이 형성된 원인 제공자는 당연 '서구유럽'이다.[22]

잘 생각해 보라. 지리적으로 유럽은 지구촌의 한 지역-로컬에 불과하다. 그들의 문화와 제도, 가치와 이념은 지구촌에 존재하는 수많은 문화와 제도 중 하나이다. 그런데 역사적으로 그들의 문화와 제도, 가치와 이념이 전 세계를 좌지우지하던 때가 있었다. 하지만 H.-G. 가다머도 고백하듯, "1914년 이래 유럽은 지방화되었다."[23] 즉 서구유럽은 이제 더 이상 세계의 중심이 아니다. 그게 전부다. 여기서 중요한 것은 "그들의 문화와 제도[가치와 이념]만 유일한 것도 아니며, 다음 세기에도 [이것들이] 지배적인 것으로 지속되어야 할 필연성이 없다"[24]는 사실이다. 비서구권 학자들이 자신의 지역-로컬을 직

---

22 N. Mouzelis, *op. cit.*, p. 142.
23 D. Chakrabarty, *op. cit.*, 〈서론(Introduction)〉의 제사에서 재인용.
24 N. Mouzelis, *op. cit.* p. 143.

<그림4> 일러스트로 표현한 움뱀베의 '탈세계화'
(출처: http://www.kweeper.com/charles/image/6355850)

시해야 하는 것도 바로 이 때문이다. '누구'에게 '무엇'을 가르치고 있는지, 자신의 지역-로컬에 대해 진정으로 고민해야 하는 당사자가 누구인지, 왜 서구유럽만 바라보고 있느냐는 것이다.[25]

차크라바르티의 "유럽을 지방화해야 한다"는 주장에 이어 "서구 자체를 지방화해야 한다", "발전과 진보를 지방화해야 한다"와 같은 연구가 출현한 것도 이런 점에서 보면 결코 우연이라 할 수 없다.[26] 한마디로, 서구유럽이 그들이 계몽했고 지배했던 타자에 의해 타자화되는 시대가 도래한 것이다. 더 직접적으로 표현하자면, "서구인에 의해 정복되고 노예화된 사람들의 눈

---

25 I. Vandebroek et al., "Local knowledge: Who cares?", *Journal of Ethnobiology and Ethnomedicine*, Vol. 7, No. 35, 2011, pp. 1~7 참조.

26 C. Ginzburg, "Provincializing the world: Europeans, Indians, Jews(1704)", *Postcolonial Studies,* Vol. 14, No. 2, 2011; I. S. Marwah, "Provincializing Progress; Developmentalism and Anti-Imperialism in Colonial India", *Polity*, Vol. 51, No. 3, 2019 참조.

을 통해 [서구인들이] 자신을 보는 법"[27]을 새롭게 배우지 않으면 안 되는, 소위 '권력의 역전' 현상이 일어난 것이다. 서구인들에게 세계를 새롭게 배우지 않으면 안 되는 역운(歷運)의 기운이 21세기에 접어들어 팽배해진 것이다. 이러한 역운은 '이성의 언어', '계몽의 문법'으로 자신들이 훈육하고 지배해 왔던 타자들로부터 제기된 비판이고 저항이라는 점에서 서구인들로서는 모멸감을 느낄 수도 있다. 하지만 서구인들이 느끼는 모멸감이 그들이 과거에 비서구권에 자행한 폭력에 비견할 수준이겠는가.

"유럽의 유산"은 이런 점에서 단지 유럽인들이 "유럽 내에서 축적한 것만으로 구성되지 않는다. 유럽의 유산은 유럽의 안과 밖에서 축적된 것이다."[28] 부언컨대 유럽의 유산은 유럽의 내외부에 걸쳐 있다고 할 수 있고, 유럽 내에서 출현한 문화도 유럽 밖에서 그들이 조성·조작한 문화도 결국 그들의 유산이기에 이제 그 책임을 질 때가 되었다는 것이다.

이와 같이 '탈서구', '탈유럽'을 외치는 목소리가 서구유럽 밖에서 거세게 일고 있다는 것은 서구유럽 밖에서 그들이 과거에 폭력을 행사한 비인도적인 역사에 대해 책임을 묻는 것과 직결된다. 푸코 식으로 이를 재구성하면 "근대적 이성과 규범의 헤게모니"를 위해 행사된 "광기, 범죄, 유미(唯美) 그리고 모든 유형의 주변부화된 것들에 대한(의한)" 저항과 전복이 불가피한 상황이라는 말과 같다.[29]

서구유럽인들에게는 이러한 저항과 전복이 서구유럽의 지배력의 약화가

27 N. Mouzelis, *op. cit.* p. 146.
28 *Ibid.*
29 S. Best & D. Kellner, "Foucault and the Critique of Modernity", *Postmodern Theory: Communications and Culture,* London: Palgrave, 1991, p. 42.

〈그림5〉서구유럽 외에는 "역사가 없다"고 말한 헤겔의 강의 모습 일러스트
(출처: R. Malhotra, "Challenging Western Universalism" - http://www.pragyata.com/mag/challenging-western-universalism-218)

불러들인 '썩 내키지 않는' 재앙 정도로 비칠 확률이 높다. 하지만 그들의 지배와 폭력을 감당하고 이겨내야 했던 비서구인들의 입장에서 보면 이 재앙은 전적으로 서구유럽인들이 자초한 것이며, 그 때문에 그 책임에 대해 면죄부를 받기는 어려울 것이다. 제3세계의 지역-로컬 시민들의 저항과 전복은 결국, 제사에서 F. 파농을 인용하며 암시했듯, '어머니가 자신의 아이를 보호하는 것'과 같이 '본능적인 반응'이라는 것을 잊어선 안 된다.

"탈서구유럽 '운동'"은 오직 서구유럽만을 표적으로 삼지 않는다. "미국을 지방화하라", "독일을 지방화하라"와 같이 하나의 국가를 구체적으로 지목하면서 세계지배의 야욕을 멈추라는 메시지를 담고 있는 논문들에서부터, 오직 경제의 성장과 발전만을 선동하며 세계화, 세계지역화의 신화를 전파하는 글로벌 경제강국들을 비판하는 글들을 포함해, 제3세계를 제1세계의 시각으로 폄훼한 사회이론들에 대한 비판적 논쟁에 이르기까지 과거와 현재의 모든 부당한 지적 · 정치적 권력 행사에 대한 비판 작업들이 최근 들어

다양한 분야에서 대대적으로, 지속적으로 인간(印刊)되고 있다는 점에 주목

할 필요가 있다.[30]

탈서구유럽 운동은 이런 점에서 단지 과거의 과오에만 비판의 화살을 겨

누는 것이 아니라 지구촌 곳곳에서 현재 자행되고 있는 불평등하고 비인권

적인 상황들 및 사건들에 대해서도 경계심을 늦추지 않고 있다. 탈서구유럽

운동이 세계화, 세계지역화에 재편입되는 것에 저항하는 것을 포함해 서구

유럽적 제도 및 교육 시스템, 서구유럽적 지식과 기술을 문제 삼는 것도 같

은 이유 때문이다.[31] 요는 지역-로컬의 문제는 지역-로컬민 스스로가 해결해

야 한다는 자율적 의지, 탈식민적 인식의 전환이 시급한 상황이라는 것이다.

탈서구유럽의 기치는 이런 관점에서 탈식민적 사유가 한 축을 이루고 있으

며, 요의 지역세계화가 또 다른 한 축을 이루게 된다.

30 필자가 조사한 몇 편의 글을 소개하면 다음과 같다: U. Lehmkuhl, E. Bischoff, N. Finzsch
(ed.), *Provincializing the United States: Colonialism, Decolonization, and (Post)Colonial
Governance in Transnational Perspective*, Universitätsverlag Winter, 2014; S. Couperus,
H. Kaal, N. Randeraad, P. van Trigt, "Provincializing the Dutch State: South Holland
in the 19th Century", *Journal for the History of Public Administration*, Vol. 2, 2017, pp.
166~184; A. Mbembe, "Provincializing France?", *Public Culture*, Vol. 23, No. 1, 2011,
pp. 85~119; M. Mellino, "De-Provincializing Italy: Notes on Race, Racialization, and Italy'
s Coloniality", in *Postcolonial Italy*, C. Lombardi-Diop and C. Romeo (ed.), Palgrave &
Macmillan, 2012, pp. 83~99; I. S. Marwah, "Provincializing Progress: Developmentalism
and Anti-Imperialism in Colonial India", *Polity*, Vol. 51, No. 3, 2019, pp. 498~531; M. A.
Rumotre, "Provincializing Humanism: Reflections on World of Matter", *Social Text*, March
8, 2015; 그뿐인가 하면 대한한국을 동북공정의 관점에서 비판한 글도 미국의 유수대학
에서 출간된 바 있다는 것을 남의 일처럼 바라보고 있을 때인지 자문해 본다: Yuanchong
Wang, "Provincializing Korea: The Construction of the Chinese Empire in the Borderland
and the Rise of the Modern Chinese State", *T'oung. Pao*, Vol. 105, Iss. 1-2, University of
Delaware, 2019, pp. 128~182.
31 J.-A. Vorster, L. Quinn, "The 'Decolonial Turn': what does it mean for academic staff
development?", *Education as Change*, Vol. 21, No. 1, 2017, pp. 31~49 참조.

지구촌에는 수많은 지역-로컬들이 존재한다. 그런데 주지하듯, 이 지역-로컬들이 북반구 중심의 글로벌 시장과 자본의 먹잇감으로 전락한 지 어언 4반세기가 다 되어간다. 자본의 괴력이 얼마나 무시무시한 것인지는 A. 음벰베의 「탈세계화」에 잘 표현돼 있다.[32]

> 자본은 [그것이 원하는 새로운] 세계를 만들며, 지구촌 차원의 환각적 사실인 자본은 자신의 거대해진 조직을 위해 계산적이고 허구적이며 망상적인 주체들을 생산한다. 자본은 [그렇게 인간의] 육체가 되었으며, 내재성을 포함해, 모든 것이 자본의 기능이 되었다.[33]

음벰베에 따르자면 탈세계화는 '지상명령'과도 같은 것이라 할 수 있다. 그에 따르자면, 세계화의 시대에 제3세계권의 지역-로컬들이 할 수 있는 일은 '글로벌 자본'이라는 '괴물'이 확장해가는 "포식자의 보편적 권리"에 저항하는 일 말고는 없다. 그가 제시하는 세계화에 맞서는 유일한 방법이 이것이다. 세계화, 세계지역화에 저항하는 것은 일차적으로 "지역-로컬들의 국경"을 지켜내는 것으로부터 시작된다. 앞서 우리가 지역-로컬의 재건을 위해 부득이 '정치적 행동'이 수반될 수밖에 없다고 했던 것의 본래적 의미가 여기에 있다. 앞서 우리는 또한 "지역세계화의 '정치적 행동'에 눈망울을 사납게 굴리며 국적 없는 시장자유주의자들처럼 난데없이 '빨간색'을 떠올려서는 (물론 이는 한국인에게만 해당하는 일이라 생각되지만) 곤란하다"고 언급하기도 했다. 음벰베의 지적대로 만일 지역-로컬들이 자본의 논리, 자본가의 욕망대

---

32 A. Mbembe, "La démondialisation", *Esprit*, 12 décembre 2018 참조.
33 *Ibid.*, p. 86.

로 초토화되어 있다면, 이에 대한 저항은 불가피하고, 이렇게 저항하는 것만이, 음벰베의 제안대로, "대지의 모든 거주자가, 인간인가의 여부와 무관하게, 이 지구촌에서 자유롭게 이동할 수 있는 양도불가한 권리"[34]를 재건하는 길이다.

필자는 이러한 음벰베의 의견에 대해 가감 없이 동의하며, 그의 분석과 대안은 결코 과장된 것이거나 지역-로컬의 이기주의적인 발상이라고는 생각하지 않는다. 지역세계화에 대한 인식과 성찰은 아무리 강조해도 지나치지 않다. 음벰베의 입장에 따르자면, 요의 지역세계화는 일차적으로 자신의 지역-로컬의 국경을 지키는 것으로부터 시작된다. 지역-로컬은 자신의 국경을 세계화, 세계지역화로부터 지켜내야만 비로소 지역-로컬의 시민을 위한 삶의 터전이 될 수 있다. 이렇게 지역-로컬이 재건되면 그 다음 단계는, H. 바바의 주장대로, '국민 서사'를 되살리는 일을 해야 한다.[35] 지역-로컬의 국민 서사가 되살아나야만 서구유럽에 의해 역사와 전통의 흔적까지 지워진 자신들이 고유한 지역-로컬의 목소리, 즉 지역-로컬의 고유 언어를 되살려낼 수 있다. 여기서 지역-로컬의 국민 서사가 서구유럽인들이 지향하는 것과 같거나 유사한 것일 수 없다는 것은 너무도 당연하다. 단적으로 말해, 서구유럽인들이 말하는 의미의 '보편적 서사'를 흉내 내려고 애쓸 필요가 없다는 뜻이다. 부언컨대 '보편적인 것'을 부당하게 전유한 서구유럽이 신정정치학적(theo-political view point) 관점에서 구성했던 방식으로 지역-로컬의 고유한

---

34 *Ibid.*, p. 94.
35 호미 바바, 『국민과 서사』, 류승구 옮김, 후마니타스, 2011 참조. 국민 서사의 중요성에 대해서는 S. Gikandi, "The Politics and Poetics of National Formation: Recent African Writing", A. Rutherford (ed.), *From Commonwealth to Post-Colonial,* Aarhus and Sydney: Dangaroo Press, 1992 참조.

목소리와 언어가 재구성되어야 할 까닭이 없다는 뜻이다. 그렇게 신정정치학적으로 지역-로컬의 문화가 재구성되어야 한다면, 이는 결국 고유한 지역-로컬의 서사가 '3인칭화'되는 것을 허용한다는 것과 다르지 않다. 지역-로컬의 서사가 3인칭화된다는 것은 결국 지역-로컬의 고유성과 무관한, 지역-로컬의 전통 및 역사와 단절된, 그런 서사로 전락한다는 말과 다르지 않다. 서구유럽의 서사(역사)가 보편적인 것과 같은 이치와 논리로 지역-로컬의 서사(역사) 역시 보편적인 것이어야 한다는 생각이 되려 문제라는 것이다.

'서구유럽의 지방화'는 '지역-로컬의 보편화'와 같은 의미라 할 수 있다.[36] 이를 개인에 비유해 설명하면, 전자는 과욕을 버리고 자기를 성찰하는 것이 관건이겠고, 후자는 분별력 있는 욕심을 내서 자기를 계발해야 하기에 그렇다. 역사와 전통, 언어와 서사는 외부의 시선에 의해, 외부인의 의도대로 조작되고 임의로 기술될 것이 아니라 지역-로컬에 뿌리를 둔 사람들에 의해 직접 이야기되고 직접 기술되어야 한다. 그렇게 특수한 형태의 역사와 문화를 가진 지역-로컬 서사가 내부인에 의해 기술되어야만 해당 공동체와 일체감을 이룰 수 있으며, 집단정체성을 형성하는 데도 일조하게 된다. 그렇게 특

---

36 차크라바르티의 '서구유럽의 지방화'를 우리는 단지 보편주의에 대한 단순 비판으로 받아들여서는 곤란하다. 그가 반성을 촉구하는 것은 i) 보편주의가 서구유럽의 전유물이 아니라는 것, ii) 보편주의는 고정된 실체가 아니라 지속적으로 재구성된다는 것이다. 이와 관련된 그의 설명은 다음 참조: "나는 [『유럽을 지방화하기』에서] 보편적인 것의 이념에 반대한 것이 아니라 보편적인 것이 매우 불안정한 상태(a highly unstable figure)라는 것을 강조했고, 근대성에 대한 탐문을 통해 [이 책에서의] 우리의 시도가 필연적인 장소 지킴이(necessary placeholder)라는 점을 밝히고자 했다. (…) 유럽을 지방화하는 것은 그리하여 어떻게 보편적 사고(universalistic thought)라는 것이, 서구유럽의 과거사를 충분하게 연구했는가의 여부와 무관하게, 항상 그리고 이미 특정 역사에 의해서만 변해왔는지를 이해하는 데 있었다." - D. Chakrabarty, "In Defense of 'Provincializing Europe': A Response to Carola Dietze", *History and Theory*, Vol. 47, No. 1, 2008, p. 96.

수한 지역-로컬 시민들의 경험과 기억을 보존하고 세대를 통해 이를 전승하며 상호세대적 이해를 확장해 가는 것이 '국민 서사'이다.

국민 서사는 지역-로컬민들에 의해 기술되고 보존되며, 기억되고 전승된다. 그렇게 세대를 연결하고, 공동체 구성원들 간의 연대의식을 형성하며, 집단무의식을 통해 코드화된다. 이런 이유 때문에 G. 세파 데이의 제안대로 서구유럽의 인식론적 제국주의로부터 벗어나 지역-로컬 고유의 노동-학습-지식생산을 통해 지역-로컬의 인식론을 재영토화시키는 노력이 필요한 것이다.

> [서구유럽의 인식론적 제국주의를 타파하는 것은] 단지 식민지 교육과 지식에 저항하는 것만을 의미하는 데 그치지 않고 우리의 세계를 이해하는 방식을 구성하는 역사, 유산 및 문화를 이해함에 있어서도 중요하다. 우리는 이것들을 통해 노동하고 학습하며 지식생산에 참여한다. (⋯) 지역-로컬의 언어, 관점, 가치, 우주론, 세계관에 의해 형성된 지역-로컬 인식론이 재탄생할 필요가 있는 것도 이 때문이다.[37]

자신의 지역-로컬에 무관심한 사람에게 글로벌 세계란 '종이호랑이'와 다를 바 없다. 종이호랑이는 자신의 지역-로컬을 위해 아무것도 해 주지 않는다. 그런데도 그 종이호랑이를 위해 지역-로컬을 버릴 것인가. 헤겔의 후손들이 되뇌는 것처럼 '이성의 초월'만을 외칠 것인가. 이와 같은 이성의 심급

---

37 G. Sefa Dei, "'Heritage knowledge' for promoting Black/African education in diasporic contexts", *Decolonization: Indigeneity, Education & Society*, Vol. 1, No. 1, 2012, p. 105 - 일부 내용 의역.

은 지역-로컬의 역사의 재건, 지역-로컬의 국민 서사를 기술하는 데 아무런 도움도 되지 않는다. 이러한 외부의 심급은 더 이상 필요치도 않다. 때문에 더는 서구유럽의 '전체화(totalization)' 전략에 종속되어 스스로 제물이 되려고 안달할 이유는 없다. 지역-로컬 시민들의 삶과 역사가 이성의 초월을 통해 '보편적인 것'의 인식틀 안에 들어가야 하기 때문에 초월되어야 하는 것이 아니란 뜻이다.

외부에 의해 이념적으로 강요된 초월은 내부의 갈등과 분열만을 초래할 뿐이다. 역사, 국민 서사는 지역-로컬 내부에서 각고의 노력을 통해 구성되고 재구성되는 것이지 외부에 의해, 외부인을 위해 초월되고 파훼(破毁)되는 성질의 것이 아니다. 역사, 국민 서사는 세계를 위해 통합되어야 하는 것이 아니라 지역-로컬을 배려해 다양화되어야 한다.

역사, 국민 서사는, 문화가 그렇듯, '다양성'이 그 본질이다. '다양성'은 인간 경험과 세계 구성의 본체다. 그런즉 세계를 이해하고 인식하는 방법이 서구유럽식으로 특화되어야 한다는 것은 그 자체로 이미 형용모순과 다를 바 없다.[38] "다수의 에피스테메"가 존재한다는 것이 우리가 이해하고 있는 상식이다.[39] 따라서 그 어떤 이유에서도 지역-로컬의 생활세계는 외부의 식민 지배·통치자들의 구미(口味)대로 요리될 수 없다. 외부의 식민 지배·통치자들에 의해 이미 오래전에 자신들의 손과 발을 떠나 버린, 눈과 입으로부터

---

38 Ibid. 참조. 이런 까닭에 세파 데이는 다음과 같이 '강력한' 주장을 펴기도 한다: "우리는 반식민적(anti-colonial) 지성과 실천을 통해 토착 현실(Indigenous reality)이나 조건 자체로(its own terms) 이해해야 한다. 토착 현실을 이해하고, 그에 기초한 지식을 위해서 우리는 반드시 토착 근원(Indigenous source)으로 향해야 하며, 다른 현실에 대해 말하는 다른 장소의 이론들과 이론가들에게 의존해서는 안 된다(ibid., p. 106)."
39 Ibid., p. 105에서 재인용 - G. Cajete, Native science: Natural laws of interdependence, Santa Fe: Clear Light Publishers, 2000 참조.

멀어진 역사, 국민 서사를 되살리는 것은 따라서 지역-로컬 시민들의 의무이자 권리라는 것은 아무리 강조해도 지나치지 않을 것이다. 국민이 '무리'나 '대중'으로 3인칭화되어 호명될 수 없는 것처럼, 지역-로컬의 역사, 국민 서사는 서구유럽의 신정정치학의 제물이나 장식품으로 더는 전락하게 해서는 안 된다.

지역-로컬의 국경을 지키고, 국민 서사가 되살아 난 곳에서 비로소 지역세계화가 닻을 올릴 수 있다는 것은 재론의 여지가 없다. 지역세계화의 의미를 최대한 살리기 위해 필자가 〈Glocalization〉을 〈Localobalization(localization + globalization)〉이란 신조어까지 만들어 그 의미를 살려 보려 애쓴 것도 기실은 이 때문이다. 지역세계화는, 가장 간명하게 표현하면, 〈지역(Local) → 세계화(Global)〉로 정식화할 수 있다. 그리고 최종 목표는 물론 〈지역 ↔ 세계화〉라는 것은 두말할 여지가 없다. 〈지역 ↔ 세계화〉 과정에서 중요한 것은 '세계지역화'에서처럼 '세계'에 방점이 있는 것이 아니라 반대로 세계화로 인해 파괴된 "'지역'의 회복"과 "'지역'의 세계로의 확대"에 방점이 있다. "'지역'의 세계로의 확대"는 이미 〈세계화←서구유럽화←근대화〉를 통해 우리 모두가 경험한 바 있는 서구유럽의 식민지 지배 전략과는 반대되는 노선이다. 문화적 차이나 지리적 기반과 무관하게 적용된 서구유럽적 보편주의라는 우산 아래서 지구촌을 하나로 통합하려는 새로운 유형의 전체주의를 현대인이라면 누구나 체감하고 있다. E. 레비나스의 용어로 빗대서 표현해 본다면, "동일자의 승리(the triumph of the Same)"의 함성이 수그러들지 않는 것도 이 때문이 아닐까 싶다.[40] 따라서 거듭 강조하지만, 지역세계화에서 〈지역

---

40 M. Morgan, *Philosophy, Totality, and the Everyday: Discovering Levinas*, Cambridge University Press, 2007, p. 97.

〈그림6〉문화상대주의와 보편적 인권
(출처: https://sites.google.com/a/isb.be/isbglobalpolitics/unit-human-rights/cultural-relativism)

→ 세계화〉는 바로 세계화가 꾀부리는 '시장 통일체'를 깨고, 그 시장을 주도하는 세력에 저항해 새롭게 '지역들'이 세계의 중심이 된, 굳이 이름 붙여 '지역-세계화'인 것이며, 바로 이 지역-로컬들이 새로운 대항적 · 대안적 세력을 형성해야 한다는 의미에서 〈지역 → 세계화〉인 것이다.

이렇게 지역-로컬들이 새로운 세계의 중심이 된다는 점에서 〈지역 → 세계화〉는 〈세계화 = 세계 → 지역화〉와 그 방향이 반대라고 이 장의 시작부터 강조했던 것이며, 여기서 우리가 주목해야 할 것은 지역세계화는 지배 · 통치의 방식이 아니라 지구촌의 모든 지역-로컬이 공생 · 상생하는 방식이라는 사실이다. 모든 지역-로컬이 공생하고 상생하는 인류의 미래 세계, 그것이 지역세계화에서 '세계'의 본래적 의미이며, '세계화' 역시 서구유럽의 식민제국주의적 문화와 작금의 헐리우드 형의 글로벌 문화에서처럼 '단일

문화의 동질화'에 목표가 있는 것이 아니라 '이질적 문화들의 다양성'을 되살려 오늘날과 같은 전면적 세계화 이전 상태를 회복해서 문화들 간의 상호성, 교류의 역동성을 회복하는 데 지역세계화의 이상(理想)이 있다.

정확히 이와 같은 목표를 달성해야 하기에 지역세계화를 추진하는 경우, 만일 '지역(국가)'을 B. 앤더슨이 말한 것처럼 단순히 "'상상의' 공동체" 정도로 여긴다면,[41] 이는 분명 제1세계의 학자에게나 주어질 수 있는 허울 좋은 명분에 불과하기 때문에, 지역-로컬의 식민화된 상황에 대한 고려와 성찰이 무엇보다 우선시되지 않으면 안 된다. 주지하듯, 오늘날 많은 '피식민 지역-로컬들'이 '탈식민화'라는 지상(至上) 과제를 안고 있다. 정확히 이런 이유 때문에 지역-로컬은 서구유럽인들의 공동체에 대한 탈지리적이고 추상적인 견해와 달리 '구체적 시간과 공간이 직조해낸 삶의 공동체'라는 인식이 결합되어야 한다. 앤더슨의 언급대로, 국가(공동체)의 창안이 "조작과 기만"의 대상일 수 없다는 것에 대해서는 필자도 동의한다. 하지만 그렇다고 그가 강조한 대로 모든 공동체가 "상상과 창조"의 대상이라는 데는 동의할 수 없다.[42] 탈식민화가 목표인 피식민 지역-로컬들은 이처럼 "'상상의' 정치적 공동체"로 이해하게 되는 순간 피식민 지역-로컬들의 삶은 재삼 서구유럽의 세계화, 재서구화, 세계지역화 이념에 회부되고 만다. 앤더슨이 근대적 국가 중심의 공동체론을 인류학적 관점에서 '문화적 토대를 중심으로 재편할 것을 제안한 점, 국가주의에 대한 "서구유럽의 지방적 사고(provincial European

---

41 B. Anderson, *Imagined Communities: Reflections on the Origin and Spread of Nationalism*, London: Verso, 1983 참조.
42 *Ibid.*, p. 6.

thinking)"[43]가 시효를 다했다고 비판한 점은 분명 그의 통찰력이 돋보이는 발견이라 하겠다. 하지만 그의 이러한 공훈도 비서구유럽권을 "무명용사의 무덤처럼 또는 유령처럼 상상하고 추상한다"는 점에 대해서는 비판의 빌미가 된다.[44] 앤더슨의 경우도 결국 서구유럽인의 타자, 즉 피식민 지역-로컬 시민들을 여전히 추상적 차원에서만, 마치 '중성적 보편' 개념이 그렇듯, 그 '동등성'을 인정하는 수준에 그친다.[45] 그런즉 요의 '상상의 공동체'는 비록 문화를 기저(基底)에 두고 타공동체와 대화를 시도한다고는 하지만 실제로는 서구유럽중심적 시각에서 벗어난 것은 크게 없으며, '지구촌', '탈국가' 개념만 부각시켰을 뿐이다. J. 부루이가 정확히 짚고 있듯, 그렇게 '국가' 개념만을 확장(something as big as a Nation)시켜 놓은 것이 B. 앤더슨의 공동체론이란 뜻이다.[46]

토착 지식의 특징	서구유럽 지식의 특징
포용적, 협력적, 순환적, 집단적, 평등적, 조화와 균형, 공존, 정신 중심, 상호연결, 상호관계	배제적, 경쟁적, 선형적, 개인적, 위계적, 진보적, 노동력 착취, 지배, 인간 중심, 분리, 독립

〈표1〉 토착 지식과 서구유럽 지식의 대차대조표(출처: J. Dumont, 2005: 8)

두말할 것도 없이 지역-로컬의 자연적 조건에서 탄생한 삶의 공동체, 그것이 바로 공동체의 본체라는 데 이견이 있을 수 없다. 따라서 피식민 지역-로컬의 자기표현은, 오늘날과 같은 현실에서는, 서구유럽에 대해 부득이 "대

---

43 Ibid., p. 47.
44 J. Breuilly, "Benedict Anderson's Imagined Communities: a symposium", *Nations and Nationalism*, John Wiley & Sons Ltd, 2016, p. 5.
45 Ibid., p. 5 참조.
46 Ibid., p. 6 참조.

항력(counterforce)", "대항담론(counter-discourse)"의 형식을 취할 수밖에 없는지 모른다.[47] 오늘날 제3세계의 문화적 표현이 이렇게 대항력과 대항담론의 형식과 특징을 띨 수밖에 없는 것은 탈식민화, 즉 서구유럽의 문명화의 신화를 탈신화화하고 지역-로컬의 고유 거울로 자신들의 얼굴을 정시(正視)해야 하기에, 이는 단계적으로 불가피한 선택이라 할 수 있다. 그리고 이렇게 대항력과 대항담론의 성격을 띨 때라야 비로소 자신들의 토착-정신, 토착-언어, 토착-종교, 토착-지혜의 중요성이 새삼 가슴에 와 닿을 것이다. 피식민 지역-로컬의 문화와 지식은, 서구유럽적 시각에서 강조해 왔고, 여전히 강조하고 있는 것처럼 '보편적인 것'으로 업그레이드되어야 하기에, 굴절·왜곡되어도 좋은가? 늘 그래 왔듯 계속 '상대적인 것'으로 취급받아도 좋은가? 천만의 말씀이다. 이런 수모와 굴욕에서 이제는 벗어나야 한다. 지역-로컬 스스로의 분석틀, 이론틀, 존재틀이 필요한 것도 이 때문이다. 실제 지역-로컬의 지식 지형은 〈표1〉에서도 확인할 수 있듯, 서구유럽의 그것과 비교할 때 못지않게 중요하고 관용적이다. 정확히 말하면, 훨씬 '보편적'이다.

앞서도 언급한 바 있듯, 서구유럽이 지구촌의 문화와 제도, 가치와 이념을 좌우하던 때가 있었다. 하지만 이제 더는 아니다. "서구유럽은 이제 더 이상 세계 중력의 중심을 구성하지 않는다."[48] 사회학적으로[49], 문화는, "특수한 국민(지역-로컬 시민), 특수한 시대에 의해 사용된 이념, 믿음체계, 이론, 가치 등으로 표현된 담론으로 특화된다." 이런 점에서 문화는 시대와 지역-로컬 시

47 B. Ashcroft, G. Griffiths and H. Tiffin, *Postcolonial Studies. The Key Concepts*, Routledge, 2013, p. 231 참조.
48 A. Mbembe, *Critique de la raison nègre*, La Découverte, 2013, p. 9.
49 M. S. Archer, *Culture and Agency. The Place of Culture in Social Theory*, Cambridge University Press, 1996 참조.

민들과 불가분적 관계에 있고, 그런 점에서 '상황 논리'를 따른다고 볼 수 있다.[50] 하지만 이보다 더 중요한 것은 주어진 문화적 제약을 극복할 수 있는 능력을 인간 스스로 가지고 있다는 점이다. M. S. 아서의 말대로, "인간은 사회적 맥락에 대한 비판적 반성 능력, 사회적 환경을 창의적으로 재설계하는 능력을 타고났기에 (…) 다른 사람들과 협력하여 사회변화를 유도하기 위해 사회적 문맥을 평가하고 대안을 창의적으로 구상한다".[51] 인간은 결국 누구나가 자신이 몸담고 있는 사회·문화와의 관계에서 주어진 역할을 일상적으로건 전문적으로건 실천하게 된다는 것이다.

이러한 기준에서 이제 지역-로컬에서는 자신들의 공동체를 위해 필요한 변화가 무엇인지를 스스로 깨닫고 대안도 마련해야 한다. 물론 최종 목표는 지역-로컬의 자율적 시각을 통해 독립적 사유와 탈식민적 자유를 성취하는 데 있다.[52] 모든 문화, 모든 언어, 모든 종교가 그렇듯, 지역-로컬은 그 자체로 존재 이유가 있고, 그래서 각기 고유하며, 고귀한 인류의 '공공자산'인 것이다. 비서구지역의 지식과 문화는 문화적 상대주의의 온상이라는 가당찮은 논리가 폐지되어야 하는 것도 이 때문이다. 이러한 고질적 편견으로부터 벗어나기 위해서는 지역-로컬 연구자 스스로가 먼저 탈식민화되어야 한다는 것은 아무리 강조해도 지나치지 않을 것이다. 포르투갈계 미국인인 한 인류학자의 고백처럼 자신의 연구 분야에서 "자기 자신을 위해 일하는 것이 곧 세상을 변화시키는 일"이라는 자각이 필요한 것도 이 때문이다.

50 J.-A. Vorster, L. Quinn, op. cit., p. 34 참조.
51 M. S. Archer, Being Human. The Problem of Agency, Cambridge University Press, 2000, p. 308.
52 W. Mignolo, "Epistemic Disobedience, Independent Thought and De-Colonial Freedom", Theory, Culture and Society, Vol. 26, No. 7~8, 2009, pp. 1~23 참조.

나 자신을 위해 일하는 것은 항상 차이를 만드는 최상의 형태이며, 많은 사물을 움직이거나 변화시킬 수 있는 최상의 방법이라고 생각한다. 따라서 우리 자신을 다른 곳(elsewhere)으로 옮기는(결과적으로 탈식민화를 시도하지 않은 것) 대신 우리는 그들의 중심 주제와 아젠다에 맞서고 그들의 이야기를 듣되 [항상] 다른 각도(a different angle)에서 재고할 필요가 있다.[53]

주지하듯, 탈식민 연구의 선봉장인 W. 미뇰로는 "나는 내가 생각하는 곳"[54]이라고까지 강조하였다. 이렇게 모든 인간이 자신의 지리문화적 정체성에 기반해 사고하고 행동할 때, 즉 지역세계화적으로 자신을 위치시킬 때, 그가 위치한 바로 그곳에서 자신이 해야 할 일이 무엇인지가 분명하게 다가올 것이다. 물론, 많은 외국학 전공자들이 그럴 가능성이 농후하지만, 얼

〈그림7〉W. 미뇰로, E-INTERNATIONAL RELATIONS, Juin 2017
(출처: https://www.e-ir.info/...)

마든지 '다른 곳(지배담론을 생산하는 서구유럽적 시선을 가지고)'에 위치한 사람, 즉 지역-로컬의 내부에서 외부자처럼 사고하고 행동할 수는 있다. 이는 어디까지나 개인의 소관 사항이며, 그런 자들은, 특히 제3세계의 학자들이

---

53 B. Feldman-Bianco, "Interview: World Anthropologies: A Portuguese-Brazilian Conversation", interviewed by M. V. de Almeida, *American Anthropologist*, Vol. 120, No. 1, 2018, pp. 127.
54 W. Mignolo, "I Am Where I Think: Epistemology and the Colonial Difference", *Journal of Latin American Cultural Studies*, Vol. 8, No. 2, 1999 참조.

대부분 그렇지만, 우리 주위에도 부지기수로 존재한다. 그렇게 그들은 자신의 향국(鄕國)에서 '지배받는 지배자'가 되어 자신의 머리를 지배하고 있는 이국(異國)의 지식과 문화의 대리인 역할을 하는 것으로 지식인의 소임과 책무를 다한 것이라 착각한다.[55]

하지만 자신의 지리문화적 정체성에 기반해서 사고하고 행동하는, 의식이 깨인 자라면 최소한 자신이 자신의 마을과 고향, 사회와 국가를 위해 해야 할 일이 무엇인지, 즉 저항하고 변화시켜야 할 편견들이 어떻게 작동되고 있는지가 명료하게 의식되고 인식될 것이다. 인류학자인 B. 펠드만 비앙코가 '그들(서구유럽의 지식인들)'을 위해 연구 대리, 즉 대리 연구를 하는 것으로 만족하지 않고 자기 자신을 위해 연구하기로 마음먹고, 그것이 바로 '그들'과 "차이를 만드는 최상의 방법"이라고 깨닫게 된 것도 어쩌면 그녀가 미뇰로처럼 "생각하는 곳"이 '그들'과 다르다는 자각에 기반한 것이라 할 수 있다.

펠드만 비앙코에 따르면, 오늘날 인류학적 지식의 패권과 아젠다는 과거 식민주의 시대와 마찬가지로 여전히 프랑스, 영국, 미국 등이 독차지하고 있다고 한다. 그러다 보니 모든 인류학적 연구의 중심은 이들 국가가 제시하는 아젠다에 맞추어 진행될 수밖에 없다는 것이다. 그러나 그녀는 학자적 양심으로 이렇게 인류학의 중심 언어를 좇는 것이 옳은가를 실존적으로 성찰하는 계기를 통해 서구유럽의 중심의 언어를 "다른 각도", 즉 자신의 지리문화적 관점에서 바라보고 이를 재고해야 한다는 자기 결정(self-determination)을 내리기에 이른다. 한마디로, 자기만의 인류학, 즉 자신의 실존이 배어 있는 인류학을 해야겠다고 마음먹은 것이다.

---

55 김종영, 『지배받는 지배자』, 돌베개, 2015 참조.

펠드만 비앙코가 이렇게 자신의 실존적 결단을 통해 '그들'과 "다른 각도"를 가질 수밖에 없었던 배경은 그녀가 "완전하게 주변부 연구자도 아니고[미국에서 학위를 했기에 연구의 중심 아젠다를 잘 이해하고 있고] 또 그렇다고 해서 완전하게 지식과 권력의 중심에 기댄 것도 아니어서[브라질 캄피나스(Campinas) 주립대학에 근무하면서 남반구 인식론을 연구하며 지식의 탈식민성에 관심이 높기에]" 취할 수 있는 태도였는지 모른다.[56] 여기서 중요한 것은, 그녀도 강조하듯, "연구의 중심에서 주로 논의되는 주제와 아젠다에는 부합하되"[57] 제1세계의 동료 학자들에게 그녀만의 체화된 시각을 제시하려고 노력했다는 데 있다. 이것이 가능했던 것은, 반복되는 얘기지만, 그녀가 서구유럽과는 "다른 곳"에서 태어났고 인류학에 대해 "다른 각도"를 가져야 한다는 생각을 했기 때문일 것이다.

제3세계의 인류학자로서 펠드만 비앙코의 관심은 이렇듯 현대인류학 연구의 중심을 독점하고 있는 서구유럽의 학자들과는 "다른 인류학(different anthropologies)", "비판적 인류학(critical anthropologies)"을 전개함으로써 종국에는 모든 지역-로컬이 공평하게(최대한) 반영된 "세계 인류학(world anthropologies)"을 꿈꾸는 단계로까지 발전하게 된다. 이러한 그녀의 연구 관심은 "지역-로컬 차원의 권력에 대한 물음이나 국경을 이동하는 이민자의 물음"으로, 또는 "자본주의와 사회적 불평등에 관한 물음"으로, 더 나아가서는 "식민주의에 대한 비판적 연구와 포스트식민주의적 · 신자유주의적 세계화에 대한 비판"으로 확장되는 발판이 된다.

상상해 보라. 펠드만 비앙코에게 만일 실존적이고 지리문화적 자각이 없

56 B. Feldman-Bianco, *op. cit.*, p. 127.
57 *Ibid.*

었더라면, 이와 같이 인류학 영역에서 자신만의 창의적 길 내기와 성과를 얻을 수 있었겠는가.[58] 이렇게 제3세계권 학자 한 사람 한 사람이 자신의 전공분야에서 서구유럽이 제시하는 세계관, 인식틀, 존재론과는 "다른 각도"를 가지겠노라는 인식 전환이 동반되어야 비로소 지배적 지식을 생산하는 중심권에서도 변화가 일어날 수 있고, 그렇게 중심권의 학자들과 당당하게 연구 파트너로서 일할 때 마침내 서로에게 도움이 되는, 특정 지역-로컬 시민에게만 유리·유익한 학문이 아니라 온 인류를 위해 봉사할 수 있는 학문적 진전 또한 기대할 수 있는 것 아니겠는가.

결국 나는 항상 특정 장소(particular place)에 위치하며, 어떤 별개(Otherness)의 연구 유형으로 분류된 몇 가지 비판적 인류학에 참여하고 있을 뿐이다. 그래서 항상 나는 지배적인 지식(지식생산)에 도전하는 외부자로 느낄 때가 많다. 심지어는 내가 근무하는 브라질에서조차도. 하지만 이것이 세계 인류학(world anthropologies)이 목표로 해야 하는 것 아닌가?[59]

지역-로컬의 고유 거울에 맺힌 상(像)은 일차적으로 지역-로컬의 것들일 수밖에 없다. 지역-로컬의 고유 거울에 다른 외부의 지역-로컬의 상이나 이데올로기가 자리를 차지하고 있다는 것 자체가 비정상적이라는 것이다. 그렇게 지역-로컬의 지식과 문화가 오늘날과 같은 경제-기술의 세계화 시대 이전 상태로, 한 발 더 나아가 서구유럽에 의해 근대성/식민성의 논리로 지구촌이 '동질체'가 되기 이전 상태로 되돌아가야만 지역세계화는 비로소 닻을

---

58 *Ibid.*, pp. 128-130, 134.
59 *Ibid.*, p. 129.

올릴 수 있다. 돌려 말해, 지역세계화는 각 지역-로컬이 자신의 외부에 사유와 도덕의 심급이나 사고의 표준을 두지 않고 지역-로컬에서 스스로 계몽되는 길을 찾을 때 비로소 착수될 수 있다.

　서로 다른 지역-로컬은 서로 다른 사회역사적 문맥을 가지고 있다. 서로 다른 정신적 · 물질적인 토양에 기초하여 모든 지역-로컬은 예술적 · 종교적 · 도덕적으로 상이(相異)한 문화를 형성하기 마련이다.[60] 이런 관점에서 지역세계화 논제는 지역-로컬의 자존심 및 자긍심을 높이는 세계관이자 인식론이며, 철학적, 형이상학의 비전이라 할 수 있다. 지역-로컬 시민들 각자가 자신이 존재하는 곳에서 계몽되고, 각자가 존재하는 곳이 '계몽된 지역-로컬(enlightened local)'로 탈바꿈되었을 때,[61] 지역-로컬의 힘으로 세계화나 세계지역화는 극복될 수 있다. 또 이와 같이 지역-로컬에 기반한 탈식민적 인식적 전환을 통해 모든 지역-로컬의 다양성, 복수성을 자유롭게 표현할 수 있어야만 그동안 서구유럽의 근대성과 식민성이 얼마나 폭력적이고 비인도적인 이념이었는지, 왜 더는 서구유럽의 담론이 이 시대의 지배 권력, 지배 지식으로 군림해서는 안 되는지 그 이유가 분명해질 것이다. 또 이렇게 서구유럽의 권력과 지식이 '서구유럽'이라는 지리 내로 '지방화되었을 때', 각기 독립적인 지역-로컬 문화가 제 고유의 명의(名義)를 갖고서 서구유럽의 그것처럼 특정 지역민이나 특정 인종 · 민족만을 위한 것이 아니라 온 인류를 위해 공공적 기능을 수행할 수 있는 장이 예비될 수 있을 것이다.

60 N. Maldonado-Torres, "Thinking through the Decolonial Turn: Post-continental Interventions in Theory, Philosophy, and Critique: An Introduction", *Transmodernity*, Vol. 1, No. 2, 2011 참조.
61 B. Gregg, "Introduction: Enlightened Localism in Comparative Perspective", *Comparative Sociology*, No. 9, 2010, pp. 1~31 참조.

이런 취지에서 우리는 감히 '지역-로컬적으로 행동하고 사고할 것(Locally Act Locally Think)'을 이 자리에서 거듭 제안해 본다. 지역-로컬을 위해 행동하고 사고할 것'을 더 단순하게 정의하면 "지역-로컬 현실을 우선시한다 (prioitize local reality)"는 말로 요약할 수 있을 것이다.[62] 이런 이유 때문에 '근원으로 돌아오라'는 A. 카브랄의 호소가 많은 탈식민주의 연구에서 널리 인용되고 있는지 모른다. 지역-로컬을 위한 행동과 사고는 아마도 서구유럽이 지방화될 때까지 계속되어야 하지 않을까 싶다. 그 일차적 이유는 무엇보다도 세계지식계에서 아직도 지역-로컬의 지식을 비과학적 · 야만적 지식으로 치부하는 경향이 지배적이기 때문이다. 앞서 펠드만 비앙코를 예로 들며 지역-로컬 인류학이 곧 세계인류학이 될 수 있는 가능성을 타진해 보기도 했지만, 현실은 이보다 훨씬 절망적이다. 심지어는 탈식민적 학문 운동 자체가 '불가능하다'고 평가하는 학자도 있다.[63] 가봉의 오마르 봉고 대학교(Univ. Omar Bongo)의 사회인류학과 교수인 J. 톤다가 그 주인공인데, 그는 "아프리카 사회과학(les sciences sociales africaines)의 탈식민화"는 서구유럽의 사회과학이 갖는 "제국주의적 특징" 때문에, "글로벌 [지식] 시장의 관점"에서만 아프리카 사회를 관찰하기 때문에, 아프리카 사회과학, 즉 아프리카 자체를 사회학적으로 연구하는 것 자체가 불가능하다는 회의적 입장을 내비친다.[64] 해서 그는 "아프리카 인류학자의 타자"는, 즉 서구유럽의 인류학자들은 아프리카 인류학과 "시간성의 공유를 거절(déni de co-temporalité)"하고 있다

---

62 A. Cabral, *Return to the source: Selected speeches of Amilcar Cabral*, New York: Monthly Review Press, 1973 참조.
63 J. Tonda, "L'impossible décolonization des sciences sociales africaines", *Mouvements*, No. 72, 2012, pp. 108~119 참조.
64 *Ibid.*, p. 110.

며 비관하였다. 문제는 이렇게 심지어는 인류학의 연구 영역에서까지도 "인종·민족적 정체성의 진정성과 진실성"이 왜곡되고 있으며 차별화되고 있다는 사실이다.[65]

요인즉 "흑인은 백인이 타자라고 생각하는 유령에 의해 연명하는 [그런] 존재"일 뿐이라는 것이다.[66] 여기서 '유령'은 당연 서구유럽인들이 조작한 것이다. 문제는 이 조작된 유령이 서구유럽인들의 상상력과 사유를 오늘날에도 여전히 지배하고 있으며, 담론과 정치를 가로지르며 여전히 활동하고 있다는 사실이다. 그런즉 톤다는 본원적 의미의 아프리카 인류학, 하위주체의 인류학은, 펠드만 비앙코가 정확히 지적했던 것처럼, "백인 인류학자"에 의해 "야만적이고, 완성도가 낮은, 비자율적인, 유령과도 같은 사고"[67]로 여기는 수준에 머물 수밖에 없으며, 그래서 그런 서구유럽의 인류학자들과 톤다는 감히 "우리(nous)에 대해 말을 섞을 수 없다"고 못 박고 있다.[68] 심지어는 그 '우리'마저도 비서구유럽인의 차이와 이타성을 포용한다는 서구유럽인의 자기기만에 불과한 표현[의 도용(盜用)]이라는 것이다.

나에게 있어 백인 인류학자의 차별적인 '우리'라는 표현은 그[백인 인류학자]가 영향을 받거나 고통을 겪기에 투쟁해야 하는 현실의 표현인데, 그는, 이 '우리'를 이해하지도 않은 채, 지껄이고 뇌까린다. 왜냐하면 바로 그가 이 '우리'를 만든 장본인이기 때문이다.[69]

65 *Ibid.*, p. 112.
66 *Ibid.*, p. 114.
67 *Ibid.*, p. 116.
68 *Ibid.*, p. 118.
69 *Ibid.*, p. 119.

톤다가 현대인류학을 "부재, 암연"[70]에 비유하며, 논쟁 자체가 '불가능하다'고 본 이유가 여기에 있다. 역설적으로 이야기해, 여전히 많은 서구유럽의 학자들이, 학문 영역을 불문하고, 지역-로컬의 (저급) 지식을 서구유럽의 (고급) 지식을 위한 제물(祭物)쯤으로 여기고 있다는 뜻이다. 우리 모두를 경악케 하는 것은 제3세계의 대부분의 대학에서도 "어떤 지식이며, 누구의 지식"인지에 대한 성찰을 생략한 채 "서구유럽의 지식 전통을 그대로 따르고 있고", 그로 인해 "지식의 위계가 국민의 위계를 구분하는",[71] 그런 교육을 제3세계 국가들이 앞장서서 교수하고 있는 차마 두 눈 뜨고 볼 수 없는 일들이 벌어지고 있는 것이 제3세계의 현실이라는 점이다.[72] 이는 여전히 '글로벌하게 생각하는 것'만이 지식 탐구의 절대 기준이나 목표라는 편견이 몸에 밴

---

70 *Ibid.*

71 J.-A. Vorster, L. Quinn, *op. cit.*, p. 38.

72 문제는 서구유럽의 식민 지배 여부와 관계없이 오늘날 전 세계의 대학교육이 서구유럽 및 미국의 커리큘럼, 이론, 가치, 지적 전통을 고스란히 따르고 있다는 것에 대해 반성이 필요한 시점이라 생각된다. 참고로 이란 대학에서의 영문학 교육이 제국주의적 프로그램을 그대로 답습하고 있다며 '영문학의 탈식민화(decolonisation of English literature)'를 주장하는 글을 소개하면 다음과 같다 - E. Zeiny, "Academic imperialism: Towards decolonisation of English literature in Iranian universities", *Asian Journal of Social Science*, Vol. 47, No. 1, 2019. pp. 88~109. 앞서 인류학에 대해 비판적 언급을 소개했지만, 사회학, 경제학, 정치학 등 정도의 차이는 다소 있을 수 있지만 전 세계 대학에서 서구유럽중심적, 미국중심적 대학교육이 진행되고 있다는 것은 굳이 부연이 필요치 않을 것이다. 필자는 E. 제이니의 다음 언급에 십분 공감한다: "지적 제국주의(the intellectual imperialism)는 서구식 교육을 추구하는 사람을 만들어내고, 서구유럽의 지적 표준에 맞추어 지배자의 근접성에 다가선 것을 자랑으로 여기는 사람을 만든다. 아시아와 아프리카의 대부분의 대학은 학생들과 교직원들이 서구에서 고등교육을 받도록 권장한다. (…) 이러한 차별로 인해 지식 자원의 생산과 분배에 있어서 현행의 서구의 권력 구조는 비서구의 학자들이 그들 자신에 대해 덜 고민하게 하는가 하면 [적극적인 지식 창조자가 아니라 서구적 지식의] 소극적인 지식 수령자가 되게 한다."(*ibid.*, p. 92). 탈식민적 대학교육의 필요성에 대한 전반적 연구는 C. Alvares and S. S. Faruqi (ed.), *Decolonising The University: The Emerging Quest for Non-Eurocentric Paradigms*, Pulau Pinang: Penerbit Universiti Sains Malaysia, 2012 참조.

학자들이 세계지식계의 지배적 다수를 이루고 있다는 증거라 아니 할 수 없다. 아니, 그래서 이러한 서구유럽의 식민성으로부터 '해방'되기 위한 탈식민적 인식 전환이 필요한 때라는 주장이 등장하게 된 것이다.

> [탈식민적 해방]이라는 과업은 개인적인 일이 아니라 우리 모두의 일이다. 이는 아무도 어떤 사람이 '그'나 '그녀'를 또는 X나 Z를 탈식민화할 것이라고 기대해서는 안 된다는 것을 의미하며, 또한 이는 우리 중 누구도 어떤 사람의 삶-사유-존재-행위(living-thinking-being-doing)를 탈식민적으로 해방시킬 것이라 기대해서는 안 된다는 것을 의미한다.[73]

미뇰로적 의미의 '계몽'의 본래적 의미가 바로 여기에 있다. 요인즉 식민 상태에 대한 책임을 남에게 돌리는 것만으로는 식민 상태로부터 해방을 앞당길 수 없다는 것이다. 바꿔 말해, 스스로가 탈식민화되는 길을 찾아야 한다. 그의 말대로, "아무도 어떤 사람을 탈식민화시킬 수 없다." 따라서 각자가 탈식민화의 길을 찾고, 각자가 이렇게 탈식민화될 때, '나'의 삶-사유-존재-행위가 식민 상태에서 벗어나 '자유'를 획득할 수 있다. 톤다와 펠드만 비앙코의 메시지도 미뇰로의 메시지와 크게 다르지 않다는 것을 알 수 있다. J. 부루이의 언급대로, 필요에 의해 학자들은 자유롭게 "미주, 유럽, 남아시아에 대해 연구를 한다." 다른 지역에 대한 연구도 마찬가지다. 하지만 세계지식계는 여전히 "아프리카 국가들[중국, 일본을 제외한 아시아, 남아시아 국가들에 대해서도 마찬가지지만]"을 비롯해 제3세계의 많은 지역-로컬 지식들을 "공

---

73 W. Mignolo and C. Walsh, *On Decoloniality: Concepts, Analytics, Praxis*, Duke University Press, 2018, p. 11 - 일부 단어 의역.

통된 의사소통의 수단"으로 취급하지도 않는다는 사실, 우리는 바로 이 엄연한 현실을 직시해야 한다. 필자가 지역세계화 논제를 들고나온 결정적 이유 중 하나도 바로 여기에 있다. 물론 지식의 권위는 '보편적 설명력'에서 파생한다. 하지만 이에 못지않게 중요한 것이 지역-로컬의 반영을 비롯해 얼마나 "사회적 정의", "교육적 건전성"을 지향하는 지식인가의 문제도 지식의 생산-소비 과정에서 중요한 화두이다. 지식 자체보다 그 지식이 '어디'에서 '어떻게' 적용 또는 오용되고 있는가가 중요해진 것이다.[74]

지역-로컬이 처한 상황이 이와 같은데도 불구하고 지역-로컬의 토착-지식은 과학적 · 보편적 · 서구유럽적 표준 지식을 위해 "참고할 만한 것이 뭐 있겠느냐?"며 공연히 딴전을 부리는 사람들이 세계지식계에 여전히 많다는 것은 분명 '인류'를 위한 불행이 아닐 수 없다. 문제는 그렇게 "무수한 토착적 지식들, 식민지 언어들"이 오늘날에도 여전히 세계지식계에서 철저히 방치, 배제, 외면하고 있다는 데 있다.[75]

토착-지식이 처한 상황이 정확히 이와 같기 때문에 지역-로컬적으로 행동하고 사고하는 것은, 그 결과에 좌우됨 없이, 칸트의 '정언명법'이 그러하듯, 지역-로컬에서 치밀한 계획에 따라 시도되고 또 인식론적 전환, 존재론적 전환이 이루어질 때까지 계속되어야 한다.[76] '세계 내에 존재하는 인간(Being-in-the-world)'은 곧 '특정 장소에 존재한 인간(Being-in-place)'이라고 주장한 E.

---

74 J.-A. Vorster, L. Quinn, op. cit., p. 40.

75 J. Breuilly, op. cit., p. 6 - 일부 구절 의역.

76 J.-A. Vorster, L. Quinn, op. cit., p. 39: "[탈식민적 인식론적 전환은 본질적으로 존재론적 전환이기도 하다] 존재론적 전환을 달성하기 위해서는 지식, 행동 및 존재(knowing, acting and being)를 통합해야 한다. (…) 인식론적 접근 담론은 존재론적 접근의 담론과 통합적으로 연계된 것으로, 비판적으로 규명되고 명시적으로 이해되어야 한다."

S. 케이시의 주장에 필자의 시선이 멈추는 것도 이 때문이다.[77] 지역-로컬에 대한 이해나 지식을 갖기 이전에 우리는 이미 어떤 특정 지역-로컬에 '실존' 한다. 그 '실존적 장소'는 그곳에 대대로 토착(土着)해 온 시민들의 철학과 가치가 상호세대적으로 전승되고 또 계속해서 창조되는 곳이다. M. 메를로 퐁티의 용어로 이를 바꾸면, 인간이 세계와 이렇게 하나가 되는 곳이어야, 그곳을 우리는 '살아 생동하는 장소'라 할 수 있다. 살아 생동하는 장소에서 인간은 그 장소가 제공하는 경험들을 축적하고 체화(體化)한다. 그렇게 체화된 경험들이 지역-로컬의 지식으로 완성되고 문화를 만든다는 것은 부연이 필요치 않을 것이다. 지역세계화는 지역세계화적으로 행동하고 사고함으로써 결국 삶의 터를 생동하게 만들면서 동시에 지역-로컬의 지식을 긷고 문화를 창조하는 일에 동참하는 것과 직결된다.

지역세계화적 전환은 이런 점에서 그 물음이 제3세계에만 국한된 것이 아니라 지구촌 시민 모두에게 해당한다는 사실을 정확히 인지했으면 한다. 오늘날 경제-기술의 세계화로부터 자유로운 국가, 자유로운 시민이 과연 존재하는가? 세계화, 세계지역화는 신제국주의, 신식민주의 형태로 지구촌을 새롭게 지배·통제하고 있다. 만일 "지식에 관해 비판적 질문을 던지는 것이 민주주의의 건설, 더 정확히는 비제국주의적·비식민주의적 사회를 구축하

---

77 현상학적 기술(phenomenological description)을 장소분석(topoanalysis)을 통해 새롭게 시도하고 있는 케이시의 주장은 다음 두 권의 책 참조: E. S. Casey, *Getting Back Into Place: Towards a Renewed Understanding of the Place-World*, Indiana University Press, 1933; E. S. Casey, *The Fate of Place: A Philosophical History*, University of California Press, 1997. 장소의 문제는 최근 지리학은 물론이고 사회학, 역사학, 심리학 등 사회이론에서도 '공간적 전회(spatial turn)'를 화두로 다각적 접근이 이루어지고 있다. - J. A. Agnew, J. S. Duncan, *The Power of Place: Bringing Together Geographical and Sociological Imaginations*, Unwin Hyman, 1989 참조.

는 데 필요한 것"이라고 생각한다면, 지역세계화적 대응은 불가피하다.[78] 신자유주의적 세계화가 지역-로컬의 지식들을 지식의 과학화, 경제적 효용성을 빌미로 '위험스러운 재편성'을 이미 시도하고 있고, 또 최근에는 AI 시대, Big Data 시대의 이데올로기까지 동원하고 있는 것이 지식시장의 현주소이기 때문에 우리는 더더욱 지역세계화에 대한 인식을 강화할 필요가 있다.

3. '인간'을 버리고 '이념'을 취한 철학의 위험성

"한 술에 배부를 수 없다"는 말이 있다. 이 장에서 필자가 바라는 것은 '지역세계화'라는 다소 낯설게 다가올 수 있는 주제(개념)를 독자들 앞에 제안해보고 그 내용이 수긍할만한지 동의를 구하는 데 있다. 고백하건대, '지역세계화'는 아직 체계적인 이론틀을 구비(具備)한 상태라고 필자도 자신하지는 않는다. 그럼에도 불구하고 이렇게 독자들 앞에 선뜻 얼굴을 내보인 것은 '지역세계화'만이 지식 탐구를 유럽중심주의적 식민 상태로부터 벗어나게 할 수 있다는 필자 나름의 '믿음' 때문이다.

이러한 필자의 믿음은 탈식민적 인식 전환을 선도적으로 이끌고 있는 W. 미뇰로를 비롯한 일군의 제3세계주의자들에 대한 관심과 이해가 깊어지면서 강화된 것이다. 그리고 이들 역시 "반식민적 학문 운동의 1세대 학자들"[79]이라는 점에서 서구유럽의 지식계가 판단하기에 아직은 설된 주장이라는 우려 섞인 목소리도 없지 않으며, 설사 충분히 설득력을 겸비한 주장이라고 할지라도 선뜻 나서서 함께 이 운동에 동참하기가 저어되는 측면도 있을

---

78 W. Mignolo(2009), *op. cit.*, p. 2.
79 B. Ashcroft, G. Griffiths and H. Tiffin, *op. cit.*, p. 232.

것이다. 그렇기 때문에 과연 이들 제3세계주의자들이 꿈꾸는 〈Diversality, Pluriversality〉가 서구유럽의 문화와 철학의 이념적 토대라고 해도 과언이 아닌 〈Universality〉를 대체할 수 있을지는 더 지켜보아야 하겠지만, 필자는 분명 시간이 흐를수록 〈Diversality, Pluriversality〉에 대한 공감대는 현재보다 훨씬 더 커질 것이라 예상한다.

본론에서 충분히 설명했듯, 반(탈)식민적 학문 운동은 이미 닻을 올렸고 실천의 과정에 있다. 그리고 그 세력은 점점 확장되고 있으며, 파급력 또한 점점 커지고 있다. 이 운동에 동참하는 학자들은 분명 늘어났으면 늘어났지 줄지는 않을 것이다. 탈식민의 기치와 실천은 너무도 이성적인 선택이며 합법적인 요구이다. 그래서인지 이 운동의 제3자인 필자의 뇌리를 자극해오는 것이 하나 있다. 그것은 차제에 이들 제3세계권 학자들의 요구를 적극적으로 수용하고 체화해서 서구유럽의 자민족중심주의적 세계 설계에 내재된 한계를 정확히 진단하고 그 대안으로 제시된 〈Diversality, Pluriversality〉의 의미를 적극적으로 헤아려서 '한국철학'을 세계지식계에 소개하면 어떨까 하는 것이다. 앞서 2절에서도 부분적으로 밝혔듯, 서구적 보편성은 그 무모 (無謀)에서 이미 한계를 드러냈다. 보편성을 자연의 이법(理法), 역사적 진보의 법칙, 인권 등에 이르기까지 전방위적으로 적용(남용)하기 시작하면서부터 저항·재고의 대상이 된 것이다. 그리고 결정적으로는 기독교 포교나 식민지 개척의 논리로까지 이를 악용했다는 데 심각성이 있다.

자민족·자문화 중심의 논리에 따라 자기통제력을 상실한 서구유럽적 자아는 제3세계의 타자들 앞에서 포악한 행동을 밥 먹듯 했던 것이고, 타자에 대한 배려 자체를 고민해 볼 기회마저 놓친 것이다. 자유와 자율은 오직 데카르트의 후손들에게만 속한 것이며, 제3세계의 식민적 자아는 거부되고 3

인칭화되어 그들이 추구하는 권력의 제물이 되는 것 이외의 의미는 허락되지 않았던 것이다.

이러한 유아론적 자민족중심주의는, 500여 년에 걸친 식민주의의 역사가 여실히 증명하듯, 보편주의자의 오만과 암수한몸을 이루고 있다. 제3세계주의자들의 탈식민 운동과 실천은 바로 이러한 서구유럽인들의 오만과 편견을 전 세계의 지식계를 향해 폭로하고 이를 바로잡기 위

〈그림9〉 1949년 '보편적 인권선언문'의 인쇄 상태를 확인하고 있는 유엔인권이사회 의장 E. 루즈벨트
(출처: L. Nasr, "Are Human Rights Really 'Universal, Inalienable, and Indivisible'?" - L.Nasr@lseac.uk)

해 신철학의 깃발을 올린 것이라는 데서 의의를 찾을 수 있다.

유아론적 자민족중심주의, 즉 단일보편문화의 한계가 무엇인지는 제9장 2절에서 요략적(要略的)으로 살펴본 차크라바르티의 『유럽을 지방화하기』란 저서를 언급하는 것만으로도 추가설명이 필요치 않으리라 생각된다. 서구유럽에서는 그들의 '단일 가치'를 '유일하고 절대적인 진리'라 철통같이 믿고서, 이를 전 세계의 지역-로컬에 전파하고 이식(移植)시킨 것이 결국 문제의 발단이 된 것이다.

'서구유럽의 지방화'는 이런 점에서 '선택'이자 '명령'이다. 그것이 '선택'인 것은 서구유럽의 식민권력 매트릭스처럼 타자/식민지를 더는 지배하거나 억압하지 않을 것이란 관점에서 그렇고, 그것이 '명령'인 것은 식민성/근대성의 모태인 진보-발전-종속의 인식틀에서 해방-재구성-재실존(liberation, reconstruction, re-existence)의 길을 내야하는 임무를 완수해야 하기

에 그렇다.[80] 해방되어야 할 대상은 서구유럽이 관리하고 통제하는 앎, 감각, 믿음 등 인간 활동의 거의 전 영역에 해당한다. "탈식민적 선택을 한 사람이라면 누구에게라도 탈식민적 해방이 명령인 것이다."[81] 이것이 미뇰로가 강조하는 '탈식민적 실천(decolonial praxis)'의 핵심이다. 탈식민성이 미뇰로에게 '실천'이자 '선택(option)'이며 '기도(project)'이자 '실행(practice)'인 것도 이 때문이다.[82]

서구유럽적 가치는 서구유럽 밖의 지역-로컬들로 이식되는 과정에서 지역-로컬적 가치의 다양성과 정면으로 충돌할 수밖에 없다. 하지만 이 자연스러운 충돌을 서구유럽적 가치는 폭력을 동원해 그들의 가치에 동화시키고 제압하기에 여념이 없었던 것이다. 바로 이 단일-획일화된 가치가 결국 '부당하다'고 오늘날 제3세계주의자들이 외치고 있는 것이며, 결과적으로 이들의 외침 속에는 가치의 다양성-복수성-복합성이 인류가 하나 되는 길이라는 호소가 담겨 있다.

인류가 '하나' 되는 길은 "가치가 '하나'"라는 의미에서가 아니라 "가치의 다양성-복수성-복합성을 존중하는 마음이 '하나'"여야 한다는 의미에서다. 가치의 다양성-복수성-복합성은 인류가 오래도록 지향해 온 것이자 동시에 누구도 부인할 수 없는 '현사실'이다. 가치의 다양성-복수성-복합성은 21세기에 이르러 인류가 발견한 새로운 이념이 아니라 이미 오래전부터 존재해 왔던 인류의 사유유산이자 문화유산이다. 차크라바르티의 "'유럽'을 '지방화

---

80 W. Mignolo and C. Walsh, *op. cit.*, pp. 224~225 참조.
81 *Ibid.*, p. 225.
82 *Ibid.*, p. 5: "Decoloniality, as we argue in this book, is not a new paradigm or mode of critical thought. It is a way, option, standpoint, analytic, project, practice, and praxis."

하기"'는 서구유럽인들이 자기 성찰을 통해 새롭게 태어나기를 바라는 '급보(急報)'와 같은 메시지를 담고 있으며, 그의 이러한 메시지는 결국 '서구유럽적 가치'는 '서구유럽'이라는 지리적 공간 내에서 유의성을 갖는데 그치는, 즉 자기-제한의 요구와 다르지 않다는 점을 분명히 할 필요가 있다. 요인즉, 서구유럽과 다른 공간에서는 서구유럽이 추구하는 것과 다른 가치가 엄연히 존재한다는 사실을 이제 서구유럽인들이 겸허히 받아들일 때가 되었다는 것이다. 굳이 부연하건대 비교문화지리적 관점에서 볼 때 서구유럽적 가치는 전 지구촌의 지역-로컬의 다양한 문화를 십분 고려할 때 단지 '상대적 가치'만을 지닐 뿐이다. 그런즉 서구유럽적 가치가 지구촌 전체 시민들에게 적용되는 보편적이고 절대적인 것이라는 거짓 믿음, 즉 편견은, 설사 모욕감이 들더라도, 이제 서구유럽인들로서는 과감히 버릴 때가 되었다.

요의 '보편주의'가 이렇게 '유럽적 보편주의(I. Wallerstein)'일 뿐이라는 제3세계의 재평가(비판)를 받아들이지 않으면 안 될 운명이라는 것 자체가 '사고의 지형도'에 혁명적 변화가 일어나고 있다는 증거라 할 수 있다. 가치의 다양성-복수성-복합성이 탈식민적 학문 운동과 실천의 모토가 되면서 M. 사뮈엘의 '차이의 권리로서 프랑스의 보편주의'[83] 같은 저서가 출판되는가 하면, B. 그레그의 '계몽화된 지역주의'를 비롯해 Z. 바버의 '지방적 보편주의'[84], D. 트위닝의 '보편적 가치로서 아시아주의'[85], W. 창의 '유

83 M. Samuels, *The Right to Difference: French Universalism and the Jews*, University of Chicago Press, 2016.
84 Z. Baber, "Provincial Universalism: The Landscape of Knowledge Production in an Era of Globalization", *Current Sociology*, Vol. 51, No. 6, 2003, pp. 615~623.
85 D. Twining, "Asianism, Universal Values, and U.S. perspectives on Ideational Cooperation in Asia", N. Szechenyi (ed.), *Asianism and Universalism: The Evolution of Norms and Power in Modern Asia*, Lanham · Boulder · New York · London: Rowman &

럽-일본적 보편주의[86]와 같은 가히 '기상천외하다' 할 법한 연구들이 속출하고 있다. 서구유럽의 '단일보편주의(unitarian universalism)'를 뒤흔드는 이와 같은 흐름에 승기(勝機)를 타고 최근에는 주요 근대적 이념들[인권,[87] 민주주의,[88] 다원주의,[89] 인터넷(시대),[90] 세계화,[91] 빅 데이터[92] 등]에 대한 재평가도 동반

Littlefield, 2019, pp. 34~38.

86 W. Chang, "Euro-Japanese Universalism, Korean Confucianism, and Aesthetic Communities", R. T. Ames, P. D. Hershock (ed.), Confucianisms for a Changing World Cultural Order, University of Hawai'i Press, 2018, pp. 222~234.

87 J. Donnelly, "The Relative Universality of Human Rights", Human Rights Quarterly, Vol. 29, No. 2, 2007, pp. 281~306; A. Sajó, Human Rights with Modesty: The Problem of Universalism, Springer, 2019; S. Benhabib, "Another Universalism: On the Unity and Diversity of Human Rights", Proceedings and Addresses of the American Philosophical Association, Vol. 81, No. 2, 2007, pp. 7~32; A. Stango, "Human Rights Between Universalism and Cultural Relativism", Chorzowskie Studia Polityczne, No. 7, 2014, pp. 157~171; S. D. Kaplan, Human Rights in Thick and Thin Societies: Universality without Uniformity, Cambridge University Press, 2019; L. H. Liu, "Shadows of Universalism: The Untold Story of Human Rights around 1948", Critical Inquiry, Vol. 40, No. 4, 2014, pp. 385~417.

88 R. J. E. Smith, "Revisiting Liberal Democratic Universalism: a Critical Rhetoric of the Liberal Democratic World Order", Glocalism: Journal of Culture, Politics and Innovation, No. 2, 2016, pp. 1~15.

89 Wen Jin, Pluralist Universalism: An Asian Americanist Critique of U.S. and Chinese Multiculturalisms, Columbus: Ohio University Press, 2012 참조.

90 D. Castro and R. Atkinson, Beyond Internet Universalism: A Framework for Addressing Cross-Border Internet Policy, The Information Technology and Innovation Foundation, 2014 참조.

91 C. S. Kessler, "Globalization: Another False Universalism?", Third World Quarterly, Vol. 21, No. 6, 2000, pp. 931~942; A.-M. Rieu, "Deconstructive Globalization: Universalism, Globality, Diversity". Taipei, Institute of Advanced Studies in the Humanities and Social Sciences Newsletter, Taiwan National University, 2009, pp. 10~22; C. Tallman, "The Threat of Western Universalism", International Letters of Social and Humanistic Sciences, Vol. 10, 2013, pp. 8~14 참조.

92 S. Milan and E. Treré, "Big Data from the South(s): Beyond Data Universalism", Television & New Media, Vol. 20, No. 4, 2019, pp. 319~335.

해서 진행되고 있다. 반세기 전만 해도 감히 상상할 수 없었던 일들이 우리의 눈앞에서 전개되고 있는 것이다.

탈식민적 학문 운동의 성과는 이렇듯 인류를 '서구유럽의 잠'에서 깨어나라고 호소하고 있다. 인류가 '서구유럽의 잠'에서 깨어날 때 모든 지역-로컬이 고유한 자기 서사, 국민서사를 되찾을 수 있다. 지역-로컬적으로, 지역세계화적으로 사고하고 행동하는 것은 이런 점에서 가치의 다양성-복수성-복합성을 온 인류에게 일깨우는 성찰의 운동인 것이지 결코 서구유럽의 획일적 가치에 단순히 저항하는, 그런 반보편주의 운동이라 폄훼해서는 곤란하다.

이와 같은 인식의 전환은 거듭 이야기하지만 "서구유럽적 사유에 대한 거절이나 부정을 의미하는 것이 아니라 서구유럽적 사유는 다양성-복수성-복합성의 일부(part of the pluriversal)"[93]에 지나지 않는다는 점을 자각하고 이 아이디어를 공유하자는 데 있다. 이렇게 지역-로컬의 장소와 공간, 즉 문화적 지리가 반영된 보편주의에 대한 새로운 이해와 해석이 진행될 때 그동안 '서구유럽이 추구해 온 지식(putative universal knowledge)'이 보편성을 가장한 허구적 서사, 폭력 행사를 일삼는 담론의 일종에 다름 아니었다는 사실이 여실히 드러날 것이다.[94] 서구유럽을 지방화하는 것이 제3세계는 물론이고 온 지구촌을 탈식민화하는 것과 분리되지 않은 이유가 여기에 있다.[95]

서구유럽인들과는 다른 방식으로 탐구해 온 지역-로컬의 지식들이 엄연

93 W. Mignolo and C. Walsh, op. cit., p. 3.
94 L. Iee, Universalism Examined and Refuted: And the Doctrine of the Endless Punishment Established, Asia-Pacific Holdings Private Limited, 2016[1836].
95 S. J. Ndlovu-Gatsheni, "Provincializing Europe and Deprovincialising Africa: Prospects for Decolonizing the Humanities", Présence Africaine, No. 197, 2018, pp. 337~362 참조.

히 존재한다.[96] 이렇게 놓고 보면, 지식은 서구유럽인들이 말하는 '보편성(글로벌성, 표준성)'에 본질이 있는 것이 아니라 지역-로컬성(상대성, 특수성)에 본질이 있다는 새로운 논리를 탄생시킨다.[97] 게다가 이 새로운 논리에 따라 만들어진 대차대조표에 따르면(〈표1〉 참조), 지식의 표준도 이제는 배제와 경쟁, 위계와 지배를 강조해 온 서구유럽적 시각에서 탈피해 포용과 조화, 순환과 협력, 공존과 상호 연계를 중시하는 지역-로컬적 시각으로 바뀌어야 한다.[98] AI, Big Data, 제4차산업 혁명을 말머리로 내세우며 과학적 지식, 경제적 지식이 지식의 선수(船首)를 독점하고 있는 오늘날 역설적으로 지식에 대한 인류학적 재구성 및 토착 지식에 대한 재평가 작업이 이렇게 급부상하고 있다는 것은 "비주류적[비서구유럽적] 앎의 방식(non mainstream ways of knowing)"에 대한 재인식과 탈식민적 실천이 필급하다는 명백한 증거라 할 수 있다.

미뇰로의 예측대로, 서구유럽인들이 만들어 놓은 지식의 경계를 지역-로컬의 지식들에 대한 새로운 발견을 통해 내파/재구성하기 시작하면서 인류가 꿈꾸는 '지식의 정상화'에 대한 밑그림을 다시 그려볼 수 있는 기회가 마침내 주어졌다.[99] 세계지식계의 관심이 이렇게 글로벌-보편주의의 폭력에

96 F. Barth, "Other Knowledge and Other Ways of Knowing", *Journal of Anthropological Research*, Vol. 51, No. 1, 1995, pp. 65~68; M. Harris (ed.), *Ways of Knowing: New Approaches in the Anthropology of Knowledge and Learning*, Berghahn Books, 2007.

97 K. Nugrooho, F. Carden, H. Antlov, *Local Knowledge Matters*, Policy Press, 2018, pp. 98~101 참조.

98 J. Dumont, "Indigenous Intelligence: Have We Lost Our Indigenous Mind?", *Native Americas*, Vol. 19, No. 3~4, 2002(https://eric.ed.gov/?id = EJ670280), p. 8.

99 W. Mignolo, *Local Histories/global Designs: Essays on the Coloniality of Power, Subaltern Knowledges and Border Thinking*, Princeton: Princeton University Press, 2000 참조.

대한 비판 작업을 통해 지역-로컬에 기초한 지식들을 지식의 정상화 과정에서 어떻게 포용(수용)할 것인가를 고민하는 시간을 갖게 되었다는 사실 자체가, '지식의 역사와 그 지형도'의 관점에서 보면[100], '전대미문의 사건'이라 아니 할 수 없다.

〈그림10〉Are We Human?
(출처: Rosa te Velde, "We have never been human. Design history and questions of humanity" - web/htdocs/www.aisdesign.org/)

탈식민적 지식의 탐구 과정에서 중요한 것은 이제 더 이상 "지식의 과학적 코드화"가 관건이 아니라 "그 지식이 누구의 지식이며, 대체 그 용도가 무엇인지"[101]가 화두로 부상했다는 데 있다. 이렇게 세계지식계에서 영영 '잊혀질 뻔했던, 사라질 뻔했던, 주변부화된 세계로 치부될 뻔했던' 남반구의 토착적 지식들이 새롭게 지식 탐구의 중심에 들어서게 되고, 이를 위한 인식론적 · 방법론적 고민이 진지하게 진행됨으로써 "모든 지식은 로컬 지식이다"라는 주장이 이제 더는 낯설지 않게 다가온다는 것 자체가 '희대의 사건'이 아니고 무엇이냐는 것이다.[102]

지역-로컬의 지리, 사유의 영토 개념이 이렇게 지식의 탐구 과정에서 중요 판단 기준으로 부상한 적이 있었던가? '지구촌'과 같은 글로벌 사회의 등

---

100 박치완 · 신응철 · 김기홍 외, 『지식의 역사와 그 지형도』, 한국외국어대학교 지식출판원, 2016 참조.
101 K. Nugrooho, F. Carden, H. Antlov, *op. cit.*, p. 147.
102 L. T. Smith, *Decolonizing Methodologies: Research and Indigenous Peoples*, University of Otago Press, 1999; T. Okere (ed), *All knowledge is first of all local knowledge*, Dakar (Senegal): CODESRIA, 2015 참조.

장과 때를 같이 해서 이와 같이 지역-로컬에 대한 관심이 증대하고 있다는 것은 지식이란 기본적으로 외부로부터 그저 주어진 것이 아니라 해당 지역-로컬에서 발견해 가는 것이며, 외부로부터 이념이나 체계로 부여된 것이 아니라 지역-로컬의 개인과 집단이 공들여 창조해 나가는 것이라는 상식을 우리에게 환기시킨다. 역사와 문화, 가치와 제도가 각이(各異)한 지역-로컬에서 지식의 생산과 향유는 서구유럽적 지식의 수입과 모방으로 충족되거나 대체될 수 없다.

물론 우리가 이렇게 지역-로컬에 다소 치우쳐 보일 수 있는 주장을 편다고 해서 '보편-보편적인 것-보편주의'에 대한 소사(所思)가 세계지식계에서 완전히 종적을 감추었다고 선불리 판단하는 것은 위험천만하다. 하지만 '보편-보편적인 것-보편주의'의 영향력이 예전 같지 않다는 것은 부인할 수 없는 사실이고, 그 영향력은 필자의 예측이 그르지 않다면 더 약화될 것이 자명하다. 상황이 이렇다 보니 궁여지책으로 서구유럽의 학자들이 '보편-보편적인 것-보편주의'는 "대부분이 예외인 모든 사람에서, 소수만이 예외인 모든 사람"[103]으로, 그 적용 및 혜택의 대상을 조정해 변신을 꾀하는 묘수(?)까지 동원하게 된 것인지 모른다. 그토록 기세등등했던 서구유럽의 상징인 '보편-보편적인 것-보편주의'가 이렇게 꽁무니를 뒤로 빼며 '융통성이 있는 보편주의(flexible universalism)', '유연한 보편주의(soft universalism)', '비교적(상대적) 보편주의(comparative universalism)'와 같은 피치 못할 선택을 한다는 것 자체가 파안대소(破顔大笑)할 일 아닌가.

하지만 서구유럽의 학계에서 아직은 그들의 '보편-보편적인 것-보편주의'

---

103 R. Célestin, E. DalMolin, *France From 1851 to the Present: Universalism in Crisis*, Springer, 2007, p. 12.

앞에 '상대적', '특수 지역'이라는 다소 모욕적 수식어가 붙는 것을 받아들일 준비까지는 못하고 있는 것 같다.[104] 〈보편주의 = 상대적 보편주의 = 서구유럽의 보편주의〉라는 등식은 서구유럽인들로서는 최악의 시나리오일 것이기 때문이다. 하지만 이렇게 서구유럽인들이 스스로를 말류지폐(末流之弊)시키는 '보편의 이념'을 버리지 못한 채 자존심을 굽히지 않는 한 다수이든 소수이든 '인간'을 배제(배척)하는 논리가 지구촌 어디에선가는 작동된다는 사실을, 다시 말해 '인식살해'를 반복하며 반휴머니즘을 연장하는 어리석음을 자행하게 될 것이라는 사실을[105], 그래서 우리 모두가 경계심을 늦추어서는 안 된다는 사실을, F. 파농을 인용해 마지막으로 강조하며, 본 연구의 결어를 대신할까 한다.

인간에 대해 결코 말한 적이 없는 그들이, 이 유럽을 벗어나기만 하면, 이미 살인자인 그들은, 그들이 사는 곳의 거리의 구석진 곳에 사는 사람들을 포함해, 지구촌의 모든 구석진 곳에 사는 사람들을, 살해한다.[106]

104 S. Schaumburg-Müller, "In Defense of Soft Universalism: a Modest, yet Presumptuous Position", *Cuadernos Constitucionales de la Cátedra Fadrique Furió Ceriol*, No. 62~63, 2007, pp. 113~126.
105 B. de S. Santos, *Epistemologies of the South: Justice against Epistemicide,* London: Routledge, 2014 참조.
106 F. Fanon, *The Wretched of the Earth*, Présence Africaine, 1963 참조.

문화와 철학의 재지성과 본토성에 대한 일 성찰

"지리적 주체는 주어진 '장소와 함께 행위하는(doing with places) 자'이다. 바로 '그곳'에서, 즉 자신의 '로컬-지리'에서 주체는 '지리적 물음'을 가지고 참여하며, 참여되는 자이다. (…) [따라서] 모든 연구자(everyone)는 [이렇게] 연구·조사의 특수한 지역에 깊이 천착하지 않으면 안 되는데, 그 이유는 우리의 서로 각기 다른 배경이 지리학의 서로 다른 현장 안에 결속되어 있기 때문이다."

———— A. 볼베이 외, 「(지리적) 주체로 현장탐사 하기」

장소, 더 구체적으로 말해 지리풍토와 직결된 '문화'는 결코 다른 장소와 동질적인 것일 수 없다. 서로 이질적인 문화들이 다성(多聲)의 화음을 이루는 것이 문화의 본질이다. 그런데 어찌된 일인지 최근 초강국 미국의 일성(一聲)만이 굉음을 내며 지구촌 전체를 소란스럽게 만들고 있다. 다성의 화음을 원치 않는 일성의 폭군이라 해도 과언이 아닌 미국은 심지어는 지구촌의 로컬 세계들이 서로 자유롭게 교류하고 소통하는 것까지도 통제하고 있다. 친미적이지 않은 국가들의 이음(異音)을 통제하는 것에 그치지 않고 심지어는 OAU(Organization of African Unity), ASEAN(Association of Southeast Asian Nations) 등 로컬 국가들끼리 서로 바라보며 눈 맞추는 것에도 정치적 · 경제적으로 개입하고 훼살을 놓기 일쑤다. M. 세르의 표현을 빌리면, "늑대의 게임(le jeu du loup)"[1]을 즐기는 미국은 오직 그들의 시민만을 배 불릴 먹이를 미국 밖에서 찾기에 여념이 없다. 그들만이 신(神)에 의해 선택된 국가이고, 그들의 꿈과 희망이 세계의 꿈이고 희망이니 지구촌 국가들은 오직 그들을 좇고 따르라는 망상에 빠져 있는 듯하다.[2]

이런 불퇴전의 저급 논리, 타자 배제의 논리가 정상성의 탈을 쓰고 행세하는 한 지구촌은 갈등과 반목의 상태에서 영영 벗어날 수 없을 것이다. 국제 통화를 달러화하고, 제 정보를 표준화하며, 로컬의 영혼을 고스란히 담고 있는 인문학을 디지털화하라고 요구하기도 한다. 이는 영국과 미국 주도의 언어(영어) 제국주위와도 맥이 닿아 있다.[3] 모든 평가 제도를 독차지한 채 지구촌의 학자들을 영어 능력으로 줄 세우기에 여념이 없다. 이렇듯 심지어는 사고도 학문 활동도 영어로 해야(Englishizer)만 국제적으로 인정을 받는 세태(世態)가 되었다. "제국주의의 새로운 발판"[4]을 미국 주도의 세계화가 견인(牽引)하는 세상이 된 것이다. 이를 누가 '정상적'이라 할 수 있겠는가?

A. 키야노와 I. 월러스틴이 정확히 분석하고 있듯, "미국이 존재하기 전에는 이와 같은 [무한 경쟁, 적자생존의] 자본주의적 세계시스템이 존재하지 않았다."[5] 그런데 미국은 트럼프 정부에서 단적인 예를 보았듯 "America First!",

1 M. Serres, *Hermès IV: La distribution*, Minuit, 1977, pp. 95~104 참조.
2 C. Rapaille, *The Culture Code: An Ingenious Way to Understand Why People Around the World Live and Buy as They Do*, New York: Crown Business, 2006 참조.
3 '언어(영어) 제국주의'에 대한 비판은 다음 글 참조: R. Phillipson, *Linguistic Imperialism*, Oxford University Press, 1992; A. Pennycook, *English and the Discourses of Colonialism*, Routledge, 1998; M. Boussebaa, "Englishization, Identity Regulation and Imperialism", *Organization Studies*, Vol. 38, 2017, pp. 7~29.
4 R. Korff, "Local Enclosures of Globalization. The Power of Locality", *Dialectical Anthropology*, No. 27, 2003, p. 3.
5 A. Quijano and Immanuel Wallerstein, "Americanity as a concept, or the Americas in the

"Strong America!"를 외치며 '국제적 폭력배'라 할 행동을 스스럼없이 자행하고 있다. 문제는 이러한 미국의 폭력을 비판하기는커녕 "Vivat America!"를 합창하는 국가들이 많다는 사실이다. G2인 중국도 EU의 대표주자라 할 독일이나 프랑스도 미국의 횡포 앞에서 침묵으로 일관하고 있다. 다성의 화음은 차치하고 당사자들 간의 대화도 차단된 상황이다. 그렇게 세계는 갈수록 분리되고, 그렇게 국가들 간의 사이는 벌어지고 있다.

국가의 수장들은 자국의 국격(國格)을 호지(護持)하고 자국민에게 '문화권'을 지킬 수 있도록 독려하는 대신 승산도 없는 정치·외교적 늑대의 게임에 동참해 오직 경제가 여일(麗日)하기만을 꿈꾸고 있다. '경제 지배의 시대'에 인간이 돈의 노예가 될 수밖에 없는 단적인 이유도 바로 여기에 있다. 하지만 방향도 목표도 불투명한 신자유주의라는 달콤한 꾐수에 우리는 이제까지 충분히 속아 왔다. J. 스티글리츠가 정곡을 찌르고 있듯, "세계는 예전에 비해 훨씬 평평한 것이 사실이며, 과거보다 여러 면에서 서로 더 연결되어 있다. 하지만 그렇다고 해서 세계가 평평한 것은 결코 아니다. (…) 세계는 평평하지 않을 뿐만 아니라 여러 면에서 오히려 덜 평평해지고 있다."[6]

스티글리츠의 경고인즉 지구촌 전체가 불평등, 부정의로 팽배해지고 있다는 것이다. 설상가상으로 최근 들어서는 AI나 Big Data를 맹신하는 자들

modern world-system", *International Social Science Journal*, No. 134, 1992, p. 549. 같은 취지의 연구로는 다음 글들이 있다: D. Cuccioletta (dir.), *L'américanité et les Amériques*, Québec: Éditions de l'iqrc, 2001; J.-F. Côté, "Une américanité cosmopolite: pour la suite d'un débat", *Sociologie et sociétés*, Vol. 38, No. 2, 2006; F. Kurasawa, "Americanity and the Prospects of a Hemispheric Social Imaginary", *Journal of Intercultural Studies*, Vol. 29, No. 4, 2008.

6 J. Stiglitz, *Making Globalization Work*, W. W. Norton & Company, 2007, pp. 56~57.

이 늘어나면서 소위 '기술의 식민화'까지 자발적으로 진행되고 있다.[7] 실리콘(Silicon Valley)에서 발신된 기술자유주의까지 가세하여 지구촌 전체가 디지털 기술의 지배하에 놓여 있다.[8] 이는 5대양 6대주를 하나의 인터넷망으로 연결해 기술제국을 꿈꾸는 Google의 세계 전략이기도 하다.[9] 과거 유럽의 식민 지배가 더 강력한 형태의 미국식의 신식민 지배로 이어지고 있는 것이다. 이와 같은 지구촌의 반문화적 · 반인도적 패권 다툼을 대체 누가, 어떻게, 무엇으로 제어할 수 있단 말인가?

미국, 유럽을 비롯한 다보스주의자들은 이와 같은 반문화적 · 반인도적인 현실에 대해서는 두 눈을 감은 채 오직 '프리바토피아적 아성(牙城) 쌓기'에 여념이 없다. 바로 이것이 "공존을 거부하는" 지구촌의 상부 계급 · 계층을 이루고 있는 북반구 국가들의 "지배적 수사학"이다.[10] 정치적으로, 경제적으로 지구촌은 이렇게 시장가치, 경제가치만을 제일 가치로 내세워 제3세계와의 차이를 근거로 차별의 담론을 정당화하고 있다. 차이를 차별화하는 담론이 성(盛)한 곳에서는 당연 '인간(시민, 국민, 인민)'의 자리는 주어지지 않는다. 이렇게 '인간'이 설 자리를 잃은 곳에서는 정의도 평화도 인권도 행복도 구현될 수 없다. 진보, 성장, 합리성이 "저급의 전제주의(inferior despotism)"

---

7 식민화는 외부에 의해서도 내부에 의해서도 진행되는데, 특히 내부에서 외부의 지배에 자발적으로 동조하거나 종속되는 것을 기꺼이 수용하는 것을 우리는 '자발적 식민화(auto-colonization)'라 할 수 있고, 최근처럼 디지털 기술에 의해 이러한 식민화가 기술선진국/기술후진국 가릴 것 없이 시민들 사이에서 저항 없이 수용되는 것을 일러 우리는 '자발적 기술의 식민화'라 할 수 있을 것이다.

8 É. Sadin, *La Silicolonisation du monde: L'irrésistible expansion du libéralisme numérique*, L'echapée, 2016 참조.

9 필자는 여기서 최근 구글이 꿈꾸는 'Google Earth'에 대한 성찰이 필요하다고 생각한다.

10 M. Bédard, "De l'être-ensemble à l'être-au-monde: Le rôle du haut-lieu", *Musées*, Vol. 24, No. 2, 2002, p. 229.

의 형태로 표출되고 있는 "신식민주의 시대"에 인류를 위한 "공공선(global public good)이 실현되리라는 희망에 대해 회의적일 수밖에 없는" 것도 바로 이 때문이다.[11]

이런 세태를 지켜보며 우리는 침묵하며 방관만 하고 있어야 할까? 글로벌 공공악을 지켜보면서도 아무런 행동도 취하지 않는다면 제3세계 국가의 국민은 영원히 글로벌 시장의 피해자로 전락하고 말 것이다.[12] 공공선은 특정 국가의 국민만을 위해 선한 것이 아니라 "모두를 위해 선한 것(goods for all)"이다.[13] 공공선은 이런 점에서 다보스주의자들에게 기대할 수 있는 선물이 아니라 온 인류가 합리적 사고와 행동을 통해 쟁취해야 할 새로운 윤리적 가치라는 자각이 필요하다.

'합리적 인간'은 개인의 행복만을 추구하는 '이기적 존재'와 구분돼야 한다. 개인의 행복은 집단의 행복과 무관하지 않다. 한 국가의 번영은 다른 국가의 파산이나 몰락을 야기하며 협탈(脅奪)한 것이어서는 그 정당성을 인정받을 수 없다. 인류가 공존하기 위해서는 타자를 먼저 파트너로 받아들이는 태도가 요구된다. 차이는 생래적(生來的)인 것이라 할 수 있지만, 차별은 분명 인위적인 범죄(행위)에 해당한다. 미국과 중국, 유럽과 아시아는 문화적으로 생래적 차이가 있을 수밖에 없다. 그럼에도 전형적으로 로컬을 대표한다. 지역-로컬은 각기 자기 조직화(self-organization)를 통해 사회문화적으로 형성된 유기체이며, 공통 문화(common culture)의 공유를 통해 비로소 자

---

11 A. Anton, M. Fisk, N. Holmstron, *Not for Sale: In Defense of Public Goods,* Routledge, 2000, p. 36.
12 *Ibid.*, p. 86 참조.
13 *Ibid.*

기 정체성을 유지하는 집단적 행위자(collective actors)를 지칭하지만, 기본적으로는 공간적 경계(spatial boundaries)로 한정된다. 모든 인간은 운명적으로 로컬의 경계 안에서 살아가야 하는 존재다.[14] 더 구체적으로 표현하면, "모든 인간은 [그 누구라도] 어딘가(somewhere)에서 살고 있다."[15]

'어딘가'에서 살아가는 존재인 인간, 문화 논의에 있어 인간에 대한 성찰보다 더 우선시되어야 하는 가치는 없다. 이는 곧 지역-로컬 세계를 중심으로 인간관을 새롭게 정립해야 한다는 주문으로 연결된다. 지역-로컬은 그곳이 '어딘가'를 불문하고 개인에게는 삶을 일구는 장소요, 공동체의 입장에서는 문화의 발원지이며 사회적 조직이 실행되는 영토이다. 이런 관점에서 보면 지리풍토는 인간에게 단순히 물리적 환경에 그치는 것이 아니라는 것을 알 수 있다. 삶의 장소로서 지역-로컬은 그곳 지역민들의 삶의 형태는 물론이고 가치관, 세계관, 지식의 생산과 소비 형태도 결정한다. 사막의 문화가 동토(凍土)의 문화와 같을 수 없다. 대륙의 문화가 해안의 문화와 다른 것도 같은 이치다. 문화가 슈퍼자본주의, 기술자유주의에 의해 탈영토화되는(deterritorialized) 길을 막아야 하는 이유가 바로 여기에 있다.

이런 기준에서 거듭 강조하지만, '문화'와 '문명'은 서구의 전유물이라고 할 수 없다. '문화'와 '문명'은 인류의 자산이다. '문화'와 '문명'은 인류의 '공적' 재산이다. 그런데 이토록 평이(平易)한 진리를 그동안 우리는 실천하지 못한 것이다. 차이를 차별화하는 것이 인간의 본성인가 싶을 정도로 문화들 간에 편견이 만연해 있고, 국가들 간의 장벽은 여전히 높기만 하다. 그리고 심지어는 '동류 인간'을 마치 사물처럼 '처리·간주'하고 있는 것이 오늘날

---

14 R. Korff, *op. cit.*, pp. 5~6 참조.
15 *Ibid.*, p. 8.

지구촌의 그늘진 현실이다. 그 세월을 15세기 대항해 시대를 기점으로 계산하더라도, 무려 5세기가 다 되어 간다.

문화들 간의 지배/피지배의 관계가 여전하다는 것은 정치·경제적인 분야에서만 공공악이 도드라지는 게 아니란 뜻이다. 서구인들의 비서구권에 대한 편견은 눈을 씻고 다시 보아도 편벽(偏僻) 덩어리에 가깝다고 할 수 있다. 이는 오랜 과거의 일이 아니라, 본 저서에서도 누차 이야기했지만, 이 글을 쓰고 있는 이 순간에도 이러한 인종·민족적 편견이 서구인들에게서 거의 '본능적으로' 발현되고 있다는 것을 통감(痛感)한다. 소위 '철학'이 타자를 지배하고 타문화를 파괴하는 폭력이나 무기로 남용되고 있다는 것은 인류가 아직 이성적으로 사고하고 행동하지 않는다는, 아직 타자들과 더불어 사는 윤리적 가치를 깨달아 실천하지 못하고 있다는 증거가 아닐 수 없다. 철학은 어떤 특정 인종이나 민족의 것이 아닌 '모든 사람(Everyone in the world)'을 위한 것으로 거듭나야 한다. 인종, 민족, 문화, 언어, 종교, 신분, 계급 가리지 않고 지구촌의 모든 시민을 위해 선(善)한 철학만이 문자 그대로 '보편적인 철학'이란 명의(名義)에 부합하는 것이라 할 수 있다.

타자의 사유, 타문화의 사유에로 진입한다는 것은 이렇듯 누구에게라도 쉽지 않은 모험이고 도전이라 할 수 있다. 하지만 이러한 모험과 도전은 '충분히 건널 수 있는 강'에 비유할 수 있다. 그리고 반드시 건너가야 한다. 쿠쟁이나 헤겔처럼[16] 타자, 타문화에 대한 여행, 독서, 상상력만으로는 건너갈

---

16 쿠쟁은 실제 헤겔의 중재와 프랑스외교대표부의 노력으로 1825년 베를린에 잠시 머물면서 헤겔을 자주 방문하게 되고 E. 간스(Eduard Gans)나 H. G. 호토(Heinrich Gustav Hotho)와 같은 헤겔 추종자들과 사귀게 된다. 프랑스에 귀국해서는 이들로부터 얻은 역사철학, 철학사 및 미학에 관한 헤겔의 노트를 자신의 가르침에 사용하게 된다(https://fr.wikipedia.org/wiki/Victor_Cousin). 쿠쟁이 헤겔과 같이 중국(동양)철학에 대해 부정

수 없다. 타자, 타문화에의 접근은 이렇게 자신이 중심이 된 논리를 통해서는 결코 열리지 않는다. 멀리 서서 부르기만 한다고 상대가 화답할 리 없다. 상대에게 더 가까이 다가서야 한다. 문화인류학적 관점에서 되돌아볼 때, 문화나 철학은 결코 중성적(neutral)일 수 없다. 역설적으로 말해, 문화, 철학이 추구하는 객관성은 수학적·물리학적 논리로 재단되어서는 곤란하다. 이 시대야말로 탈영토화의 위협에 처한 로컬 국가들의 역사와 문화, 전통과 가치, 사상과 철학에 대한 새로운 이해가 필요한 때라는 것이다.

프롤로그에서 우리는 이를 "새로운 개념만이 새로운 세계를 연다"고 했다. "모든 차이는, 모두 유일한 것이다(All Different, All Unique)!"[17] 필자는 이를 "유일한 모든 것은 모두 보편적인 것이다"로 해석해 보고자 한다. 동양/서양, 서구/비서구는 이를 모토로 상호성, 쌍방향성을 회복해야 한다. 그래야만 차이와 차별의 수사학이 공존과 공생의 현실이 될 수 있다. 자기주장의 정당성을 확보하는 것이 중요한 것이 아니라 상호성, 쌍방향성을 통해 진정으로 대화하는 것이 중요하다.

'새로운 세계'를 열 '새로운 개념'은 이제 각 지역-로컬에서 찾아야 한다. 지역-로컬에 뿌리를 두고 발아된 것이어야 사상누각을 막을 수 있다. 필자는 그동안 철학을 연구해 오면서 '어디'에서 철학을 하는지에 대한 고민을 깊이 해 본 적이 없었던 것 같다. 한마디로, '탈지리적', '탈문화적'으로 철학을

적인 입장을 취하게 된 것이 결코 우연이라고 볼 수 없는 이유가 여기에 있다. 헤겔과 쿠쟁의 관계에 대해서는 J.-P. Cotten, "Hegel dans la voix de Cousin", *L'Humanité*, le 6 octobre 2005 참조.

17 이 구호는 UNESCO의 〈정치문화 및 상호문화적 대화국〉에서 2004년 출간한 연구보고서의 제목이기도 하다 - UNESCO, *Tous différents, tous uniques*, UNESCO(www.unesco.org), 2004, p. 11.

해 온 것이다. 이런 까닭에 철학과 지리를 연접(연동)시킨다는 것은 감히 상상도 못 해 봤으며, 설사 그렇게 했더라도 필시 동료들로부터 '지리적 상대성 및 특수성의 함정'에 빠진 것 아니냐는 공격을 받았을 것이다. 하지만 이는 철학적 보편성과 일반성이 실재(實在)한다는 전제가 참이고, 이를 아무도 부인하지 못할 때나 가능한 공격이다. 그런데 만일 우리가 아무런 의심 없이 기대고 있는 보편성과 일반성이 철저히 '서구인을 위한 사유 모델'의 이념일 뿐이라고 한다면[18], 사정은 완전히 달라질 것이다. 즉 서구적 상대성과 특수성을 범로컬적 · 범문화적 차원의 보편성과 일반성이라고 착각해 온 것은 아닌지 의심해 볼 필요가 있다.

"모든 '국가'", "모든 '문화'"에서 '모든'은 각각 주어진 로컬-지리 내에서 상대적이고 특수한 삶을 영위해 온 개개인을 단순히 '집합적으로 표현한 것'에 불과하다. 집합(집단)이 개인을 대체할 수 없듯, '보편적 국가', '보편적 문화'는 지구상 그 어디에서도 이러한 지칭에 부합하는 대상을 찾을 수 없다. 이는 모든 언어를 아우르는 '보편 언어', 모든 종교를 통합하는 '보편 종교', 모든 로컬에 타당한 '보편 철학'이 존재하지 않는다는 말과 같다. 그런데도 그동안 우리는 '서구적 보편의 늪'에 빠져 자신이 서 있는 곳이 로컬-지리일 수밖에 없는데도 '탈지리적 보편' 위에 존재하며 사고하는 것인 양 스스로를 속이고 속아 온 것이다. 마치 자신이 보편-지리 위에 서 있는 자인 양 자신의 사회, 국가, 문화의 로컬성, 즉 지리적 위치, 언어적 특수성, 지식의 상대성을

---

18 유럽학자들도 '보편주의', '보편성'을 '서구중심적'이라고 진단하고 있다는 점에 주목할 필요가 있다: I. Wallerstein, *European Universalism: The Rhetoric of Power*, New York: New Press, 2006; F. Jullien, *De l'universel, de l'uniforme, du commun et du dialogue entre les cultures*, Fayard, 2008 참조. 줄리앙은 이 책에서 서구적 보편성 개념 속에는 특히 인도의 보편성, 중국의 보편성이 포함되어 있지 않다고 비판하고 있다.

철저히 망각한 것이다. 주체와 장소, 철학과 지리학의 관계에 대한 성찰이 필급(必急)한 이유가 바로 여기에 있다.[19]

감히 말하지만, 로컬-지리는 인문학적 관점에서 볼 때 세계화론자들이 광고하는 것처럼 그렇게 상품이나 자본처럼 손익이 개입된 교역이나 상환의 대상으로 전락할 수 있는 대상이 아니다. 로컬-지리는 기본적으로 상품과 같이 교환재로 치환될 수 없다. 로컬-지리는 로컬-시민의 삶의 현장(現場)이고, 로컬-공동체 문화의 저장고이다. 로컬-지리는 그렇게 '특수-인문학'을 발흥시키는 원향(原鄉)이며, 로컬 시민들이 필요로 하는 지적 양식(良識)을 제공하는 젖줄이자 영원한 정신의 휴식처이다.

플라톤과 아리스토텔레스, 데카르트와 베르그송, 칸트와 헤겔, 제임스와 러셀 등은 모두가 그들의 로컬-지리와 문화에 기반해 철학적 활동을 한 것이며, 그들의 일차적 독자는 두말할 것도 없이 바로 그들의 로컬-지리의 시민들이다. 한 로컬에서 제아무리 많은 독자를 가진 저서라고 해도 지리적 환경이 바뀌고 문화 코드가 달라지면 호오(好惡)는 얼마든지 갈릴 수 있다. 비근(卑近)한 예로 팔레스타인계 미국인인 E. 사이드의 『오리엔탈리즘』을 보자. 이 책을 한국을 비롯해 비서구권 학자들은 매우 높이 평가하며, 사이드의 주장에 동조하는 편이다. 탈식민지 연구나 비교문화 및 문학비평 영역에서 이 저서를 적극적으로 인용하기도 한다. 하지만 서구권 학자들은 사이드의 문화 관련 논의(『문화와 제국주의』, 『문화와 저항』 등)에 대해 언급하는 것 자체를 꺼리는 경향이 있다. 왜 그럴까? 바로 그들의 선조들이 문화, 문명을 앞세

---

19 장소의 중요성에 관해서는 다음 책 참조: E. Relph, *Place and Placelessness*, London: Pion, 1976; E. Casey, *Getting Back into Place: Toward a Renewed Understanding of the Place World*, Bloomington: Indiana University Press, 1993.

워 식민적 제국주의를 부당하게 확장하며 지적 폭력을 행사했다는 사실들이 사이드의 저서 속에 정확히 겨누어져 있기 때문이다.[20]

사이드만 그러했겠는가. 데리다의 해체주의에 대해서도 프랑스에서는 물론이고 그가 청소년 시절을 보냈던 본향(本鄕)인 알제리에서 실제 그를 지지하거나 응원하는 학자가 거의 없다. 심하게 표현하면 '전무(全無)하다'고 해야 할 정도다.[21] 미국에서 소위 '예일 비평계'가 탄생할 정도로 데리다의 철학적 행보 전반에 대해 열광하는 것과는 아주 대조적이다.[22] 그 까닭이 어디에 있을까? 알제리계 프랑스인인 데리다는 서거하기 얼마 전 다음과 같은 말을 남겼는데, 그 속에 우리가 궁금해하는 해답이 숨어 있다.

나는 미국에 결코 오래 체류하지 않았고, 분명한 것은 그곳에서 '나의 시간'은 흐르지 않았다. 이는 미국에서의 나의 [철학적] 작업에 관한 수용이 [프랑스에 비해] 아주 관대했고 보다 정중했다는 것을 의미한다. 다시 말해 미국에서는 프

---

20 E. Said, *L'Orientalisme. L'Orient créé par l'Occident*, Seuil, coll. 《La Couleur des idées》, 1978; *Culture et Impérialisme*, Fayard, 2000; *Culture et résistance. Entretiens avec David Barsamian*, Fayard, 2004 참조.

21 실제 데리다는 프랑스, 알제리, 그 어디에서도 사랑받지 못했다. 그의 60여 권에 달하는 책이 알제리에서 거의 번역되지 않았다는 것이 그 단적인 반증이라 할 수 있다. 이는 데리다의 조상의 뿌리가 알제리(아프리카)가 아닌 포르투칼의 이베리아반도인 데다가 더더욱 그가 유대인이고 예수회신도였기에 이슬람권인 알제리에서는 그의 철학에 대한 관심을 크게 보이지 않았던 것 같다. 실제 데리다 스스로도 19세에 알제리를 떠난 후 단 한번도 고향(le quartier d'El-Biar)을 방문한 적이 없으며, 그곳에 단 한 명의 친구도 없다고 전해지고 있다. 그가 어린 시절 살았던 집의 위치는 심지어는 그의 미망인마저도 어딘지 모른다고 할 정도이니, 알제리에서 그는 '프랑스인'이었던 게 분명하다. 여기서 우리는 데리다가 "땅(대지), 고향, 조국"이란 단어 자체를 싫어했던 이유를 충분히 짐작할 수 있을 것 같다 - J. Birnbaum, "Derrida en Algérie: un hommage très politique", *Le monde des Livres*, le 30 novembre 2006 참조.

22 페터 지마, 『데리다와 예일학파』, 김혜진 옮김, 문학동네, 2001 참조.

랑스에서 내가 겪었던 [의식의] 검열, [언어적] 장벽, [문화적] 갈등을 크게 겪지 않아도 되었던 것![23]

'보편-보편주의의 월계관'을 쓰고 있는 '철학'에도 넘을 수 없는 국경이 존재한다는 것인가? 만일 철학에도 이렇게 국경이 존재한다면, 이는 철학이 탈로컬적·탈문화적이라는 것과 모순적이다. 데리다의 위 인용문에서도 확인할 수 있듯, '문화혼종'의 상징국가인 미국에서 데리다는 프랑스나 알제리에서처럼 '주변부인'으로 차별을 받지 않았다. 미국에서는 오직 데리다의 철학적 작업에 대해서만 평가한 것이다. 반면 프랑스와 알제리에서는 그의 새로운 철학적 주장이나 해석보다 그의 문화·인종적 정체성을 눈을 모로 뜨고 바라본 것이다.

주지하듯, 데리다는 인종적으로 유대인이며, 알제리 태생의 프랑스 국적을 가진 철학자이다. 그의 철학적 작업과 해석이 아니라 그의 '불투명한' 정체성을 프랑스와 일제리에서는 문제 삼는 것이다. 그런 그가 유럽철학 및 형이상학의 전통에 대해 '해체'의 칼날을 휘두르는 것 역시 유럽인들에게 마냥 곱게만 보였을 리 만무하다. 데리다 역시 이를 감지하지 못했을 리 없다. 청소년 시절 데리다가 비시(Vichy) 정권하에서 겪었던 '인종적 수모'가 직접적 원인이라고 단정할 수는 없지만, 최소한 그 기억이 그의 마음 한구석을 차지하고 있었을 것이란 추측은 얼마든지 가능하다. 이는 그의 주요 저서에 나타난 연구 주제나 연구 방향에서도 쉽게 발견된다.[24] 같은 유대인이기에 데리

23 N. Dutent, "Derrida, veilleur de la démocratie à venir", *L'Humanité*, le 7 octobre, 2014에서 재인용.
24 J. Birnbaum, "Derrida, le courage de la pensée", *Le monde télévision,* le 8 octobre 2014

다와 유사 경험을 했을 H. 식수의 표현은 이런 점에서 우리에게 시사하는 바
가 크다.

프랑스는 [데리다처럼] 다른 곳에서 갈채를 받는 사람일지라도 프랑스가 초대
하지 않은 사람을 좋아하지는 않는다.[25]

바로 이와 같은 이유 때문에 데리다는 비록 미국, 한국을 비롯해 전 세계
적으로는 '프랑스철학자'로 널리 알려진 인물이지만, 정작 프랑스나 알제
리 또는 유럽 내에서는 어디까지나 유대-알제리계 주변부인(un juif algérien
marginalisé)으로 머물 수밖에 없었던 것이고, 특히 알제리에서는 알제리에
더 이상 관여하지 말고 순순히 프랑스 철학자로 남아주기를 바라는 움직임
까지 목격되고 있다.[26] 데리다가 "프랑스어 안에 자신의 흔적[저서들을 통한
일종의 자기표현]을 남기는 데 전념"했던 것도 어쩌면 그가 최소한 프랑스에
서 한 사람의 유럽철학자로서의 지위를 누리기 위한 투쟁(?)이었는지 모른

참조. 그는 비시(Vichy) 정권하의 중학교 시절 학교 측으로부터 갑자기 다음과 같은 말을
듣고서 쫓겨난다 : "집으로 귀가하거라. 그 이유는 너희 부모가 설명해 줄 것이다." 데리
다가 1940~60년대에 유행하던 사르트르류의 실존주의나 알뛰세르류의 구조주의를 마다
하고 자신만의 '해체'의 길을 담담히 걷게 된 것도 어쩌면 이 시기에 싹튼 것이라고 해도
과언이 아닐 것이다.
25 Ibid. - 재인용.
26 1990년대에 알제리에서 데리다에 관한 학술대회를 개최하는 것은 "위험, 위험, 고발, 금
기"의 상징이었다면 최근 들어서는 젊은 학자들을 중심으로 분위기가 다소 바뀌어 간혹
데리다 관련 학술대회가 개최된 바는 있으나 중요한 것은 손에 꼽을 정도라는 점이다. 데
리다 사후 2년이 지난 2006년에 알제리국립도서관에서 개최한 '데리다의 흔적에 관하여
(Sur les traces de Jacques Derrida)'가 유일한 학술대회라 할 수 있다 - A. Zaoui, "Jacques
Derrida aux yeux des Algériens", Liberté, le 8 janvier, 2019 참조.

다.[27]

데리다의 예에서도 보듯, 본인이 이민자이거나 그 뿌리가 이민자 가족인 경우는 종종 가족의 성, 종교, 피부색, 문화 등이 다르다는 이유로 타국가에서 차별을 받는 사례는 비일비재하다. 그렇다면 '누가', '무엇'이 이러한 차별을 만들어내는 것일까? 그것은 바로 '로컬-문화', '로컬-지리'이다. 단적으로 말해, 로컬-지리, 로컬-문화가 바로 '우리(중심부)'와 '그들(주변부)'을 가리는 저울대 역할을 한다.[28] 한 로컬 내에서도 한 로컬과 다른 로컬과 관계에서도 이는 같은 방식으로 작동된다. 결과적으로, 이는 개인의 존재는 그 자체로 규정되기보다 항상 이렇게 사회의 중심 세력(그룹)이 제시하는 기준에 맞추어 피동적으로 규정된다는 말과 같다. 중심 그룹과 동일 소속감을 갖느냐 그렇지 못하느냐가 결국 자기 동일성을 결정하는 데도 깊이 개입한다는 것이다. 피동적으로 규정받는 개인은 자발적으로 자신의 정체성을 규정할 수 없는 자이다. 돌려 말해, 중심 세력에 의해 이차적으로 자기 정체성이 부여된다는 뜻이다.

만인(萬人)을 포용하는 로컬-지리는 존재하지 않는다. 만인을 포용하는 보편 철학은 존재하지 않는다. 인간은 이렇게 각기 자신의 로컬-지리를 중심으로 살아가는 존재이다. 공동체는 이를 무의식 속에 기입시켜 놓은 채 타자와 거리를 유지한다. 비록 '현대'를 '다문화·혼종문화 시대'라고 이야기하는 사람들이 많지만, 정체성의 문제에 직면해서는 이러한 주장이나 슬로

---

27 J. Birnbaum, *op. cit*, 같은 페이지 재인용. 데리다는 자신의 "일상어(모국어)는 아랍어였고, 철학적 글쓰기의 언어는 프랑스어였다"고 밝히고 있다 - J. Derrida, *Le monolinguisme de l'autre*, Galilée, 1996 참조.
28 이에 대해서는 박치완, 「우리/그들, 동양/서양의 야만적 이분법 재고」, 『동서철학연구』 제91호, 2019, 403~435쪽 참조.

건이 무색해진다. 로컬-지리는 이렇게 로컬-시민을 보호하며, 자연지리적으로 주어진 타 로컬과의 거리도 유지하면서 자신의 고유한 사유전통, 이해체계를 보존하고 전승한다. 이것이 필자가 이 저서의 결론에서 강조하고자 하는 '철학의 재지성(在地性)'이다. 철학의 재지성은 후기구조주의자들이나 탈근대론자들이 주장하는 것처럼 무목적적 유랑성이나 탈경계적 이동성에 저항하며 로컬-지리의 재건을 목표로 한다.[29] 로컬-지리가 재건되지 않으면 철학의 본토성(本土性)마저도 잃게 된다. 로컬-지리에서 생산된 철학이 본토를 떠나면, 다시 말해 재지성을 포기하면, 철학은 철학으로서의 권리를 상실한다. 따라서 '그곳'에 뿌리를 두고 사는 경우(所地人)가 아니고서는 '그곳'에 대해 왈시왈비(日是日非)할 자격이 없다.

세계 4대 성인 중 한 사람인 공자는 B.C. 6세기 중반에 노나라에서 태어난 중국의 대표적 현인이고, 14세기 말에서 15세기 초까지 조선을 통치한 세종대왕은 조선의 '언어민권주의자'이다. 이는 결국 철학도 지리적 장소 및 시대와 함수관계를 통해 생산되는 것이라는 방증이다. 진리 탐구의 객관성, 보편성, 상대성, 특수성을 구분하고 평가하는 바로미터는 사람(철학자)이나 이론 못지않게 장소와 시대의 영향이 결정적이라 할 수 있으며, 장소와 시대에 따라 로컬-시민들이 요구하는 가치, 사회상 또한 그 속에 반영되어 있기 마련이다. 이를 달리 표현하면 '지금, 여기'가 일차적으로 모든 철학적 생산과 소비의 핵심이란 뜻이다.

모든 인간은 각기 자신의 '지금', '여기'에서 세계와 직접적 경험을 하며 살아간다. 이 경험은 E. S. 캐이시의 언급대로, "물리적이고 역사적이며 사회적

---

29 박치완, 「지역-로컬 지식의 재건 운동과 지역세계화의 의미」, 『현대유럽철학연구』 제56집, 2020, 275~320쪽 참조.

이고 문화적"[30]이다. 그리고 이 경험은 "나의 몸으로 체화된다." 인간의 경험은 이렇게 구체적 장소에서 "1인칭적 경험"으로 축적된다.[31] 그 누구도 예외일 수 없다. 그때문에 '지금', '여기'에서 야기된 문제들보다 더 긴요한 철학적 물음이나 현안이 있을 수 없다. 바꿔 말해 장소와 시대가 로컬-철학의 본질과 차이를 밝혀주는 바로미터라는 것이다. 장소와 시대가 요구하는 객관성, 보편성이 로컬-지리별로 다를 수밖에 없는 것도 이 때문이다.

세계화 시대, 지구촌 시대로의 이행은 이렇듯 역설적으로 서로 다른 로컬-지리 위의 인간은 서로 다른 가치관과 세계관을 가지고 살아 왔고, 현재에도 그렇게 살고 있으며, 앞으로도 그렇게 살아가는 것이 정도(定道)라는 것을 일깨워주고 있다. 이는 전례(前例)를 찾아보기 힘든 '세기적 발견'이라는 게 필자의 견해다. 철학, 인문학은 기본적으로 로컬-지리적 선입견, 로컬-지리적 영향과 역사로부터 자유롭지 못한 학문이다. 따라서 우리는 이제 '어디서나', '누구에게나' 적용될 수 있는 '보편 철학'에 대한 헛된 꿈을 접고 각기 자신의 지리로 되돌아가 지식다양성, 문화다양성이 꽃필 수 있도록 노력해야 한다. 우리 모두에게는 "서로 다르게 존재할 권리"[32]가 있다. 이 권리는 불가침의 권리다. 크리스테바의 표현으로 이를 전환시키면, 사유의 중심이 유일-하나에서 다양-복수로 이동해야 한다는 말과 같다.

30 E. Casey, "Between Geography and Philosophy: What Does It Mean to Be in the Place-World?", *Annals of the Association of American Geographers*, Vol. 91, No. 4, 2001, p. 683.
31 *Ibid*. 이런 이유 때문에 캐이시는 자아 정체성을 장소와 연결시켜 '지리적 주체 (geographical subject)'라고까지 주장한다.
32 M. Meyer, *Petite métaphisique de la différence*, Librairie Générale Française, 2000, p. 148.

하나-우주(l'Univers)는 더 이상 존재하지 않으며, [주지하듯 최근] 과학적 연구
는 다중-우주(le Multivers)를 발견하고 이를 계속 탐색하고 있다. 문화, 종교, 취
향 및 창조의 다양성(multiplicité)! 빈 공간과 공존하고 빈 공간과 함께 구성된
우주적 공간과 물질, 에너지의 다중성(multiplicité)! 죽을 존재[하나-우주]를 두려
워해야 할 이유는 없다. 다중-우주를 고려한 휴머니즘은, 생명체와 우주의 다
양성 속에 도덕성을 기입해야 하는 [새로운] 시대적 과제에 직면해 있다.[33]

크리스테바도 강조하듯, 이제 우리는 "죽을 하나의 우주에 대해 두려워할
필요가 없다." '새로운 세계'는 우리가 경험한 바 없는 '다중 우주(multi-verse)'
에서 열릴 것이기 때문이다. 이렇게 다양성에 근간한 일종의 '생태학으로서
문화와 철학'이 재지성, 본토성을 회복하는 것, 그것이 본 저서에서 필자가
독자들과 공유하고픈 마지막 메시지이다.

각 지역-로컬이 이렇게 재지성과 본토성을 높여야 "비유럽인도 사유하는
가?"[34]와 같은 터무니없는 질문을 받지 않게 될 것이다. 재지성과 본토성에
기반한 지역-로컬의 철학이 다양하게 꽃피어야 제1세계와 비자발적·강압
적으로 연계된 학문적 식민성의 매듭을 풀 수 있다. 21세기 철학의 과제는
어떻게 제3세계의 '지식들(knowledges)'을 철학의 중심 무대에 초대해 그 보
편성을 살려내느냐가 관건이다. 지구촌의 모든 지식을 아우르는 철학, 즉
'지구철학(global Philosophy)', '지구인문학(global Humanities)'은 지역-로컬의
철학이 제 목소리를 낼 수 있어야 그 윤곽이 구체화될 수 있다. 언젠가 "유럽
인도 '보편적으로' 사유하는가?"라고 물을 수 있기 위해서는 먼저 지역-로컬

---

33 J. Kristeva, "Dix principes pour l'humanisme du XXIe siècle", *Études*, T. 416, 2012, p. 94.
34 H. Dabashi, *Can Non-Europeans Thinks?*, ZED Books, 2015 참조.

의 철학자들이 자신의 로컬-지리, 즉 장소에 기반한 철학의 구축에 힘써야
한다.

철학은 개인 연구의 차원에서건 공동체 문화의 차원에서건 갈구하지 않
는 자에게는 주어지지 않는다. 철학이 없는 국민은 거소(居所) 없이 떠도는
유민(流民)과 다를 바 없다. 유구한 전통을 가진 대한민국, 오랜 세월 정주민
으로 살아온 대한민국에서 이처럼 "'한국'철학"의 존재 여부를 묻게 된다는
것은 따라서 슬프고 비참한 일이 아닐 수 없다.

개인에게도 국적이 있듯, '한국철학'도 언젠가는 국격을 가지고 '세계철학'
의 무대에서 널리 논의되는 날이 왔으면 하는 바람이 필자만의 고민일까?
"국적을 가지지 않은 자는 심지어는 [한 국가의] 주변부에도 속할 수 없다"[35]고
했다. 익명의 '순수-보편 주체'가 '지리적 주체'로 거듭날 때, '한국의 지리적
주체(Korean geographical subject)'로 철학을 할 때, 'Korea'는 세계철학계에서
마침내 고유의 위상과 사유영토를 가질 수 있지 않을까?[36]

35 S. Carof et al., "La construction de l'autre", *Politique européenne*, No. 47, 2015, p. 16.
36 이 책에 실린 원고는 필자가 2018년 한국연구재단의 저술출판지원사업에 선정되어 학
술지 등에 게재한 논문을 중심으로 구성되었으며, 사업수행 이전과 이후에 쓴 원고를 포
함시켜 전체적으로 주제의 집중력과 내용 구성을 풍부하게 하려고 나름 공을 들였다. 장
별 원고의 출전은 다음과 같다: 프롤로그: 『인문학연구』 제58호, 충남대학교 인문과학연
구소, 2019; 제1장: 『철학과 문화』 제26집, 한국외국어대학교 철학문화연구소, 2013; 제2
장: 『철학과 문화』 제25집, 한국외국어대학교 철학문화연구소, 2012; 제3장: 『철학논집』
제38호, 서강대학교 철학연구소, 2014; 제4장: 『동서철학연구』 제75호, 한국동서철학
회, 2015; 제5장: 『현대유럽철학연구』 제49호, 현대유럽철학회, 2018; 제6장: 『동서철학
연구』 제79호, 한국동서철학회, 2016; 제7장: 『동서철학연구』 제91호, 한국동서철학회,
2019; 제8장: 『인문학연구』 제57호, 충남대학교 인문과학연구소, 2018; 제9장: 『현상학과
현대철학』 제48집, 한국현상학회, 2020; 제10장: 『현대유럽철학연구』 제56호, 현대유럽
철학회, 2020; 에필로그: 『동서철학연구』 제95호, 한국동서철학회, 2020.

| 참고문헌 |

김경랑, 「아프리카 이미지의 명(明)과 암(暗)」, 『비교문화연구』 제27집, 2012.

김기봉, 「글로벌 시대 한국 역사학의 해체와 재구성: 한국사 · 동양사 · 서양사 3분과 체제의 역사화를 위하여」, 『한국사학사학보』 제32집, 2015.

김남두, 「지식의 지배: 성격과 과제」, 『철학사상』 제10호, 서울대학교 철학사상연구소, 2000.

김상률, 「탈식민주의를 넘어서: 세계화 시대의 탈식민 연구」, 『역사와 문화』 제12호, 2006.

김석수, 『현실 속의 철학, 철학 속의 현실』, 책세상, 2001.

김수자, 송태현, 「맥도날드화를 통해 본 세계화와 지구지역화」, 『탈경계인문학』, 이화여자대학교 이화인문과학원, 2010.

김영의, 유희석(엮음), 『세계문학론: 지구화시대 문학의 쟁점들』, 창비, 2010.

김종영, 『지배받는 지배자: 미국 유학과 한국 엘리트의 탄생』, 돌베개, 2017.

김효명, 「영미철학의 수용과 그 평가」, 『철학사상』 제6호, 1996.

나오시(야마와키), 『공공철학이란 무엇인가?』, 성현창 옮김, 이학사, 2011.

나카무라 유지로, 『토포스: 장소의 철학』, 박철은 옮김, 그린비, 2012.

낭시(J.-L.), 『무위(無爲)의 공동체』, 박준상 옮김, 인간사랑, 2010.

달메다-토포르(H.), 『아프리카: 열일곱 개의 편견』, 이규현 · 심재중 옮김, 한울아카데미, 2010.

데리다(J.), 『에쁘롱』, 김다은, 황순희 옮김, 동문선, 1998.

_____, 『정신에 대해서』, 박찬국 옮김, 동문선, 2005.

_____, 『마르크스의 유령들』, 진태원 옮김, 이제이북스, 2007.

데 블레이(H.), 『분노의 지리학: 공간으로 읽는 21세기 세계사』, 유나영 옮김, 천지인, 2007.

라라인(J.), 『이데올로기와 문화정체성』, 김범춘 외 옮김, 모티브북, 2009.

레비(P.), 『집단지성』, 권수경 옮김, 문학과 지성사, 2002.

리프킨(.), 『공감의 시대: 경쟁의 문명에서 공감의 문명으로』, 이경남 옮김, 민음사, 2010.

말루프(A.), 『사람 잡는 정체성』, 박창호 옮김, 이론과 실천, 2006.

매슈스(E.), 『20세기 프랑스 철학』, 김종갑 옮김, 동문선, 1999.

맥닐리(I. F.) & 울버턴(L.), 『지식의 재탄생: 공간으로 보는 지식의 역사』, 채세진 옮김, 살림출판사, 2009.

미뇰로(W. D.), 『라틴아메리카, 만들어진 대륙』, 김은중 옮김, 그린비출판사, 2010.

바디우(A.), 『세기』, 박정태 옮김, 이학사, 2014.

바바(H.), 『문화의 위치: 탈식민주의 문화이론』, 나병철 옮김, 소명출판, 2002.

_____, 『국민과 서사』, 류승구 옮김, 후마니타스, 2011.

바슐라르(G.),『공간의 시학』, 곽광수 옮김, 민음사, 1993.

바커(Ch.),『문화연구사전』, 이경숙 · 정영희 옮김, 커뮤니케이션북스, 2009.

_____,『불의 정신분석』, 김병욱 옮김, 이학사, 2007.

박승억,「통섭: 포기할 수 없는 환원주의자의 꿈」,『철학과 현상학 연구』제38집, 2008.

박종홍,『한국의 사상 I』, 일신서적공사, 1986.

박치완,「프랑스에 수용된 (反-)현상학」,『인문학연구』제5집, 한국외국어대학교 인문학연
구소, 2000.

_____,「앙리 베르그송의 〈있는 바 그대로의 것〉에 대한 새로운 해석의 시도」,『대동철학』
제15집, 2001.

_____,「아직도 보편을 말하는가: 서양인들에 비친 동양 그리고 불교」,『오늘의 동양사상』
제7호, 2002.

_____,「동일성의 폭력과 차이의 허구」,『철학과 현상학연구』제23집, 2004.

_____,「하이데거의 데카르트 해석:『세계상의 시대』를 중심으로」,『하이데거연구』제9권
2호, 2007.

_____,「데카르트의 〈코기토 논증〉, 과연 효과적인가?」,『프랑스학연구』제40집, 2007.

_____,「미셸 메이에르의 철학적 수사학」,『철학탐구』제25집, 중앙대 중앙철학연구소,
2009.

_____,「글로벌 시대의 문화, 어떻게 해석해야 할 것인가?: 문화 코드, 문화 콘텐츠, 지역세
계화 개념을 중심으로」,『해석학연구』제27집, 2011.

_____,「탈영토화된 문화의 재영토화」,『철학연구』제42집, 고려대학교 철학연구소, 2011.

_____,「지식의 세계화에 대한 재고」,『해석학연구』제29집, 2012.

_____,「지역과 세계, 상대성과 보편성의 경계에 선 철학」,『철학과 문화』제26집, 한국외
국어대학교 철학연구소, 2013.

_____,「관계가치의 관점에서 본 개인과 사회, 국가와 문화의 상관성」,『해석학연구』제33
집, 2013.

_____,「개입가치로서 공공선과 그 이면: 글로벌 공공선에 대한 비판적 해석을 중심으로」,
『해석학연구』제34집, 2014.

_____,「F. 줄리앙의 신문화론과 글로컬 공공선」,『동서철학연구』제73호, 2014.

_____,「글로컬 시대가 요구하는 지식의 새로운 지형도: 동서사상의 간발적(間發的) 교류
를 위한 시론」,『철학논집』제38집, 서강대 철학연구소, 2014.

_____,「글로컬 시대, 문화 해석의 새로운 지평」,『철학탐구』제38집, 중앙대학교 철학연구
소, 2015.

_____,「코드화된 문화적 주체들의 타자와의 공감 문제」,『해석학연구』제36집, 2015.

_____,「하위주체의 관점에서 재구성한 ≪아웃 오브 아프리카≫」,『세계문학비교연구』제
52집, 2015.

_____,「글로컬 공공철학을 위한 문화인식론」,『동서철학연구』제75호, 2015.

_____,「식민주의적 타자관과 인종 문제」,『동서철학연구』제79호, 2016.

_____,『이데아로부터 시뮬라크르까지』, 한국외대출판부, 2016.

_____,「저개발 의식과 이중의 자기소외: 소설『저개발의 기억』다시 읽기」,『인문학연구』
제105호, 충남대학교 인문과학연구소, 2016.

_____, 인문학의 이중고: 글로벌 표준화와 로컬의 문맥화」,『철학연구』제56호, 2017.

_____,「로컬의 관점에서 본 (서구)철학의 헤게모니, 어제와 오늘」,『인문학연구』제110호,
충남대학교 인문과학연구소, 2018.

_____,「문화적 전환의 시대, '문화'는 '보편적으로' 매개되고 있는가?」,『현대유럽철학연
구』제49호, 2018.

_____,「공공재로서 문화와 문화공공성의 가치 재고」,『인문콘텐츠』제48호, 2018.

_____,『호모 글로칼리쿠스』, 한국외국어대학교 지식출판콘텐츠원, 2019.

_____,「우리/그들, 동양/서양의 야만적 이분법 재고」,『동서철학연구』제91호, 2019.

_____,「지역-로컬 지식의 재건 운동과 지역세계화의 의미」,『현대유럽철학연구』제56호,
2020.

_____,「로컬-지리적 자기인식으로서의 철학 그리고 칸트의 교훈」,『동서철학연구』제95
호, 2020.

박치완 · 김기홍,「F. 줄리앙의 신문화론과 글로컬 공공선」,『동서철학연구』제73호, 2014.

박치완 · 김성수 · 조소연 외,『글로컬 문화 콘텐츠, 어떻게 그리고 왜?』, 한국외국어대학교
지식출판원, 2009.

박치완 · 김평수 외,『문화 콘텐츠와 문화 코드』, 한국외국어대학교 출판부, 2011.

박치완 · 신응철 · 김기홍 외,『지식의 역사와 그 지형도』, 한국외국어대학교 지식출판원,
2016.

배식한 ,「가능한 통섭과 불가능한 통섭: 통섭과 무법칙적 일원론」,『지식의 통섭』(최재천,
주일우 엮음), 이음, 2007.

백종현,「독일철학의 유입과 그 평가」,『철학사상』제6호, 1996.

_____,「독일철학의 수용과 한국의 철학」,『철학사상』제7호, 1997.

_____,『독일철학과 20세기 한국의 철학』, 철학과 현실사, 1998.

_____,「한국철학계의 칸트연구 100년(1005~2004)」,『칸트연구』제15집, 2005.

버거(P. L.) & 헌팅턴(S. P.,『진화하는 세계화: 현대 세계의 문화적 다양성』, 김한영 옮김, 아
이필드, 2005.

베네딕트(R.),『문화의 패턴』, 이종인 옮김, 연암서가, 2008.

베르그송(H.),『사유와 운동』, 이광래 옮김, 문예출판사, 2001.

브뤼크네르(P.),『번영의 비참』, 이창실 옮김, 동문선, 2003.

뽈리옹(D.),『신자본주의』, 서익진 옮김, 경남대학교 출판부, 2006.

사이드(E.), 『오리엔탈리즘』, 박홍규 옮김, 교보문고, 2000.

색스(J.), 『차이의 존중: 문명의 충돌을 넘어서』, 임재서 옮김, 말글빛냄, 2010.

설(J. R.), 『지향성: 심리철학 소론』, 심철호 옮김, 나남, 2009.

세르(M.), 『헤르메스』, 이규현 옮김, 민음사, 1999.

소르망(G.), 『진보와 그의 적들』, 이진홍 · 성일권 옮김, 문학과 인식, 2003.

스노우(C. P.), 『두 문화』, 오영환 옮김, 사이언스북스, 2001.

스믹(D.), 『세계는 평평하지 않다』, 이영준 역, 비즈니스맵, 2009.

스피겔버그(H.), 『현상학적 운동 1~2』, 최경호 옮김, 이론과 실천, 1991~1992.

스피박(G. S.), 『경계선 넘기』, 문화연구이론회 옮김, 인간사랑, 2008.

신규섭 외, 『탈식민주의의 안과 밖』, 한국외국어대학교 출판부, 2013.

신용국, 『인드라망의 세계』, 하늘북, 2003.

신이치(쓰지), 『행복의 경제학』, 장석진 옮김, 서해문집, 2009.

신승환 외, 『우리학문과 학문방법론: 학문의 죽음과 지식인의 몰락을 넘어서』, 지식산업사,
    2008.

월러스틴(I.), 『사회과학으로부터의 탈피』, 성백용 옮김, 창작과 비평사, 1994.

_____, 『유럽적 보편주의: 권력의 레토릭』, 김재오 옮김, 창비, 2008.

_____, 『지식의 불확실성』, 유희석 옮김, 창비, 2008.

윌슨(E.), 『통섭: 지식의 대통합』, 최재천, 장대익 옮김, 사이언스북스, 2005.

이기상 외, 『우리말 철학사전 1-5』, 지식산업사, 2001~2007.

이옥순, 『우리 안의 오리엔탈리즘』, 푸른역사, 2002.

이종우, 『한국철학사: 16개의 주제로 읽는 한국철학: 외래사상 대 토착사상의 갈등과 융합』,
    이담북스, 2011.

조동일, 『한국문학과 세계문학』, 지식산업사, 1995.

조철기, 「인간과 장소의 재현에 나타난 이데올로기와 편견」, 『사회이론』, 2012년 봄/여름.

주성호, 「왜 메를로 퐁티는 신체의 현상학에서 살의 존재론으로 이행하는가?」, 『철학과 현
    상학 연구』 제20집, 2003.

주영하 외, 『한국인의 문화유전자』, 한국국학진흥원 엮음, 아모르문디, 2012.

줄리앙(F.), 『현자에게는 고정관념이 없다』, 박치완 · 김용석 옮김, 한울, 2009.

지마(P.), 『데리다와 예일학파』, 김혜진 옮김, 문학동네, 2001.

차크라바르티(D.), 「인도 역사의 한 문제로서 유럽」, 김은실 · 문근영 옮김, 『흔적』 제1호,
    문화과학사, 2001.

촘스키(N.), 『불량국가: 미국의 세계지배와 힘의 논리』, 장영준 옮김, 두레, 2001.

최경섭, 「엄밀한 학이 아닌 엄연한 지역학으로서 철학(제1부): 훗설의 후기 현상학에서 생활
    세계 개념의 지역학적 개진」, 『哲學』 제103집, 2010.

_____, 「엄밀한 학이 아닌 엄연한 지역학으로서 철학(제2부): 학문과 예술의 초월론적 근간

으로서 '지역'과 철학적 근본 문제들」,『哲學』제104집, 2010.

_____,「훗설과 헤겔: 초월론적 지역현상학의 방법으로서 환원, 변증법, 해석」,『哲學』제 107집, 2011.

최병두, 임석회, 안영진, 박배균,『지구 · 지방화와 다문화 공간』, 푸른길, 2011.

최영진, 김방룡, 박연수, 박정심, 안재순,『한국철학사: 16개의 주제로 읽는 한국철학』, 새문 사, 2009.

코엔(D.),『호모 에코노미쿠스』, 박상은 옮김, 에쎄, 2013.

코헨(P. A.),『학문의 제국주의』, 이남희 옮김, 순천향대학교 출판부, 2013.

크르즈나릭(R.),『공감하는 능력』, 김병화 옮김, 더퀘스트, 2014.

퍼트남(H.),『존재론 없는 윤리학』, 홍경남 옮김, 철학과 현실사, 2006.

프리드먼(Th. L.),『세계는 평평하다』, 김상철 · 최정임 · 이윤섭 옮김, 창해, 2006.

한자경,『한국철학의 맥』, 이화여자대학교 출판부, 2008.

한국철학사편찬위원회,『한국철학사전』, 동방의빛, 2011.

한국철학회,『韓國哲學史』, 東明社, 1987.

한국철학회 편집위원회(엮음),『한국철학의 회고와 전망:『철학』100집 출간 기념』, 철학과 현실사, 2010.

화이트헤드(A. N.),『과정과 실재』, 오영환 옮김, 민음사, 2003.

Agacinski, S., *Critique de l'égocentrisme. L'événement de l'autre*, Galilée, 1996.

Agnew, J., "Le piège terriitorial: les présupposés géographiques de la théorie des relations internationales", *Raisons politiques*, No. 54, 2014.

Ajari, N., "Les Afriques de Derrida: Un devenir décolonial de la déconstruction?", *Ethics, Politics, Religions*, No. 12, 2018.

Aliana, S. B. E., "Géophilosophie et déterritorialisation chez Gilles Deleuze: esquisse d'une nouvelle citoyenneté dans l'espace public postnational", *Afrique et développement*, Vol. 35, No. 4, 2010.

Alvares, C. and Faruqi, S. S. (ed.), *Decolonising The University: The Emerging Quest for Non-Eurocentric Paradigms*, Pulau Pinang: Penerbit Universiti Sains Malaysia, 2012.

Anderson, B., *Imagined Communities: Reflections on the Origin and Spread of Nationalism*, London: Verso, 1983.

Anton, A.., Fisk, M., Holmstron, N., *Not for Sale: In Defense of Public Goods*, Routledge, 2000.

Antonioli, M., *Géophilosophie de Deleuze et Guattari*, L'Harmattan, coll. ≪Ouverture Philosophique≫, 2004.

Antonioli, M. et Chardel, P.-A., "Reterritorialisation et obsession sécuritaire dans la mondialisation", *L'Homme et la société*, No. 165~166, 2007.

Antweiller, C., "Local knowledge as a Universal Social Product: A General Model and a Case from Southeast Asia", *Ethnic and Cultural Dimensions of Knowledge*, Springer International Publishing Switzerland, 2016.

Archer, M. S., *Culture and Agency. The Place of Culture in Social Theory*, Cambridge University Press, 1996.

_____, *Being Human. The Problem of Agency*, Cambridge University Press, 2000.

Armiero, M. & D'Alisa, G., "Rights of Resistance: The Garbage Struggles for Environmental Justice in Campania, Italy", *Capitalism Nature Socialism*, Vol. 23, No. 4, 2012.

Ashcroft, B., Griffiths, G. and Tiffin, H., *Postcolonial Studies. The Key Concepts*, Routledge, 2013.

Baber, Z., "Provincial Universalism: The Landscape of Knowledge Production in an Era of Globalization", *Current Sociology*, Vol. 51, No. 6, 2003.

Balibar, E., "Difference, Otherness, Exclusion", *Parallax*, Vol. 11, No. 1, 2005.

_____, "L'universel ne rassemble pas, il devise", Propos recueillis par J. Birnbaum, *Le Monde*, le 9 fév. 2017.

Baratay, É., "Le frisson sauvage: les zoos comme mise en scène de la curiosité", *Zoos Humains*, La Découverte, 2004.

Barker, C., *The SAGE Dictionary of Cultural Studies*, Sage, 2004.

Barnett, C., "The Cultural Turn: Fashion or Progress in Human Geography?", *Antipode*, Vol. 30, No. 4, 1998.

_____, "A critique of the cultural turn", J. Duncan, N. Johnson, R. Schein (ed.), *A Companion to Cultural Geography*, Oxford: Blackwell, 2004.

Barth, F., "Other Knowledge and Other Ways of Knowing", *Journal of Anthropological Research*, Vol. 51, No. 1, 1995.

Baudrillard, J., *Simulacres et simulation*, Galilée, 1980.

Bédard, M., "De l'être-ensemble à l'être-au-monde: Le rôle du haut-lieu", *Musées*, Vol. 24, No. 2, 2002.

Bell-Fialkoff, A., *Ethnic Cleansing*, St Martin's Press, 1996.

Best, S. & Kellner, D., "Foucault and the Critique of Modernity", *Postmodern Theory: Communications and Culture*, London: Palgrave, 1991.

Bhabha, H., *The Location of Culture*, Routledge, 1994.

Bhatnagar, A. and Sandhu, J., "India's Thinking Global. It Should Act Regional First", *Global Policy*, June 6, 2018.

Biko, S., *Decolonial Meditations of Black Consciousness*, New York: Lexington Books, 2016.

Billeter, J.-F., *Contre François Jullien*, Editions Allia, 2006.

_____, "François Jullien, sur le fond", *Monde chinois*, No. 11, 2007.

Birnbaum, J., "Derrida en Algérie: un hommage très politique", *Le monde des Livres*, le 30 novembre 2006.

_____, "Derrida, le courage de la pensée", *Le monde télévision*, le 8 octobre 2014.

Bloom, I., *The Closing of the American Mind*, New York: Simon & Schuster, 1987.

Bonnell, V. E. & Hunt, L., *Beyond the Cultural Turn*, Berkeley: University of California Press, 1999.

Bossut, N. et Schiappa, J.-M. (dir.), *Histoire de la pensée libre, histoire de la libre-pensée*, Institut de recherches et d'études de la libre-pensée, 2002.

Bourdieu, P., *Le Sens pratique*, Minuit, 1980.

_____, *Questions de sociologie*, Minuit, 1980.

Boussebaa, M., "Englishization, Identity Regulation and Imperialism", *Organization Studies*, Vol. 38, 2017.

Boutaud, A., "Les inégalités mondiales: une réalité plurielle", *Mouvements*, No. 64, 2010.

Breuilly, J., "Benedict Anderson's Imagined Communities: a symposium", *Nations and Nationalism*, John Wiley & Sons Ltd, 2016.

Briggs, J., "The use of indigenous knowledge in development: problems and challenges", *Progress in Development Studies*, Vol. 5, No. 2, 2005.

Cabral, A., *Return to the source: Selected speeches of Amilcar Cabral*, New York: Monthly Review Press, 1973.

Cagny, P., "Think Global, Act European", *Strategy+Business*, August, 2004.

Camagni, R., *Innovation Networks: Spatial Perspectives*, London: Belhaven Press, 1991.

Camilleri, J. A., "Citizenship in a Globalizing World", *Globalization & Identity*, New Brunswick & London: Toda Institute for Global Peace and Policy Research, 2006.

Cantle, T., *Interculturalism. The New Era of Cohesion and Diversity*, London: Palgrave Macmillan, 2012.

Cantwell, J., Molero, J., *Multinational Enterprises, Innovative Strategy and Systems of Innovation*, London: Elgar, 2003.

Carbone, M., Broggi, P. & Turarbek, L., *La géophilosophie de Gilles Deleuze: Entre esthétiques et politiques*, Mimesis, 2012.

Carluer, F., *Pouvoir économique et espaces: Les disparités régionales en question*, L'Harmattan, 2004.

_____, "Réseaux d'entreprises et territoires: une matrice d'analyse stratégique", *Management & Avenir*, No. 6, 2005.

Carof, S. et al., "La construction de l'autre", *Politique européenne*, No. 47, 2015.

Casey, E. S., *Getting Back Into Place: Towards a Renewed Understanding of the Place-World*, Indiana University Press, 1933.

_____, *The Fate of Place: A Philosophical History*, University of California Press, 1997.

_____, "Between Geography and Philosophy: What Does It Mean to Be in the Place-World?", *Annals of Association of American Geographers*, Vol. 91, No. 4, 2001.

Célestin, R., DalMolin, E., *France From 1851 to the Present: Universalism in Crisis*, Springer, 2007.

Chakrabarty, D., *Provincializing Europe: Postcolonial Thought and Historical Difference*, Princeton University Press, 2000.

_____, "In Defense of "Provincializing Europe": A Response to Carola Dietze", *History and Theory*, Vol. 47, No. 1, 2008.

Chang, W., "Euro-Japanese Universalism, Korean Confucianism, and Aesthetic Communities", R. T. Ames, P. D. Hershock (ed.), *Confucianisms for a Changing World Cultural Order*, University of Hawai'i Press, 2018.

Chatué, J., *Epistémologie et transculturalité*, L'Harmattan, coll. ≪Epistémologie et Philosophie des Sciences ≫, 2010.

Chih-yu Shih and Yih-Jye Hwang, "Re-worlding the 'West' in post-Western IR: the reception of Sun Zi's the Art of War in the Anglosphere", *International Relations of the Asia-Pacific*, Vol. 18, 2018.

Claval, P. et Staszak, J.-F., "Où en est la géographie culturelle?", *Annales de géographie*, No. 660~661, 2008.

Clarke, J. J., *Oriental enlightenment: The Encounter Between Asian and Western Thought*, Routledge, 1997.

Collectifs, *Le territoire des philosophes*, sous la dir. de Thierry Paquot et Chris Younès, La Découverte, 2009.

Colletis, G., Pecqueur, B., *Firms et territoires, entre nomadisme et ancrage*, Paris: Syros, 1999.

Cotten, J.-P., "Hegel dans la voix de Cousin", *L'Humanité*, le 6 octobre 2005.

Council of Europe, *Intercultural Learning T-kit*, Council of Europe Publishing, 2000.

Dabashi, H., "Can non-Europeans think? What happens with thinkers who operate outside the European philosophical 'pedigree'?", le 15 Janvier 2013.

_____, *Can Non-Europeans Thinks?*, ZED Books, 2015.

Das Gupta, A., "Does Indigenous Knowledge have anything to deal with Sustainable Development?", *Antrocom Online Journal of Anthropology*, Vol. 7, No. 1, 2011.

Das Gupta, A. et Ferguson, J., "Beyond Culture: Space, Identity, and the Politics of Difference", *Cultural Anthropology*, Vol. 7, 1992.

Dastile, N. P. & Ndlovu-Gatsheni, S. J., "Power, Knowledge and Being: Decolonial Combative Discourse as a Survival Kit for Pan-Africanists in the 21st Century", *Alternation*, No. 20, 2013.

Davis, B. W., "Dislodging Eurocentrism and Racism from Philosophy", *Comparative and Continental Philosophy*, Vol. 9, No. 2, 2017.

Defoort, C., "'Chinese Philosophy' at European Universities: A Threefold Utopia", *Philosophy East and West*, Vol. 67, No. 4, 2017.

Deleuze, G., *Différence et répétition*, PUF, 1968.

_____, *Dialogues*, Flammarion, 1997.

Deleuze, G. et Guattari, F., *Mille Plateaux*, Minuit, 1980.

_____, *Qu'est-ce que la philosophie?*, Minuit, 1991.

_____, "Geophilosophy", *What is Philosophy?*, translated by H. Tomlinson and G. Burchell, Columbia University Press, 1994.

Delhomme, J., *Nietzsche et Bergson*, Deuxtemps Tierce, 1992.

Demorgon, J., "Dialogues interculturels plus facile ou plus difficiles. En compagnie de François Jullien", *Synergies*, No. 1, 2010.

Derrida, J., *L'Écriture et la différence*, Seuil, 1967.

_____, *De l'esprit. Heidegger et la question,* Galilée, 1987.

_____, *The Other Heading. Reflections on Today's Europe*, trans. P.-A. Brault and M. Naas, Bloomington: Indiana University Press, 1992.

_____, *Spectres de Marx*, Galilée, 1993.

_____, *Le monolinguisme de l'autre*, Galilée, 1996.

_____, "A Europe of Hope", *Epoché*, Vol. 10, Iss. 2, 2006.

Diagne, S. B., "Philosopher en Afrique", *Critique*, No. 771~772, 2011.

Donnelly, J., "The Relative Universality of Human Rights", *Human Rights Quarterly*, Vol. 29, No. 2, 2007.

Dufour, M., "Compte rendu du *Qu'est-ce que la philosophie?* de G. Deleuze et F. Guattari", *Philosophiques*, Vol. 23, No. 1, 1991.

Dumont, J., "Indigenous Intelligence: Have We Lost Our Indigenous Mind?", *Native Americas*, Vol. 19, No. 3~4, 2002.

Duncan, J., *Small Worlds: the Dynamics of Networks between Order and Randomness*, Princeton University Press, 2003.

Dunning, J. H., "Location and Multinational Enterprise: a Neglected Factor?", *Journal of*

International Business Studies, Vol. 29, No. 1, 1998.

Dunning, J. H. & Mucchielli, J. L., *Multinational Firms, Global-Local Dilemma*, Routledge, 2002.

Dupond, P., *Le vocabulaire de Merleau-Ponty*, Ellipses, 2001.

Dussel, E., "Europe, Modernity, and Eurocentrism", *Nepantla: View from South*, Vol. 1, No. 3, 2000.

Dussouy, G., "Vers une géopolitique systémique", *Revue internationale et stratégique*, No. 47, 2002.

Dutent, N., "Derrida, veilleur de la démocratie à venir", *L'Humanité*, le 7 octobre, 2014.

Eco, U., Richard Rorty, Jonathan Culler and Christine Brooke-Rose, *Interpretation and Overinterpretation*, Cambridge University Press, 1992.

Ess, C. and Thorseth, M., "Neither relativism nor imperialism: Theories and practices for a global information ethics", *Ethics and Information Technology*, No. 8, 2006.

Ewijk, H. van, *European Social Policy and Social Work: Citizenship-Based Social Work*, Routledge, 2010.

Fanon, F., *The Wretched of the Earth*, Trans. by C. Farrington, Presence Africaine, 1963.

_____, *Black Skin, White Masks*, Trans. by C. L. Markmann, New York: Grove Press, 1967 [1952].

Faulk, K. A., "If They Touch One of Us, They Touch All of Us: Cooperativism as a Counterlogic to Neoliberal Capitalism", *Anthropological Quarterly*. Vol. 81, No. 3, 2008.

Feldman-Bianco, B., "Ineterview: World Anthropologies: A Portuguese–Brazilian Conversation", interviewed by M. V. de Almeida, *American Anthropologist*, Vol. 120, No. 1, 2018.

Ferri, L., "La multidisciplinarité institutionnelle en France après mai 1968", *Labyrinthe*, No. 27, 2007.

Fligstein, N., "Rhétorique et réalités de la mondialisation", *Actes de la recherche en sciences sociales*, Vol. 119, No. 1, 1997.

Flusty, S., "The Matter with Europe", P. Raento (ed.), *Teaching European Identities*, Routledge, 2008.

Foucault, M., *Surveiller et punir, naissance de la prison*, Gallimard, 1975.

Fouquet, T., "Construire la *Blackness* depuis l'Afrique, un renversement heuristique", *Politique africaine*, No. 136, 2014.

Freitas, F., "Blackness à la demande. Production narrative de l'authenticité raciale dans l'industrie du rap américain", *La revue des musiques populaires*, Vol. 8, No. 2, 2011.

Gagne, K. M., "On the Obsolescence of the Disciplines. Franz Fanon and Sylvia Wynter

Propose a New Mode of Being Human", *Human Architecture*, Summer 2007.

Gasché, R., "This Little thing That is Europe", *The New Centennial Review*, Vol. 7, No. 2, 2007.

Geddes, P., *The Evolution of Cities*, Williams & Norgate, 1960.

Geertz, C., *The interpretation of Cultures*, New York: Basic Books, 1973.

_____, *Local knowledge. Further Essays in Interpretive Anthropology*, New York: Basic Books, 1983.

Gikandi, S., "The Politics and Poetics of National Formation: Recent African Writing", A. Rutherford (ed.), *From Commonwealth to Post-Colonial*, Aarhus and Sydney: Dangaroo Press, 1992.

Ginzburg, C., "Provincializing the world: Europeans, Indians, Jews(1704)", *Postcolonial Studies*, Vol. 14, No. 2, 2011.

Giraud, F., "Identités en question", *L'Autre*, Vol. 7, No. 1, 2006.

Goodman, N., "The Way the World Is", *Problems and Projects*, Indianapolis and Cambridge: Mass., 1972.

Goulvestre, L., *Les clés du savoir être interculturel*, Ed. AFNOR, 2012.

Gregg, B., "Introduction: Enlightened Localism in Comparative Perspective", *Comparative Sociology*, No. 9, 2010.

Gregory, D., *Geographical Imaginations*, Blackwell Publishers, 1994.

Grosfoguel, R., "The epistemic decolonial turn. Beyond political-economy paradigms", *Cultural Studies*, No. 21, 2007.

_____, "Decolonizing Western Uni-versalisms: Decolonial Pluri-versalism from Aimé Césaire to the Zapatistas", *Transmodernity*, Spring, 2012.

Grosser, P., "Global/world history: le monde vu des États-Unis", *Sciences Humaines*, No. 17, 2012.

Guénon, R., *The Crisis of Modern World*, Hillsdale NY: Sophia Perennis, 1996.

Guillebaud, J.-C., *La refondation du monde*, Seuil, 1999.

Gyekye, K., *An essay on African philosophjical thought. The Akan conceptual scheme*, Cambridge University Press, 1987.

Habermas, J., *Autonomy and Solidarity*, interview with J. M. Ferry, London: Verso, 1992.

Habermas, J. and Derrida, J., "What Binds Europeans Together: A Plea for a Common Foreign Policy, Beginning in the Core of Europe", *Constellations*, Vol. 10, No. 3, 2003.

Harris, M. (ed.), *Ways of Knowing: New Approaches in the Anthropology of Knowledge and Learning*, Berghahn Books, 2007.

Hartsock, N., "Rethinking Modernism: Minority vs. Majority Theories", *Cultural Critique*, No.

7, 1987.

Hess, D. J., "Declarations of Independents: On Local Knowledge and Localist Knowledge", *Anthropological Quarterly*, Vol. 83, No. 1, 2010.

Hetata, S., "Dollarization, Fragmentation, and God", *The Cultures of Globalization*, F. Jamenson and M. Miyoshi (ed.), Duke University Press, 1998.

Heubel, F., "Qu'est-ce que la philosophie interculturelle? Entre comparatisme et critique transculturelle (Un dia-logue avec François Jullien)", *Transtext(e)s/ Transcultures*, 2014.

Howkins, J., *The Creative Economy: How People Make Money from Ideas*, London: Penguin, 2001.

Isin, E. F., "We, the Non-Europeans: Derrida with Said", B. Isyar and A. Czajka (ed.), *Europe after Derrida*, Edinburgh: Edinburgh University Press, 2013.

Jacobs, M. & Spillman, L., "Cultural sociology at the crossroads of the discipline", *Poetics*, No. 33, 2005.

Jameson, F., *The Cultural Turn: Selected Writings on the Postmodern, 1983~1998*, Brooklyn: Verso, 1998.

Jørgensen, K. M., "The meaning of local knowledges Genealogy and organizational analysis", *Scandinavian Journal of Management*, No. 18, 2002.

Jullien, A., *Le Métier d'homme*, Seuil, 2002.

Jullien, F., *De l'universel, de l'uniforme, du commun et du dialogue entre les cultures*, Fayard, 2008.

_____, "Respecter la diversité culturelle", *Le Débat*, No. 153, 2009.

_____, *L'écart et l'entre. Leçon inaugurale de la Chaire sur l'altérité*, Galilée, 2012.

_____, *Il n'y a pas d'identité culturelle, mais nous défendons les ressources d'une culture*, Éditions de l'Herne, 2016.

_____, *Si près tout autre, De l'écart et de la rencontre*, Grasset, 2018.

Keith, M. and Pile, S. (ed.), *Geographies of Resistance*, London: Routledge, 1997.

Kessler, C. S., "Globalization: Another False Universalism?", *Third World Quarterly*, Vol. 21, No. 6, 2000.

Kolawole, O. D., "Twenty reasons why local knowledge will remain relevant to development", *Development in Practice*, Vol. 25, No. 8, 2015.

Korff, R., "Local Enclosures og Globalization. The Power of Locality", *Dialectical Anthropology*, No. 27, 2003.

Korobov, V., "Models of Global Culture", *Globalization & Identity,* New Brunswick & London: Toda Institute for Global Peace and Policy Research, 2006.

Kraidy, M. M., "Hybridity in Cultural Globalization", *Communication Theory*, Vol. 12, No. 3,

2002.

_____, *Hybridity, or the Cultural Logic of Globalization*, Temple University Press, 2005.

Krishna, S., *Globalization and postcolonialism: hegemony and resistance in the twenty-first century*, Rowman & Littlefield, 2009.

Kristeva, J., "Dix principes pour l'humanisme du XXIe siècle", *Etudes*, T. 416, 2012.

Lassudrie-Duchêne, B., "Les incidences régionales des échanges internationaux", *Revue d'Économie Politique*, Vol. 94, No. 1, 1984.

Latour, B., "Une Terre sans peuple, des peuples sans Terre", propos recueillis par Camille Riquier, *Esprit*, janvier-février 2018.

Levinas, E., *Totalité et infini, Essai sur l'extériorité*, La Haye/M. Nijhoff, 1963(*Totality and Infinity: An Essay on Exteriority*, trans. A. Lingis, Springer Science & Business Media, 1979).

Lévi-Strauss, C., *Race et Histoire*(1952), Gaillmard, 1987.

Lorcerie, F., "France: le rejet de l'interculturalisme", *International Journal of Migrations Studies*, No. 186, 2012.

Maldonado-Torres, N., "The topology of being and the geopolitics of knowledge: Modernity, empire, coloniality", *City*, Vol. 8, No. 1, 2004.

_____, "On the coloniality of Being", *Cultural Studies*, No. 21, 2007.

_____, "Thinking through the Decolonial Turn: Post-continental Interventions in Theory, Philosophy, and Critique: An Introduction", *Transmodernity*, Vol. 1, No. 2, 2011.

Mann, G., "Colonialism Now. Contemporary Anticolonialism and the *facture coloniale*", *Politique Africaine*, No. 105, 2007.

Mann, M., "The emergence of modern European nationalism", J. A. Hall, I. C. Jarvie (ed.), *Transition to Modernity: Essays on Power, Wealth and Belief*, Cambridge: Cambridge University Press, 1992.

Marion, J.-L., "Uu moment français de la phénoménologie", *Rue Descartes*, No. 35, 2002.

Martin, D., Metzger, J.-L. et Pierre, P., "Sociologie de la mondialisation: réflexions théoriques et méthodologiques", *International Sociology*, Vol. 21, No. 4, 2006.

Martuccelli, D., "Y a-t-il des individus au Sud? Expérience en Amérique Latine", *L'individu aujourd'hui*, Presses universitaires de Rennes, 2010.

Mbembe, A., "Necropolitics", *Public Culture*, Vol. 15, No. 1, 2003.

_____, *De la postcolonie. Essai sur l'imagination politique dans l'Afrique contemporaine*, Paris: Karthala, 2000.

_____, *Critique de la raison nègre*, La Découverte, 2013.

_____, "La démondialisation", *Esprit*, 12 décembre 2018.

Memmi, A., *The Colonizer and the Colonized*, Boston: Beacon Press, 1967.

Merleau-Ponty. M., *Phénoménologie de la perception*(1945), Gallimard, 2005.

_____, *Causeries*(1948), Seuil, 2002.

_____, *Eloge de la philosophie et autres essais*, Gallimard, coll. ≪Folio/essais≫, 1953 et 1960.

_____, *Le visible et l'invisible*, Gallimatd, 1964.

_____, *Notes de cours 1959-1961*, Gallimard, 1996.

Meyer, M., *Petite métaphysique de la différence*, Librairie Générale Française, 2000.

Mignolo, W., "I Am Where I Think: Epistemology and the Colonial Difference", *Journal of Latin American Cultural Studies*, Vol. 8, No. 2, 1999.

_____, *Local Histories/Global Designs: Coloniality, Subaltern Knowledges and Border Thinking*, Princeton University Press, 2000.

_____, "Epistemic Disobedience, Independent Thought and De-Colonial Freedom", *Theory, Culture and Society*, Vol. 26, No. 7~8, 2009.

_____, *The Dark Side of Western Modernity. Global Futures, Decolonial Options*, Duke University Press, 2011.

Mignolo, W. and Walsh, C., *On Decoloniality: Concepts, Analytics, Praxis*, Duke University Press, 2018.

Milan, S. and Treré, E., "Big Data from the South(s): Beyond Data Universalism", *Television & New Media,* Vol. 20, No. 4, 2019.

Mofid, K., "Globalization for the Common Good", *Globalization & Identity*, Ed. Majid Tehranian, B. Jeannie Lum, Transaction Publishers, 2006.

Morgan, M., *Philosophy, Totality, and the Everyday: Discovering Levinas*, Cambridge University Press, 2007.

Morin, E., "Une mondialisation plurielle", *Le monde*, le 25 mars 2002.

Mortley, R., *French Philosophers in Conversation: Levinas, Schneider, Serres, Irigaray, Le Doeuff, Derrida*, London & New York: Routledge, 1991.

Motroshilova, N. V., "La barbarie, face cachée de la civilisation", *Diogène*, No. 222, 2008.

Mouzelis, N., "Modernity: a non-European conceptualization", *British Journal of Sociology*, Vol. 50, Iss. 1, 1999.

Mucchielli, J. L., Mayer, T., *Multinational Firms's Location and the New Economic Geography*, London: Elgar, 2004.

Mungwini, P., "Dialogue as the Negation of Hegemony: An African Perspective", *South African Journal of Philosophy*, Vol. 34, 2015.

Nakano, H., "Toward a Re-Orientation of Comparative Studies(Book Review)", *Journal of*

World Philosophies, No. 4, 2019.

Ndlovu, M., Makoni, E. N., "The globality of the local? A decolonial perspective on local economic development in South Africa", *Local Economy,* Vol. 29, No. 4~5, 2014.

Ndlovu-Gatsheni, S. J., *Empire, Global Coloniality and African Subjectivity*, Oxford & New York: Berghahn Books, 2013.

_____, "Provincializing Europe and Deprovincialising Africa: Prospects for Decolonizing the Humanities", *Présence Africaine*, No. 197, 2018.

Novotna, T., "The EU as a Global Actor: United We Stand, Divided We Fall", *Journal of Common Market Studies*, July 2017.

Nugrooho, K., Carden, F. & Antlov, H., *Local Knowledge Matters*, Policy Press, 2018.

Obadia, C., "Entre le même et l'autre, l'Universel", *Le Philosophoire*, No. 31, 2009.

Pasquier, R., "De l'interdiscipline à l'indiscipline. Et retour?", *Labyrinthe*, No. 27, 2007.

Peck, J., Yeung, H., *Remarking the Global Economy: Economic Geographical Perspective*, Sage, 2003.

Pennycook, A., *English and the Discourses of Colonialism*, Routledge, 1998.

Perry, M., *Small firms and Network Economies*, Routledge, 1999.

Persson, M., *The case for European localism*, London: Open Europe, 2011.

Peters, M. A., "Eurocentrism and the Critique of 'Universal World History': the Eastern origins of Western Civilization", *Geopolitics, History, and International Relations*, Vol. 6, No. 1, 2014.

Phillips, A., *Multiculturalism Without Culture*, Princeton University Press, 2007.

Phillipson, R., *Linguistic Imperialism*, Oxford University Press, 1992.

Pouillon F. et Vatin, J.-C (dir.), *Après l'orientalisme. L'Orient créé par l'Orient*, IISMM-Karthala, 2011.

Poulain, J., *Reconstruction Transculturelle de la Justice. Mondialisation, Communautés et Individus*, L'Harmattan, coll. ≪Perspectives transculturelles≫, 2011.

Quijano, A. and Wallerstein, I., "Americanity as a concept or the Americas in the modern world-system", *International Social Science Journal*, No. 134, 1992.

Ramm, B., "The Meaning of the Public in an Age of Privatisation", *Cultural Heritage Ethicss: Between Theory and Practice*, Cambridge: Open Book Publishers, 2014.

Rapaille, C., *The Culture Code*, New York: Broadway Books, 2006.

Rasmus, S. M., "Repatriating Words: Local Knowledge in a Global Context", *American Indian Quarterly*, Vol. 26, No. 2, 2002.

Rastier, F., *Une introduction aux sciences de la culture*, sous la dir. de F. Rastier et S. Bouquet, PUF, 2002.

Relph, E., *Place and Placelessness*, London: Pion, 1976.

Richardson, T. A., "Disrupting the Coloniality of Being: Toward De-colonial Ontologies in Philosophy of Education", *Studies in Philosophy and Education*, No. 31, 2012.

Rifkin, J., *The European Dream*, Cambridge: Polity, 2004.

Robelin, J., "Préface: L'inhumanité de l'humanité", *Noesis*, No. 18, 2011.

Rupert, M., "Producing Hegemony: State/Society Relations and the Politics of Productivity in the United States", *International Studies Quarterly*, Vol. 34, 1990.

Sacks, J., *Tradition in an Untraditional Age*, London: Vallentine Mitchell, 1990.

_____, *Radical Then, Radical Now*, London: Parper Collins, 2001.

Sadin, É., *La Silicolonisation du monde: L'irrésistible expansion du libéralisme numérique*, L'echapée, 2016.

Sahlins, M., *Au coeur des sociétés. Raison utilitaire, raison culturelle*, Gallimard, 1976.

Said, E., *L'Orientalisme. L'Orient créé par l'Occident*, Seuil, 1978.

_____, *Culture et Impérialisme,* Fayard, 2000; *Culture et résistance. Entretiens avec David Barsamian*, Fayard, 2004.

Sajó, A., *Human Rights with Modesty: The Problem of Universalism*, Springer, 2019.

Savir, U., "Glocalization: a New Balance of Power", *Development Outreach,* World Bank Institute, November, 2003.

Savransky, M., "A Decolonial Imagination: Sociology, Anthropology and The Politics of Reality", *Sociology*, Vol. 51, No. 1, 2017.

Schaumburg-Müller, S., "In Defense of Soft Universalism: a Modest, yet Presumptuous Position", *Cuadernos Constitucionales de la Cátedra Fadrique Furió Ceriol*, No. 62~63, 2007.

Schwarzer, D., "Europe, the End of the West and Global Power Shifts", *Global Policy*, Vol. 8, Supplement 4, 2017.

Sefa Dei, G., "'Heritage knowledge' for promoting Black/African education in diasporic contexts", *Decolonization: Indigeneity, Education & Society*, Vol. 1, No. 1, 2012.

Serres, M., *Hermès IV: La distribution,* Minuit, 1977.

Smith, R. J. E., "Revisiting Liberal Democratic Universalism: a Critical Rhetoric of the Liberal Democratic World Order", *Glocalism: Journal of Culture, Politics and Innovation*, No. 2, 2016.

Smith, T. A., "Local Knowledge in Development", *Geography Compass*, Vol. 5, Iss. 8, 2011.

Sousa Santos, B. de, "Beyond abyssal thinking: From global lines to ecologies of knowledges", *Review*, Vol. 30, No. 1, 2007.

_____, *Another Knowledge is Possible: Beyond Northern Epistemologies.* New York:

Verso, 2007.

_____, *Epistemologies of the South: Justice against Epistemicide*, London: Routledge, 2014.

Sperber, D., *La contagion des idées: théorie naturaliste de la culture*, O. Jacob, 1996.

Spivak, G. C., *Can the subaltern speak?*, Basingstoke: Macmillan, 1988.

----, *Death of a Discipline*, Columbia University Press, 2003.

Stern, P. J., "Review essay: Neither East nor West, Border, nor Breed, nor Birth: Early Modern Empire and Global History", *Huntington Library Quarterly*, Vol. 72, No. 1, 2009.

Stiglitz, J., *Making Globalization Work*, W. W. Norton & Company, 2007.

Suleimenov, O., "Des frontières culturelles existent-elles entre Orient et Occident?", *Diogène*, No. 210, 2005.

Svensson, G., "Glocalization of Business Activities: a 'Glocal Strategy' Approach", *Management Decision*, Vol. 39, 2001.

Syrotinski, M., *Deconstruction and the Postcolonial*, Liverpool Univ. Press, 2007.

Tallman, C., "The Threat of Western Universalism", *International Letters of Social and Humanistic Sciences*, Vol. 10, 2013.

Taylor, C., *Multiculturalisme: différence et démocratie*, Flammarion, 2009.

Tervonen, T., "L'universel est là, pas là-bas", Entretien aves Aminata Sow Fall, *Africultures*, No. 57, 2003.

Todorov, T., *Nous et les autres*, Seuil, 1989.

_____, *La Peur des barbares. Au-delà du choc des civilisations*, Robert Laffont, 2008.

_____, "Barbarie et messianisme occidental", Entretien avec Armand Colin, *Revue internationale et stratégique*, No. 75, 2009.

Tomlinson, J., "Cultural Globalization and Cultural Imperialism", *International Communication and Globalization*, A. Mohammandi (ed.), London and New Delhi: Sage, 1997.

Tonda, J., "L'impossible décolonization des sciences sociales africaines", *Mouvements*, No. 72, 2012.

Twining, D., "Asianism, Universal Values, and U.S. perspectives on Ideational Cooperation in Asia", N. Szechenyi (ed.), *Asianism and Universalism: The Evolution of Norms and Power in Modern Asia*, Lanham · Boulder · New York · London: Rowman & Littlefield, 2019.

UNESCO, *Tous différents, tous uniques*, UNESCO(www.unesco.org), 2004.

Vandebroek, I. et al., "Local knowledge: Who cares?", *Journal of Ethnobiology and Ethnomedicine*, Vol. 7, No. 35, 2011.

Vellem, V. S., "Un-thinking the West: The spirit of doing Black Theology of Liberation in decolonial times", *HTS Teologiese Studies/Theological Studies*, No. 73, 2017.

Virilio, P., *L'insécurité du territoire*, Galilée, 1993.

Volvey, A. et al., "Fielding the (geographical) subject", *Annales de Géographie*, No. 687~688, 2012.

Vorster, J.-A. & Quinn, L., "The 'Decolonial Turn': what does it mean for academic staff development?", *Education as Change*, Vol. 21, No. 1, 2017.

Wallerstein, I., *Utopistics: Or, Historical Choices of the Twenty-first Century*, New York: New Press, 1998.

_____, "The Structures of Knowledge, or How Many Ways May We Know?", *World Views and the Problem of Synthesis*, Kluwer Academic Publishers, 1999.

_____, *European Universalism: The Rhetoric of Power*, New Press, 2006.

Wallerstein, I. et al., *Open the Social Sciences: Report of the Gulbenkian Commission on the Restructuring of the Social Sciences*, Stanford: Stanford University Press, 1996.

Walsh, A. D., *Religion, Economics, and Public Policy: Ironies, Tragedies, and Absurdities of the Contemporary Culture Wars*, Praeger, 2000.

Warnier, J.-P., *La mondialisation de la culture*, La Découverte, 2004.

Webb, A. K., *Beyond the Global Culture War*, Routledge, 2006.

Weisman, A., *The World Without Us*, New York: Thomas Dunne Books, 2007.

Wieviorka, M. (sous la dir. de), *Une société fragmentée?. Le multiculturalisme en débat*, La Découverte, 1997.

Wilcox, E. E., "When place matters: Provincializing the 'global'", *Rethinking Dance History. Issues and Methodologies*, G. Morris and L. Nicholas (ed.), Routledge, 2017.

Young, R. J. C., *Colonial Desire: hybridity in theory, culture, and race*. London & New York: Routledge, 1995.

Zaoui, A., "Jacques Derrida aux yeux des Algériens", *Liberté*, le 8 janvier, 2019.

Zeiny, E., "Academic imperialism: Towards decolonisation of English literature in Iranian universities", *Asian Journal of Social Science*, Vol. 47, No. 1, 2019.

Zielonka, J., "Europe as a Global Actor: Empire by Example?", *International Affairs*, Vol. 84, No. 3, 2019.

| 찾아보기 |

[용어편]

[ㄱ]

[인물편]

글로컬 시대의 철학과 문화의 해방선언

등록 1994.7.1 제1-1071
1쇄 발행 2021년 5월 31일

지은이   박치완
펴낸이   박길수
편집장   소경희
편 집   조영준
관 리   위현정
디자인   이주향
펴낸곳   도서출판 모시는사람들
         03147 서울시 종로구 삼일대로 457(경운동 수운회관) 1207호
전 화   02-735-7173, 02-737-7173 / 팩스 02-730-7173
홈페이지 http://www.mosinsaram.com/

인 쇄   (주)성광인쇄(031-942-4814)
배 본   문화유통북스(031-937-6100)

값은 뒤표지에 있습니다.
ISBN   979-11-6629-032-9 03100

"이 저서는 2018년 정부(교육부)의 재원으로 한국연구재단의 지원을
받아 수행된 연구임 (NRF-2018S1A6A4A01036209)"